Europe en mouvement
Mobilisierungen von Europa-Konzepten im Spiegel der Technik

Angela Oster (Hrsg.)

D1727278

Kultur und Technik

Schriftenreihe des Internationalen Zentrums für Kultur-
und Technikforschung (IZKT) der Universität Stuttgart

Herausgegeben von:

Georg Maag, Helmut Bott, Gerd de Bruyn,

Walter Göbel, Christoph Hubig, Ortwin Renn

Band 13

LIT

Europe en mouvement
Mobilisierungen von Europa-Konzepten im Spiegel der Technik

Angela Oster (Hrsg.)

LIT

Bibliografische Information der Deutschen Bibliothek

Die Deutsche Bibliothek verzeichnet diese Publikation in der
Deutschen Nationalbibliografie; detaillierte bibliografische
Daten sind im Internet über http://dnb.ddb.de abrufbar

ISBN 978-3-643-10033-7

©LIT VERLAG Berlin 2009
Chausseestraße 128/129, 10115 Berlin
Tel.: 030 / 610 743 40   Fax.: 030 / 610 743 41
e-Mail.: berlin@lit-verlag.de   http://www.lit-verlag.de/berlin
Umschlag und Satz nach Entwürfen von 2Schwertfeger

Inhaltsverzeichnis

Einleitung. »Von Europa aber weiß offenbar niemand etwas Genaues«: Zur Interferenz von Europa- und Technikkonzepten

Angela Oster

»Von Europa aber weiß offenbar niemand etwas Genaues« – so schreibt Herodot in seinen *Historien*.[1] Ähnlich verheißt die mythische Urszene, der sogenannte ›Raub der Europa‹, der phönizischen Protagonistin der Sage zwar ›Unsterblichkeit‹, doch der Kontinent, welcher fortan ihren Namen tragen wird, ist der »fremde Welttheil«, wie es in der bekannten Übertragung von Gustav Schwab heißt.[2] Daneben ist in der mythischen Erzählung auffällig viel von geflügelten Gestalten (u.a. Mercurius) die Rede, von Metaphern geräumiger Schiffe, die von Anfang an ›Bewegung‹ in den Mythos Europas bringen.[3]

Abb. 1: Giulio Bonasone, Die Entführung der Europa (1546), nach Raphael. Kupferstich

Die im Mythos aufscheinende Dynamik Europas hat in der Folge einen großen Teil der Rezeption geprägt, wie es für den Bereich der Ikonographie[4] hier exemplarisch Giulio Bonasones »Die Entführung der Europa« aus dem Jahr 1546 illustrieren mag [Abb. 1]. In der fiktiven Genealogie Europas, die Bonasone entwirft, ist eine synchrone Darstellung von gleich mehreren mythologischen Szenen zu sehen, die von nautischen und aerostatischen Figurelementen umrahmt sind. Auch der »Triumphwagen Europas« [Abb. 2] aus Francesco Colonnas *Hypnerotomachia Poliphili* von 1499 zeigt die Prinzessin Europa ›en mouvement‹: Allerdings ist in diesem allegorischen Bildprogramm die Motorik des libidinösen Stiers gebändigt, der mit der ›Europa triumphans‹ auf dem Rücken auf einem petrarkisch konnotierten Triumphwagen durch die Menge gezogen wird.[5] Lässt diese historische Ikonographie aber auch Rückschlüsse auf das aktuelle Europa-Bild zu?

Abb. 2: Francesco Colonna, „Triumphwagen mit Europa und dem Stier", in: Hypnerotomachia Poliphili, Venedig 1499

Die im vorliegenden Sammelband abgedruckten Beiträge basieren auf Referaten, die 2007 (dem Jahr der deutschen Ratspräsidentschaft der EU) vom 21. bis 23. Juni im Internationalen Begegnungszentrum der Universität Stuttgart vorgetragen worden sind. »Europe en mouvement – Mobilisierungen von Europa-Konzepten im Spiegel der Technik«, so lautete das übergeordnete Thema der Tagung, zu dem alle Beteiligten engagiert diskutiert haben. Dass Europa wichtig war und ist: dies ist eine evidente Tatsache, und dennoch bleibt die Frage nach der Identität Europas eine nach wie vor nicht gelöste Problemstellung. Auch der Einbezug von Diskursen der Technik in diese Debatte soll von vornherein nicht die Anmaßung signalisieren, diese Frage abschließend beantworten zu können. Im Spagat zwischen den Identitäten der einzelnen Mitgliedsstaaten im Besonderen und Europas im Allgemeinen scheint eine unendliche Vielzahl von Kulturbereichen auf, bei deren Diskussion immer auch deutlich wird, wie unterschiedlich die einzelnen Paradigmen konstruiert sind, die das geeinte Europa konstituieren sollen. Angesichts dieser Disparität scheint manchen Künstlern der einzige Ausweg aus der Misere zu sein, das Diktum »Europa auf dem Stier« schlichtweg wortwörtlich zu nehmen, wie Abb. 3 vor Augen führt. Was hier zu sehen ist, ist Timm Ulrichs Fotomontage »Europa auf dem Stier« aus dem Jahr 1970/72, in der eine topische ›Formel‹ zur performativ eingelösten ›Form‹ wird.

Ist aber Europa – abgesehen von den spielerischen Inszenierungsmöglichkeiten der Kunst,[6] wie Ulrichs sie vor Augen führt – lediglich eine strategische Interessengemeinschaft administrativer und ökonomischer Provenienz?[7] Gerade

8

Abb. 3: Timm Ulrichs, Europa auf dem Stier (1970/1972), Fotomontage auf Leinwand

dort, wo diese oder ähnlich geartete Skepsis laut wird, vernimmt man den Ruf nach der alles umgreifenden ›Kultur‹, die das disparate Europa-Projekt legitimieren soll, um der reinen Pragmatik zu entgehen. Eben im Ressort dieser Pragmatik wurde lange Zeit nahezu ausschließlich auch der Bereich der Technik verhandelt. Während die Kultur und mit ihr die Kunst in der Gesellschaft als Bereich des wenn nicht Guten und Wahren, so doch zumindest als der des Schönen wahrgenommen wurden, gehörten Felder des Technischen und Ökonomischen zum nüchtern Notwendigen. Das *Internationale Zentrum für Kultur- und Technikforschung* der Universität Stuttgart hat es sich bereits seit längerer Zeit zur Aufgabe gemacht, diese künstliche Dichotomie des tradierten Bildungskonzepts zu unterlaufen, indem gerade Techniken als Kultur generierende Kräfte und Faktoren ausgewiesen werden. Zu den Bereichen, die nicht unmaßgeblich durch Technik beeinflusst worden sind, gehört auch das Konzept ›Europa‹, das sich seinerseits ebenso stark aus Divergenzen wie Synthesen zusammensetzt. Eben diese gegenpoligen Kräfte sind oftmals dann wirksam gewesen, wenn sich in Europa neue Formen der Technik entfaltet haben. Wie konstituieren und stabilisieren sich aber diese Techniken im Horizont Europas, welche Effekte haben sie *auf* Europa? Und vor allem: vermochten und vermögen sie, die von manchen als quälend langsam wahrgenommene Mobilität Europas im Zeichen seiner Einheit zu beschleunigen? Stellvertretend für die weit verbreitete Wahrnehmung einer sich im Schneckentempo vollziehenden Europäisierung sei hier auf Peter Legers Karikatur »Zwanzig Jahre Römische Verträge« [Abb. 4] verwiesen, die eine ausgebremste ›Europe en mouvement‹ vorstellt. Dem entgegen könnte man aber auch argumentieren, dass sich ›Europa‹ im angehenden 21. Jahrhundert, trotz aller verlangsamten Prozesse, zumindest nicht mehr als das hochexplosive Pulverfass präsentiert, als welches es anscheinend im 19. Jahrhundert zum Teil wahrgenommen wurde. Für diese Variation der ›Imago Europae‹ ist Honoré Daumiers »Équilibre Européen« [Abb. 5] zum sprechenden Emblem geworden. Auf diesem Bild wird die mythische Göttin Fortuna auf einer rollenden Kugel zur Personifikation Europas im antiken Gewand. Sie balanciert

›en mouvement‹ angstvoll und um ihr Gleichgewicht besorgt auf einer Bombe, an deren Lunte bereits Feuer gelegt ist.

Abb. 4: Peter Leger, Zwanzig Jahre Römische Verträge (1977)

Abb. 5: Honoré Daumier, Europäisches Gleichgewicht (1867), Lithographie

Peter Burke hat die Häufigkeit des Begriffes ›Europa‹ in gedruckten Texten aus-gewertet und ist dabei für sich zu dem Ergebnis gekommen, dass erst durch die Massenmedien der Neuzeit – und verstärkt seit dem 17. und 18. Jahrhundert – die Idee Europa in der breiteren Bevölkerung verankert worden ist.[8] Weitere Historiker haben sich der These Burkes angeschlossen und diese wie folgt erweitert: Grenz-übergreifende Verflechtungen der Staaten, die nicht zuletzt politischer Provenienz sind (ausgelöst durch die Bedrohung Europas durch die Osmanen 1683 vor Wien),[9] werden erst ab der Neuzeit signifikant. Es entwickelt sich auf dieser Basis eine in-ternationale Solidarität, die das Europäische als gemeinsames Identitätspotential betont, was aber nicht mehr länger durch die *christianitas*-Zugehörigkeit zu fundieren gewesen sei, sondern u.a. in einem *Jus Publicum Europaeum* begründet wurde. Burkes These war und ist umstritten, und nach wie vor ist es ein Thema in den verschiedenen wissenschaftlichen Disziplinen, ob es ein Bewusstsein von Europa auch bereits vor der Neuzeit – im Mittelalter oder gar schon in der Antike – gegeben hat.[10] Nicht zufälligerweise setzen auch die in diesem Band versammelten Beiträge erst mit dem ausgehenden Mittelalter ein. Zwar wäre es durchaus möglich, Verbindungen von Technik- und Europakonzepten auch in der Antike und im frühen Mittelalter aufzuzeigen.[11] Doch sind die vor-neuzeitlichen Diskurse und Dispositive letztlich derart spezifisch codiert und komplex konfiguriert, dass ihre Explikation am Rande oder auch nur exemplarisch kaum geleistet werden könnte, ohne modernistisch verkürzte Sichtweisen auf die Phänomene zu präsentieren.[12]

Abb. 6: Schnelldampfer Europa, Norddeutsche Lloyd Bremen, 1930

›Europa‹ und ›Technik‹ stellen bis auf den heutigen Tag schillernde Konstrukte dar. Dass dies so ist, muss nicht unbedingt nur ein Nachteil sein. So gehen europäische Technikdiskurse nicht in einer sedimentierten Erinnerungskultur festgeschriebener Herkünfte auf, wie es eher in der Geschichte der Nationalstaaten der Fall ist, deren stabile Raumordnungen und Repräsentationsformen allerdings immer auch Resultat von offenen Gewaltpraktiken oder subtileren Ausschlussmechanismen sind. Die technischen Register Europas reiben sich – eventuell in differenter Weise oder mehr? als der nationalistische Diskurs – sowohl programmatisch als produktiv an dem, was ›anders‹ ist. Europabilder können nicht festgeschrieben werden, ebenso wenig wie die Beschreibungen von Techniken in sichere Prognosen führen. Die Erörterung einzelner Bereiche der Technik führt kaum zu einem Wesenskern Europas, auch wenn dies in Form von technischen Errungenschaften und Produkten über die Zeiten hinweg immer wieder suggeriert worden ist, so bspw. in Schiffsbauten im Superlativ, wie der Schnelldampfer »Europa«

[Abb. 6], der am 19. März 1930 von der Norddeutschen Lloyd Bremen in den Dienst genommen wurde. Und nicht zuletzt ist es das Vehikel des 20. Jahrhunderts par excellence, das Automobil, das gerne mit Europa-Perspektiven kollationiert wird, wie die Collage in Abb. 7 zeigt.

Abb. 7: Europa-Modelle von VW, Opel und BMW

Das Konzept ›Europa‹ kann aus den unterschiedlichsten Blickwinkeln und aus vielerlei Interessen heraus untersucht werden, und man kann sich berechtigterweise die Frage stellen, warum es ausgerechnet die Technik sein soll, die eine starke Kohäsionskraft in Bezug auf das Konzept Europas haben könnte. »Europe en mouvement – Mobilisierungen von Europa-Konzepten im Spiegel der Technik«: Die Rahmung, die mit diesem Titel dem Sammelband und der ihm vorangegangenen Tagung gegeben wurde, sei im Folgenden einleitend kurz umrissen und verdeutlicht. Den Ausgang der Diskussion bildete zunächst die einfache Frage, welche integrativen Potentiale Technologien von Handwerkern, Ingenieuren, Architekten und Künstlern zur Kultur Europas beigesteuert und welche Rolle verschiedene Interdiskurse in diesem Prozess übernommen haben.[13] Im Verlauf ihrer Geschichte hat sich die Idee ›Europa‹ sowohl als eine Herausforderung als auch als ein Schnittpunkt von Handlungsvollzügen erwiesen, deren kulturelle Formationen maßgeblich von technologischen Praktiken und Experimenten geprägt sind. Dies gilt nicht nur für die Akzeptanz und Förderung technischer Kulturen. Ebenso signifikant sind die Resistenzen der verschiedenen gesellschaftlichen Bereiche gegenüber der Technik in Hinblick auf ein gemeinsames Europa-Projekt.[14] Es erscheint von daher wichtig, Proliferationen und Instrumentalisierungen von Technikdiskursen nachzuzeichnen und eventuell damit einhergehende Wirkungen in Wissenschaft und Öffentlichkeit herauszuarbeiten, die zu möglichen europäischen Integrationsprozessen führten, diese eventuell aber auch untergraben oder behindert haben. Techniken eröffnen neue Dimensionen der Mobilität, die sich vor dem Hintergrund sich wandelnder politischer, rechtlicher und kultureller Rahmenbedingungen in Europa nach wie vor in großem Umfang und mit exorbitanter Reichweite vollziehen. Und umgekehrt sind Techniken auf europäische Spielräume angewiesen, wenn es um Wahrnehmungsprozesse, Übergabeprozeduren, Sicherheitschecks oder andere europäische Infrastrukturen geht. Doch auch die globalisierende Perspektive kann in diesem Prozedere nicht ausgeblendet bleiben, da sich die Techniken Europas ihrerseits wiederum in Abgrenzung von außer-europäischen Konzepten und Territorien definieren.

Es geht im vorliegenden Projekt also nicht um eine für sich zu betrachtende ›Europäistik‹, deren bloße Kontaktnahmen mit Technikdiskursen registriert und dokumentiert werden sollen. Es geht vor allem um die möglichen *Wechselverhältnisse* zwischen beiden Bereichen. Von daher wird die Idee ›Europa‹ auch nicht – oder besser gesagt: nicht nur – als Gründungsgeschichte des antiken Mythos begriffen,[15] sondern als *funktionales* Modell eines Denkmusters, das wirksam – und von daher notwendig konkret – in spezifischen Technikpraktiken partiell ausagiert wird. Das mythisch fundierte Erbe Europas einerseits und seine moderne Administrierung als Projekt andererseits, sind Teil einer fachübergreifenden europäischen Kulturgeschichte.[16] Interaktionen von Europa- und Technikkonzepten gehen nicht in einfachen Synthesen oder nationalen Perspektiven auf. Sie begründen vielmehr eine »exzentrische Identität«,[17] die ihre eigenen Bedingungen und Genealogien im Blick behält. Diesen Gedanken greift Johannes Bruns in seiner Fotocollage »Europa auf dem Stier, von dessen Mechanik aus ihrem Bett hochgedreht« aus dem Jahr 1988 [Abb. 8], auf:

»Seine Europa ist in eine alte Maschine mit einer Frucht obendrauf verwandelt, sie vermittelt Vorläufigkeit und Veränderlichkeit und fordert zu immer neuen und anderen Assoziationen heraus, indem sie fixierte bildliche Vorstellungen attackiert und auf Endgültigkeit gerichtete Überlegungen stört. Mit anderen Worten: der Künstler entzieht das Werk jeder allzu schnellen und voreiligen Vereinnahmung durch einen Betrachter, regt aber gleichzeitig mit der fehlenden Eindeutigkeit dessen Phantasie an und überlässt ihm die Tendenz zur Vervollkommnung.«[18]

Die tendenzielle Profanisierung von Europa-Bildern bedeutet jedoch nicht, dass der Mythos Europas zur Gänze ausgeblendet wird, im Gegenteil. Denn im Fokus der Technik scheint zumindest vordergründig das so genannte aufgeklärte Bewusstsein auf, das seinerseits mythische Muster integriert und rational umdeutet, was allerdings bekanntermaßen seit Horkheimer und Adorno auch in eine irrationale Dialektik umschlagen kann[19] – es sei betont: *kann*, nicht muss.

Abb. 8: Johannes Bruns, Europa auf dem Stier, von dessen Mechanik aus ihrem Bett hochgedreht, 1988, Fotocollage

Zwar gab es im Verlauf der Geschichte auch in anderen Kontinenten ein vergleichbar hohes Niveau der Technik wie in Europa, doch ist es eine auffällige Tatsache, dass es lange Zeit vor allem in Europa eine *forcierte* Technikentwicklung gab und darüber hinaus vor allem den ausgeprägten Drang, diese medial aufzuarbeiten, zu kommentieren und zu reflektieren. Die Technik ist dabei immer auch eine stark öffentlich exponierte Drehscheibe europäischer Aktivitäten gewesen, auf deren Schaubühne Unterschiedlichstes sichtbar werden sollte oder konnte. Technik wurde im Horizont Europas nicht nur als Mittel von Fortschritt und Modernisierungsprozessen deklamiert,[20] sondern auch als Agent der kulturellen Entwicklung ausgestellt. Die Konzeptionalisierung Europas spiegelt sich historisch betrachtet als Prozess in sekundären Modellen, die maßgebliche Orientierungsmodelle der Kultur dargestellt haben. Und zu diesen Modellen gehört die Technik in ganz gewichtigem Ausmaß dazu, was bislang in der Forschung nicht nur am Rande, sondern überhaupt noch nicht aufgearbeitet worden ist. Der vorliegende Sammelband leistet auf diesem Gebiet Grundlagenforschung.

Die wechselseitigen Interferenzen von technischen Innovationen und kulturellen Europakonzeptionen können und sollen im Betreten dieses Neulandes vor allem erste Orientierungsversuche sein. In ausgewählten Aktionszentren wird der konstitutive Charakter der Technik bei der Entwicklung bzw. Herausbildung von Europa-Konzepten als variables Dispositiv beleuchtet. Dies geschieht auf zwei einander komplementierenden Wegen. Zum einen soll eine möglichst breite Abdeckung historisch großer Zeiträume erfolgen, die zum anderen jedoch als Detailwahrnehmung ausgesuchter Wechselwirkungen von Technikkonzepten und Europabildern vonstatten geht. Dabei kommen auch wirtschaftshistorische und geographische Bestimmungen Europas zur Sprache. Diese Aspekte behandeln u. a. die Aufsätze von Anne-Marie Saint-Gille (»Coudenhove-Kalergis *Paneuropa* und *Apologie der Technik*. Versuch einer Überwindung des Kulturpessimismus«) und Alexander Gall (»Von den Schweizer Alpen über Gibraltar zum vereinten Europa. John Knittels *Amadeus* und Herman Sörgels Atlantropaprojekt«).

Allerdings geht es in den präsentierten exemplarischen Fallstudien weniger um eine wie auch immer geartete kontinuierliche Geschichte der Technik in Europa, in der gleichsam alle Stationen dieser Historie abgedeckt werden. Es geht vielmehr vorrangig um durch Techniken ausgelöste Transferprozesse, deren antagonistische und integrierende Bewegungen einen ›Bedeutungszusammenhang Europa‹ geprägt haben, welcher der Idee ein wandelbares und dennoch gegenüber den anderen Kontinenten distinktes Profil gegeben hat. In diesen Fragenkomplex reihen sich die Beiträge von Burkhardt Wolf (»*Gubernatoris ars*. Künste und Techniken europäischer Seeherrschaft«), Marcus Popplow (»Europa wider Willen? Die Konkurrenz um technische Innovationen als integratives Element des frühneuzeitlichen Europa«), Jan-Henrik Witthaus (»Kompass, Pulver, Presse. Zur technischen Ausrichtung des europäischen Raums in französischen Zeitschriften des 18. Jahrhunderts«), Angela Oster (»Technische und literarische Euphorien der Aeronautik. Die Entdeckung der Ballon-Luftfahrt in Frankreich und ihre europäische Rezeption: 1783 bis 1873) und Claude Conter (»Literatur und Technik. Wissenstransformationsprozesse im Zeitalter der Industrialisierung«) mit unterschiedlichen Schwerpunktsetzungen ein. Gerade in den jeweilig historisch wirksamen *medientechnischen* Gegebenheiten, also im ›Reden und Schreiben‹ über Technik, werden Leitbegriffe der Epochen explizit, die in ihnen ansonsten nur *virtuell* florieren, und zu diesen Leitbegriffen gehört über die Zeiten hinweg immer wieder auch der ›Europa‹-Begriff.

In diesem Austauschprozess haben nicht zuletzt die verschiedenen Künste sowie die Philosophie Schnittstellen besetzt, die für den hier interessierenden Zusammenhang Indiziencharakter haben und sowohl konkrete, ideale als auch utopische Europa-Bilder evoziert haben.[21] Dies zeigen an ausgewählten Fallbeispielen die Überlegungen von Roland Ißler (»Europas Aufbruch auf dem ›Stier der Zukunft‹. Ein Mythos zwischen Technikprogressionen und antiken Reminiszenzen in Lyrik und Oper der französischen Moderne«), von Almut-Barbara Renger (»›Ein Rudel blonder Raubthiere‹ [Nietzsche]. Europas Aufbruch im Spiegel der Theaterkritik von 1920: Zu Text und Aufführung von Georg Kaisers ›Europa‹, unter besonderer Berücksichtigung des Schlussaktes«) und von Vera Hofmann (»Europa und die Technik. Philosophische Konstruktionsversuche einer Allianz«). Der Abgleich von naturwissenschaftlich-physikalischen Technik-Diskursen mit literarischen und philosophischen Redeweisen erweist sich gerade auch im Kontext der Europa-Idee als spannungsgeladene Konstellation.

Gleichzeitig ist es wichtig, die diskursanalytische Relevanz in der transdiszipli-nären Rekonstruktion des Europabegriffes und seiner technologischen Dimensi-onen angemessen zu berücksichtigen. Denn gerade auch dort, wo Europa in den Quellen nicht nur semasiologisch – also explizit thematisch –, sondern diskursiv ver-klausuliert aufscheint, werden Fragestellungen wie die folgenden allererst sichtbar:
– Welche Europabilder wurden in den Entwicklungen der ›artes mechanicae‹ paral-lel – oder aber auch phantasievoll in Antizipation oder im Nachhinein – entfaltet?
– Welche weiteren Ideen und Konzepte (Kommunikationssysteme, Geschichts-modelle, Kommerz u.a.m.) wurden in der Interaktion von Europa- und Technikdis-kursen mitgetragen, gefördert oder aber auch behindert? Wie werden innerhalb dieser Konzepte der Begriff der Handlung und dessen ethische Implikationen integriert (bspw. Wartung und Sicherheit von Techniken im europäischen Raum; Übergabeprozeduren und Überwachungsinstanzen)?
– Gibt es *technische* Instrumentalisierungen des antiken Raubs der mythischen Europa? Hängen diese mit bestimmten semiotischen oder kognitiven Mechanis-men zusammen – und: sind diese historisch variabel? Gibt es technisch produ-zierte – und evtl. auch manipulierte – Diskurse zu Europa?
– Entwickelte sich in der technischen Praxis und Reflexion ein Europa-Bewusstsein in Abgrenzung zu nationalen Begrenzungen einerseits und zu globalisierenden Expansionen andererseits?
– Besteht zwischen den nationalen Insistierungen auf ›Herkunft‹ und den my-thischen ›Urszenen‹ Europas ein Zusammenhang? Gibt es hier Verbindungen zu Diskursen der Machtpolitik im Sinne Foucaults?
– Gab es im Fokus Europas Differenzen zwischen technischer Selbstwahrneh-mung als Repräsentationsform und alterdiskursiven Kommentaren oder ›Über-setzungen‹?[22]
– Und nicht zuletzt: hatte die auffallend häufige Thematisierung bzw. Performanz Europas in Technikdiskursen einen Einfluss auf Europa als ›Idee‹, die historisch wandelbar und potentiell identitätsstiftend *zugleich* ist und sich unter jeweils an-deren Bedingungen von Technik-Diskursen signifikant transformiert?

Der Fragenkatalog, den der Sammelband ausgehend von seinem Titel initiiert, kann nur ein vorläufiger sein und muss in nachfolgenden Forschungen um wei-tere wichtige Punkte erweitert und ergänzt werden, damit Europaforschungen – unter anderem mit Hilfe des Spiegels der Technik – nicht einfach in der histori-ographischen Summierung von Einzelstaaten versanden.[23] Hier erste Abhilfe zu schaffen, ist das Anliegen der im Folgenden abgedruckten Beiträge.

Der vorliegende Sammelband und die ihm vorausgegangene Tagung haben vielfältige Unterstützung erfahren. Dank gebührt in erster Linie dem Gastgeber, der das Projekt ideell gefördert und finanziell ermöglicht hat: dem *Internatio-nalen Zentrum für Kultur- und Technikforschung* der Universität Stuttgart, unter der Leitung von Georg Maag. Tatkräftig unterstützt haben im Rahmen des *IZKT* außerdem Elke Uhl und Felix Heidenreich. Ihnen allen gilt mein herzlicher Dank.

Angela Oster

Die Drucklegung wurde weiterhin unterstützt durch einen Druckkostenzuschuss des Departments II (Griechische und Lateinische, Romanische, Italienische und Slavische Philologie, Sprachen und Kommunikation) der Ludwig-Maximilians-Universität München. Auch hier gilt es, für die Förderung Dank zu sagen.

Nicht zuletzt möchte ich den Referenten der Tagung danken, ohne deren Beiträge und engagierte Mitarbeit der Sammelband in der vorliegenden Form nicht zu Stande gekommen wäre.

Anmerkungen

[1] Herodot, *Historien*, Buch IV, Kap. 45.

[2] Gustav Schwab, »Europa«, in: ders., *Die schönsten Sagen des klassischen Alterthums. Nach seinen Dichtern und Erzählern*, Gütersloh: C. Bertelsmann 1877, 26-33, hier: 33.

[3] Vgl. zu den Varianten des Europa-Mythos in der Antike die Übersicht von Winfried Bühler, *Europa. Ein Überblick über die Zeugnisse des Mythos in der antiken Literatur und Kunst*, München: Wilhelm Fink 1968.

[4] Vgl. allgemein: Sabine Poeschel, *Studien zur Ikonographie der Erdteile in der Kunst des 16.-18. Jahrhunderts*, München: Scaneg 1985. Vgl. speziell zum romanischen Fortleben der Seefahrt-Metapher Titus Heydenreich, *Tadel und Lob der Seefahrt. Das Nachleben eines antiken Themas in den romanischen Literaturen*, Heidelberg: Carl Winter 1970.

[5] Eine reichhaltige Zusammenstellung von ikonographischen Motiven bietet der Band: (Hg.) Siegfried Salzmann, *Mythos Europa. Europa und der Stier im Zeitalter der industriellen Zivilisation*, Ausstellungskatalog, Hamburg: Ellert & Richter 1988. Dort finden sich auch grundlegende Angaben zu den genealogischen und mythographischen Implikationen des Bildmaterials; vgl. bspw. zu Bonasone: 43.

[6] Vgl. dazu (Hgg.) Stefan Poser/Karin Zachmann, *Homo faber ludens. Geschichten zu Wechselbeziehungen von Technik und Spiel*, Frankfurt am Main: Peter Lang 2003.

[7] Vgl. dazu Hubert Kiesewetter, *Das einzigartige Europa. Wie ein Kontinent reich wurde*, Stuttgart: Steiner 2006.

[8] Peter Burke, »Did Europe exist before 1700?«, in: *History of European Ideas* 1 (1980), 21-29.

[9] Vgl. (Hgg.) Albrecht Koschorke/Thomas Frank/Ethel Matala de Mazza, *Der fiktive Staat. Konstruktionen des politischen Körpers in der Geschichte Europas*, Frankfurt am Main: Fischer 2006.

[10] Dass die Technik im Zeitraum der Frühen Neuzeit eine wichtige Rolle gespielt hat, ist in der Forschung nicht umstritten. Vgl. hier grundlegend Marcus Popplow, *Neu, nützlich und erfindungsreich. Die Idealisierung von Technik in der frühen Neuzeit*, Münster/New York/München/Berlin: Waxmann 1998; Pamela O. Long, *Openess, Secrecy, Authorship, Technical Arts and the Culture of Knowledge from Antiquity to the Renaissance*, Baltimore/London: JHU Press 2001.

[11] Vgl. Jürgen Fischer, *Oriens, Occidens, Europa. Begriff und Gedanke ›Europa‹ in der späten Antike und im frühen Mittelalter*, Wiesbaden: Steiner 1957; Basileios Karageorgos, »Der Begriff Europa im Hoch- und Spätmittelalter«, in: *Deutsches Archiv für die Erforschung des Mittelalters* 48 (1992), 137-164.

[12] Für das Mittelalter dokumentiert die Relevanz der Technik in Europa der umfangreich Band von (Hg.) Uta Lindgren, *Europäische Technik im Mittelalter 800-1400. Tradition und Innovation*, Berlin: Gebr. Mann 1997. Vgl. zur Antike: Astrid Schürmann, *Griechische Mechanik und antike Gesellschaft*, Stuttgart: Steiner 1991; John Gray Landels, *Die Technik in der antiken Welt*, München: Beck 1989. Für die modernere Zeit sind weiterhin die Arbeiten von Harro Segeberg zu Medien/Literatur und Technik einschlägig.

[13] Zu den ›Berufssparten‹ gibt es bislang vereinzelte Untersuchungen, vor allem zum Ingenieurswesen und zur Epoche der Renaissance; vgl. exemplarisch (Hg.) Paolo Galluzzi, *Renaissance Engineers. From Brunelleschi to Leonardo da Vinci*, Florenz: Giunti 1996; (Hg.) Alessandra Fiocca, *Giambattista Aleotti e gli ingegneri del rinascimento*, Florenz: Olschki 1998; Nicolás García Tapia, *Ingenieria y arquitectura en el Renacimiento español*, Valladolid: Universidad de Valladolid 1990; (Hgg.) Claudia Conforti/Andrew Hopkins, *Architettura e tecnologia. Acque, tecniche e cantiere nell'architettura rinascimentale e barocca*, Rom: Nuova Argos 2002; Bertrand Gille, *Les ingénieurs de la Renaissance*, Paris: Points 1964.

[14] Besonders plakativ äußert sich der Kulturpessimismus in Hinblick auf die Technik bekanntlich bei Oswald Spengler, *Der Mensch und die Technik. Beiträge zu einer Philosophie des Lebens*, München: Beck 1931.

[15] Vgl. dazu Luisa Passerini, *Il mito d'europa. Radici antiche per nuovi simboli*, Firenze: Giunti 2002.

[16] Dies ist auch das Anliegen eines Sammelbandes, der religionshistorische Akzente setzt: (Hg.) Daniel Weidner, *Figuren des Europäischen. Kulturgeschichtliche Perspektiven*, München: Wilhelm Fink 2006.

[17] Rémi Brague, *Europa. Eine exzentrische Identität*, Frankfurt am Main/New York: Campus 1993.

[18] Salzmann, *Mythos Europa*, a.a.O., 332.

[19] Max Horkheimer/Theodor W. Adorno, *Dialektik der Aufklärung. Philosophische Fragmente*, Frankfurt am Main: Fischer 1981.

[20] Diesem Aspekt widmet sich der Sammelband (Hgg.) Gisela Engel/Nicole C. Karafyllis, *Technik in der Frühen Neuzeit. Schrittmacher der europäischen Moderne*, Frankfurt am Main: Vittorio Klostermann 2004. Weiterhin grundlegend für den Bereich der Literaturwissenschaft: Harro Segeberg, *Literatur im technischen Zeitalter. Von der Frühzeit der deutschen Aufklärung bis zum Beginn des ersten Weltkriegs*, Darmstadt: Wissenschaftliche Buchgesellschaft 1997.

[21] Vgl. dazu Klaus Garber, *Literatur und Künste im Europa der Frühen Neuzeit*, München: Wilhelm Fink 2006.

[22] Eine besonders wichtige ›Leerstelle‹ ist in diesem Zusammenhang nach wie vor nahezu unerforscht geblieben: die Gender-Perspektive auf Europa- und Technikkonzepte. Dieser blinde Fleck müsste in einer umfangreicheren Publikation grundlegend aufgearbeitet werden und kann und soll im vorliegenden Band auf Grund seines exzeptionellen und voraussetzungsreichen Profils nicht ›en passant‹ abgehandelt werden. Um nur ein Beispiel zu nennen: Es ist auffällig, dass ›Europa‹ auch kartographisch im Verlauf der Geschichte bevorzugt als ›weiblicher Körper‹ dargestellt worden ist. (Einen ersten Eindruck vermittelt: Jörg-Geerd Arentzen, *Imago Mundi Cartographica. Studien zur Bildlichkeit mittelalterlicher Welt- und Ökumenekarten*, München: Fink 1984). Diese Darstellung ist oftmals an die umfangreiche Ikonographie des Europamythos gebunden, und es werden in diesem Zusammenhang zum Teile imposante, zum Teil bizarre Phantasien ausagiert. Was bedeutet es zum Beispiel, wenn ›Europa‹ als ›keusche Einheit‹ vorgestellt wird, deren Integrität gegen ›andere‹ Zugriffe verteidigt werden muss? Und was bedeutet es, wenn bestimmten Ländern in diesen Bildern bestimmte Körperteile zugewiesen werden (Kopf, Extremitäten, Geschlecht) und den Figurationen bestimmte technische Hilfsmittel ›an die Hand‹ gegeben werden? – Dies nur als Ausschnitt des möglichen Fragenkatalogs in Hinblick auf die diffizilen Interferenzen von Europa, Technik, Gender, Symbol, Imagination und Machtpolitik.

[23] Vgl. Hagen Schulze, »Europa als historische Idee«, in: (Hg.) Werner Stegmaier, *Europa-Philosophie*, Berlin/New York: Walter de Gruyter 2000, 1-13, hier: 2: »So erweist sich also auch die Definition des Kontinents durch einfache Addition seiner politischen Bestandteile als durchaus ungenügend. Überdies zeigen die genannten Beispiele, daß sich Europa nicht einfach durch eine Momentaufnahme abbilden läßt: Begriff und Wesen sind nur mit Blick auf den historischen Wandel zu erfassen, wie er sich in den Köpfen der Menschen spiegelt.«

Europa wider Willen?
Konkurrenz um technische Innovationen als integratives Element des frühneuzeitlichen Europa

Marcus Popplow

I. Einleitung

Haben technische Wandlungsprozesse integrative Potentiale zur Kultur Europas beigesteuert? Der vorliegende Beitrag untersucht eine der Leitfragen dieses Sammelbandes mit Bezug auf die Zeit zwischen etwa 1450 und 1800. Die wirtschaftlich dominierenden Regionen Europas wurden in diesen Jahrhunderten vielfach von gemeinsamen technischen Wandlungsprozessen überformt – und zwar lange vor der im 18. Jahrhundert in Großbritannien einsetzenden Industrialisierung. Dabei handelte es sich gerade nicht um einen kulturell oder politisch intendierten Einigungsprozess, sondern, wie es der Titel des Beitrags andeutet, um eine Entwicklung ›wider Willen‹: um Prozesse des Techniktransfers als Ergebnis der erbitterten Konkurrenz unter den Herrschaftsträgern der europäischen Frühen Neuzeit um militärische, ökonomische und kulturelle Vorrangstellungen. Technologischer Vorsprung war im militärischen Bereich insbesondere im Belagerungskrieg überlebenswichtig; in der Ziviltechnik wurde er als Mittel zur Sicherung wirtschaftlicher Stärke erstrebt. Nicht zu vergessen ist auch das symbolische Potential innovativer Technik: So wie mechanische Schlaguhren seit dem 15. Jahrhundert europaweit zum Prestigeobjekt selbst kleiner Städte wurden, galt ein ausgebautes Netz befestigter Chausseen im 18. Jahrhundert als Gradmesser der guten Regierung eines Territoriums – ganz zu schweigen von dem sich im 17. und 18. Jahrhundert verschärfenden Wettbewerb der europäischen Fürsten um möglichst hohe Fontänen in den Gärten ihrer Residenzen, was in ebenen Lagen zu außerordentlichen Anstrengungen beim Bau von Wasserhebewerken und Wassertürmen führte.

Generell währte die Vorreiterrolle bestimmter Regionen Europas, sei es im Bau von Kriegsschiffen, sei es bezüglich von Technologien in der Textilverarbeitung, oft nur einige Jahrzehnte, bis die Konkurrenz aufgeschlossen hatte. Dennoch stützten sich ganze Gewerberegionen zeitweise nicht nur auf starke Handelsbeziehungen und die Verfügbarkeit über Kapital, Rohstoffe und Energieressourcen, sondern auch auf herausragende technische Kompetenzen. Sie konnten ihre Vorrangstellung jedoch nicht dauerhaft verteidigen – dies betrifft Oberitalien und Oberdeutschland im Spätmittelalter ebenso wie Flandern und die Niederlande im 16. und 17.

Jahrhundert oder später das England der Hochindustrialisierung.[1] Derartige Verlagerungen stehen jedoch nicht im Widerspruch zu dem oben angesprochenen Charakteristikum der Homogenisierung technischer Kompetenzen über die politischen Grenzen einzelner Territorien hinweg. Denn als Resultat dieser wechselnden Vorreiterrolle verfestigte sich im Verlauf der Frühen Neuzeit gewissermaßen durch ›gegenseitiges Aufschaukeln‹ eine gemeinsame Basis technischer Expertise in Europa. Das dabei akkumulierte Wissen ging im Lauf der Frühen Neuzeit kaum mehr verloren. Wenn sowohl in der historischen Forschung als auch in aktuellen Debatten die »Einheit in der Vielfalt« als wesentliches Charakteristikum Europas identifiziert wird,[2] dann entspricht dem in der Frühen Neuzeit für den hier interessierenden Bereich eine gemeinsame Basis technischer Wissensformen und Leitbilder, auf der sich spezifische Technologien schließlich in regional durchaus eigenständiger Form entfalteten.

Natürlich war das frühneuzeitliche Europa aus globalhistorischer Perspektive keine Insel technischen Wissens. Eine ganze Reihe technischer Innovationen wie Kompass, Schießpulver oder Papier hatten Zentraleuropa bereits um 1500 über die Vermittlung aus dem Fernen und Nahen Osten erreicht. Im 17. und 18. Jahrhundert regten dann begehrte exotische Handelswaren europäische Nacherfindungen an und gaben damit der europäischen Wirtschaft entscheidende Impulse – dies betrifft Färbe- und Drucktechniken indischer Baumwollstoffe ebenso wie die Lackierung chinesischer und japanischer Kleinmöbel und vor allem das chinesische Porzellan.[3] Doch zu einem wechselseitigen Austausch technischen Expertenwissens mit anderen Weltregionen kam es nur in sehr geringem Maße. Dies lag nicht zuletzt daran, dass die Herstellung der Luxusgüter des Mittleren und Fernen Ostens weniger ein Produkt des Einsatzes spezifischer Maschinen und Instrumente war, als vielmehr auf komplexen Strukturen avancierter handwerklicher Fertigungsprozesse beruhte, die naturgemäß weit schwieriger zu kopieren waren. Als sich durch die Kolonialisierung der Kontakt Europas mit anderen Weltregionen intensivierte – und sich gleichzeitig die Konkurrenz der europäischen Kolonialreiche untereinander um eine weitere Dimension erweiterte –, inventarisierten Seefahrer, Kaufleute und Gelehrte zwar die pflanzlichen, tierischen und mineralischen Ressourcen überseeischer Regionen und prüften sie auf ihren ökonomischen Nutzen hin. Die technischen Errungenschaften Europas jedoch, insbesondere im Sinne von Instrumenten und Maschinen, galten denen anderer Weltregionen von Beginn des Kolonialisierungsprozesses an als grundsätzlich überlegen.

Innerhalb Europas beäugten die europäischen Kernregionen der Frühen Neuzeit ihren jeweiligen Stand der Technik auf Grund der fragilen politischen Allianzen und häufigen militärischen Auseinandersetzungen ebenso argwöhnisch wie interessiert. Trotz aller Geheimhaltungsversuche ermöglichten die vielfältigen Wirtschaftsbeziehungen, durch welche die europäischen Territorien seit dem Mittelalter verknüpft waren, vielfach den Austausch entsprechender Expertise.

Auf diesen Wegen wurde nicht nur personal gebundenes Wissen durch reisende Techniker oder Kaufleute vermittelt; seit dem 16. Jahrhundert intensivierten sich auch die medial gestützten Netzwerke der Kommunikation technischen Wissens, sei es durch gedruckte technische Literatur, die informellen Korrespondenzen der Gelehrtenkultur oder die Publikationen der wissenschaftlichen Akademien. Dass von diesem Prozess bereits vor 1800 Impulse ausgingen, welche die europäischen Kernregionen nicht nur zu einem lose verbundenen Wirtschafts-, sondern auch zu einem ›Technikraum‹ machten, ist jedoch bislang kaum explizit diskutiert worden.

Die Frühneuzeitforschung hat in den intensiven Europadebatten der letzten Jahre den Faktor Technik eher unterbelichtet gelassen. Als klassische Elemente der »innereuropäischen Kohäsion« gelten beispielsweise die »Heiratspolitik des Hochadels, die adlige Kavalierstour, die Mobilität der Gelehrten« und ihre Korrespondenznetze, hinzu kommen Faktoren wie die Migration von Handwerkern, Soldaten, Ordensangehörigen oder Künstlern.[4] Dem Postwesen und der Verdichtung der Verkehrsinfrastruktur wird zu Recht eine zentrale Rolle für den Informationsaustausch zugeschrieben. Der mögliche Beitrag anderer Technologien wird in dieser Debatte jedoch ebenso wenig wie die vielfach eng vernetzten wirtschaftlichen Beziehungen und die Handelswege zwischen den europäischen Territorien als Faktor der Konstitution und Wahrnehmung Europas diskutiert. Das liegt sicher nicht an einem unzureichenden Stand der Forschung zu diesen Themen, denn zu entsprechenden Transferprozessen zwischen wichtigen europäischen Gewerberegionen der Frühen Neuzeit liegen zahlreiche Arbeiten vor. Ihr eher wirtschaftshistorisch inspiriertes Erkenntnisinteresse konzentriert sich allerdings stärker auf die Frage, wie sich die ökonomische Leistungsfähigkeit einzelner Regionen in Abhängigkeit von der Verfügbarkeit über technische Expertise und Innovationen veränderte.[5] Das integrative Potential solcher Wandlungsprozesse für eine einheitliche Ausrichtung der europäischen Entwicklung wird dabei implizit konstatiert, aber nicht gesondert analysiert – sicher nicht zuletzt deshalb, weil dieser Aspekt auch in den Diskursen der Zeitgenossen kaum präsent war, welche eher die gegenseitige Konkurrenz betonten.

Aktuell könnten zwei unterschiedliche Impulse das Interesse der historischen Forschung an dem Zusammenhang von Europäisierungs- und Technisierungsprozessen verstärken: Zum einen fördern globalhistorische Ansätze die Suche nach Kategorien, mit denen die technische und ökonomische Entwicklung Europas mit der anderer vorindustrieller Hochkulturen verglichen werden kann, zum anderen wirft der politische und wirtschaftliche Einigungsprozess Europas die Frage nach dessen historischer Dimension auf.

Als einheitlicher Raum technischen Wissens wird Europa am ehesten in der vielfältigen internationalen Debatte verstanden, die Europas Sonderweg in die Industrialisierung gegenüber vergleichbaren Ausgangsbedingungen hoch entwickelter Kulturen wie China, Indien oder dem arabischen Kulturraum zu erklären sucht.[6] Natürlich wird dabei berücksichtigt, dass das England der Frühindustrialisierung ebenso wenig mit den Verhältnissen in peripheren Regionen auf dem europäischen Kontinent gleichzusetzen ist, wie das vorindustrielle »China« mit seinen völlig unterschiedlichen Wirtschaftsregionen eine homogene Einheit darstellte. Die Aufmerksamkeit gilt dennoch »spezifisch europäischen Kulturerscheinungen«, die diesen Teil der Welt von anderen Hochkulturen unterschieden. In dem maßgeblichen Überblick, der solche Faktoren bereits im Mittelalter identifiziert, werden beispielsweise Modalitäten des Getreideanbaus ebenso wie die Sozialstruktur der Grundherrschaft, Familienbeziehungen, Herrschaftsverhältnisse oder die Organisationsformen der westlichen Christenheit auf ihre einigenden Tendenzen hin untersucht.[7] Arbeiten, die sich auf die Frühe Neuzeit konzentrieren, diskutieren dann unter den »europaspezifischen« Faktoren vielfach speziell die kontinuierliche Konkurrenz zwischen den europäischen Territorien um wirtschaftliche und technische Vorrangstellung.[8] Sie gilt als Triebfeder für die Herausbildung einer innovationsfreundlichen Kultur und damit für die Dynamik der europäischen Technikentwicklung insbesondere ab dem 18. Jahrhundert, die in dieser Form in anderen Hochkulturen nicht zu finden ist, selbst wenn diese vielfach – und früher – über dieselben technischen Erfindungen verfügten. In derselben Linie wie die oben genannten wirtschaftshistorischen Arbeiten gehen auch diese globalhistorischen Reflexionen stets von gemeinsamen europäischen Entwicklungslinien aus. Das integrative Potential dieses Prozesses für die europäischen Territorien selbst findet dabei jedoch keine gesonderte Aufmerksamkeit.

Der aktuelle europäische Einigungsprozess wiederum hat vor allem technikhistorische Arbeiten zum 19. und 20. Jahrhundert inspiriert. Sie weisen nun dezidiert darauf hin, dass es sich hier nicht nur um einen politischen Aushandlungsprozess handelt, sondern dass auch so unterschiedliche Entwicklungen wie der Aufbau europäischer Infrastrukturen oder die Konstituierung einheitlicher Konsummuster ein integratives Potential entfaltet haben.[9] Dass die Frühe Neuzeit in diesem Panorama bislang nicht beachtet worden ist, lässt sich eigentlich kaum mit inhaltlichen, sondern nur mit forschungsstrategischen Entscheidungen begründen, da der Einsatz vieler Technologien in den europäischen Regionen vor 1800 alles andere als isoliert voneinander ablief.

Dieser Beitrag soll dementsprechend Ergebnisse der Forschung zu Austauschprozessen technischer Expertise zusammenfassen, die das frühneuzeitliche Europa als gemeinsamen Erfahrungs- und Kommunikationsraum für technische Entwicklungen erkennen lassen: Erstens sind die Wege zu skizzieren, auf denen personengebundenes technisches Wissen zirkulieren konnte, zweitens sind Beispiele für einige Technologien zu nennen, bei denen europaweite Austauschprozesse besonders deutlich werden, drittens ist auf die Verdichtung von Speichermedien und Institutionen technischen Wissens hinzuweisen, mittels derer sich solche Austauschprozesse im Verlauf der Frühen Neuzeit intensivierten.[10] Zur Frage, inwiefern solche faktischen Tendenzen zur Homogenisierung technischer Entwicklungen auf hohem Niveau in der Zeit vor 1800 Spuren in der Formierung eines europäischen Bewusstseins oder gar explizit formulierter Europakonzepte hinterlassen haben, fehlen bislang eingehendere Untersuchungen. Auf dieses Problem, das im Übrigen auch für politische oder kulturelle Europakonzepte bislang nicht eindeutig geklärt ist, kann an dieser Stelle nur abschließend mit einigen explorativen Bemerkungen eingegangen werden.

II. Mobilität technischer Experten im frühneuzeitlichen Europa

Das zuweilen in der traditionellen Geschichtsschreibung gepflegte Bild, nach dem Techniktransfer bis zum Machtverlust der Zünfte im Zuge der Industrialisierung durch deren starre Regularien stark eingeschränkt war, ist durch eine Vielzahl neuerer Arbeiten korrigiert worden.[11] Es beschreibt weder angemessen die Situation im frühneuzeitlichen Handwerk, noch deckt es Bereiche außerhalb des Zunftwesens ab, d.h. die Tätigkeit von Ingenieuren, Architekten oder vergleichbaren Experten, die entweder besonders komplexe Arbeiten wie astronomische Uhren oder wissenschaftliche Instrumente verfertigten oder Großprojekte wie Wasserhebewerke oder Festungsbauten für private Auftraggeber und insbesondere Territorialherren ausführten.[12]

Zweifellos herrschten in manchen frühneuzeitlichen Gewerben zuweilen drakonische Strafen für die Weitergabe technischen Wissens.[13] Damit gelang es zum Teil durchaus, eine erreichte Vorrangstellung über lange Zeiträume hinweg aufrecht zu erhalten, ein klassisches Beispiel ist die venezianische Glasproduktion. Vergleichbar strenge Geheimhaltung gab es seit dem Spätmittelalter auch in obrigkeitlich verwalteten Großbetrieben wie im Bergbau oder dem Schiffbau auf Grund ihrer zentralen ökonomischen bzw. militärischen Bedeutung. Dies schloss allerdings Verschriftlichungsprozesse nicht aus: Büchsenmeister wurden im 15. Jahrhundert von ihren Dienstherren teilweise verpflichtet, ihre Rezepte zur Bereitung von Schießpulver in Notizbüchern festzuhalten und sicher zu verwahren, damit ihr Wissen nicht im Falle des nicht unwahrscheinlichen Todes auf dem Schlachtfeld vollständig verloren war. Später zeigte auch das im 18. Jahrhundert aufgebaute Manufakturwesen vielfach Tendenzen zur Geheimhaltung, obwohl Manufakturen für Luxusprodukte wie Porzellan oder Seide in der Regel zunächst einmal auf den Import auswärtiger Handwerker angewiesen waren, da die nötigen Spezialkenntnisse kaum je komplett vor Ort vorhanden gewesen sind. Derartige Abschottungstendenzen konnten jedoch auch kontraproduktiv wirken. Für die Nürnberger Metallhandwerke der Frühen Neuzeit ist argumentiert worden, dass die Maßnahme des Rates der Stadt, sie zu »gesperrten« Handwerken zu erklären und damit Gesellen und Meistern die Weitergabe ihres Wissens zu verbieten, letztlich zum Verlust ihrer Vorrangstellung führte: Denn damit waren auch die betroffenen Nürnberger Metallhandwerker selbst von den kontinuierlich zirkulierenden, überregionalen Informationsflüssen abgeschnitten.[14]

Gerade Traditionen wie die Gesellenwanderung sorgten üblicherweise für einen Austausch und eine Verstetigung von Fachwissen. Zünfte waren durchaus an Innovationen interessiert, um sich Wettbewerbsvorteile zu verschaffen und lehnten sie vornehmlich dort ab, wo sie bestehende Verdienstmöglichkeiten ihrer Mitglieder bedrohten. Die hier interessierende europäische Dimension zeigt vielleicht am besten die Ansiedlung auswärtiger Handwerker, die von den Obrigkeiten vielfach wohlwollend betrachtet oder aktiv gefördert wurden, solange sie keine Konkurrenz zu einheimischen Gewerben darstellten, sondern die Palette vor Ort verfügbarer Fertigkeiten und Produkte ergänzten. Die neuere Migrationsforschung hat der Erforschung solcher Zusammenhänge vielfach neue Impulse gegeben. Ein Sonderfall solcher Migrationsprozesse waren Glaubensflüchtlinge, die vielfach auch wegen ihres ökonomischen Potentials und ihrer spezifischen gewerblichen oder agrarischen Kenntnisse aufgenommen wurden. Impulse für die Übernahme auswärtiger Techniken resultierten darüber hinaus aus der kulturellen Konkurrenz der Höfe oder auch der Tradition gegenseitiger Geschenke von Luxuswaren, die Handwerker vor Ort nachzubilden suchten. In speziellen Fällen wie dem Bau wissenschaftlicher Instrumente, der in der Gelehrtenrepublik des 17. und 18. Jahrhunderts intensiv diskutiert wurde, entstanden europaweite Netzwerke des Austausches von Fachwissen und Objekten.

Gegenüber der gewerblichen Produktion standen Ingenieure, Architekten und vergleichbare technische Experten von vornherein unter einem höheren Innovationsdruck. Wie bei spezialisierten Handwerkern war Expertise für zivile oder militärische Großprojekte häufig nicht vor Ort verfügbar. Ihre Träger pendelten schon seit dem Mittelalter über größere Distanzen und arbeiteten im Lauf ihrer Karriere für unterschiedliche Auftraggeber, eine kleine Schicht unter ihnen selbst in verschiedenen europäischen Regionen. Italienische Festungsbauingenieure finden sich so im 16. Jahrhundert in Spanien ebenso wie in Frankreich oder den deutschen Landen, niederländische Experten im Wasserbau waren im 17. Jahrhundert ebenfalls in deutschen Territorien und selbst in Italien gefragt, Fachleute im Montanwesen migrierten im 16. Jahrhundert in größerer Anzahl aus den Alpenregionen nach England.[15] Zuweilen wurden solche Experten befreundeten Herrschern auch offiziell für die Durchführung oder Begutachtung von Projekten zur Verfügung gestellt. Ähnliches gilt für Architekten, die nicht nur stilistische Neuerungen wie die italienische Renaissancearchitektur in Europa verbreiteten, sondern auch neue Bautechniken, beispielsweise für Gewölbe- und Dachkonstruktionen.

Zu bedenken ist in diesem Kontext, dass Mobilität nicht nur den auszeichnete, der sich bereits einen Namen gemacht hatte. Kenntnisse des aktuellen Standes des Festungs- oder Wasserbaus waren am Heimatort allein in der Regel nicht zu gewinnen, vor dem Aufbau der französischen Ingenieurschulen des 18. Jahrhunderts gab es nur sehr rudimentäre Ansätze einer formalisierten Ausbildung. Mobilität in der Heimatregion gehörte daher für werdende Experten zum Alltag, ab etwa 1600 finanzierten Fürsten nördlich der Alpen sogar in Einzelfällen die ›Bildungsreise‹ viel versprechender Architekten nach Italien. Eine kleine Schicht weit gereister Ingenieure und Architekten konnte so für sich in Anspruch nehmen, einen Überblick über den aktuellen Stand der Technik in Europa gewonnen zu haben. Wenn der württembergische Landesbaumeister Heinrich Schickhardt zur Skizze einer innovativen Wasserhebeanlage für die Wasserversorgung von Schloss Hellenstein bei Heidenheim um 1600 bemerkte: »Ist ein künstlich nutzlich werkh, der gleichen wenig oder gar keins dieser Zeit weder in Italien, Franckhreich oder Teütschland gefunden wirt«, verdeutlicht dies den Horizont, vor dem er auf Grund mehrerer Reisen als Begleiter seines Landesherrn ausgefallene technische Lösungen beurteilte.[16] Was solche Fachleute nicht selbst in Augenschein genommen hatten, war ihnen möglicherweise von anderen Ingenieuren in deren Skizzenbüchern gezeigt worden. Auch die technische Literatur bot zunehmend Möglichkeiten, sich über technische Ideen zu informieren, darauf wird noch zurückzukommen sein. In welchen Fällen genau eine solche europäische Perspektive zu konkreten Prozessen des Techniktransfers führte und wo entsprechende Versuche scheiterten, bliebe noch im Überblick darzustellen. Ein zentrales Problem bestand darin, dass sich auswärtige Experten bei dem Versuch, ihnen vertraute technische Lösungen in der Ferne zu realisieren, stets dem vor Ort verfügbaren Wissen ausführender Handwerker und den dort zugänglichen Materialien anpassen mussten.

Der frühe Patentschutz in Form der seit dem 15. Jahrhundert von zahlreichen europäischen Herrschern verliehenen Erfinderprivilegien war Teil der Versuche, auswärtige Expertise für das eigene Territorium zu gewinnen.[17] Das Angebot, neue und leistungsfähigere Mühlwerke, Wasserhebeanlagen oder auch sparsame Brennöfen nach entsprechender Begutachtung für einen Zeitraum bis zu zwanzig Jahren vor unbefugtem Nachbau zu schützen, schloss formell an Traditionen an, gesuchte auswärtige Handwerker durch Privilegien beim Aufbau einer Existenz zu schützen. Bei den Erfinderprivilegien ging es jedoch nicht darum, eine Person sofort dauerhaft an einen Ort zu binden, vielmehr bezog sich der Schutz nur auf die privilegierte Erfindung und war demnach implizit mit der Hoffnung verbunden, dass sich entsprechend ausgezeichnete Experten vor Ort selbst um Aufträge zur Umsetzung ihrer Erfindungen kümmern und damit der einheimischen Wirtschaft nutzen würden. Inwiefern diese Bemühungen messbaren Erfolg hatten, ist erst für einige Fallbeispiele untersucht. Zweifellos jedoch waren unter den Antragstellern, sei es in Italien, sei es nördlich der Alpen, tatsächlich zahlreiche ›Ausländer‹, so dass Quellenbestände solcher Privilegien entsprechende Wanderungsbewegungen eindrücklich dokumentieren.

Die verschlungenen Wege, auf denen individuelles, nicht schriftlich fixiertes technisches Wissen in Europa zirkulierte, sind oft nur schwer zu rekonstruieren

– das gilt für so unterschiedliche Bereiche wie den Bausektor ebenso wie für die Verbreitung neuer Nutz- und Futterpflanzen.[18] Entsprechend schwierig sind Aussagen darüber, wie sich solche Prozesse im Verlauf der Frühen Neuzeit entwickelten und inwiefern sie zur Herausbildung eines ›europäischen Horizontes‹ führten. Mit der Konsolidierung der Territorialherrschaften im 18. Jahrhundert professionalisierten sich jedenfalls Versuche, auswärtiges Fachwissen durch umfassende Spionagetätigkeit zu erlangen.[19] Insbesondere die kontinentalen Staaten schickten im Verlauf des 18. Jahrhunderts zunehmend Diplomaten, Kaufleute, Handwerker oder Gelehrte nach England, um Genaueres über den immer deutlicher zu Tage tretenden industriellen Vorsprung des Landes zu erfahren. Oft waren, z.B. in Frankreich und Schweden, die wissenschaftlichen Akademien mit der Planung und Durchführung solcher Reisen betraut, um beispielsweise bestimmte Verfahren in der Metallverarbeitung zu studieren und möglicherweise lokale Experten abzuwerben.

Solche Spionagetätigkeit ist nicht immer eindeutig von der nun ebenfalls zunehmend institutionalisierten ›technologischen Reise‹ zu trennen. Dabei handelte es sich gewissermaßen um eine Form der Grand Tour für junge Fürsten oder hohe Staatsbeamte, deren Wissenshorizont mit Blick auf die Förderung der ökonomischen Situation des eigenen Territoriums erweitert werden sollte. Die Aufmerksamkeit für die wirtschaftliche Verfasstheit eines Ortes stand ohnehin von Beginn an auf dem Programm der gelehrten Reisehandbücher der Frühen Neuzeit und schloss auch bemerkenswerte technische Anlagen ein. Wie weit nun im 18. Jahrhundert beispielsweise deutsche Reisende tatsächlich Einblicke in die gewerbliche Produktion Frankreichs oder Englands bekamen, hing nicht zuletzt von Zufällen ab. Selbst im Erfolgsfall war es jedoch in der Regel kaum möglich, durch Anschauung gewonnenes Wissen nach der Rückkehr deckungsgleich umzusetzen. Erinnert sei wiederum an die Bedeutung der Expertise der ausführenden Handwerker und der verfügbaren Rohstoffe, was gerade in der Metallverarbeitung von entscheidender Bedeutung sein konnte.

Die im Vorangehenden grob skizzierten Möglichkeiten der Zirkulation technischen Wissens zwischen den Kernregionen Europas führten nun in der Tat dazu, dass sich bereits vor 1800 – bei allen verbleibenden Divergenzen und ›nationalen‹ Stilen der Technikentwicklung – eine avancierte Basis gemeinsamer technischer Kompetenzen in Europa herausbildete. Dies zeigt sich nachdrücklich daran, dass zahllose Innovationen im Verlauf weniger Jahrzehnte in anderen gewerblichen Zentren nachgebaut oder verbessert werden konnten. Einige Beispiele dafür seien in den folgenden Abschnitten kurz skizziert.

III. Europaweite Verbreitung neuer Technologien

Wie rasch eine innovative Technologie in ganz Zentraleuropa übernommen werden konnte, zeigt wohl am besten die Verbreitung des Buchdrucks in den

26

Jahrzehnten nach der Veröffentlichung der ersten Druckwerke Johannes Guten-
bergs um 1450.[20] Um 1500 sind bereits nördlich wie südlich der Alpen und von
Spanien bis Polen an über zweihundert Orten Buchdruckerwerkstätten nach-
weisbar – trotz der erforderlichen, erheblichen Investitionen. Dabei erfolgte der
Techniktransfer vollständig auf personalem Wege, ohne Stützung durch Medien
oder Institutionen. Dies zeigt erstens, dass die Migration spezialisierter Handwerker wie den Buchdruckern grundsätzlich möglich war. Zweitens waren überall in Europa grundlegende Kenntnisse des Umgangs mit spezifischen Metallle-
gierungen, des Baues größerer mechanischer Geräte und der Farbenherstellung
vorhanden. Auf ihrer Basis konnte dann das Gießen der Lettern, die Konstruktion
der Spindelpressen und die Zubereitung der Druckerschwärze erlernt werden.
Auch die seit dem Spätmittelalter erreichte, breite Verfügbarkeit über Papier ist
einer der Faktoren, ohne welche Druckerwerkstätten nicht erfolgreich hätten auf-
gebaut werden können. Hier wie bei anderen Technologien ist zudem stets die
Konsumentenseite zu bedenken, in diesem Fall die Nachfrage nach Druckerzeug-
nissen unterschiedlicher Inhalte und unterschiedlicher Art. Die globalhistorische
Perspektive verdeutlicht angesichts der weitgehend ausgebliebenen Nutzung
der Technologie des Buchdrucks im Osmanischen Reich und im arabischen Raum,
dass diese Aufnahmebereitschaft für Druckerzeugnisse in Zentraleuropa keine
Selbstverständlichkeit darstellte, sondern vielmehr auf grundlegenden kulturellen Gemeinsamkeiten beruhte.[21]

Eine etwa zeitgleiche, aber völlig anders dimensionierte Entwicklung stellt die
europaweite Durchsetzung neuer Prinzipien geometrisch angelegter Festungsbauten dar.[22] Sie war eine Reaktion auf die Verbreitung großer Geschütze nach
der Übernahme des Schießpulvers in Europa seit dem 14. Jahrhundert. Als diese
Feuerwaffen im 15. Jahrhundert im Belagerungskrieg mit zunehmender Effekti-
vität zum Einsatz kamen, hatten ihnen die mittelalterlichen Befestigungsmau-
ern wenig entgegenzusetzen. Die Suche nach Verteidigungswerken, die gegen
die neuartige Artillerie bestehen konnten, führte nördlich wie südlich der Alpen
zu unterschiedlichen Lösungen. Besonderes Renommee genossen im 16. Jahrhundert jedoch die geometrisch angelegten bastionären Verteidigungssysteme
italienischer Festungsbaumeister, die raumgreifende und häufig mit Mauerwerk
versehene Wallanlagen erforderten. Nachdem zunächst vielfach italienische Experten nördlich der Alpen in Dienst gestellt wurden, holten die einheimischen
Militäringenieure diesen Wissensvorsprung im Laufe von ein oder zwei Generationen auf und entwickelten selbst neue Varianten. Festungswerke in den Nieder-
landen mussten im 17. Jahrhundert beispielsweise aus topographischen Gründen
fast ausschließlich durch Erdwälle und Wassergräben errichtet werden, da die
Verwendung von Stein aus Kosten- und Transportgründen nicht möglich war. Die
dort entwickelten, entsprechend kostengünstigen Lösungen wurden wiederum
auch in benachbarten Regionen übernommen. Seit etwa 1700 galt dann Frankreich als Zentrum der Festungsbaukunst, verbunden vor allem mit Sébastien le

Prestre de Vauban als dem jahrzehntelangen Festungsbaumeister Ludwigs XIV., bis der Belagerungskrieg im 18. Jahrhundert durch neue Formen der Kriegführung zunehmend an Bedeutung verlor. Die hier erkennbare, phasenweise Verschiebung der führenden Zentren des Festungsbaus ist dabei ebenso typisch für innereuropäische Transferprozesse wie die Einheitlichkeit dieser Entwicklung in ihren Grundzügen trotz einer im Detail quasi unendlichen Vielfalt der Formgebung der Festungsbauten. Erneut zeigt sich diese Homogenität am deutlichsten im interkulturellen Vergleich: Die Reiche im Nahen und Fernen Osten, über welche die Technologie des Schießpulvers erst nach Europa gekommen war und die zu Zeiten der europäischen Frühen Neuzeit ebenfalls größere Feuerwaffen kannten, setzten diese in der Kriegführung nicht derart systematisch ein wie die europäischen Territorien, und entwickelten dementsprechend keine vergleichbaren, neuen Befestigungssysteme.

Dass Europa als Kommunikationsraum für technische Innovationen in der Frühen Neuzeit gleichzeitig weiterhin durch regionale Stile der Technikproduktion geprägt blieb, ist beispielsweise in der Küsten- und Hochseeschifffahrt erkennbar.[23] Auf Grund der ökonomischen und militärischen Konkurrenz der europäischen Großmächte bestand im Schiffbau ein erheblicher Innovationsdruck, sowohl was die Rationalisierung des Schiffbaus auf den Werften, als auch was die Leistungsfähigkeit insbesondere der mit Kanonen bestückten Kriegsschiffe anging. Gleichzeitig herrschten hier besondere Bemühungen der Geheimhaltung, und die einzelnen Seemächte wie England, Frankreich, die Niederlande oder Spanien produzierten nicht zuletzt deshalb recht unterschiedliche Schiffstypen. Trotz dieses bunten Bildes entwickelten sich dennoch gewisse gemeinsame Grundlinien des europäischen Schiffbaus. So kam es um 1500 zunächst zu einer wechselseitigen Übernahme der bislang weitgehend eigenständig verfolgten Schiffbautraditionen von Nord- und Ostsee auf der einen und dem Mittelmeerraum auf der anderen Seite. Die Entstehung eigenständiger Typen von Kriegsschiffen im Verlauf des 16. Jahrhunderts, die konstruktiv auf die Beladung mit schweren Geschützen zugeschnitten waren, so dass sie kaum noch sinnvoll als Handelsschiffe zu nutzen waren, kann ebenfalls als ein solch gemeinsamer Schritt gesehen werden. Auch im Weiteren herrschte ein reger Transfer solcher Neuerungen – das Nebeneinander von Handelsschiffen in den Häfen oder die Inspektion gekaperter Schiffe im Seekrieg bot genügend Möglichkeiten der wechselseitigen Information.

Wie bereits erwähnt, war die Nachahmung anderswo erfolgreich realisierter gewerblicher Prozesse oft mit erheblichen Problemen behaftet, insbesondere dort, wo es um komplizierte Verfahrensprozesse wie in der Textilherstellung oder im Bergbau ging. In diesen Bereichen genossen Innovationen der mechanischen Technologie besondere Aufmerksamkeit – versprach doch ihre Übernahme vergleichsweise schnelle und spektakuläre Effekte. Im Textilgewerbe wurde die Konstruktionsweise der oberitalienischen Seidenzwirnmühlen des Spätmittelalters ebenso wie später die der Bandmühlen des 17. Jahrhunderts vielfach geheim gehalten, da ihr erfolgreicher Einsatz erhebliche Produktivitätssteigerungen ermöglichen sollte.[24] Ihre Umsetzung scheiterte jedoch zuweilen scheinbar weniger an mangelnden technischen Informationen, als vielmehr daran, dass die Einbindung in örtliche Produktionsprozesse misslang oder auf Widerstände stieß. Im Bergbau wiederum galt Pumpwerken und anderen Wasserhebeanlagen besonderes Interesse, da die Möglichkeit des Abbaus tieferer Stollen oft vollständig von deren Funktionsfähigkeit und Effizienz abhing. Nicht ohne Grund wurde die Dampfmaschine zunächst genau für diesen Zweck der Wasserhaltung im Bergbau entwickelt. Im 18. Jahrhundert herrschte zwischen den zentraleuropäischen Bergwerken und denen der Alpen wie auch den neueren Zentren des Abbaus in England und Schweden ein reger Informationsaustausch über die Einsatzmöglichkeiten verschiedener Arten von Wasserhebemaschinen.

Solche Transferprozesse, für die hier nur wenige Beispiele skizziert werden konnten, sind im Einzelnen vergleichsweise gut erforscht. Bei der Suche nach einem gemeinsamen technologischen Horizont der europäischen Kernregionen muss das Augenmerk jedoch auch den komplexen Nutzungszusammenhängen einzelner Technologien gelten. Wie am Beispiel des Buchdrucks bereits angedeutet, stellt sich hier in besonderem Maße die Frage nach einheitlichen kulturellen Wertsetzungen und Interesselagen als Voraussetzung für eine europaweite Verbreitung. Ein gutes Beispiel dafür ist der Ausbau der Überlandstraßen für den Personen- und Gütertransport per Wagen, der dem Aufbau der Postnetze seit dem 16. Jahrhundert folgte und insbesondere im 18. Jahrhundert zentraler Teil des inneren Landesausbaus vieler europäischer Territorien war.[25] Für die erstrebte Beschleunigung und Erleichterung des Wagenverkehrs waren technische Innovationen im engeren Sinne wie neuartige Systeme des Straßenaufbaus oder die verbesserte Federung des Wagenkörpers nur ein Element neben vielfältigen organisatorischen Maßnahmen: So musste nicht nur der kostspielige Landstraßenbau finanziert werden, erforderlich war zudem auch die Regelung von Eigentumsfragen an den benötigten Grundstücken und weiteres mehr. Auf den ersten Blick wurden für diese organisatorischen Fragen, beispielsweise in England und Frankreich, völlig unterschiedliche Lösungen gefunden: In England wurde das System der Mautstraßen (Turnpikes) eingerichtet, bei dem das Parlament nur rechtliche Rahmenbedingungen schuf, die Realisierung des Streckenbaus jedoch in der Hand lokaler Verantwortungsträger lag, die sich zu den so genannten Turnpike Trusts zusammenschlossen. In Frankreich hingegen wurde der Chausseenbau vollständig von Paris aus geplant, ab der Mitte des 18. Jahrhunderts wurden dort auch die Straßenbauingenieure zentral ausgebildet. Die Bedeutung solcher formalen Unterschiede reduziert sich jedoch im Vergleich beispielsweise mit dem China der Ming- und der Qing-Dynastie (1368-1644 bzw. 1644-1911). Hier hatte vor allem in der Personenbeförderung der Landtransport per Wagen eine untergeordnete Bedeutung und ein vergleichbarer Ausbau der Straßeninfrastruktur blieb dementsprechend aus. Dies ist teilweise auch auf unterschiedliche topographische Gegebenheiten zurückzuführen, auf Grund derer der Transport auf Binnengewässern in vielen Regionen Chinas traditionell eine wichtigere Rolle spielte. Zu fragen ist jedoch auch nach kulturellen und ökonomischen Motiven für den Ausbau des Landverkehrs in Europa – warum also dessen Kernregionen das Ziel eines schnellen und regelmäßigen Transportes von Post, Personen und Gütern per Wagen teilten und dafür erhebliche Aufwendungen unternahmen. Dabei kommen beispielsweise Einstellungen des europäischen Adels in den Blick, der auf Grund Territorien übergreifender Heiratspolitik häufig grundlegende kulturelle Werte teilte: in diesem Fall die sich im 16. und 17. Jahrhundert durchsetzende Auffassung, dass eine Beförderung männlicher Mitglieder des Adels in einem (entsprechend luxuriösen) Wagen gegenüber dem traditionell standesgemäßem Ritt zu Pferde durchaus akzeptabel sei. Dieser Wandel diffundierte in der Folge in breitere Schichten und eröffnete dem Reisen mit der Postkutsche größere Nutzerkreise. Erst solche Zusammenhänge helfen zu erklären, warum sich die europäischen Territorien in recht einheitlicher Form dem Ausbau und der Beschleunigung des Landverkehrs per Wagen verschrieben, von dem gleichzeitig auch der Güterverkehr profitierte.

Nicht nur in diesem Fall werden weitere Untersuchungen der gemeinsamen Ausrichtung der europäischen Technikentwicklung in der Zeit zwischen 1450 und 1800 stark von globalhistorischen Fragestellungen profitieren können. Gerade für den Vergleich des vorindustriellen Europa und China wird es sich dabei als hilfreich erweisen, dass die chinesische Technikgeschichte zunehmend differenzierte Ergebnisse für spezifische Regionen vorlegt. Bislang stellt sich hier der Eindruck ein, dass diese trotz erheblicher Unterschiede der Techniknutzung in Landwirtschaft und Gewerbe bei weitem nicht in einem derartigen Konkurrenzverhältnis standen, wie die europäischen Territorien der Frühen Neuzeit. Zweifellos lebte auch die Entwicklung von Technologien in China, bereits vor und in der Blütezeit der Song-Dynastie (960-1279), vom Techniktransfer zwischen den Regionen ebenso wie mit benachbarten Reichen; zweifellos wurden entsprechende Austauschprozesse von der zentralisierten Administration auch aktiv gefördert, wie es später beispielsweise für die Verbreitung von Innovationen im Agrarsektor vielfach belegt ist.[26] Das hier für Europa skizzierte gegenseitige ›Aufschaukeln‹ auf Grund des unablässigen militärischen und ökonomischen Wettbewerbs scheint jedoch in dieser Form nicht für die Austauschprozesse zwischen chinesischen Regionen charakteristisch gewesen zu sein.

Das bedeutet nicht, um dies zu unterstreichen, dass der Stand der vorindustriellen chinesischen Technik nicht dem Europas voraus ging: Für Buchdruck, Textilverarbeitung, Metallurgie, Schiffbau und Porzellanherstellung ist dies vielfach belegt. Die Aufmerksamkeit des interkulturellen Vergleiches muss sich vielmehr auf die unterschiedlichen Modalitäten des Einsatzes dieser Technologien und die damit verbundenen Motivationen konzentrieren. Hier fällt eine Entwicklung besonders ins Auge, die im frühneuzeitlichen Europa zwischen dem 16. und dem

18. Jahrhundert erkennbar ist, und die im abschließenden Teil dieses Beitrags skizziert werden soll: mediale und institutionelle Ansätze zur Verstetigung technischer Innovationstätigkeit. Diese ›wissenshistorische‹ Entwicklung hat in den letzten Jahren in der Diskussion der für den europäischen Industrialisierungsprozess des 19. und 20. Jahrhunderts notwendigen Faktoren zunehmend an Gewicht gewonnen.[27] An dieser Stelle sollen jedoch gar nicht ihre Auswirkungen auf die technische Praxis diskutiert werden, hervorzuheben ist vielmehr, dass diese Medien und Institutionen, auch wenn sie regional oder ›national‹ verankert waren, bei der Kommunikation über technische Innovationen vielfach eine europäische Perspektive einnahmen, die Sprachgrenzen ebenso wie territoriale Grenzen überformte.

IV. Innovationskulturen mit europäischem Horizont

Technische Innovationen und ihr Transfer sind seit der Antike vielfach belegt, in der Frühen Neuzeit wurde ihre ›spontane‹ Entwicklung jedoch zunehmend zu fördern und zu verstetigen gesucht. Das hieß insbesondere, technisches Expertenwissen als Grundlage zukünftiger Innovationen zu erweitern und überindividuell zugänglich zu machen. Als Speichermedium kamen dabei vielfach Medien wie Zeichnungen, dreidimensionale Modelle und gedruckte Literatur zum Einsatz.[28] Auch die Wissenschaftlichen Akademien verschrieben sich gerade in ihrer Frühphase der Lösung spezifischer technischer Probleme. Die Formalisierung technischer Bildung in den frühen Ingenieurschulen, insbesondere im Frankreich des 18. Jahrhunderts, sollte entsprechende Kompetenzen ebenfalls auf ein höheres Niveau heben.[29] Der Wirkungskreis solcher Medien und Institutionen war dabei nicht territorial gebunden. Gerade technische Literatur wurde oft europaweit rezipiert, die Arbeiten der wissenschaftlichen Akademien waren zudem über Korrespondenznetze und persönlichen Austausch Teil der europäischen Gelehrtenrepublik.

Die bereits erwähnten Erfinderprivilegien des 15. und 16. Jahrhunderts sind das früheste rechtlich formalisierte Element dieser Innovationskultur im Sinne eines Ensembles von Medien, Institutionen und Praktiken zur Förderung technischer Neuerungen. Es ist bezeichnend, dass sie südlich wie nördlich der Alpen vielfach ebenso explizit wie erfolgreich darauf abzielten, Spezialisten aus fremden Territorien heranzuziehen. Umgekehrt gab es Ingenieure, die ein und dieselbe Erfindung in verschiedenen europäischen Territorien zu schützen suchten. Ohne mit konkreten Aufträgen verbunden zu sein, boten solche Privilegien ein ›Gütesiegel‹, insofern sie den Neuheitswert von Erfindungen, die der Territorialherrschaft präsentiert worden waren, offiziell zertifizierten. Durch den Territorialherren mit der Prüfung solcher Anträge betraute Gutachter konnten sich auf diese Weise ohne größeren Aufwand einen Eindruck auswärtiger Kompetenzen verschaffen. Im 16. Jahrhundert blieb die Reichweite dieser Rechtspraxis meist noch begrenzt:

Während Antragsteller in den Zentren der Privilegienvergabe wie Venedig in beinahe monatlichem Rhythmus vorstellig wurden, waren es in anderen Territorien nur ein oder zwei pro Jahr. Als sich dieser Prozess im 17. Jahrhundert stärker formalisierte und zum neuzeitlichen Patentwesen ausbildete, erweiterte sich dieser Informationsaustausch. Nachdem die französische Krone schon die Prüfverfahren für neue Arten von Maschinen in die Hände der 1666 gegründeten Académie des Sciences gelegt hatte, versuchten die Wissenschaftlichen Akademien im 18. Jahrhundert dort, wo die Förderung von Gewerbe und Landwirtschaft zu ihren Schwerpunkten zählte, auch mittels der Ausschreibung von Preisfragen innovative Ideen zu Tage zu fördern. Die Aufgabenstellungen wurden nicht nur europaweit publiziert, gerade im Bereich von Technik, Gewerbe und Landwirtschaft zielten sie zuweilen explizit darauf ab, qualitativ höhere ›ausländische‹ Produkte wie z. B. schwedisches Eisen oder spanische Merino-Wolle durch einheimische Surrogate zu ersetzen.[30] Dafür winkten allerdings eher immaterielle Belohnungen, insbesondere die Anerkennung der Gelehrtenrepublik nach der Veröffentlichung der prämierten Vorschläge.

Auch die Autoren gedruckter technischer Literatur der Frühen Neuzeit verorteten ihre Werke vielfach von vornherein vor einem europäischen Horizont. Stießen schon spätmittelalterliche technische Manuskripte auf großes Interesse und wurden häufig kopiert, war das im 16. Jahrhundert anwachsende gedruckte technische Schrifttum ebenfalls weit über das regionale Umfeld des Erscheinungsortes hinaus verbreitet.[31] Zwar zeichneten sich diese Schriften gerade dadurch aus, dass sie nicht in der ›Universalsprache‹ Latein, sondern in den Volkssprachen publiziert wurden, da selbst gelehrte Ingenieure nur selten des Lateinischen mächtig waren. Dennoch finden sich in erhaltenen Inventarlisten, sei es in den Privatbibliotheken technischer Experten selbst, sei es in fürstlichen Bibliotheken, vielfach fremdsprachige Titel – nicht zuletzt erlaubten die oft reich bebilderten Werke auch eine Rezeption ohne ausreichende Kenntnis der Originalsprache. Hinzu kam seit dem 16. Jahrhundert eine intensive Übersetzungstätigkeit: Den zahlreichen volkssprachlichen Versionen des maßgeblichen Architekturtraktates des römischen Architekten Vitruv oder später auch der (pseudo-)aristotelischen »Problemata Mechanica« folgten bald Übersetzungen zwischen den Volkssprachen. Als führend geltende italienische Mechaniktraktate wurden ins Deutsche übersetzt; das lateinische Kompendium zum Bergbau von Georgius Agricola nicht nur ins Deutsche, sondern auch ins Italienische übertragen. Einige der illustrierten Maschinenbücher waren um 1600 gleich mit mehrsprachigen Texten versehen. Salomon de Caus wiederum, ein Experte für Automatenkonstruktionen in Gartenanlagen, der in Frankreich aufgewachsen und nach den Habsburgern in Brüssel der englischen Krone in London und dem pfälzischen Kurfürsten in Heidelberg gedient hatte, ließ sein Maschinenbuch 1615 in inhaltlich identischen französischen und deutschen Fassungen erscheinen. Als sich zu dieser Zeit die Mitglieder süddeutscher Netzwerke im

Umfeld der Rosenkreuzerbewegung mit dem aktuellen Stand der Mechanik vertraut machten, las eine Gruppe um Johann Valentin Andreae in Tübingen nachweislich sowohl deutschsprachige als auch lateinische, italienische und englische Titel.

Im 18. Jahrhundert intensivierten sich solche Austauschprozesse. An Einzelpersonen wie James Watt, der sich angeblich Lesekenntnisse des Deutschen aneignete, um die von Jacob Leupold in Leipzig herausgegebene mehrbändige Enzyklopädie des Maschinenwesens studieren zu können, oder Albrecht Thaer, der Ende des 18. Jahrhunderts das englische agrarische Schrifttum für die deutschsprachigen Leser zu erschließen suchte, ist dabei ebenso zu denken wie an das intensive Rezensionswesen im Umfeld der Wissenschaftlichen Akademien.[32] Tausende von Rezensionen sollten Hindernisse der europäischen Sprachenvielfalt auch für technische, gewerbliche und agrarische Themen zumindest durch konzise Inhaltsangaben bewältigen helfen. Diese Literatur wurde nicht nur von technischen Experten selbst rezipiert, technisches Grundlagenwissen war nun zuweilen auch Teil der Fürstenerziehung oder stand auf dem Lehrplan der Ritterakademien als praxisnahe Ausbildungsinstitutionen für junge Adelige. Diese konnten solches Grundlagenwissen dann beispielsweise auf den bereits erwähnten technologischen Reisen aktualisieren.

Vor diesem Hintergrund bildete sich mit den zu bestimmten Technologien wie Bergbau, Maschinentechnik, Landwirtschaft oder Chemie publizierten Traktaten ein Kanon allgemein zugänglichen Fachwissens heraus, der immer auch fremdsprachige Autoren einbezog. Die im 18. Jahrhundert einsetzende Gründung von Schulen und Akademien für höhere technische Bildung verstärkte diese Entwicklung. Allerdings sind die Gemeinsamkeiten der Denkstrukturen hinsichtlich bestimmter technischer Probleme in verschiedenen europäischen Regionen weit komplexer und umfassender, als es das traditionelle Bild der Rezeption technischer Literatur durch wechselseitige Lektüre vermuten lässt. Für eine eingehende Analyse muss jeweils der gesamte Kommunikationshorizont herangezogen werden. Zuletzt ist so am Beispiel des ›englischen Galilei‹ Thomas Harriot gezeigt worden, wie umfassend der Deckungsbereich der von diesen beiden Forschern geteilten Wissensstrukturen zu Fragen wie der Flugbahn von Projektilen oder des Verhaltens fallender Körper war – und dies bei vergleichsweise bescheidener direkter Kommunikation.[33]

Auf Grund ihres Selbstverständnisses als Teil der europäischen Gelehrtenrepublik enthielten auch die Bibliotheken der wissenschaftlichen Akademien in der Regel beachtliche Bestände fremdsprachiger Literatur. Dies gilt ebenfalls für die gewerblich-ökonomischen Sozietäten, die sich im 18. Jahrhundert der Förderung von Landwirtschaft und Gewerbe einer bestimmten Region verschrieben.[34] Im Kontext des Sozietätswesens zeigen sich bei solchen praxisnahen Fragen im 18. Jahrhundert zwei scheinbar gegenläufige Tendenzen: Zum einen sollten wissenschaftliche Aktivitäten die Wirtschaft des eigenen Territoriums fördern und diesem Vorteile gegenüber den europäischen Konkurrenten verschaffen – dies entsprach nicht zuletzt dem zeitgenössischen wirtschaftspolitischen Gedankengut des Merkantilismus oder Kameralismus. Auf der anderen Seite verschrieben sich die Sozietäten dem Ethos der europäischen Gelehrtenrepublik: Die in den letzten Jahren vielfach eingehend studierten, europaweiten Netzwerke persönlicher Kontakte und Korrespondenzbeziehungen einzelner Gelehrter – zu denken wäre an Carl von Linné, Albrecht von Haller und unzählige mehr – überschritten ja bewusst politische Grenzen und folgten zumindest der Programmatik nach dem Ideal eines freien Wissensaustausches zum Wohle der Menschheit unabhängig von Standes- und Landesgrenzen.[35] Dieses Paradox erklärt sich wohl am ehesten dadurch, dass das in diesen Akademien und Sozietäten verhandelte Wissen zwar durchaus praxisrelevant sein sollte. Diskussionen um die Klassifikation von Nutzpflanzen, deren physiologische Charakteristika oder die Resultate des Anbaus einzelner Exemplare lagen jedoch ebenso wie Debatten um Theorien der Mechanik weit genug von der unmittelbaren technischen Praxis entfernt, um sich ohne Gefahr des Geheimnisverrates über territoriale Grenzen hinweg austauschen zu können. Im Kontext der Europafrage ist jedoch wiederum bezeichnend, dass sich in den Medien der Gelehrtenrepublik europaweit ein gemeinsamer Fundus von als drängend erachteten technischen Problemen formierte – auch wenn diese im Einzelnen kontrovers diskutiert wurden. Gleichzeitig teilte man gemeinsame Wertsetzungen wie die Nobilitierung ›theoretischen‹, d.h. schriftlich niedergelegten und intersubjektiv durch Experimente überprüfbaren Wissens gegenüber dem personengebundenen Erfahrungswissen des Praktikers.

Schließlich zeigt neben Herstellung und Einsatz innovativer Technologien auch der bereits angesprochene Faktor des Konsums ein Nebeneinander von Ausdifferenzierung und raschem Modewechsel auf der einen und Homogenisierung des Geschmacks immer breiterer sozialer Schichten auf der anderen Seite.[36] Wiederum waren es neue Medien wie im deutschsprachigen Raum das *Journal des Luxus und der Moden*, die dem Lesepublikum einen europäischen Horizont in Geschmacksfragen vermittelten: nicht nur mit Blick auf die sprichwörtliche neueste Mode aus Paris, sondern auch mit Blick auf gewerblich-technische Objekte wie englische Möbel, Kutschentypen oder Waschmaschinen.[37] Inwiefern sich hier bei aller Vielfalt ein ›europäischer‹ Geschmack herausbildete, wäre jeweils im Detail zu untersuchen; für neue Modegetränke wie Kaffee, Tee oder Schokolade lassen sich einheitliche Grundtendenzen jedoch zweifelsfrei nachweisen. Besonders deutlich sind die ökonomischen Impulse derartiger Geschmacksfragen und ihres Wandels jeweils in der Textilindustrie zu erkennen.

V. Fazit

Im Vorangehenden wurde argumentiert, dass die europäischen Territorien der Frühen Neuzeit aus technikhistorischer Perspektive trotz aller Vielfalt und

34

ganz unterschiedlichen Niveaus des Technikeinsatzes auf vielen Ebenen eng miteinander verbunden waren. Auf Grund ihrer militärischen, ökonomischen und kulturellen Konkurrenz verdichtete sich in diesem Zeitraum ein gemeinsames Fundament technischer Fertigkeiten, technischen Wissens und letztlich auch technischer Visionen und Leitbilder. Kennzeichnend für dieses Fundament war, dass es dynamischen Charakter hatte und stetigen Veränderungen unterworfen war. Ob und wenn ja inwiefern diese homogenisierende Tendenz der Technikverwendung in der Frühen Neuzeit auch zur ideellen Konstitution von Europa beigetragen hat, wäre im Vergleich mit anderen Diskursen beispielsweise auf der philosophischen oder politischen Ebene noch genauer abzuwägen. Erschwert wird dies für den Bereich der Technik nicht zuletzt dadurch, dass der Technikbegriff in seiner modernen Form erst im Verlauf des 19. Jahrhunderts geprägt wurde.[38] Dementsprechend konnte er in den vorangehenden Jahrhunderten weder zum Ausgangspunkt spezifischer ›Europareflexionen‹ werden, noch in die differenzierten Europadiskurse des 18. Jahrhunderts integriert werden. Inwiefern dies auch für zeitgenössische Schlüsselbegriffe dieses semantischen Feldes wie ›Künste‹, ›Manufakturen‹, ›Maschine‹ oder ›Industrie‹ – Letzteres im Sinne von (Gewerbe-) Fleiß – galt, bleibt noch zu untersuchen. Angesichts der allgegenwärtigen militärischen und ökonomischen Konkurrenz zwischen den europäischen Territorien ist zudem schwer vorstellbar, in welche Richtung gemeinsame Europavisionen im Bereich von Technik, Gewerbe und Landwirtschaft hätten ausgerichtet sein sollen. Am ehesten müsste hier überprüft werden inwiefern – ähnlich wie im politischen Europadiskurs der Frühen Neuzeit – der Vergleich mit einem auswärtigen tertium comparationis eine einheitliche Wahrnehmung ›europäischer‹ Technik beförderte: sei es mit Blick auf die Hochkulturen im Nahen und Fernen Osten oder auch mit Blick auf die vergangenen Zivilisationen der griechischen und römischen Antike.

Dennoch war ›Europa‹, wie dargestellt, in der Praxis häufig ganz eindeutig der Bezugsrahmen für technisches Handeln. Dies gilt insbesondere dort, wo Innovationsprozesse dezidiert in Gang gesetzt oder in eine bestimmte Richtung gelenkt werden sollten, sei es durch die Territorialherren der Renaissance, sei es im Rahmen technikbezogener Schwerpunkte der Akademien oder der gewerblich-ökonomischen Sozietäten des 17. bzw. 18. Jahrhunderts. Solche wechselseitigen Bezugnahmen der europäischen Territorien aufeinander verstärkten sich demnach bereits vor der Industrialisierung: In einem langfristigen Prozess wurde der ›zufällige‹ oder individuell verfolgte Techniktransfer – beispielsweise durch wandernde Handwerker oder reisende technische Experten – durch obrigkeitliche Initiativen ergänzt, die als Teil der Gelehrtenkultur des 17. und 18. Jahrhunderts zunehmend systematischen Charakter erhielten. Um 1800 ist dementsprechend auf technischem Gebiet Europas ›Einheit in der Vielfalt‹ deutlich ausgebildet. Diese grundlegende Homogenität erscheint nicht zuletzt als Voraussetzung dafür, dass die Technologien des englischen Industrialisierungsprozesses im 19. Jahrhundert so rasch auf dem Kontinent übernommen werden konnten, dass wiederum England seine Vorrangstellung nach einigen Jahrzehnten verlor. Eine stärkere Einbeziehung der Frühen Neuzeit in die Debatte um technikinduzierte Europäisierungsprozesse mag schon allein vor diesem Hintergrund sinnvoll sein.

Anmerkungen

[1] Vgl. Karel Davids, »Shifts of technological leadership in Early Modern Europe«, in: (Hgg.) ders./Jan Lucassen, *A miracle mirrored. The Dutch Republic in European perspective*, Cambridge: Cambridge University Press 1995, 338-366.

[2] Vgl. als ein Beispiel das Fazit in Heinz Schilling, *Die neue Zeit. Vom Christenheitseuropa zum Europa der Staaten*, Berlin: Siedler Verlag 1999, 515-520.

[3] Vgl. Maxine Berg, *Luxury and pleasure in eighteenth-century Britain*, Oxford: Oxford University Press 2005.

[4] Vgl. z.B. Silvia Serena Tschopp, »Gegenwärtige Abwesenheit. Europa als politisches Denkmodell im 17. Jahrhundert?« in: (Hgg.) Klaus Bußmann/Elke Anna Werner, *Europa im 17. Jahrhundert. Ein politischer Mythos und seine Bilder*, Wiesbaden: Franz Steiner Verlag 2004, 25-36, hier 25; ganz ähnlich auch Heinz Duchhardt/Martin Wrede, »Europa«, in: (Hg.) Friedrich Jäger, *Enzyklopädie der Neuzeit*, Bd. 3, Stuttgart: Metzler Verlag 2006, 594-619, hier: 599-600.

[5] Vgl. zum europäischen Horizont entsprechender Publikationsprojekte, die häufig auf internationale Tagungen zurückgehen, z.B. (Hg.) Simonetta Cavaciocchi, *Economia e energia secc. XII-XVIII*, Firenze: Le Monnier 2002.

[6] Vgl. z.B. Rolf Peter Sieferle, *Der Europäische Sonderweg. Ursachen und Faktoren*, Stuttgart: Breuninger Stiftung 2003. Der Stand der aktuellen Diskussion lässt sich zuletzt an einigen Beiträgen im *Canadian Journal of Sociology* 33 (2008) ablesen, vgl. dort die Beiträge: Jack A. Goldstone, »Capitalist origins, the advent of modernity, and coherent explanation. A response to Joseph M. Bryant«, 119-133; Rosaire Langlois, »The closing of the sociological mind?«, 134-148; Joseph M. Bryant, »A new sociology for a new history? Further critical thoughts on the Eurasian similarity and great divergence theses«, 149-167 und Mark Elvin, »Defining the *explicanda* in the ›West and the Rest‹ debate. Bryant's critique and its critics«, 168-185.

[7] Vgl. Michael Mitterauer, *Warum Europa? Mittelalterliche Grundlagen eines Sonderwegs*, München: C. H. Beck 2003.

[8] Vgl. z.B. Rolf Peter Sieferle, »Why did industrialization start in Europe (and not in China)?«, in: (Hgg.) ders./ Helga Breuninger, *Agriculture, population and economic development in China and Europe*, Stuttgart: Breuninger Stiftung 2003, 7-89, dort: 44-50.

[9] Am prominentesten wird diese Forschungsrichtung von dem Netzwerk »Tensions of Europe« verkörpert (www.histech.nl/tensions). Vgl. dazu programmatisch Thomas J. Misa/Johan Schot: »Inventing Europe. Technology and the Hidden Integration of Europe«, in: *History and Technology* 21 (2005), 1-19.

[10] Einige der im Folgenden diskutierten Aspekte werden unter einer anderen Fragestellung thematisiert in: Marcus Popplow, »Technische Innovationen der Frühen Neuzeit. Schrittmacher für den Weg in die Moderne?«, in: (Hg.) Hubertus Busche, *Aufbruch ins moderne Europa. Philosophie zwischen 1400 und 1700*, Hamburg: Felix Meiner (im Druck).

[11] Vgl. z.B. Reinhold Reith, »Technische Innovationen im Handwerk der frühen Neuzeit? Traditionen, Pro-

bleme und Perspektiven der Forschung«, in: (Hgg.) Karl Heinrich Kaufhold/Wilfried Reininghaus, *Stadt und Handwerk in Mittelalter und früher Neuzeit*, Köln u.a.: Böhlau 2000, 21-60; Reinhold Reith, »Circulation of Skilled Labour in Late Medieval and Early Modern Central Europe«, in: (Hgg.) Stephan R. Epstein/ Maarten Prak, *Guilds, Innovation, and the European Economy*, Cambridge/New York: Cambridge University Press 2008, 114-142; Liliane Hilaire-Perez/Catherine Verna, »Dissemination of Technical Knowledge in the Middle Ages and the Early Modern Era«, in: *Technology and Culture* 47 (2006), 536-565; Reinhold Reith/ Gunther Mahlerwein, »Innovation«, in: (Hg.) Friedrich Jäger, *Enzyklopädie der Neuzeit*, Bd. 5, Stuttgart: Metzler Verlag 2007, 1004-1015.

[12] Vgl. Marcus Popplow, »Ingenieur«, in: (Hg.) Friedrich Jäger, *Enzyklopädie der Neuzeit*, Bd. 5, Stuttgart: Metzler Verlag 2007, 951-973.

[13] Vgl. zu diesem Themenkomplex z.B. (Hg.) Karel Davids, *Openness and Secrecy in Early Modern Science* (= *Early Science and Medicine* 10 (2005), Heft 3), insbes. ders, »Craft Secrecy in Europe in the Early Modern Period. A Comparative View«, in: ebd., 341-348.

[14] Vgl. Reith, »Circulation of Skilled Labour«, a.a.O., 136.

[15] Vgl. zur Bedeutung solcher Migrationsprozesse für zahlreiche Gewerbe in England generell Margit Schulte Beerbühl, »War England ein Sonderfall der Industrialisierung? Der ökonomische Einfluß der protestantischen Immigranten auf die Entwicklung der englischen Wirtschaft vor der Industrialisierung«, in: *Geschichte und Gesellschaft* 21 (1995), 479-505.

[16] Vgl. Marcus Popplow, »Why Draw Pictures of Machines? The Social Contexts of Early Modern Machine Drawings«, in: (Hg.) Wolfgang Lefèvre, *Picturing Machines 1400-1700*, Cambridge/M.: MIT Press 2004, 17-48, hier: 26-28.

[17] Vgl. im Folgenden Christine MacLeod, *Inventing the Industrial Revolution. The English patent system 1660-1800*, New York: Cambridge University Press 1988; Nicolás García Tapia, *Patentes de invencion españolas en el siglo de oro*, Madrid: Ministero de Industria y Energia 1991; Luca Molà, »Il mercato delle innovazioni nell'Italia del Rinascimento«, in: (Hgg.) Mathieu Arnoux/Pierre Monet, *Le technicien dans la cité en Europe occidentale, 1250-1650*, Rome: École française de Rome 2004, 215-250; Carlo Belfanti, »Guilds, patents, and the circulation of technical knowledge«, in: *Technology and Culture* 45 (2004), 569-589; Mario Biagioli, »From print to patents. Living on instruments in Early Modern Europe«, in: *History of Science* 44 (2006), 139-186.

[18] Vgl. zu Letzterem Mauro Ambrosoli, *The wild and the sown. Botany and agriculture in Western Europe, 1350-1850*, Cambridge: Cambridge University Press 1997.

[19] Vgl. Reinhold Reith, »Industriespionage«, in: (Hg.) Friedrich Jäger, *Enzyklopädie der Neuzeit*, Bd. 5, Stuttgart: Metzler Verlag 2007, 926-928.

[20] Vgl. Stephan Füssel, *Gutenberg und seine Wirkung*, Leipzig/Frankfurt am Main: Insel Verlag 1999; (Hg.) Stadt Mainz, *Gutenberg, Aventur und Kunst. Vom Geheimunternehmen zur ersten Medienrevolution: Katalog zur Ausstellung der Stadt Mainz anlässlich des 600. Geburtstages von Johannes Gutenberg, 14. April -3. Oktober 2000*, Mainz: Schmidt 2000.

[21] Vgl. Michael Mitterauer, »Religion und Massenkommunikation. Buchdruck im Kulturvergleich«, in: (Hgg.) Margarete Grandner/Andrea Komlosy, *Vom Weltgeist beseelt. Globalgeschichte 1700-1815*, Wien: Promedia Verlag 2004, 243-262.

[22] Vgl. Stephan Hoppe/Daniel Hohrath, »Festungsbau«, in: (Hg.) Friedrich Jäger, *Enzyklopädie der Neuzeit*, Bd. 3, Stuttgart: Metzler Verlag 2006, 948-959.

[23] Volker Schmidtchen, »Technik im Übergang vom Mittelalter zur Neuzeit 1350-1600«, in: (Hgg.) ders./ Karl-Heinz Ludwig, *Metalle und Macht 1000 bis 1600* (= Propyläen Technikgeschichte, 2), Berlin: Propyläen Verlag 1991, 207-621, hier: 473-497; Ulrich Troitzsch, »Technischer Wandel in Staat und Gesellschaft zwischen 1600 und 1750«, in: (Hgg.) ders./Akos Paulinyi, *Mechanisierung und Maschinisierung 1600 bis 1840* (= Propyläen Technikgeschichte, 3), Berlin: Propyläen Verlag 1991, 11-267, hier: 124-144; Richard W. Unger, *Ships and shipping in the North Sea and Atlantic, 1400-1800*, Aldershot, u.a.: Ashgate 1997.

[24] Vgl. Troitzsch, »Technischer Wandel in Staat und Gesellschaft zwischen 1600 und 1750«, a.a.O., dort: 147-163.

[25] Vgl. zum Folgenden Wolfgang Behringer, *Im Zeichen des Merkur. Reichspost und Kommunikationsrevolution in der Frühen Neuzeit*, Göttingen: Vandenhoek & Ruprecht 2003; (Hg.) Rolf Peter Sieferle, *Transportgeschichte*, Berlin: LIT Verlag 2008, 79-142.

[26] Vgl. Francesca Bray, »Science, technique, technology. Passages between matter and knowledge in imperial Chinese agriculture«, in: *British Journal for the History of Science* 41 (2008), 1-26.

[27] Vgl. Margaret C. Jacob, *Scientific Culture and the Making of the Industrial West*, New York/Oxford: Oxford University Press 1997; Joel Mokyr, »The intellectual origins of modern economic growth«, in: *The Journal of Economic History* 65 (2005), 285-351.

[28] Vgl. Popplow, »Ingenieur«, a.a.O., 960-966.

[29] Vgl. z.B. Robin Briggs, »The ›Académie Royale des sciences‹ and the pursuit of utility«, in: *Past and Present* 131 (1991), 38-87; Antoine Picon, *L'invention de l'ingénieur moderne. L'école des ponts et chaussees, 1747-1851*, Paris: Presses de l'École nationale des ponts et chaussées 1992.

[30] Vgl. z. B. Hans-Heinrich Müller, *Akademie und Wirtschaft im 18. Jahrhundert. Agrarökonomische Preisaufgaben und Preisschriften der Preußischen Akademie der Wissenschaften (Versuch, Tendenzen und Überblick)*, Berlin-Ost: Akademie Verlag 1975.

[31] Vgl. z.B. Helmut Hilz, *Theatrum Machinarum. Das technische Schaubuch der frühen Neuzeit*, München: Deutsches Museum 2008.

[32] Vgl. zu Letzterem im Überblick Thomas Habel, *Gelehrte Journale und Zeitungen der Aufklärung. Zur Entstehung, Entwicklung und Erschließung deutschsprachiger Rezensionszeitschriften des 18. Jahrhunderts*, Bremen: edition lumière 2007.

[33] Matthias Schemmel, »The English Galileo. Thomas Harriot and the Force of Shared Knowledge in Early Modern Mechanics«, in: *Physics in Perspective* 8 (2006), 360-380.

[34] Vgl. Henry E. Lowood, *Patriotism, profit, and the promotion of science in the German enlightenment. The economic and scientific societies 1760-1815*, New York/London: Garland 1991; (Hgg.) André Holenstein/Martin Stuber/Gerrendina Gerber-Visser, *Nützliche Wissenschaft und Ökonomie im Ancien Régime. Akteure, Themen, Kommunikationsformen*, Heidelberg: Palatina Verlag 2008; (Hg.) Marcus Popplow, *Landschaften agrarisch-ökonomischen Wissens. Regionale Fallstudien zu landwirtschaftlichen und gewerblichen Themen in Zeitschriften und Sozietäten des 18. Jahrhunderts*, Münster/New York: Waxmann Verlag (im Druck).

[35] Vgl. z.B. (Hgg.) Martin Stuber/Stefan Hächler/Luc Lienhard, *Hallers Netz. Ein europäischer Gelehrtenbriefwechsel zur Zeit der Aufklärung*, Basel: Schwabe Verlag 2005.

[36] Vgl. Michael North, *Genuss und Glück des Lebens. Kulturkonsum im Zeitalter der Aufklärung*, Köln/Weimar/Wien: Böhlau 2003; (Hg.) Michael Prinz, *Der lange Weg in den Überfluss. Anfänge und Entwicklung der Konsumgesellschaft seit der Vormoderne*, Paderborn u.a.: Schöningh 2003.

[37] (Hgg.) Angela Borchert/Ralf Dressel, *Das Journal des Luxus und der Moden. Kultur um 1800*, Heidelberg: Universitätsverlag Winter 2004.

[38] Vgl. Wilfried Seibicke, *Technik. Versuch einer Geschichte der Wortfamilie um* τέχνη *in Deutschland vom 16. Jahrhundert bis etwa 1830*, Düsseldorf: VDI-Verlag 1968; zu den Implikationen für Technikdiskurse vor diesem Zeitraum vgl. Marcus Popplow, *Neu, nützlich und erfindungsreich. Die Idealisierung von Technik in der Frühen Neuzeit*, Münster/New York: Waxmann Verlag 1998.

»Gubernatoris ars«
Künste und Techniken europäischer Seeherrschaft

Burkhardt Wolf

Europa am Gestade war noch nicht Europa: An der phönikischen Küste war sie noch ein Sprössling Asiens, ein Königskind, das sich, den Westen als leeren Horizont vor Augen, unschuldig am bloßen Spiel erfreute. Zeus aber sollte sie, wie mit seinem Bruder verabredet, westwärts über das Meer entführen und auf Kreta zu seiner Geliebten machen. Und zuletzt sollte sie der Kreter König Asterios zu seiner Frau nehmen und dabei auch jene drei Söhne adoptieren, die dem olympischen Liebesrausch entsprungen waren. Einen der drei, Minos, setzte er sogar zu seinem Erben ein. Europas Vater Agenor indes konnte den Verlust der Tochter nicht verschmerzen. Er schickte seine drei Söhne in die Ferne, auf dass sie nur mehr mitsamt ihrer Schwester wiederkehren. Und keines seiner gen Westen verschifften Kinder sollte er je wieder sehen. Wie etliche Etymologien bezeugen, kommt Europa dem Namen nach aus dem semitischen Sprachraum und bedeutet – etwa im akkadischen *erebu* – »untergehen« und »sinken« oder – etwa im phönizischen *erob* – »dunkel«, was auf den dunklen Westen des Sonnenuntergangs verweist; wie die griechische Mythologie behauptet, soll einer der drei Brüder, nämlich Kadmos, auf der Suche nach Europa nicht nur Theben gegründet, sondern auch den Böotiern das nordsemitische Alphabet gebracht haben; und wie die ersten abendländischen Geschichtsschreiber berichten, hat Minos eine im Westen bis dahin beispiellose Seeherrschaft geführt, wodurch er zur Vorhut der hellenischen Schifffahrt geworden ist.

Im Mythos offenbart der dunkle Westen einen wesentlichen Mangel und weckt ein unstillbares Begehren, dessen Erfüllung das ›Abendland‹ in der unbegrenzten Bewegung von Schreib- und Schiffsgerät anstreben wird – ein Prozess, den man kulturtechnisch als simultane Eroberung von Papyrus- und Meeresoberflächen, kulturhistorisch aber auch als dauernde Drift gen Westen beschreiben kann. Wenn die Jugend Europas nicht nur mythologisch, sondern auch geschichtlich in Hellas zu verorten ist, dann verdankt sich Europas künftige Größe *erstens* gewissen Lustbarkeiten und Künsten, die Asien durch Raub oder Verkehr abgetrotzt wurden, *zweitens* jenen Salzfluten, die man besser nur nach Verabredung mit den zuständigen Gottheiten nutzen sollte, und *drittens* besagter Drift gen Westen, dorthin, wo abends die Sonne untergeht, wo nur mehr die andere Welt des Totenreichs oder der erdumfassende Kreisstrom des Ozeans zu erwarten steht. So wie die Liebes- und Schreibkünste die Möglichkeitsbedingung aller Generationen- und Traditionsbildung sind, ist der Okeanos nach Homer der Strom, »der allen Geburt verliehn und Erzeugung«[1]. Zwar deutet auch dieses Wort auf eine Übernahme von Asien, etwa aus dem babylonischen Schöpfungsepos *Enuma Elis* mit seinen uranfänglichen Wassern. Doch werden spätestens die Naturphilosophen der kleinasiatischen Küste jene Wasser des Unvordenklichen aus ihrer mythischen Transzendenz in die Immanenz eines Seinsprinzips holen, ebenso wie die griechischen Seefahrer das mythische Westend der Ökumene, die Säulen des Herakles, zu einer Meerenge mit gefährlichen Strömungsverhältnissen entzaubern werden, die zu allem Überfluss von der konkurrierenden phönikischen Seemacht gesperrt wurde. Metaphern jener *metaphora* nach Westen, jener Übertragung asiatischer Künste und Techniken, sind seither nicht mehr schwimmende Götter, sondern vielmehr Schiffe. Damit Europa zu Europa werden konnte, musste es im langen Schatten Asiens erst zu einer eigenen – maritimen wie geistigen – Geographie finden.

I. Europas Thalassokratie

In seiner natürlichen Geographie zeichnet sich Europa zunächst durch eine verhältnismäßig lange Küstenlinie aus. Allerorten von Flussadern durchzogen, von Binnenmeeren und einem Ozean eingefasst, ist keiner seiner Landstriche weit von der See entfernt. Afrika bildet sein Gegenüber, Asien aber sein riesiges Hinterland. Von dort aus gesehen scheint Europa nur »ein zerfasertes, nervöses Territorium weit draußen im Westen«[2]. Europa ist letztlich nur eine kleine Halbinsel, ein Kap Asiens. Doch gerade diese seine Lage und Gestalt hat es zum Anlass genommen, sich innerhalb einer natürlichen wie geistigen Geographie als Vorsprung und Vorhut, als Kopf und Haupt jener gewaltigen Land- und Erbmasse Asiens zu begreifen. Jacques Derrida hat einmal die Frage ›europäischer Identität‹ als eine Frage des Kaps bezeichnet, markiert das Kap doch eine vorgeschobene Spitze der Beispielhaftigkeit, die »*Idee der* europäischen *Idee*«. Von eben dieser Idee sagte einst Paul Valéry, sie sei ein Paradox, weil sie das Universelle und Allgemeine zur Besonderheit Europas erkläre. Und von dieser Idee könnte man auch behaupten, sie sei sowohl *arché* wie *telos*, Ursprung wie Ziel jener Bewegung, die Europa als geographische und geistige Vorhut seit seinen griechischen Anfängen beschrieben hat[3] – eine Bewegung über sich hinaus, die etymologisch mit *capere* im Sinne von »begreifen«, »ergreifen« und »sich aneignen« oder mit *capessere*, »den Weg einschlagen«, »hineilen« und »beschlagnahmen« zu kennzeichnen wäre. Diese Bewegung ist aber nicht nur ein blindes Hinaus- oder gen Westen Eilen, sondern, wie bereits das griechische Selbstverständnis zeigt, ein Rückkehren zu und in sich selbst – so als hätte Europa, um überhaupt zu sein, erst das mittelländische Meer, dann sich selbst, später sein riesiges Hinterland und schließlich die gesamte Welt zu umrunden, um seine ihm eigentümliche Gestalt zu bestimmen. Um sich in seiner ›idealen Gestalt‹ zu finden, musste Europa immer schon aufs Meer hinaus – sei es auf das Meer der Schrift, sei es auf das der Schiffe.

Was Europa von Anbeginn ›zusammenhielt‹ und so allererst zum eigenen ›Kontinent‹ machte, war paradoxerweise nicht sein Festland, jenes kleine Kap am Westend Asiens. »In Wahrheit ist es das Meer, das als Grenze die Form der Kontinente bestimmt. Jede Geographie hat beim Meer zu beginnen.«[4] Nicht umsonst wurde dieser Leitsatz Jules Michelets von der *Nouvelle histoire* beherzigt. Schließlich sind, wie Fernand Braudel sagt, gerade in Europas Geschichte »Macht, Vorherrschaft oder Einflußbereich oft nichts anderes als technische Details: Segel, Ruder, Steuer, Rumpfgestalt oder Tonnengehalt der Schiffe.«[5] Wenn Europas Geschichte einen ›natürlichen‹ Ausgangspunkt hatte, dann die östlichen Küsten des Mittelmeers. Für die Schifffahrt bot dieses Meer günstige Ausgangsbedingungen, weil es ein berechenbarer, fast gezeitenloser maritimer Großraum mit regelmäßigen Luftströmungen ist, der sich zudem mit dem südosteuropäischen Fest- und Inselland auf markante Weise verschlingt. Zu Europa wurde Europa tatsächlich erst durch eine Seeherrschaft, für die Kreta vielleicht das Beispiel, Asien aber die Künste und Techniken geliefert hatte. Solche ›Thalassokratie‹ bezeichneten bereits Herodot und Thukydides als Schlüsselmoment aller historischen Entwicklung von Minos über die Zerstörung Trojas bis hin zu Salamis, dem attischen Seebund und den Kolonisierungsunternehmungen im italischen Westen. Hand in Hand mit der Seeherrschaft hatte allerdings der Seehandel zu gehen: Er bildete so etwas wie eine indirekte, aber zugleich Subsistenz schaffende Form von Herrschaft, weil erst er die Mittel dafür bereitstellte, eine starke Kampfflotte aufzubauen und aufrechtzuerhalten, die dann wieder die Handelsflotte gegen Feinde und Piraten zu schützen vermochte. Erst im Zusammenspiel von Herrschaftstechnik und Handelskapital ist die griechische Seemacht zum Vorkämpfer und Garanten der politischen wie philosophischen, technischen wie kulturellen Idee Europas geworden.

Kaum hatten sich die Hellenen in ihren – böotischen oder kleinasiatischen – Handelszentren Basistechnologien wie das nordsemitische Konsonantenalphabet oder die phönikische Schiffsbautechnik angeeignet und in ihrem Sinne modifiziert, schwangen sie sich bereits zu Exponenten von Kultur und Seehandel auf. Ihr Schiffsbau, für den man mit der Argo einen Prototypen und mit dem homerischen Schiffskatalog den Beweis seiner Serienreife vor Augen hatte, vollzog sich angeblich unter göttlicher Anleitung und begleitet von allerlei Sprachtabus,[6] was im Klartext heißt: unter Geheimhaltung nautischer Künste und Technologien, die allenfalls in poetischen Deckworten kommuniziert werden durften. Die Häfen legte man unter der doppelten Zielsetzung von Geborgenheit und Offenheit an, wobei die Marineanlagen mit ihrer eisernen Reserve an Ruder- und Segelgerät zum heiligen und damit strikt gebannten Bereich erklärt wurden.[7] Im Zuge dieser Dialektik von Öffnung und Hegung wurde die ideale *polis* zur kosmopolitischen Hafenstadt, zum Umschlagplatz von Waren und Menschen, von Technologien und Ideen, auf dem – zu Lasten des Altadels mit seiner territorialen ›Phalanxethik‹ – unternehmungslustige Neureiche und der am Seeverkehr beteiligte ›Pöbel‹ ihren Aufstieg antraten. Europäische ›Demokratie‹ wurzelt in der Thalassokratie, nicht anders als der europäische ›Kapitalismus‹. Denn abgesehen von der Grundversorgung, die die Kornwächter garantieren sollten, versagte man sich behördlicherseits jeden Dirigismus. Effiziente Seegerichtshöfe wie die in Athen und umfassende Seegesetze wie die von Rhodos sollten vielmehr einen ungehinderten Güter- und Menschenverkehr ermöglichen, die Kapitalbildung im Seehandel befördern und damit zuletzt die *polis* selbst stärken.

Ähnliches galt für Rom, wo sich die Behörden abgesehen von Steuern oder Zollabgaben lediglich zur Sicherung der lebenswichtigen Annona, der Getreideversorgung, einschalteten und dazu Frachtschiffe bereitstellten, deren Größe erst wieder im 19. Jahrhundert erreicht werden sollte. Das römische Flottenbauprogramm war angeblich am Vorbild eines gestrandeten kathargischen Linienschiffs ausgerichtet, eine Legende, die in der imperialen Propaganda wohl nur die ursprüngliche Seefremdheit Roms und damit seine umso größere nautische Tugend und Tapferkeit unterstreichen sollte.[8] Zwar war Rom im Ersten Punischen Krieg tatsächlich noch von den Flottilien der griechischen Verbündeten abhängig, schwang sich aber mit der Vernichtung Kathargos und der selbständigen Massenproduktion von Kriegs- und Handelsschiffen zur unangefochtenen Herrin über das mittelländische Meer auf. Dieses war seit Begründung des Imperiums in der Seeschlacht von Actium endgültig zum *mare nostrum* geworden – nach Cicero (*De provinciis consularibus*, 31) ein Meer, das Rom wie einen sicheren und geschlossenen Hafen beherrschte. Hatte bereits zu hellenistischen Zeiten Pytheas von Massalia die kathargische Seesperre überwunden und die westeuropäische Atlantikküste bis hinauf nach Irland, Britannien und ›Thule‹ erkundet, so wandte sich auch Rom spätestens nach Caesars Expedition dem Atlantik zu. Dem Imperium stand ein Netz des ›Welthandels‹ offen, dessen Größe erst wieder im 15. Jahrhundert erreicht werden sollte.

Da Eratosthenes' Geographie, da Krates von Mallos' These von der Kugelgestalt der Erde und von weiteren Ökumenen im Ozean bis dahin längst als Allgemeingut gelten konnten, wäre die systematische Erkundung Neuer Welten oder gar die Entdeckung Amerikas zumindest im Bereich des Denkbaren gewesen. Es war wohl nur der Mangel ökonomischer Motive und eines Navigationsinstruments wie des Kompasses, der eine antike ›Globalisierung‹ vereitelt hat. Was der griechisch-römischen Antike jedoch die mediterrane Thalassokratie und damit eine erste Form europäischer Universalisierung ermöglicht hatte, war die Dynamik des mediterranen Seehandels und die Kunst der Schiffsführung. Mit ihnen erst verwirklichte sich die spezifisch ›europäische Idee‹ einer Heim- und Rückkehr in sich selbst. Einmal das Kap umsegelt und damit, wie ein griechisches Sprichwort sagt, die Heimat vergessen, befinden sich die Seefahrer – oder epischen Helden von Homer bis Vergil – immer schon auf einer kreisförmigen Bahn, die *idealiter* in ihre Heimkehr münden wird.[9] Dieses Reflexionsschema des *nostos* ist kennzeichnend für die gesamte Seefahrt und Seeherrschaft der europäischen Antike: Die abenteuerliche Ausfahrt und zwischenzeitliche Verschlagenheit darf nicht im Unbekannten oder Ungefähren enden, vielmehr dienen die Schiffe, jene Vorhut europäischer Identität, als Medien einer zielgerichteten Rückkehr zu sich selbst. Was der Ausfahrt damit erst ihren letzten Sinn verschafft, ist die Kunst der Hafenfindung. Für die nachts betriebene astronomische Navigation, für die Kenntnis der Himmelsrotation und für die Orientierung an den Sternbildern liefert die *Odyssee* das erste Zeugnis (*Odyssee*, V. 272-277). In nachhomerischer Zeit wurden Sonne und Sterne auch zur Einteilung des Himmels und zur Bestimmung des Breitengrads genutzt. Pytheas brachte bereits verschiedene Tageslängen mit verschiedenen Breiten und die Gezeiten Nordeuropas mit der Zu- und Abnahme des Mondes in Verbindung. Wenn man sich tagsüber aufs offene Meer wagte, nutzte man gewisse Meeresströmungen aus, deutete den Flug der Vögel, erkannte die Winde in ihrer Regelmäßigkeit und als Mittel geographischer Weisung. Zumeist aber beschränkte man sich auf die Küstenschifffahrt, für die man Lotmittel besaß, Bodenproben nahm und zudem Beschreibungen nutzte. Diese Küstenbeschreibungen, die schon den Namen nach als *periploi* der ›Rundfahrt‹ zu ihrem Abschluss verhelfen sollten, verwiesen auf Ansteuerungsmarken, auf besondere maritime und meteorologische Erscheinungen und schließlich auf schiffbare Küsten und Ankerplätze – ganz so, wie sie Kirke Odysseus mit auf den Heimweg gibt. Wahrscheinlich wurden derartige *periploi* erstmals in der *Odyssee* verschriftet, nachdem sie in voralphabetischer Zeit nur mittels mündlicher Überlieferung kursiert hatten. Poetisches Schreiben und präzises Navigieren sind in Europa mithin gleichursprünglich. Wenn poetische Orte derart mit nautischen zusammenfallen und, wie Herodot (*Historien* III, 136) von einer persischen Spionagemission an Hellas' Gestade berichtet, Seemächte präziser Küstenbeschreibungen bedürfen, basiert antike Thalassokratie auf Dicht- *und* Steuerkünsten.

Bis zum 4. Jh. v. Chr. war wohl die Mehrzahl der Seeleute genügend alphabetisiert, um geschriebene Segelinstruktionen eigenständig nutzen zu können, woraufhin das Genre neben der Beschreibung von Küstenformation, von Fahrtwasser, natürlichen Landmarken und Vorgebirgen auch die Hafeneinfahrten, Verteidigungsanlagen, Heiligtümer, Lande- und Wasserstellen und zuletzt auch Hinweise zu angemessenen Umgangsformen und Verhaltensweisen aufnahm.[10] Wer all diese Anweisungen aber zum rechten Kurs von Schiffen und Menschen umsetzte, war der Steuermann, der *kybernétes*: Seine viel bewunderte *techné* namens *kybernésis* vereinte praktische Fertigkeiten (die exakte wie flexible Tätigkeit als Rudergänger) mit geistigen Fähigkeiten (die Kursbestimmung, etwa durch Abgleich der laufenden Beobachtungen mit den Angaben der *periploi*). Vermutet man heute in dieser kybernetischen Geistesgegenwart einen Entstehungsgrund für Epen wie die *Odyssee* und *Argonautica*, so verehrten griechische Seeleute und Philosophen in ihr die schiere Gegenwart von Göttern oder »Schicksalslenkern«.[11] Die ›Kybernesien‹, die Festspiele zu Ehren von Theseus' mythischen Seeoffizieren Nausithoos und Phaiax, die Athen von seiner blutigen Tributpflichtigkeit gegenüber Minos befreiten und es zur künftigen Thalassokratie prädestinierten, waren nur der bekannteste Fall jener Sakralhandlungen, die man um des ›heiligen‹ Steuerruders und der göttlich inspirierten Kyberneten willen bei sämtlichen Schiffsreisen praktizierte. Diese »Religion des Weges« und des »göttlichen Geleits«[12] zur See drückte sich nicht nur in der mythischen und heroischen Geltung aus, die Steuerleuten wie Tiphys, dem *kybernétes* der Argo, im Epos zukam; wenn Pindar die göttliche Weltregierung *kybernésis* nennt und Platon die Gottheit den *kybernétes* aller Dinge, wird die Steuerkunst nachgerade zum kosmologischen Prinzip.

Nachdem Rom das Erbe griechischer Thalassokratie angetreten hatte, wurde freilich die vormals abenteuerliche Ausfahrt zur sicheren Herrschaft übers *mare nostrum*: Statt sich anhand von Küstenbeschreibungen linear und von Punkt zu Punkt zu orientieren, wurde im Auftrag des Pompeius das Thyrrenische Meer mit den Mitteln hellenistischer Geographie und römischer Feldvermessungskunst durch ein regelrechtes Raster aufgegliedert und gewissermaßen territorialisiert.[13] Entsprechend sank die *kybernésis* zur bloßen Herrschaftstechnik und der Steuermann zuweilen bis zum Sklaven (und damit bloßen Werkzeug) des Schiffseigners oder Kommandanten herab. Die Bordmannschaft wurde nun der Organisation des Landesheers angeglichen und *gubernatio* wie in Justinians Titulierung *princeps Romanum gubernans Imperium* zur Formel der höchsten und unantastbaren Gewalt.[14] Lediglich eines hatte die imperiale *gubernatio* noch zu befürchten: den Zufall als Widerpart der imperialen Vorsehung, sprich: der römischen Seeherrschaft. Konsequenterweise wurde dieser Zufall in Gestalt der ›Fortuna Gubernatrix‹ als genuin göttliche Steuergewalt gefürchtet und somit abermals das »Ruder als spekulatives Medium der Weltdeutung« begriffen.[15] Deswegen – und trotz der bis dato beispiellos gefestigten Thalassokratie – bezeichnete der römische Topos des *oceanus dissociabilis* das Meer als Ort einer elementaren und verhängnisvollen Herausforderung. »Es wird kommen die Zeit«, lautet eine Prophezeiung bei Seneca, »wo des Oceans Strom den Erdenring sprengt«.[16]

II. Segeln bis ans Ende der Gedanken

»Ausspähen wird aufs neue ein Tiphys, ein Schiff mit dem Namen Argo erwählte Heroen dahinfahren«, schreibt Vergil in seiner 4. Ekloge über das »kommende Kind«, die man noch bis zu Dante als Christus-Prophezeiung verstehen sollte. Denn mit diesem einen Schiff und Steuermann »werden die Seefahrer weichen, kein Schiff wird Waren zum Austausch bringen: Die Erde erzeugt das Erforderte überall selbst.«[17] Gerade diese Hoffnung auf einen neuen Kyberneten, der den Seehandel, die Seeherrschaft und zuletzt die See selbst verschwinden lassen würde, ist das chiliastische Gegenstück zu Senecas Prophezeiung. Als Verfolgte des Imperiums hegten die Frühchristen verständlicherweise dieselbe Naherwartung. Zwischenzeitlich aber, bis zum endgültigen und apokalyptischen Verschwinden des Meeres, begriffen sie die Schiffsführung weniger als Herrschafts- denn als Heilstechnik. Schon weil das Schiff der Frohen Botschaft als unverzichtbares Medium der Verkündigung diente, beschränkte man sich nicht auf die mystische Schau des Jenseitsufers, sondern wagte sich bewusst auf das gefährliche Meer der Welt und allegorisierte das Schiff von der Antenne (das Empfangsgerät himmlischer Botschaften) über den Mast (das Kreuz Jesu) bis hin zum Steuerruder. Zum Steuermann der Schicksalsgemeinschaft Kirche wurde der gläubig erleuchtete *sensus* erklärt, der von Christus selbst gelenkt sei, welcher wiederum zusammen mit den Winden des Pneuma im göttlichen Logos, der letzten Instanz des *regere et gubernare*, in der waltenden Vorsehung also des Steuermanns und Vaters aufgehe. Gregor von Nazianz nannte die Vorsehung ein Steuerruder, mit dem Gott das gesamte All lenke, und überhaupt begriff die Patristik Leib und Seele, Polis und Kirche sowie Mensch und Kosmos allesamt nach den Leitlinien einer »nautischen Theologie«.[18] Was die christliche *gubernatio* mithin von der griechischen *kybernésis* unterscheidet, ist das gemeinsame Lenken von Schiffen *und* Menschen. Bestimmt Paulus (1. Kor. 12, 28) die *kybernésis*, die Gemeindeleitung, als Gnadengabe Gottes, so ist die griechische *techné* der Schiffsteuerung hier mit dem Pastorat, die Kunst der Schiffs- mit der der Menschenführung zusammengekommen.

Vielleicht ist das Christentum mit Ausgang der Antike tatsächlich zu einer genuin europäischen Angelegenheit geworden; und vielleicht kann man vor diesem Hintergrund gerade die christliche *kybernésis* als ideale Form der europäischen Universalisierung verstehen. Freilich nahm Europa das antike Projekt der Selbstumrundung erst im Hochmittelalter wieder auf. Nicht ehe die maritimen Kulturen des Mittelmeers (die italienischen Stadtstaaten), des Atlantiks (die Iberer und Franzosen) und der Ost- und Nordsee (besonders die Hanse) Waren und Technologien austauschten, eröffnete sich Europa einen kontinentalen *cursus maritimi* – und damit die Gelegenheit zu neuer Seeherrschaft.[19] Mit dieser widersetzte es sich den Herrschaftsansprüchen nichteuropäischer Mächte, durch seinen Handelsgeist aber blieb es für geistige und technische Ein- und Zuflüsse offen und gelangte somit über die Araber an Papier, Schießpulver und indische Zahlen. Was den Schiffsbau anbelangt, so übernahm die mediterrane Seefahrt vom Norden Kogge und Hulk, Klinker- und Skelettbauweise sowie das Heckruder, der Norden im Gegenzug das Lateinersegel, den Vielmaster sowie zahlreiche navigatorische Neuerungen, ehe um 1500 die Einführung von Stückpforten und schwerem Geschütz der europäischen Seefahrt konkurrenzlose militärische Schlagkraft verlieh.

Sinnfällig wurde die europäische Einheit bis zum 13. Jahrhundert in den sogenannten Portolandkarten, die – wie um die vorangegangene Umrundung Europas anzuzeigen – auch *Roteiro, Routier, Rutter* oder *compasso* genannt wurden: Hier kam es zu einer ersten präziseren kartographischen Erfassung Europas, die mit den landfesten, zumeist allegorischen *mappae mundi* wenig gemein hatte. Zur Erstellung und Benutzung dieser Karten mit ihren Rumbenlinien war aber wiederum ein Navigationsinstrument vonnöten, das für Europa geradezu symbolischen Charakter gewinnen sollte: der Seekompass. Obschon der Magnetismus bereits der Antike bekannt gewesen war, kam der Kompass womöglich erst auf Vermittlung der Araber von China nach Europa, um in Süditalien, vielleicht in Amalfi, seine seetaugliche Gestalt zu erhalten. Nicht nur, dass die Kompassscheibe hier durch Aufteilung der lokalen Windrichtungen in 32 Rhomben untergliedert und die Magnetnadel in einer Büchse oder *bussola* aufgehängt wurde; die Windrose wurde auf die Magnetnadel selbst gelegt, was in der nautischen Praxis erstmals eine eindeutige, feste und ruhige Orientierung möglich machte.[20] Weniger in Nordeuropa, wo man bevorzugt in flachen Küstengewässern navigierte, als im Mittelmeer wurde die Seefahrt damit schlagartig effizienter: Die Reichweite und Sicherheit der Schiffe vergrößerte sich, und die Meere standen nun auch im Winter der Seefahrt offen. Da man an oberitalienischen Seeplätzen auch erstmals Papier, indisch-arabische Zahlen und die doppelte Buchführung einsetzte, wurden Schiffsrouten und Buchungsroutinen zu Parallelaktionen, was Stadtstaaten wie Venedig und Genua erst zu ihrem beispiellosen Aufstieg verhalf.

Es war dieser gleichzeitige Durchbruch in der Navigations- und Verwaltungstechnik, der ein Durchbrechen des alten Weltbildes möglich machte. Aus Genua stammten folgerichtig die Brüder Ugolino und Guido Vivaldi, die 1291 – von der maritimen Dynamik des frühneuzeitlichen Kapitalismus angetrieben – über die Straße von Gibraltar hinaus fuhren, um einen Seeweg nach Indien zu suchen. An der westafrikanischen Küste verlor sich ihre Spur, um seither die Imagination der europäischen Seefahrernationen über Generationen hinweg zu beschäftigen. Diese Aberration der ordnungsgemäßen Selbstumrundung sollte Dante im 26. Gesang seiner *Commedia* kommentieren: Der homerische Ulisse endet im achten Höllenkreis der Betrüger und Heimtückischen, weil er, statt sich mit der Heimkehr nach Ithaka zu bescheiden, seine Besatzung zu einer letzten Ausfahrt über die Grenzen der bekannten Welt hinaus überredet hat. Die Säulen des Herakles stehen hier für die äußerste Grenze des Abendlandes, seines Wissens, seiner Fähigkeiten und Macht. Und Dante bezeichnet damit sehr präzise die politisch-theologische Dimension von Ulisses Überschreitung: Irdische Herrschaft und Verfügungsgewalt findet nämlich am Ozean ihre faktische, symbolische und rechtliche Grenze. »Für den Monarchen gibt es nichts, was er begehren könnte«, heißt es in der *Monarchia*. »Seine Rechtsprechung erstreckt sich bis zum Ozean.«[21] Die Missachtung des *nec plus ultra* aber sprengt ganz nach Senecas Prophezeiung den Erdenring. Verletzt Ulisse »frech die Rechte der See« und wird somit »das Meer gereizt, so verlangt es Strafe.«[22] Statt dass sich, wie bei Homer, der Kreis des *nostos* schlösse, gerät Ulisse am Läuterungsberg in einen *turbo* und kommt erst im Untergang wieder zu jenem In-Sein und in jenen Einschluss, der in Dantes sphärischer Kosmologie alles Irdische birgt.

Man kann Ulisses und damit auch Europas Vergehen am Vorabend seiner globalisierenden Unternehmungen entsprechend des augustinischen Sündenkatalogs deuten: Es ist – neben der Habgier und Lüge – die *curiositas*, die theologisch unvermittelte Weltneugierde und das Suchen nach bloßer *esperienza*, die den Menschen »die Zurückwendung in sich selbst und in seine gottbedürftige Kreatürlichkeit« versäumen lässt.[23] Mit dieser ›Er-fahrung‹ im Wortsinne wird das menschliche Bedürfnis nach transzendentem In-Sein in der Immanenz des bloßen Raums zu befriedigen gesucht und somit die christliche *kybernésis* als schöpfungsgerechte Menschenführung zu Gunsten bloßer Schiffsführung aufgegeben. Ulisses letzte Ausfahrt ist eine existentielle Missweisung. Und dennoch hat Dante ein nautisches Instrument, den Kompass, als Emblem seines eigenen Schreibens gewählt – in ihm nämlich ist jene Weisung und Orientierung auf ein Ganzes versinnbildlicht, das Europa nach Öffnung seines vormals abgerundeten Ordo künftig suchen müssen wird. Die *Commedia* beschreibt somit zwei alternative Routen: Sucht Ulisse – im Raum und in der Immanenz – den direkten Weg über das Abendland und hinter die Sonne hinaus, tritt Dante, einmal vom rechten Weg abgekommen, mittels astronomischer oder himmlischer Orientierung und durch Weisung des Glaubenskompasses seinen Weg nicht nur *über* Florenz und das christliche Europa, sondern zugleich *durch* das gesamte irdische Rund an. Dantes Dichtung, die er selbst mit einem Schiff vergleicht, ist nicht mehr die poetische und schriftliche Fassung eines antiken *periplus*, einer Rundfahrt durch die beschränkte heidnische Welt. Sie ist eine symbolische Operation, die auch außerhalb bewährter Reflexions- und Umrundungsbewegungen Orientierung durch Weisung zum Realen, oder genauer: zur höchsten Wirklichkeit, verspricht.

Mit eben dieser Orientierung ließ ein Jahrhundert später der portugiesische Prinz Heinrich die Route Ulisses und der Vivaldis nochmals aufnehmen. 1415 an der Eroberung der nordafrikanischen Festungsstadt Ceuta beteiligt und später zum Großmeister des Christusordens ernannt, verstand er sich als *Propagator fidei*, der – schon um des Heiligen Kriegs gegen die Ungläubigen willen – die nautische Umrundung Afrikas versuchen musste. Von Heinrich wurde berichtet, sein älterer Bruder habe ihm aus Venedig eine Abschrift von Marco Polos Reiseerzählungen und eine Karte geliefert, auf der die Südspitze des afrikanischen Erdteils spekulativ vorweggenommen war. Seither habe er am Südwestende Portugals, am Kap São Vicente, ein Seearsenal und astronomisches Observatorium eingerichtet, zahlreiche Expeditionsschiffe ausgerüstet und somit jene Jahrzehnte langen Unternehmungen eingeleitet, mit denen die portugiesischen Seefahrer – bis hin zu Bartolomeu Dias' Umrundung des Südkaps – ein afrikanisches Kap nach dem nächsten überwinden sollten. In der legendären Seeakademie zu Sagres sollen die Erkenntnisse jüdischer und arabischer Geographen, Astronomen und Navigatoren zusammengetragen und ausgewertet worden sein, um auf Grundlage dieser fortlaufenden Datenverarbeitung jenes »Wandern bis ans Ende der Gedanken« möglich zu machen, von dem der Chronist Damião de Goes später sprach[24] – ein Segeln bis ans Ende des Ordo-Gedankens und bis zum Beginn des globalen Gedankens, könnte man präzisieren.

Die zwischenzeitlich eingerichtete *Casa da India* diente ebenso wie die spanische *Casa de la Contratacion* als ein nautisches Zentralbüro der Globalisierung, das mit seinen zusehends wissenschaftlich instruierten Seemannschaften und technologisch aufgerüsteten Segelschiffen in ständiger kommunikativer Rückkopplung stand. Was hierbei an nautischen Erkenntnissen produziert wurde, betraf nicht nur die physischen Daten Afrikas und Asiens, der Neuen Welt oder des Seewegs, sondern die Verfahren und Instrumente der Navigation selbst: Die Kompassnadel wurde besser aufgehängt und ihre Magnetkraft erhöht; zur Bestimmung der Breite führte man nach dem Quadranten das Astrolab und den Jakobsstab ein; der Längengrad wurde durch fortlaufend korrigierte Gissung nach Kurs und Distanz geschätzt; und die Missweisung der Kompassnadel beobachtete man nun systematisch. Manche erhofften sich von ihr gar eine Methode zur Längenbestimmung, wichtiger aber ist, dass man ihre störende Wirkung auf die kartographische Darstellung erkannte und methodisch untersuchte. Die Karten schließlich, die nach den Fahrten als klassifiziertes Material wieder in der *Casa* abzuliefern waren, wurden in ihren projektiven Verzerrungen analysiert und zudem mit loxodromischen Kursen versehen.[25] In diesem abermaligen Kurzschluss von Schreiben und Navigieren imaginierte Europa nicht nur das neue ›Weltbild‹, sondern erschloss es sich durch Navigationsdaten und präzise Projektionsverfahren.

Somit war es die Steuerkunst, die in Europa erstmals eine staatlich betriebene Erfahrungswissenschaft entstehen lassen hat; die damit bewirkt hat, dass »der Mensch« in der Epoche zwischen Dante und den planmäßigen Entdeckungsfahrten »vom Priester der Natur zu ihrem Beamten geworden ist«; und die schließlich Erkenntnis allgemein, »ihrem Wesen nach schon Kunst und Technik in eins«, nach dem Vorbild der Navigation »in der Praxis der Weltorientierung und Wirklichkeitsbewältigung« fundierte. Dafür, dass sich »die Heraufkunft des Begriffes der politischen *Macht* als Anspruch auf rational-technische Verfügbarkeit des öffentlichen Geschicks«[26] gestaltete und dabei vom Programm einer nautisch angestoßenen Erfahrungswissenschaft ausging, zeugt am deutlichsten die aufstrebende Seefahrernation England. Hier verstand man es, durch königliche und zugleich private Initiativen, durch den Besuch in den *Casas* und durch gezielte Forschungsfahrten den Rückstand auf die Iberer rasch aufzuholen. Als konkrete Charakteristika des britischen Bordbetriebs könnte man den umfassenden Einsatz neuester astronomischer Instrumente oder auch von Logarithmentafeln anführen. Kennzeichnend für die englische Seefahrt wurde aber vor allem die offensive Allianz von Wissenschaftspolitik und Seemachtsstreben. Mit der Forderung, »To keep the see« und eine dauerhafte maritime »gouvernaunce« einzurichten,[27] hatte bereits das *Libell of English Policye* (1436) Dantes terran begrenztem Herrschaftsverständnis diametral widersprochen, ehe Francis Bacon, Mitbegründer der Neufundland-Gesellschaft und Aktionär der Virginia-Gesellschaft, seine Akademieprojekte und seine *Great Instauration* ganz konträr zu Dantes rückgewandtem In-Sein formulierte: Die Säulen des Herakles zu durchfahren, war ihm Verpflichtung statt Hybris, vor ihnen zurückzubleiben ein Irrtum, eine Unterlassungssünde und Beweis für die Unterschätzung der eigenen Kräfte. Bacons ›Ausfahrt‹ führt zwar ins Ungewisse und Dunkle, ist aber im Sinne der heutigen ›Grundlagenforschung‹ methodisch angeleitet und kann deshalb mit der fortwährenden Entdeckung Neuer Welten rechnen. Der ›Prozess theoretischer Neugierde‹ folgt dem Kompass der *Great Instauration*, um sich weder den empirischen »Wellen der Erfahrung« auszuliefern noch lediglich die scholastischen »Küsten der Alten Welt« entlang zu segeln.[28]

III. Die Geburt der Gouvernementalität

Als Bacon für seine methodische Neubegründung aus den Erfahrungen des Entdeckungszeitalters die letzten Konsequenzen zog, wurde die Steuerkunst nicht nur metaphorisch, sondern ihrer konkreten wissenschaftspolitischen Vorreiterrolle wegen zum Inbegriff des neuzeitlichen Europas, seiner Künste und Techniken, seines Wissens und Machtstrebens. Das – nicht zuletzt im Seekrieg und bei Eroberung der Neuen Welt bewährte – Schiesspulver war seither die Insignie des militärischen, der Kompass aber das Leitinstrument des unternehmerischen Europas. Und weil die gedruckte Schrift den »mutuall Trafique« des Seeverkehrs und seine »participation« auf Distanz auch »through the vast sea of time« und das *mare academicum* fortsetzte, galt die Druckerpresse künftig als Emblem des gelehrten Europas.[29] Nicht zuletzt auf Ebene dieser drei repräsentativen Künste und Techniken vollzog sich jene Translatio europäischer Seeherrschaft, die bis zum 18. Jahrhundert zwischen den katholisch-iberischen und den protestantischen Mächten stattgefunden hat: Portugals und Spaniens nautische Wissenschaftspolitik war weitgehend auf eine exklusive und monopolistische Manuskriptkultur beschränkt geblieben, während England und die Niederlande mit ihrer skrupellosen Spionage, mit ihren Schiffsnachrichten und Druckereistandorten in London und Amsterdam auf Publizität und einen gesellschaftlichen *commerce* des nautischen Wissens setzten; seit dem Vertrag von Tordesillas (1494) hatten die iberischen Mächte auf der festen kartographischen Aufteilung und souveränen Beherrschung der gleichsam römisch gerasterten Weltmeere beharrt, während England und die Niederlande das Meer als einen agonalen Raum betrachteten, der durch nautische, kommerzielle und (wenn nötig irreguläre) militärische Unternehmungen zu erobern ist; und schließlich hatten Portugal und Spanien die eroberten Regionen nur als Gelegenheit zur unumschränkten Ausbeutung gesehen, wohingegen die Niederlande und insbesondere England ihre Kolonien in ein kapitalistisches Handelssystem, in ein nachhaltiges Gefüge globaler Marktkonkurrenz einzubinden suchten.

Rückblickend wurden die Erfolge der protestantischen Mächte immer wieder auf jene Mentalität zurückgeführt, die sich in der Verlagerung ihrer politischen und wirtschaftlichen Unternehmungen auf das Meer und in einer »Verabsolutierung der Technik und des technischen Fortschritts« ausgedrückt, zunächst aber in spezifischen Glaubensfundamenten gewurzelt habe.[30] So gesehen waren es

nicht nur ihre nautischen Künste und Techniken, sondern war es ebenso eine gewissermaßen nautische Mentalität, die den Grundstein für den neuzeitlichen Liberalismus niederländischer und besonders angelsächsischer Prägung gelegt hat.
Mit der Prädestinationslehre nämlich wurde die ›nautische Theologie‹ des Mittelalters zur Anthropologie des neuzeitlichen *homo oeconomicus* fortgeschrieben,
um zuletzt in jene Regierungskonzeptionen zu münden, die Michel Foucault als
›Gouvernementalität‹ beschrieben hat: Einerseits drehten sich von Augustinus,
der in der Lehre von den Zweitursachen Prädestination und Willensfreiheit zu-
sammendachte, über Thomas von Aquin, der die Menschen als spezielle ›Medien‹
göttlicher Zielsetzung, Vorsorge und Weltregierung bezeichnete, bis hin zu Cal-
vin die christlichen Providenzvorstellungen immer wieder um die *gubernatio*, die
lenkende göttliche Intervention. Andererseits kombinierten besonders protestantische Vordenker der neuzeitlichen Regierungskunst, etwa die Physikotheologen
(die gerade in kontingenten Ereignissen »die Hand des verborgenen Regierers
aller Dinge« am Werke glaubten) oder die *Cambridge Platonists* (die Gott als *governor* des Weltgetriebes feierten und dazu ganze Bibliotheken von Providenzent-
würfen produzierten), ungebrochenen Providenzglauben mit einer empirischen
Welterschließung im Sinne Bacons.[31]

›Säkularisierung‹ bedeutete mithin keineswegs den völligen Verzicht auf die
theologisch tradierten Steuerungsinstanzen. Um das ›säkulare‹ Handeln und ›er-
fahrungswissenschaftliche‹ Weltbild von den scholastischen Fiktionen einer letzt-
verbindlichen *gubernatio* zu befreien, bedurfte man vielmehr neuer, abermals
nautisch gedachter Steuerungsvorstellungen – Vorstellungen, die schließlich
etliche ›fiktionale‹ oder auch ›wissenschaftliche‹ Leittexte der Epoche ausbuch-
stabierten. Weil der göttliche Ratschluss ein verborgener ist und das menschliche
Wissen ein Noch-nicht-Wissen, steht die calvinistische Providenz immer schon im
Zeichen von Fiktion und Interpretation. Sie ist zu Allegorisierungen wie in John
Bunyans *The Pilgrim's Progress* (1678/84) und zu Erzählformen prädestiniert, die
wie Daniel Defoes Romane gerade die Fiktionalisierung und Interpretation der
Vorsehung thematisieren. Als Presbyterianer erzogen und vom Vater eigentlich
zur ›Kybernesis‹, zur protestantischen Gemeindeführung auserkoren, wurde dem
Dissenter Defoe durch den *Act of Uniformity* die Amtsausführung untersagt und
er deshalb auf weltliche Belange verwiesen. Bereits auf der *Dissenter's Academy*
war er auf eine Erfahrungswissenschaft im Geiste Bacons und der *Royal Academy* eingeschworen worden[32] – eine doppelte, zugleich theologische und empiris-
tische Orientierung, die den ›Projektemacher‹ Defoe nicht minder als seine Ro-
manfiguren charakterisieren sollte.

Bereits in Defoes *Essay upon Projects* (1697) treten das nüchterne Kalkül der
Machbarkeit, der unbedingte, göttlich inspirierte Auftrag zur Entdeckung und
Erschließung sowie das unbedingte Vertrauen auf eine – sei es transzendente,
sei es regulative – Steuerungsinstanz zusammen. Bezeichnenderweise setzt das
Buch mit der Arche Noah als erstem Projekt der Menschheitsgeschichte ein und

beschreibt alsdann die verwaltungstechnische Steuerung des Überseeverkehrs, den Zusammenfall von Buchungsroutinen und Schiffsrouten:

»Every new Voyage the Merchant contrives, is a Project; and Ships are sent from Port to Port, as Markets and Merchandizes differ, by the help of strange and Universal Intelligence; wherein some are so exquisite, so swift, and so exact, that a Merchant sitting at home in his Counting-house, at once converses with all Parts of the known World.«

Zuletzt entwirft der Essay, etwa in Gestalt von Versorgungsanstalten oder Versicherungen, die Leitlinien einer gouvernementalen Vorsorgepolitik, denn diese »seems to be a Project that we are led to by the Divine Rule«.[33] Defoes Romane liefern zu derlei politisch-theologischen Reformprojekten die entsprechende, ebenso religiös wie ökonomisch fundierte Anthropologie. Als verlorener Sohn, der seine sichere und moderate *station* für die abenteuerliche Ausfahrt aufgegeben hat, erleidet *Robinson Crusoe* (1719/20) Schiffbruch, ganz so, als ob ihm Gott um eines höheren Zwecks willen zwischenzeitlich die *gubernatio* verweigert hätte. Nach seiner Strandung indes entdeckt er immer eindeutigere Spuren göttlicher Providenz und besorgt deshalb die fortgesetzte *adaptation* seiner selbst, um schließlich zum *governor* der Insel und zum Organisator eines überseeischen Kolonialhandels zu werden.

Vom göttlichen *calling* zum *government* geleitet und zur besonderen Mentalität eines *homo religiosus et oeconomicus* prädestiniert, enthüllt Defoes Robinson nicht nur die epochale Ideologie des aufstrebenden Globalkapitalismus, sondern vielmehr die Genese dessen eigentümlicher ›Gouvernementalität‹.[34] In diesem Sinne entwickelt der Roman eine theologische Poetik des Wissens, die im Verein mit der instrumentell bewaffneten Beobachtung, dem Verfahren des *trial and error* und schließlich der peniblen Buchführung unwahrscheinliche Providenzeffekte herzustellen und zu plausibilisieren vermag. Robinsons Praktiken sind bis ins Einzelne am methodischen Leitfaden der Royal Society orientiert,[35] und es ist somit weniger Zufall als im providentiellen Plan verfügt, wenn er aus dem gestrandeten Schiff rechtzeitig die *essentials* von Bacons *Great Instauration* zu retten vermag: Kompass, Pulver und Drucksachen bzw. Schreibgerät. Unter diesen Vorzeichen steigern die drei Bände des Romans nach und nach den Organisationsgrad von Robinsons Handeln und zugleich den Ordnungsgrad der poetischen Beobachtung: Im ersten Teil wird von den Umständen und Bedingungen gehandelt, die die allmähliche Bildung des providentiellen oder gouvernementalen Systems erlauben; im zweiten Teil wird dessen Expansion und werden dessen Abläufe und Regelprozesse sozusagen auf zweiter Stufe beobachtet; und im letzten Teil, den *Serious Reflections*, wird auf nochmals höherer Stufe die kontemplative Schließung jenes Systems providentiellen Handelns vorgenommen, und dies durch Allegorisierung der Hand des Autors oder eines Handelns namens Schreiben.

Diese im Text bis dahin unsichtbare Hand tauchte bereits im ersten Band mehrmals als die Hand der Providenz auf: Zunächst als »visible hand of Heaven against me«, als Zeichen drohender Sturm- und Blitzgefahr während Robinsons Schiffsreise; dann als intuitiv erkannte Instanz der *gubernatio*, als das verborgene *guiding, governing* und *directing* aller Dinge und menschlicher Gemützzustände, mit dessen Entdeckung sich Robinson in die »dispositions of Providence« schickt; und schließlich als »secret hand of Providence«, die Robinsons Handeln als Erzieher Freitags und überhaupt als »Governor« der Insel endgültig autorisiert.[36] Das ist der Punkt, an dem sich Robinson zum Kolonialhandel berufen sehen kann, eine ökonomische Praktik, die Defoe selbst für England befürwortete: einerseits, um es im Konflikt mit dem Papsttum und den maritimen Rivalen Portugal und Spanien zu stärken, andererseits aber, um den britischen Handel und seine Zirkulationsprozesse am Laufen zu halten. Wie um die Geburt neuzeitlicher Gouvernementalität aus den wunderbaren Wirkungen göttlicher *gubernatio* nachzubuchstabieren, rekapituliert Robinsons Werdegang den Aufstieg von Europas neuzeitlicher *elect nation* – von den Steuerungskünsten zur Regierungstechnik bis hin zum Globalkapitalismus. Freilich ist diese Ökonomie des Heils *und* Handels für den Ökonomen Defoe noch durch ein Nachregeln von Seiten des Königs gekennzeichnet und folgt überhaupt noch etlichen Maßgaben einer merkantilistisch reglementierenden Wirtschaftspolitik. ›Kybernetisch‹ beschreibt Defoe offene Wirkungsabläufe, keine geschlossenen Regelkreise, und in seinem christlichen Gouvernement ist zwar Ethik und Handeln bereits zum Wirtschaften, aber noch nicht zum Freihandel geworden.[37]

Dies sollte erst mit Adam Smith geschehen, der in seinen anthropologischen und ökonomischen Entwürfen jedwede Reglementierung des Handels beseitigt wissen wollte, um fortan dem freien Spiel der Interessen und natürlichen Neigungen Platz zu machen. Dafür, dass die absichts- und ahnungslos wirtschaftenden, bloß um ihre Selbsterhaltung und Profitmaximierung besorgten Individuen schon mit ihrem Zusammenschluss im System des freien Handelns den *publick benefit* beförderten, sollte abermals eine *invisible hand* zeugen. Ihre Metamorphose in Smiths Schriften entspricht weitgehend derjenigen im *Robinson*: Erstens, nämlich in Smiths *History of Astronomy* (ca. 1759), steht sie als »the *invisible hand* of Jupiter« für eine transzendente Instanz, die – nach Art der römischen *Fortuna Gubernatrix* – »irregular events of nature« wie »lightning« und »storms« auslöst; *zweitens* stellt sie im Rahmen der *Theory of Moral Sentiments* (1759) eine persönliche Intuition dar, die als ethisches Vermögen – wie der patristische *sensus* oder Hutchesons *moral sense* – Gottes *gubernatio* entspricht und die sympathetische Kommunikation im zwischenmenschlichen Verkehr koordiniert; *drittens*, nämlich in *The Wealth of Nations* (1776), allegorisiert sie die selbstregulativen Abläufe im System des freien Handels, wie sie etwa in der Gravitation der faktischen Preise um einen natürlichen Preis erkennbar werden.[38] Defoes oder Smiths unsichtbare Hand ist eine providentielle Instanz, ohne die die zusehends autoregulativen

Kreisläufe des Handel(n)s nicht erklärlich wären. Sie ist die Allegorie jener Steuerungskünste, die von Europas antiker Thalassokratie über seine mittelalterliche Orientierung im christlichen Ordo, seine frühneuzeitlichen Globalisierungsunternehmungen bis hin zur Konsolidierung eines autonomen kapitalistischen Weltsystems geführt haben.

Smith selbst verweist auf die nautische Abkunft des neuzeitlichen *Wealth of nations*. Allein auf Grundlage des antiken Seeverkehrs sei es zu den »first improvements of art and industry« gekommen. Und als man sich dann aus der »ignorance of the compass« befreit und damit ermöglicht habe, »[t]o pass beyond the pillars of Hercules«, wurde die Entdeckung der Neuen Welt und der Passage ums Kap der guten Hoffnung zum entscheidenden Wendepunkt abendländischer Geschichte: »By uniting, in some measure, the most distant parts of the world, by enabling them to relieve one another's wants, to increase one another's enjoyments, and to encourage one another's industry« – im Zuge einer liberalen Globalisierung also haben maritime Handelsnationen unter Leitung ihrer Handelsgesellschaften jenes unstillbare Begehren geweckt, das nicht mehr nur in der West-Drift von Asien nach Europa oder von Europa zur Neuen Welt, sondern in einem universellen, in alle Richtungen ausgreifenden »trading spirit« wirksam wurde.[39] Fortan ist es der liberale Kapitalismus, der die irdischen Geschicke mittels einer unsichtbaren Hand, das heißt: autoregulativ besorgt. Smiths Epoche ist das Geburtsdatum der Gouvernementalität, das sinnigerweise mit dem der autonomen Schiffsnavigation zusammenfällt. »Of all the inventions and improvements the wit and industry of man has discovered and brought to perfection, none seems to be so universally useful, profitable and necessary, as the art of navigation«, hieß es im Geiste Bacons noch um 1700 an der Royal Academy.

»There are those that will not allow it to be called the invention of man, but rather the execution of the direction given by Almighty GOD, since the first vessel we read of in the world, was the ark Noah [...] being only guided by Divine Providence«.[40]

Nachdem die Nautik und Navigation im Rahmen des neuen Wissenschaftsverbunds[41] zur Hochtechnologie avanciert und das Längengradproblem in den 1770er Jahren durch Harrisons funktionstüchtigen Chronometer endgültig gelöst worden war, konnten die Schiffe tatsächlich autonom navigieren. Die Steuerungskunst hatte die *gubernatio* übernommen – eine navigationstechnische Perfektion, an der auch die Einführung der drahtlosen Telegrafie um 1900 nichts Grundsätzliches mehr zu ändern hatte.

Vielleicht erreichte Europas Kunst der Schiffs- und Menschenführung gerade in dem Augenblick seinen Höhepunkt, da sich britische Navigationstechnik und Seeherrschaft mit dem »free government«[42] und ökonomischen Liberalismus Smithscher Prägung zusammenschloss. Dieser Augenblick markierte nichts weniger als den Zenit englischer und europäischer Weltherrschaft. Es ist zumindest eine Nebenbemerkung wert, dass der Niedergang dieser europäischen Weltherrschaft nicht nur mit dem Ersten Weltkrieg und dem Zusammenbruch des Kolonialsystems, sondern auch mit dem Ende der Seeherrschaft selbst zusammenfiel – oder anders gesagt: mit der Heraufkunft der Aviatik als weiterer technologischer ›Raumrevolution‹.[43] Kurz bevor die britische *sea power* abdankte, wurde deren Theorie den Europäern von einem Amerikaner namens Alfred Thayer Mahan zugestellt, so als ob sich die Neue Welt mit einer rein historistischen Geste für jenen Technologietransfer bedanken wollte, in dem europäische Intellektuelle den geopolitischen Niedergang ihres Weltteils angebahnt sahen. Das Kapital der besten europäischen Köpfe, ihr Wissen, ihre Praktiken und Technologien, schrieb Paul Valéry, seien mit der Universalisierung der europäischen Idee global zerstreut worden, so dass sich Europa nicht wundern durfte, fortan »von einem amerikanischen Ausschuß regiert zu werden.«[44] Und tatsächlich scheint Europa heute, nach Umrundung seiner selbst und zuletzt der ganzen Welt, nur mehr ein Vorposten seiner ehemaligen Kolonien – und morgen vielleicht wieder nur ein Kap Asiens.

IV. Schluss: Gubernatoris ars

Homer, Dante und Defoe zeugen für unterschiedliche Etappen dessen, was man die Verwirklichung der ›europäischen Idee‹ nennen könnte. Zugleich enthüllen sie die besonderen – ›kulturtechnischen‹ – Bedingungen, die ihre Universalisierung oder Globalisierung allererst möglich gemacht haben. Bis hin zur Epoche Smiths war die ›europäische Idee‹ untrennbar von der Wirklichkeit europäischer Seeherrschaft. Deren *gubernatoris ars* aber war von jeher mehr als ein Ensemble nautischer Techniken. Zwar heißt es bei Cicero (*De finibus* I, 42): »gubernatoris ars, quia bene navigandi rationem habet, utilitate, non arte laudatur« – um ihres Nutzens, nicht um ihrer Kunst willen wird die Kunst des Steuermanns gelobt –, doch entspreche sie insofern der »Weisheit, die man für die Lebenskunst halten muß«, als »sie gleichsam die Künstlerin ist, welche Lust aufspürt und verschafft« und »sich uns als die sicherste Führerin zur Lust darbietet.«[45] Die *gubernatoris ars* war zum einen jene Technologie, die die meisten technologischen Transfers nach und aus Europa ermöglichte. Dem antiken Europa gewährte sie zum anderen aber auch den Import asiatischer Lustbarkeiten und den Eros der Poesie, dem christlichen Europa den *libido experiendi* und zuletzt dem neuzeitlichen Europa die reziproke Lust *of one another's wants* und *one another's enjoyments*. Lebenskunst im Sinne der antiken, christlichen oder neuzeitlichen Anthropologie war also nicht nur rhetorisch mit der Schifffahrt verknüpft, sondern Teil jener *technê*, die *kybernésis*, *gubernatio* oder *government* heißt.

Mehr noch als das lateinische *ars* versammelt der griechische Begriff der *technê* die unterschiedlichen Facetten solcher Steuerung: handwerkliche Fertigkeiten, für die Antike paradigmatisch im Schiffsbau; Lebens-, Heil- und Regierungskün ste; auf Erfahrung gestützte Imitationen der veränderlichen Natur, die sozusagen zwischen *empeiria* und *epistêmê* stehen; schließlich Akte planmäßigen Herstellens, Akte der *poiêsis*. Die *ars gubernatoris* betrifft mithin die rein technischen Aspekte der Schiffsführung ebenso wie die pastoralen Aspekte der Menschenführung; historisch dient sie als ein erstes Bindeglied zwischen Erfahrung und Wissenschaft; und schließlich gehören ihr jene konstruktiven Kulturtechniken zu, die in den Symbolsystemen der Karten und Navigationshandbücher, der Poesie und der Rechnungsbücher die Geschichte der Seefahrt skandieren. Solche konstruktive oder ›poietische‹ *technê* ist nicht nur Nachahmung der Natur, sondern auch deren »Vorahmung«, schließlich vermag sie »zu vollenden, was die Natur nicht zu Ende zu bringen vermag«.[46] Der neuzeitliche Bruch zwischen Kunst und Konstruktion einerseits, Natur und Elementarem andererseits, hat hingegen einen verkürzten Begriff von Technik hervorgebracht, welchem nicht nur die Natur, sondern auch die Kunst entgegensteht.

Dass die antike *kybernésis* in der Kybernetik des 20. Jahrhunderts als »Grundwissenschaft« in einer »Steuerung des möglichen Planens und Einrichtens menschlicher Arbeit« aufgegangen sei, neben der die Künste zu »gesteuert-steuernden Instrumenten der Information« herabgesunken sind, hat Martin Heidegger zur Besinnung auf das »Wesen der Technik« veranlasst. Dieses sei »nichts Technisches«, sondern vielmehr Kunst im Sinne von *technê* und *poiesis* und verweise damit Europas Universalitätsanspruch zurück auf die griechische Frage nach dem Sein.[47] Was indes Norbert Wieners *Communications and Control in the Animal and the Machine* mit der Antike verbindet, ist weniger eine Etymologie als die Führung von Dingen *und* Menschen – eine *technê*, die erst in der Fusion griechischer *kybernésis* mit christlicher *gubernatio* möglich und in den neuzeitlichen Regierungsmentalitäten universalisierbar geworden ist. Weil das Schiff ein Komplex aus Menschen und Dingen darstellt, dem eine bestimmte Zielrichtung oder Finalität zuzuschreiben ist, wurde es zum Modellfall jener Gouvernementalität, deren Geburt Foucault im Liberalismus angelsächsischer Provenienz verortet. Ist die Kybernetik eine Universalwissenschaft in dem Sinne, dass sie Steuerungsprozesse als solche zu formalisieren versucht, um sie zuletzt technisch ›implementieren‹ zu können, umschreiben Gouvernementalitäten wie die des Liberalismus die historischen Möglichkeitsbedingungen dafür, dass Techniken – wie die Regelungstechnik seit dem 18. Jahrhundert – überhaupt implementiert und universalisiert werden.[48]

Erst die Mentalität des Liberalismus ermöglichte das funktionale Verständnis von Rückkopplungen (wie der zwischen Schifffahrt und Handel); dieses Verständnis ermöglichte die unumschränkte europäische Seeherrschaft, welche wiederum das System eines globalen Freihandels errichtete; und dieses System stiftete eine autonome Realität des Marktes und verschaffte ›der Gesellschaft‹ mit ihrem Begehren und Streben erstmals eine gewisse Eigengesetzlichkeit oder Natürlichkeit, die nicht zu reglementieren ist, sondern an der sich vielmehr das staatliche

Regiment zu orientieren hat. Regieren ist seither eine Technologie *und* Kunst, die die Natur von sozialem und Marktgeschehen gewissermaßen ›vorzuahmen‹ hat, um Dinge und Menschen allererst zum rechten Ziel zu führen. Und solche *ars gubernatoris* bildet vielleicht das eigentliche, weil global angetretene Erbe europäischer Seeherrschaft. Dass jedoch die Künste und Techniken europäischer Seeherrschaft nicht allein im trüben Faktum der Macht oder des Markts münden, dass wie schon bei Homer, Dante und Defoe Steuern immer auch mit Schreiben und dass Seefahrt mit Poesie einhergeht – dafür zeugt die Literatur auch noch im Augenblick von Europas Niedergang. »Es gibt zwar gewisse Verhaltensregeln«, schreibt Joseph Conrad, »menschliche Gemeinschaft aber lässt sich nicht durch Regel und Vorschrift erzwingen. Mit Menschen richtig umzugehen, ist eine ebenso große Kunst wie der Umgang mit Schiffen.«[49]

Anmerkungen

[1] Homer, *Ilias*, übertragen von Johann Heinrich Voß, München: dtv ⁵1988, 244 (XIV, 246).

[2] Walter Benjamin, »Denkbilder«, in: ders., (Hg.) Tillmann Rexroth, *Gesammelte Schriften*, Bd. 4, 1, Frankfurt am Main: Suhrkamp 1991, 305-438, hier: 337.

[3] Jacques Derrida, *Das andere Kap. Die vertagte Demokratie: Zwei Essays zu Europa*, Frankfurt am Main: Suhrkamp 1992, 22.

[4] Jules Michelet, *Das Meer*, (Hg.) Rolf Wintermeyer, Frankfurt am Main/New York: Campus 2006, 35f. – Vgl. hierzu auch Peter Sloterdijk, *Sphären II. Globen*, Frankfurt am Main: Suhrkamp 1999, 845f.

[5] Fernand Braudel, *Das Mittelmeer und die mediterrane Welt in der Epoche Philipps II.*, Bd. 1, Frankfurt am Main: Suhrkamp 1994, 176.

[6] Vgl. Dietrich Wachsmuth, *Pompimos ho Daimon. Untersuchungen zu den antiken Sakralhandlungen bei Seereisen*, Berlin: Diss. 1967, 291.

[7] Vgl. Olaf Höckmann, *Antike Seefahrt*, München: Beck 1985, 144-148.

[8] Vgl. Raimund Schulz, *Die Antike und das Meer*, Darmstadt: Primus 2005, 159.

[9] Zum sprichwörtlichen Heimatverlust am Kap vgl. Braudel, *Das Mittelmeer*, a.a.O., 153f. – Zum Kap Malea als Ausgangspunkt der odysseeischen Verschlagenheit vgl. Robert Foulke, *The sea voyage narrative*, New York: Twayne 1997, 41f.

[10] Vgl. Eva G. R. Taylor, *The Haven-Finding Art. A History of Navigation from Odysseus to Captain Cook*, London/Sidney/Toronto: Hollis & Carter 1971, 57.

[11] Apollonius von Rhodos, *Die Fahrt der Argonauten*, griech./dtsch., (Hg.) Paul Dräger, Stuttgart: Reclam 2002, 85 (I, 1127). – Vgl. zudem Friedrich Kittler, *Musik und Mathematik I. Hellas 1: Aphrodite*, München: Fink 2006, 28.

[12] Wachsmuth, *Pompimos ho Daimon*, a.a.O., 78, 75.

[13] Vgl. Schulz, *Die Antike und das Meer*, a.a.O., 180.

[14] Vgl. Helmut Quaritsch, »Das Schiff als Gleichnis«, in: (Hgg.) Hans Peter Ipsen/Karl-Hartmann Necker, *Recht über See. Festschrift für Rolf Stödter*, Hamburg: Decker 1979, 251-286, dort: 259 sowie Höckmann, *Antike Seefahrt*, a.a.O., 135, 173.

[15] Arvid Göttlicher, »Fortuna Gubernatrix. Das Steuerruder als römisches Glückssymbol«, in: *Antike Welt*

12 (1981), 27-33, dort: 30.

[16] L. Annaeus Seneca, *Medea*, lat./dtsch., (Hg.) Bruno W. Häuptli, Stuttgart: Reclam 2003, 37 (II, 374ff.).

[17] Vergil, *Werke in einem Band*, (Hg.) Dietrich Ebener, Berlin/Weimar: Aufbau 1983, 35.

[18] Vgl. Hugo Rahner, *Symbole der Kirche. Die Ekklesiologie der Väter*, Salzburg: Müller 1964, dort: 241, 365, 268, 328, 333f. – Zu Gregor von Nanzianz‹ ›Seelenführung‹ als *ars artium* oder *technè technôn* vgl. Michel Foucault, *Geschichte der Gouvernementalität. Sicherheit, Territorium, Bevölkerung*, Bd. 1, Frankfurt am Main: Suhrkamp 2004, 222.

[19] Zum Aufschwung der europäischen Seefahrt des Mittelalters im Vergleich zur chinesischen und arabischen vgl. Fernand Braudel, *Die Geschichte der Zivilisation. 15.-18. Jahrhundert*, München: Kindler 1971, dort: 447ff.

[20] Vgl. hierzu Arthur Breusing, »Flavio Gioja und der Schiffskompaß«, in: (Hg.) Wolfgang Köberer, *Das rechte Fundament der Seefahrt. Deutsche Beiträge zur Geschichte der Navigation*, Berlin: Hoffmann und Campe 1982, 79-95.

[21] Dante Alighieri, *Monarchia*, lat./dtsch., (Hgg.) Ruedi Imbach/Christoph Flüeler, Stuttgart: Reclam 1998, 91 (I, xi, 12).

[22] Seneca, *Medea*, a.a.O., 61 (III, 614-616).

[23] Titus Heydenreich, *Tadel und Lob der Seefahrt. Das Nachleben eines antiken Themas in den romanischen Literaturen*, Heidelberg: Winter 1970, 74.

[24] Im Original: »chegar ao fim de seus pensamentos«, zit. nach: Günther Hamann, *Der Eintritt der südlichen Hemisphäre in die europäische Geschichte*, Wien: Böhlau 1968, 44. – Zur Kritik der Sagres-Legende vgl. W.G.L. Randles, »The Alleged Nautical School Founded in the Fifteenth Century at Sagres by Prince Henry of Portugal, Called the ›Navigator‹«, in: *Imago Mundi* 45 (1993), 20-28.

[25] Vgl. Hans Schomburg, »Iberische Steuermannskunst im Entdeckungszeitalter«, in: Köberer, *Das rechte Fundament der Seefahrt*, a.a.O., 222-254.

[26] Jacques Lacan, *Das Ich in der Theorie Freuds und in der Technik der Psychoanalyse*, Weinheim/Berlin: Quadriga ²1991, 377 und Hans Blumenberg, »Das Verhältnis von Natur und Technik als philosophisches Problem«, in: ders., (Hg.) Anselm Haverkamp, *Metaphorologische und ästhetische Schriften*, Frankfurt am Main: Suhrkamp, 253-265, hier: 262f.

[27] *The Libell of English Policye*, (Hg.) Wilhelm Hertzberg, Leipzig: Hirzel 1878, 27, 56 (v. 18, 572).

[28] Francis Bacon, *Das Neue Organon* (Novum Organon), (Hg.) Manfred Buhr, Berlin: Akademie 1962, 11, 13.

[29] Francis Bacon, *Of the advancement and proficience of learning*, London/Oxford: Young & Ed. Forrest 1640, Lib. I., 6, 64. – Zur Nachwirkung von Bacons Emblematik vgl. auch den Beitrag von Jan-Henrik Witthaus (»Kompass, Pulver, Presse. Zur technischen Ausrichtung des europäischen Raums in französischen Zeitschriften des 18. Jahrhunderts«) in diesem Band.

[30] Vgl. Carl Schmitt, »Gespräch über den neuen Raum« (1955/58), in: ders., *Staat, Großraum, Nomos. Arbeiten aus den Jahren 1916-1969*, (Hg.) Günter Maschke, Berlin: Duncker & Humblot 1995, 552-572, hier: 564 sowie Max Weber, »Die protestantische Ethik und der Geist des Kapitalismus«, in: ders., *Aufsätze zur Religionssoziologie*, Tübingen: J.C.B. Mohr ⁹1988, 1-206.

[31] Johann Peter Süßmilch, *Die göttliche Ordnung in den Veränderungen des menschlichen Geschlechts, aus der Geburt, dem Tode und der Fortpflanzung desselben erwiesen*, Bd. 1, Berlin 1761, 63. – Vgl. zudem James D. Hartman, *Providence tales and the birth of American literature*, Baltimore: John Hopkins Univ. Press 1999, 38-61.

[32] Vgl. Ilse Vickers, *Defoe and the new sciences*, Cambridge: Univ. Press 1996, 125.

[33] Daniel Defoe, *An Essay upon projects*, New York: AMS Press 1999, 8f., 49.

[34] Vgl. Michel Foucault, *Geschichte der Gouvernementalität*, a.a.O., Bd. 2: *Die Geburt der Biopolitik*, 370.

[35] Vgl. hierzu Defoes Roman mit John und Awnsham Churchill, *A Collection of Voyages and Travels*, Bd. 1, London: Osborne 1752 [1704]: »Introductory Discourse«, LXIX.

[36] Daniel Defoe, *Robinson Crusoe*, Bd. 1, London: Penguin 1994, 19, 94, 109, 173, 267.

[37] Vgl. hierzu etwa Daniel Defoes *A Plan of the English Commerce*, London 1928, 273: »The Manufacturers support the Poor, Foreign Commerce supports the Manufactures, and Planting supports the Commerce.« (zit. nach Maximilian E. Novak, *Economics and the Fiction of Daniel Defoe*, Berkeley/Los Angeles: University of Cal. Press 1962, 141.)

[38] Adam Smith, »The principles which lead and direct philosphical inquiries«, in: *The Early Writings of Adam Smith*, (Hg.) J. Ralph Lindgren, London: A. M. Kelley 1967, 30-109, hier: 49. – Vgl. zudem ders., *Theorie der moralischen Empfindungen*, Braunschweig: Meyerische Buchhandlung 1770, 174 und ders., *An Enquiry into the Nature and Causes of the Wealth of Nations*, Bd. 1, (Hg.) Edwin Cannan, Chicago: University of Chicago Press 1976, 477.

[39] Ebd., Bd. 1, 23f.; Bd. 2, 141, 343.

[40] Churchill, *A Collection of Voyages and Travels*, a.a.O., IX.

[41] Anzuführen wären im Rahmen einer eigenen Technik- und Wissenschaftsgeschichte der Nautik etwa die karto- und hydrograpischen, geophysikalischen, astronomischen und meteorologischen Arbeiten von Huygens, Bernoulli, Leibniz, Halley oder Euler.

[42] Alfred Thayer Mahan, *On Naval Warfare. Selections from the Writings of Rear Admiral Alfred Thayer Mahan*, (Hg.) Allan Westcott, Boston: Little, Brown and Company 1941, 47.

[43] Vgl. hierzu Carl Schmitt, *Der Nomos der Erde im Völkerrecht des Jus Publicum Europaeum*, Berlin: Duncker & Humblot [4]1997, 297, passim.

[44] Zit. nach Derrida, *Das andere Kap*, a.a.O., 67.

[45] Marcus Tullius Cicero, *Vom höchsten Gut und vom größten Übel*, (Hg.) Otto Büchler, Bremen: Carl Schünemann 1957, 25f.

[46] Hans Blumenberg, »›Nachahmung der Natur‹. Zur Vorgeschichte der Idee des schöpferischen Menschen«, in: Blumenberg, *Metaphorologische und ästhetische Schriften*, a.a.O., 9-46, hier: 9, 45.

[47] Martin Heidegger, »Das Ende der Philosophie und die Aufgabe des Denkens«, in: ders., *Zur Sache des Denkens*, Tübingen: Niemeyer [3]1988, 61-80, hier: 64 sowie ders., »Die Frage nach der Technik«, in: ders. *Vorträge und Aufsätze*, Pfullingen: Günther Neske 1954, 13-44, hier: 43. – Zur ›archäoteleologischen‹ Struktur in Heideggers Europa-Begriff vgl. den Beitrag von Vera Hofmann (»Europa und die Technik. Philosophische Konstruktionsversuche einer Allianz«) in diesem Band.

[48] Vgl. hierzu die exemplarische Studie von Otto Mayr, *Zur Frühgeschichte der technischen Regelungen*, München/Wien: Oldenbourg 1969, 123, passim.

[49] Joseph Conrad, *Der Spiegel der See. Erinnerungen und Eindrücke*, Hamburg: Edition Maritim 2002, 48.

Kompass, Pulver, Presse
Zur technischen Ausrichtung des europäischen Raums in französischen Zeitschriften des 18. Jahrhunderts

Jan-Henrik Witthaus

I. Europa, multum in parvo

Dass sich eine europäische Identität unter der kulturellen Dominanz der französischen Aufklärung in zunehmendem Maße über den ›Fortschritt in Künsten und Wissenschaften‹ verständigt, war des Öfteren Gegenstand der ideengeschichtlichen Betrachtung.[1] Einen zentralen Beleg findet man im Artikel »Europe« der *Encyclopédie* vom Chevalier de Jaucourt: Europa sei zwar in der Ausdehnung seiner Territorien der kleinste Kontinent, aber dennoch der bedeutendste auf Grund einer Anzahl verschiedener Errungenschaften:

»[...] par son commerce, par sa navigation, par sa fertilité, par les lumières & l'industrie de ses peuples, par la connoissance des Arts, des Sciences, des Métiers, et ce qui est le plus important par le Christianisme, dont la morale bienfaisante ne tend qu'au bonheur de la société.«[2]

Jaucourts Formulierung darf verortet werden in einer ganzen Reihe sehr ähnlicher Europa-Rubrizierungen des 18. Jahrhunderts, die allesamt den Topos des *multum in parvo* bedienen und variieren: Die Kunst bewerkstelligt ein Höchstmaß an Fertigkeit und Subtilität auf kleinstem Raum.[3] Sie ergänzt die Eingeschränktheit einer natürlichen Gegebenheit durch innere Vielfalt und äußere Reichweite. Dabei ist es nicht nur eine bis zum Extrem gesteigerte Erkenntniskraft, welche den europäischen Raum ideologisch festlegt. Formulierbar als Raum wird Europa vielmehr durch ein Meta-Wissen, also ein Wissen, welches das Wissen und seinen Transfer organisiert: durch Handel, Kommunikation und Schifffahrt. Die ›Wissenschaften‹ (»Sciences«) werden von den ›Künsten‹ (»Arts«) und von den ›Handwerken‹ (»Métiers«) gewissermaßen eskortiert, und selbst das Christentum wird auf seinen innersozialen Nutzen reduziert. Nicht nur Jaucourts »Europa«-Artikel, die gesamte *Encyclopédie* ist das historische Monument einer derartigen Umstellung auf Erkenntnisverwertung, nicht zuletzt insofern sie eines der ersten umfassenden wie programmatischen Plädoyers zu Gunsten der Mechanischen Künste enthält.[4] Das Wissen ist ein Gewusst-Wie, es gestaltet und verwaltet die Gesellschaft und den Raum, in dem diese ansässig ist. An der Behauptung des kleinen Europas erweist sich die Selbstbehauptung des Menschen, der im Begriff steht, von Erkenntnis auf Technik umzustellen.[5]

Diesen Vorgaben entsprechend wird es sich im Folgenden um die Frage drehen, inwiefern das Einsenken eines im weitesten Sinne mechanischen Wissens in die Bedürfnisstruktur der Gesellschaft eine annähernd moderne Technikvorstellung überhaupt erst hervorbringen und damit gleichsam das Bild von einem europäischen Lebensraum befördern konnte. In die Vorstellungswelt westlicher Identität und ihrer oftmals postulierten Universalität gehört sehr wohl die gesellschaftliche Modernisierung,[6] die ohne Technik nicht zu konzeptualisieren ist. Die hier formulierte, von der zeitgenössischen Medientheorie inspirierte These besagt jedoch in einer Verschiebung der Perspektive, dass weniger das technische Wissen selbst, als vielmehr die Strukturen und Wege, die es ab dem späten 17. Jahrhundert übermitteln und vulgarisieren, jenes Europa festigen, das sich künftig modernisieren und sodann emphatisch auf seine Errungenschaften berufen wird.

II. Francis Bacon oder die ›mythische Trias der Technik‹

Was ungefragt in die gegenwärtigen Implikationen des Technikbegriffes eingeht, ist seine Nützlichkeit. Das Verhältnis von Nützlichkeit und Wissenschaften wird, im Gegensatz zur aktuellen Selbstverständlichkeit, im 18. Jahrhundert und früher stets *ex*-pliziert. Mit inbegriffen in diese Explikation der Nützlichkeit, gleichsam als grundlegende Rechtfertigungsstruktur, ist auch zunehmend ein europäisches Selbstverständnis, welches eben an dieser Nützlichkeit sein Gefallen und seine Überlegenheit findet. Ein *locus classicus* dieser Auffassung findet sich bei Francis Bacon: Am Ende des ersten Buches des *Neuen Organon* (I, 129) würdigt der Verfasser die seiner Auffassung nach weltbewegenden Erfindungen der Neuzeit, über die das Altertum nicht verfügte: den Buchdruck, das Schießpulver und die Kompassnadel:

»Weiter hilft es, die Kraft, den Einfluss [virtutem] und die Folgen der Erfindungen zu beachten; dies tritt am klarsten bei jenen dreien hervor, die im Altertum unbekannt waren und deren Anfänge, wenngleich sie in der neueren Zeit liegen doch dunkel und ruhmlos sind: die Bücherdruckerkunst, das Schießpulver und der Kompaß. Diese drei haben nämlich die Gestalt und das Antlitz der Dinge auf der Erde verändert [faciem et statum in orbe terrarum], die erste im Schrifttum, die zweite im Kriegswesen, die dritte in der Schiffahrt. Zahllose Veränderungen der Dinge sind ihnen gefolgt, und es scheint, daß kein Weltreich, keine Sekte, kein Gestirn eine größere Wirkung und größeren Einfluß auf die menschlichen Belange ausgeübt haben als diese mechanischen Dinge [ista mechanica].«[7]

Bacon ist nicht der Schöpfer dieser Trias ›mechanischer Dinge‹. Vielmehr verengen sich seit dem 15. Jahrhundert aufgestellte Kataloge neuzeitlicher Erfindungen in der Folge auf die bewussten drei Innovationen.[8] Gleichwohl verleiht Bacon diesem Topos eine neue Wendung, indem er suggeriert, welche weltbewegenden Entdeckungen durch den Fortgang der Wissenschaften wohl noch bevorstehen. Ebenso deutet die Auswahl der Errungenschaften auf eine Festigung verschiedener europäischer Raumvorstellungen, die für auf Technik fundierte Europabilder prägend sein werden: Der Buchdruck habe demnach vor allem »zur Verbreitung des Wissens« beigetragen, so betont Bacon an anderer Stelle.[9] Damit hat er eine kommunizierende Gemeinschaft von Gelehrten hergestellt, die in der Res publica litteraria des 17. Jahrhunderts die humanistischen Bewegungen der Renaissance perpetuieren wird.

Über den Traum universaler Kommunikation hinaus evozieren die anderen beiden Erfindungen die expansiven und martialischen Energien europäischer Raumvorstellung. Die Kompassnadel lässt nicht nur ein nautisches Orientierungsfeld assoziieren, welches das nicht fortlaufende Zuhandensein des Sternenhimmels ergänzt. Als Metonymie verkörpert sie gleichsam die Entdeckung Amerikas und ist damit von nicht unerheblichem Wert für Bacons Motto des *plus ultra*, welches sein Unternehmen protegiert. Europa wird damit implizit in einem globalen Ganzen verortet, und die Schifffahrt zum Paradigma seiner Herrschaft und politischen Technologie.[10] Das Schießpulver schließlich verweist zunächst auf die Zerrissenheit des alten Kontinents selbst, die Zerrissenheit nämlich eines pluralen und agonalen Raums, der insofern im krassen Gegensatz zum Desiderat universaler Kommunikation steht. Sodann evoziert es abermals die Überlegenheit gegenüber der außereuropäischen Welt, nicht zuletzt der Spanier über die Ureinwohner Amerikas. Dem weiter oben zitierten Elogium neuzeitlicher Erfindungen bei Bacon ist daher ein weiterer Passus hinzuzufügen, in dem es wie folgt heißt:

»Man erwäge doch auch einmal den großen Unterschied zwischen der Lebensweise der Menschen in einem sehr kultivierten Teil von Europa und der in einer sehr wilden und barbarischen Gegend Neu-Indiens. Man wird diesen Unterschied so groß finden, dass man mit Recht sagt: »Der Mensch ist dem Menschen ein Gott«, dies nicht bloß wegen der Hilfe und Wohltaten, sondern auch angesichts der Verschiedenheit seiner Lebenslage. Und diese Verschiedenheit bewirken nicht der Himmel, nicht die Körper, sondern die Künste.«[11]

Dass die Entdeckung der Neuen Welt als Errungenschaft zu Pulver, Kompass und Druckerpresse hinzutritt, liegt durchaus in der Tradition dieser Topik wie in einer frühneuzeitlichen Begrifflichkeit von Er-*findung*.[12] Allerdings stellt Bacon an dieser Stelle einen aufschlussreichen Kausalzusammenhang her, wird doch die Überlegenheit der Europäer aus ihrer Kenntnis der Künste abgeleitet, die als die Applikationsgewalt des Wissens von bloßer Erkenntnis auf Nützlichkeit und Verwertbarkeit abstellt.[13] Diesem grundlegenden Anliegen des *Neuen Organons* entspricht im Übrigen Bacons Hochschätzung der Mechanischen Künste, die in der Vorrede ausdrücklich von der Schelte der überkommenen Wissenschaft ausgenommen werden:

»Die ganze Überlieferung und Folge der Disziplinen bringt nur Lehrer und Schüler hervor, aber keinen Erfinder und keinen, der den vorhandenen Erfindungen etwas Nennenswertes hinzufügen könnte. Das Gegenteil nehmen wir indes bei den mechanischen Künsten wahr: So als wären sie voll wahrer Lebenskraft, vermehren und vervollständigen sie sich täglich.«[14]

Die Bedeutung der Wissenschaften und Künste für die Ausprägung einer europäischen Identität im 18. Jahrhundert ist nun hinlänglich bekannt. Die Bedeutung insbesondere der Mechanischen Künste darf allerdings gleichsam als vernachlässigter Indikator der oben angedeuteten Wissensumstellung dienen, die sich erst allmählich vollzieht. Denn die topische Rede der neuzeitlichen Erfindungen, das Ingenieurs- und Maschinenwesen und schließlich die Mechanischen Künste, alle diese Bereiche wurden durchaus in gesonderten Kontexten behandelt, ohne dass sich ein holistischer Fortschritts- oder Technikbegriff hatte ausbilden können. Zudem ist die Rehabilitierung der Handwerke und Mechanischen Künste noch bis ins 18. Jahrhundert hinein nicht abgeschlossen. Deutlich wird dies etwa, wenn man neben Jaucourts Europa-Artikel denjenigen aus dem *Dictionnaire de Trévoux* mit hinzuzieht, wo es heißt, die Europäer würden die Bewohner der übrigen Kontinente in der Ausübung der Wissenschaften und Künste weit übertreffen, insbesondere in jenen Künsten, die man die Freien nennt: »principalement dans ceux qu'on nomme libéraux.«[15] Und Louis Moréri etwa belässt es in seinem Artikel bei der Wendung: »[...] les peuples y sont ordinairement doux, honnêtes, civilisez, & très propres pour les Sciences & et pour les Arts.«[16] Dass erst Diderot in seinem Artikel »Art« programmatisch gegen die Hintanstellung der Mechanischen Künste wettert, ist bezeichnend, denn erst die *Encyclopédie* tritt mit einer umfassenden Rehabilitierung der Mechanischen Künste und des Handwerkes an die Öffentlichkeit. Nimmt man Diderots Anklage ernst und nicht nur als Pose der Abgrenzung von vorherigen Unternehmungen, die es gleichwohl gegeben hat, so ließe sich fragen, ob es nicht in der ersten Jahrhunderthälfte eine langsame, aber unauffällige Kanonisierung mechanischen Wissens in jenen Kreis der Künste und Wissenschaften gegeben hat. Eine zentrale Kategorie dieser Neuverhandlung stellt eben die Diskussion um die Nützlichkeit des Wissens dar, und der Rückgriff auf Bacon erweist, dass über das Ethos der Nützlichkeit gleichsam Europa thematisiert wird.

III. Fontenelle oder der Nutzen des Wissens

Ein kaum zu übergehendes Dokument der Diskussion um die Nützlichkeit der Naturforschung sowie der mathematischen Wissenschaften stellt das Vorwort der *Histoire de l'Académie Royale des Sciences* von 1699 dar, welches aus der Feder Bernard le Bovier de Fontenelles stammt und zusammen mit dem gesamten Band im Jahr 1702 erschien: die *Préface sur l'utilité des mathématiques et de la physique.* Die Akademie war 1666 gegründet worden. Sie markiert historisch den Versuch einer Bündelung von Naturforschung und mathematisch-geometrischen Wissenschaften, obschon sie gleichermaßen der Tendenz disziplinarischer Ausdifferenzierung beider Bereiche Rechnung trägt. Ihre strenge hierarchische Ordnung entwarf eine Ständegesellschaft *en miniature*, und ab der Jahrhundertwende war der Wandel der Akademie von einer durch den König protegierten halbprivaten Gesellschaft zu einer staatlichen Institution hin vollzogen.

Im weiteren Kontext der *Querelle des anciens et des modernes* vertritt Fontenelle mit Rückbezug auf Pascal eine Fortschrittstheorie, die auf naturwissenschaftlichem Gebiet den Vorrang der Modernen gegenüber dem Altertum behauptet, aber auch deutlich ausspricht, dass sich Mathematik und Physik nur auf dem europäischen Kontinent zu derartigen Höchstleistungen hätten aufschwingen können.[17] Insofern wird man behaupten dürfen, dass sich ein europäisches Selbstverständnis, insofern es auf technischer Innovation beruht, gerade *nicht* auf das antike Vermächtnis beruft, sondern eben in Verweisungszusammenhängen entsteht, die das eigene Dasein gerade vom überkommenen Erbe abgrenzen. Festigt sich nun bei Fontenelle bereits eine szientistische Selbstreflexion, die auf den wissenschaftlichen Errungenschaften seit der Renaissance fußt,[18] so befindet sich diese gleichwohl auch in der Defensive. Anlässlich der Neufestlegung der akademischen Statuten im Jahre 1699, verfasst nun der Franzose in seiner Eigenschaft als ständiger Sekretär das betreffende Vorwort, das nicht nur klar für eine königliche Patronage der Wissenschaften eintritt, sondern mit diesem Vorhaben gleichsam eine umfassende Rechtfertigung ihrer Nützlichkeit ins Werk setzt, die indirekt ihre vorherige Krise erkennbar werden lässt.[19]

In Fontenelles programmatischer Einlassung, die sich wie eine szientistische Apologie liest, wird eine Abkehr von der Wunderästhetik der barocken Wissenschaft vernehmbar, mit welcher die Naturforschung des 17. Jahrhunderts sich den Eingang in die Konversationszirkel und Salons verschaffen wollte. Fontenelle selbst hatte mit seinen *Entretiens sur la pluralité des mondes* zu einer derartigen gesellschaftlichen Integration der Astronomie maßgeblich beigetragen.[20] Entsprechend waren auch Maschinen, mechanische Konstruktionen und Instrumente eingebunden in eine – wie man formulieren könnte – ›Theatralik der Technik‹, zunächst in dem Sinne, dass Mechaniken in ihrer wundersamen Kompliziertheit inszeniert wurden, aber auch in jenem anderen, dass das Theater selbst, vor allem die Oper spätestens in Barock und Klassik, eine aufwändige Bühnenmaschinerie entwickelt hatte. Zu denken wäre bei einer solchen ›Theatralik der Technik‹ etwa an die hydraulischen Vorrichtungen, mit deren Hilfe man das Wasser in die Gärten der Schlösser Marly-le-Roy und Versailles pumpte. La Bruyère sagte sinngemäß von diesen Wasserspielen, sie versetzten den Betrachter in maßloses Erstaunen und zögen ihn in ihren Bann wie eine Theateraufführung.[21] Maschinen waren seit ihrem ersten massiven Auftreten in der Renaissance weniger ökonomisch als ingeniös. Im Hinblick auf den zu erzielenden Effekt, war ihr Aufwand tendenziell verschwenderisch.[22]

Im betreffenden Vorwort Fontenelles kann man nun den Versuch der Überschreitung dieses Paradigmas beobachten. Die Nützlichkeit, die gleichwohl in der barocken Wissenschaft stets mitgeführt wurde, erhält eine neue Begriffsprägung, die Wege beschreitet, die Bacon vorgezeichnet hatte. Diese Kategorie wird zum strategischen Instrument der szientistischen Apologie. Die *Mémoires de Trévoux* exzerpieren Fontenelles Vorwort und tragen dieser Umstellung des Wissens auf Nützlichkeit vollends Rechnung.[23] Der Baconsche Topos der Kompassnadel – »le thresor inestimable de la Boussole«[24] – dokumentiert die Rekurrenz der Schifffahrt als Äußerung des expansiven europäischen Gestus. In diesem Sinne hebt die in den *Mémoires* wiedergegebene Rede auch mit der Entdeckung der Jupitermonde an, die an Galileis wissenschaftliche Implementierung des Fernrohrs (Anfang des 17. Jahrhunderts) gemahnt. Eine Kosten-Nutzen-Rechnung könne den hohen Aufwand an Instrumenten und Observatorien nur rechtfertigen, allein um die Schifffahrt perfekter und sicherer werden zu lassen: »pour rendre la navigation plus sure & et plus parfaite.«[25] Diese vereinfachte Wendung bezeichnet verkürzt ein kompliziertes Verfahren, mit dem der Globus durch ein umfassendes Koordinatensystem der Längen und Breitengrade überzogen und die Perfektion der nautischen Kartographie vorangetrieben wurde. Vor allem die Ermittlung der Längengrade geriet dabei zu einem regelrechten Wettlauf der seefahrenden Nationen Europas, in welchem eben die Jupitermonde und die Modi ihrer Beobachtung von Wichtigkeit waren.

Das Nebeneinander verschiedener Disziplinen betrachtet Fontenelle als die von der Akademie abgeschirmte Konstellation, in der nicht allein die abstrakten Verbindungen zwischen den Wissenschaften hergestellt werden können. Vielmehr führt der interdisziplinäre Kontakt zur Entdeckung der Nützlichkeit zu Tage geförderter Erkenntnis: »Le concours de plusieurs veritez fort abstraites produisent presque toujours un usage. Scavoir que dans une Parabole, la soutangente est double de l'Abscisse correspondante, cela sert à tirer une bombe avec justesse.«[26] Hiermit werden durch Fontenelle und im Medium der Zeitschrift die seit Bacon florierenden Topoi der Technikgeschichte, Artillerie und Kompass, aktualisiert. Schon Pierre Borel, der vor Fontenelle 1657 eine Abhandlung über die ›Vielheit der Welten‹ abgefasst hatte, nahm direkt zu Anfang seiner Schrift Bezug auf diese Trias, auch wenn er den Kompass gegen das Fernrohr austauschte.[27] Das Teleskop war jedoch, wie zuvor erwähnt, in die Versuche, die Längengrade auf hoher See zu ermitteln, direkt eingebunden und damit im mehrfachen Sinne als Medium der Verortung exponiert.

Bei Fontenelle schließlich findet noch das im Lob des Buchdruckes formulierte Kommunikationsideal eine Neuformulierung in der Bemerkung, dass der geometrische Geist alle Arten von Publikationen erfasst habe und daher die Kommunikation der Menschen untereinander erleichtere: »L'ordre, la netteté, la précision, l'exactitude qui regne à present dans les bons livres pourroient bien avoir leur premiere source dans l'esprit geometrique qui se répand plus que jamais.«[28]

IV. Journalistische Lektüren des wissenschaftlichen Nutzens

Die seit Bacon topische Trias der Technikgeschichte erweist sich noch in zeitgemäßer Abwandlung als maßgeblich für eine Neubegründung der Wissenschaften unter dem Gebot der Nützlichkeit bei Fontenelle. Alle drei Innovationen – Kompass, Pulver, Presse – sind im weitesten Sinne Mittel zur räumlichen Überbrückung. Damit strukturieren sie den Raum, aus dem sie hervorgehen und der mit einer europäischen Ausdehnung und ihrer Transzendierung identifiziert wird. Herauszustreichen ist allerdings der hohe Stellenwert der Druckerpresse als Sinnbild eines kommunikativen Datenumlaufes, der nicht nur Fortschritt, sondern auch Zusammenhalt der forschenden Individuen befördert. Besonders deutlich wird dies in den imaginären Spiegelungen Europas, welche die utopische Literatur durchziehen. Die Einheit einer europäischen Wissenschaftskultur hatte abermals Bacon visionär niedergelegt, nämlich in seinem *Neuen Atlantis*, in welchem die Wissenschaften im Hause Salomons versammelt waren.[29] Diese Phantasie einer *Scientific Community* war für das Akademiewesen des 17. und 18. Jahrhunderts ein Leitstern. Hierdurch erst begriff es sich als gesamteuropäisches Unternehmen, das seinerseits Publikationsorgane entweder direkt oder indirekt hervorbrachte, über welche die Wissenschaftler der unterschiedlichen Länder miteinander kommunizieren mochten. Zu derlei Organen gehörten etwa die englischen *Philosophical Transactions* oder das französische *Journal des Savants*, später sodann die Leipziger *Acta eruditorum* und schließlich die schon erwähnten *Mémoires de Trévoux*. Diese internationale Kommunikation zwischen den Naturforschern ist lange vor Condorcet beschworen worden, etwa schon in den ersten Bänden der Forschungsberichte der Akademie, wo noch Duhamel schreibt:

»Rien ne peut être plus utile que cette communication [i.e. le commerce de découvertes avec les Académies étrangères], non – seulement parce que les esprits ont besoin de s'enrichir des vues les uns des autres, mais encore parce que differens Pais ont differentes commodités & differens avantages pour les Sciences.«[30]

Die frühe Wissenschaftspresse bezeichnet ein Verbindungsmedium der allerersten Reihe, sie stiftet eine übergreifende Sensibilität für kontinentale Zusammengehörigkeit. Wenn daher im Zusammenhang der These Paul Hazards das Bestehen eines ›europäischen Bewusstseins‹ um 1700 diskutiert wird,[31] so wird man diese Debatte wohl sinnvoll vor dem Hintergrund neu entstandener kommunikativer Strukturen führen müssen. Ein Blick in die Vorworte der betreffenden Zeitschriften lässt kaum Zweifel an einem Konstrukt Europas als Publikationsraum. Entsprechend liest man etwa bei Denis de Sallo, dem ersten Herausgeber des *Journal des Savants*: »Enfin, on taschera de faire en sorte qu'il ne se passe rien dans l'Europe digne de la curiosité des Gens de lettres, qu'on ne puisse apprendre par ce Journal.«[32] Die Presse ist also selbst eine Art Fernrohr, nämlich ein optisches Medium zur Sichtung des frühaufklärerischen Buchmarktes, dies gilt insbesondere für die enzyklopädisch angelegten Zeitschriften, neben dem *Journal des Savants* eben auch für die *Mémoires de Trévoux*. Diese Organe favorisieren zwar ein tendenziell konservatives Kulturverständnis,[33] allerdings ist es gerade diese kulturpolitische Intervention, die einen Überblick über die Gestaltung und Lenkung einer frühen Drucköffentlichkeit ermöglicht. Wenn überhaupt um 1700, dann wird Europa in den *Periodika* auf Dauer gestellt.

Auf dem Hintergrund dieser Vorgaben ist zunächst zu fragen, ob Bacons triadische Rechtfertigungsstruktur sich noch in der frühen enzyklopädischen Presse des 17. Jahrhunderts abbildet und damit eine mechanische Koordinierung des europäischen Raums vorantreibt. Hiermit steht gleichsam zur Debatte, auf welche Weise insbesondere das Maschinenwesen bzw. die Mechanischen Künste in den betreffenden Zeitschriften behandelt werden. Denn die durch den Journalismus vermittelte Kulturvorstellung ist äußerst vielgestaltig, dies gehört zur Programmatik seiner Wissensvermittlung. Trotz dieser einschränkenden Bemerkungen, lässt sich bei näherer Betrachtung des Materials ein wachsendes Interesse an Mechanik und Technik gar nicht verhehlen, zumal mit ›Mechanik‹ auch ein Teilbereich der physikalischen Grundlagenforschung gemeint ist, mit dem die Bewegung von Körpern untersucht wird. Wo allerdings konkrete technische Errungenschaften anvisiert werden, dort tendiert insbesondere der frühe Journalismus noch zu einer Vulgarisierung im Zeichen barocker Ästhetik der *curiosité*. Deutlich wird dies etwa in der Rezension des von Fontenelle redaktionell betreuten Akademie-Bandes durch das *Journal des Savants*, welches übrigens von einem Exzerpt des programmatischen Vorwortes komplett absieht. Referiert wird stattdessen die Entwicklung der Wissenschaft in ihren jeweiligen Disziplinen. Zur Mechanik heißt es ebendort: »L' Article de la Mechanique offre aux yeux une infinité de faits où l'utile & le curieux concourent ensemble.«[34] Aufgezählt werden verschiedenartige Maschinen, wie Feuerpumpen oder hydraulische Artefakte. Zwar steht ihre Nützlichkeit nie in Frage, ihr werden aber gleichsam als Versüßung der Medizin stets sensationelle Momente beigegeben: Vielfalt und Kuriosität – beide sind Schlüsselkategorien barocker Wissenschaft und ihres Journalismus.

Entsprechend ist auch das Handwerk besonders dort von Interesse, wo es ästhetischen Reiz bietet. So besprechen die *Mémoires des Trévoux* im Jahr 1702 ein Werk des geistlichen Charles Plumier zur Drechselkunst mit der Drehbank. Beigegeben findet sich diesem Artikel die Abbildung eines kunstvoll hergestellten Zepters, der als Produkt die Kunstfertigkeit seines Urhebers zu erkennen gibt. Die Bedeutung der Drehbank wird gleichsam in ihrer lang zurückreichenden Tradition der Mechanischen Künste gewürdigt, bis hin zum biblischen Tubalkain. Auch der heidnische Prätendent der Erfindung, Dädalus, mythischer Urvater der Mechanischen Künste, findet Erwähnung. Diese Vorgeschichte des Altertums, und dies würde etwa für das im Vergleich eher konservative Kulturverständnis der *Mémoires* sprechen, wird ganz offenbar in einer europäischen Tradition gesehen, heißt es doch direkt im darauf folgenden Satz:

»Les nations de l'Europe les plus polies s'attachent de jour en jour à perfectionner ce bel art, & on voit maintenant des ouvrages de bois, d'yvoire, de toutes sortes de metaux & autres matieres, travaillez au Tour avec une varieté & une delicatesse qui surprend, & qui paroît inconcevable.«[35]

Wird hier durch die ehedem schon sedimentierte Kulturmetapher des Polierens der Konnex zur Kunst des Drechselns hergestellt, so findet sich dieser zivilisatorische Raum auch direkt als europäischer benannt. Ganz unverkennbar setzt jedoch auch diese Behandlung des Handwerks auf eine barocke Ästhetik der *curiosité*, dies wird ganz offen angesprochen: »Cet art est curieux & divertissant, sur tout pour ceux qui s'y attachent par un amusement honnête.«[36] Bedenkt man, dass gerade die Drehbank, die später die Herstellung von Rundkolben ermöglicht, eine *conditio sine qua non* der Industriellen Revolution sein wird, so lässt sich hier absehen, wie weit man ideologisch von diesen gleichwohl historisch nicht mehr weit entfernten Umwälzungen entfernt ist.

Spektakulär erscheint die Mechanik besonders dann, wenn ihre Artefakte konkret an den menschlichen Körper anzuschließen vermögen. War ja die Maschine schon im Zuge des Cartesianismus des 17. Jahrhunderts ein vorzeigbares Modell für die Funktionsabläufe des menschlichen Körpers, so wurde dann in der Aufklärung diese Analogie immer bedenkenloser vorangetrieben. Lange vor La Méttries *L'homme machine* hatte etwa der mit Fontenelle bekannte Daniel Tauvry in einem anatomischen Traktat die physiologischen Abläufe mit zeitgenössischen hydraulischen und pneumatischen Maschinen beschrieben. Umso mehr muss überraschen, wenn nun Körperteile durch technische Vorrichtungen, die wir heute Prothesen nennen würden, ersetzt werden. Diese Möglichkeit stellt zumindest das Ehrenmitglied Sebastien seinem Auditorium in der Akademie in Aussicht:

»Ce titre surprit extrêmement l'Assemblée. D'un côté la chose paroissoit si nouvelle & si merveilleuse, qu'on avoit de la peine à la croire possible, & de l'autre il en revenoit une si grande utilité qu'on ne pouvoit s'empêcher de desirer qu'elle fût réelle.«[37]

Diese Belege zeigen, dass der Journalismus der Frühaufklärung das von Fontenelle aufgezeigte Paradigma noch nicht vollständig ausfüllt und auf überkommene Mittel der Wissenschaftsvulgarisierung zurückgreift. Nun wäre diese These allerdings dahingehend weiterzuentwickeln, dass in dem Maße, wie einerseits das Maschinenwesen sich letztlich über eine barocke Wunderästhetik in der Aufmerksamkeit der Journalisten und ihrer Leser verfestigt, andererseits parallel die Nützlichkeit der Wissenschaften, von denen Fontenelle sprach, sich primär über die von Bacon lancierten Topoi des Fortschrittes abwickelt. Es wird kaum überraschen, dass dies für den Buchdruck als Bedingung der Möglichkeit der Presse zuallererst der Fall ist: Dieser – selbst eine Mechanische Kunst – wird qua Reflexion in seinen eigenen Erzeugnissen diskursiviert. Er findet seine Beschreibung, er findet seine Geschichte, er findet seine Helden. Er geht als Leitmotiv in den Textkorpus des frühen Journalismus ein, insofern nämlich dieser als Beobachtung auf zweiter Stufe die Reflexionsfläche des im 18. Jahrhundert expandierenden Buchmarktes selbst darstellt. Beredtes Zeugnis legen hier die sowohl im *Journal des Savants* als auch in den *Mémoires de Trévoux* zahlreichen historiographischen und technischen Abhandlungen zur Buchdruckkunst ab. Im Jahrgang 1710 des *Journal des Savants* etwa steht zu lesen: »Les Sçavans doivent trop à l'Imprimerie pour négliger la mémoire de ceux qui l'ont portée à sa perfection.«[38] Oder im Jahrgang 1713: »La ville de Lipsic, si l'on en croit M. Goetz, est une des premieres de l'Allemagne où l'on ait fait usage de l'Imprimerie, & où l'on ait cultivé & perfectionné un Art si utile à la Republique des Lettres.«[39] Oder im Jahrgang 1720: »L'Art de l'Imprimerie est en lui-même si admirable & si utile aux Sçavans, qu'ils doivent au moins par reconnoissance en étudier l'Histoire, & faire connoître aux autres.«[40] Die Buchdruckkunst kann in diesem Sinne nicht nur das allerhöchste allseitige Lob empfangen, sie ist im Hinblick auf Fontenelles Primat des Nützlichen von primordialer Nützlichkeit. Sie ist die Bedingung der Möglichkeit von sich vergesellschaftender Nützlichkeit im Sinne der Aufklärung.[41]

Auch die anderen beiden Säulen, die Bacons epistemologischen Utilitarismus trugen, bilden sich im Reflexionsmedium der Presse ab; die Felder der Schifffahrt und der Artillerie werden ausgedehnt besetzt. In diesem Sinne kann man in den ersten Jahrgängen der *Mémoires de Trévoux* wiederholte Artikel und Einlassungen zur Nautik finden, zum Beispiel in einer Rezension des *Dictionnaire de Trévoux*, wo scheinbar zufällig dieses Stichwort aufgeschlagen und exzerpiert wird: »L'Hystiodromie, ou l'Art de la Marine & et de la Navigation est d'une trés grande étenduë & d'une utilité inestimable; toutes les Nations de l'Europe qui s'appliquent au commerce sur la mer la cultivent avec soin [...].«[42] In einem einige Monate später abgedruckten Projekt zur Wirtschaftsgeschichte wird den Europäern gar qua biblischer Autorität die Begründung der Schifffahrt zugesprochen, hatten doch die Kinder Japhets, die eben Europa bevölkern würden, dieses doch auf dem Seewege erreichen müssen: »L'Ecriture nous apprend que les enfans de Japhet peuplerent les païs où l'on va par mer: *Insulas gentium*, pûrent-ils y arriver sans quelque usage de la navigation?«[43] Die Schifffahrt wird zu einem großen mechanischen Komplex mit vielerlei Anschlussmöglichkeiten ausgebaut: Konstruktion, Zuwasserlassen, Trockendocken, Bewaffnung etc.[44] Zum Schiffsbau etwa lesen wir im Jahrgang 1720 des *Journal des Savants*: »L' Art de construire les Vaisseaux, & de connoître si la fabrique de ceux qui ont été construits, a été bien executée, est des plus necessaires dans les païs où le commerce maritime est florissant.«[45] Und wenn schließlich Reaumur 1926 über die Möglichkeiten der Eisenmagnetisierung Bericht erstattet, dann kehrt schließlich die Nautik zu ihrem von Bacon beschworenen *apriori* zurück.[46]

Auch die Waffentechnik bleibt als wiederkehrendes Forschungsfeld mehr als präsent. Von den beständigen Versuchen zur Artillerie des Akademikers Philippe de la Hires und anderer erstattet das *Journal des Savants* stets getreuen Bericht.[47] Die geometrische Beschreibung von Flugbahnen und die genaue Berechnung von Einschlägen, die mögliche Belastung mit Pulver etc. werden wiederholt zum Gegenstand des journalistischen Referats. So mag einem mehr als einleuchten, dass Kriegshandwerk und Fernfeuerwaffen zum Paradigma für Montesquieus Perser Rhédie und Usbek werden, anhand dessen sie – etliche Jahre vor Rousseaus *Erstem Discours*[48] – über den moralischen Fortschritt des europäischen Kontinents diskutieren.[49]

Nun sollte man nicht dahingehend übertreiben, dass der Maschinenpark der Frühaufklärung, so wie er in den untersuchten Zeitschriften präsentiert wird, sich allein aus dem triadischen Technikkanon Bacons herleitete. Es gibt in der Tat sehr viele Konstrukte, allein im Bereich der Hydraulik, der Pumpen sowie der Uhrentechnik, die der Engländer nicht hatte vorhersehen können und deren Ursprünge im 17. Jahrhundert zu suchen sind; dies hat Gérard Simon recht ausführlich untersucht.[50] Zudem ist in den besprochenen Zeitschriften vor allem die Medizin sehr präsent und in das Utilitätskonzept der Wissenschaften eingelassen. Dennoch ist kaum abzustreiten, dass Nautik, Artillerie und Buchdruck in ihrer Rekurrenz fest zur Legitimationsstruktur des frühaufklärerischen epistemologischen Feldes gehören und in die Lücken einer alten barocken Struktur der *curiosité* drängen.

V. Europäischer Wissenstransfer im Spiegel der Presse

Die wissenschaftliche Presse der Frühaufklärung darf als Medium einsetzender Problematisierung Europas gelten, und insofern bewahrheitet sich Bacons Diktum von der Bedeutung des Buchdrucks, eben weil mit dem Rezensionsjournalismus im Zuge der Expansion des Buchmarktes sich Europa als Öffentlichkeit seiner selbst gewahr wird. Diese Dynamik entfernt die Verhältnisse der Aufklärung von dem auf Julius II. zurückgehenden Konzept eines gelehrten Europas, das gegen den Ansturm der ottomanischen Barbaren zu verteidigen sei. Die Betrachtung muss daher von der Ebene der diskursiven Bedeutung des Buchdrucks, dass heißt seinen Beitrag für eine szientistische Legitimierung, verschoben werden auf den schon angedeuteten Aspekt der Konstitutionsleistung seiner medialen Struktur, so wie sie sich in der Presse entfaltet.

Anhand zweier Phänomene ist auf eine derart potenzierte Europäisierung der Kultur aufmerksam zu machen: erstens anhand publizistischer Periodizität, und zweitens anhand einer quasi-kartographischen Rubrizierung des Wissens. Wie nun erstens Herbert Jaumann in einer äußerst scharfsinnigen Analyse geltend gemacht hat, entspricht die periodische Publikationsform einer vollständig säkularisierten Gelehrtenrepublik, in dem Sinne, dass das Säkulum zu einer fortlaufenden Abfolge von Jahren als Publikationszeiträumen umgeformt wird, und dergestalt, dass das ›open-end‹-Prinzip den literarischen Betrieb auf Dauer stellt.[51] So wie der Staat in der politischen Reflexion der Frühen Neuzeit als ›zu erhaltender Zustand‹ die Zeitalter und Zyklen überdauern soll und eigens Regierungstechnologien für dieses Unterfangen erdacht werden,[52] so bringt analog die Presse ein periodisches Fortlaufen der Gelehrtenrepublik zur Anschauung.

Dieses Vor-Augen-Stellen des Literaturbetriebs als Institution wird zweitens in einem pluralen europäischen Raum aufgespannt durch die Rubrizierung der Publikationen in den unterschiedlichen europäischen Ländern. Die *Mémoires de Trévoux* haben in dieser Hinsicht in Frankreich eine Vorreiterrolle. Ihre am Ende jeder Nummer gegebenen *Nouvelles littéraires* unterteilen die Publikationen in die Orte ihrer Drucklegung, zunächst nach europäischen Metropolen. Zum Teil werden sie aber auch nach Ländern rubriziert. Das *Journal des Savants* übernimmt bald darauf diese ›Ordnung der Dinge‹. Das Wissen erhält mithin eine europäische kartographische Markierung. Das also, was eine jüngere Richtung der Rezeptionsforschung ›Kulturtransfer‹ nennt und schwerpunktmäßig im 18. Jahrhundert beobachtet, setzt methodisch voraus, was das historische Phänomen überhaupt erst hervorbringt: die in Europa sich verbreitende Vorstellung unterschiedlicher Wissenschaftsräume.

Es handelt sich also um die zwei Seiten einer Medaille: einerseits das Bewusstsein der Abhängigkeit der Wissensproduktion von nationale Grenzen überschreitenden Vernetzungspunkten, andererseits eine wachsende Sensibilität für den Umstand, dass das Wissen eine nationale oder regionale Herkunft aufweist und eben verschiedene Territorien um nützliches Wissens zur Steigerung ihres innereuropäischen Gewichts konkurrieren. Im Hinblick auf Bacons Dreifaltigkeit technischer Errungenschaften war diese Konkurrenz stets mitgeführt worden, so etwa im Hinblick auf die Längengrade, die erst mit Harrisons Erfindung der Schwungfeder und damit der Erfindung einer seetüchtigen Uhr gelöst sein würde. Die Brisanz der Waffentechnik braucht nun nicht lang erläutert werden. Vor allem aber reicherte sich im Zuge der ersten Jahrhunderthälfte eine aufgeklärte Mentalität in dem Vorhaben an, bislang vernachlässigte gesellschaftliche Schichten und Sektoren an der Beförderung des nationalen Wohls zu beteiligen. Aber diese Tendenz wird erst in Diderots und d'Alemberts *Encyclopédie* zur Schließung gelangen. Denken wir zunächst an Leone Pascoli, der als Ingenieur von Pumpen, Mühlen und Schleusen den Überschwemmungen des Tiber Herr werden will und dessen Werk im Jahrgang 1740 im *Journal des Savants* besprochen wird. Pascoli bereist Frankreich, England und Holland, also Länder, die auf Grund ihrer geographischen Lage technische Verfahren gegen die überbordende Natur entwickelt haben:

»Ce goût devint même si vif qu'il l'engagea à faire le voyage de France, de Hollande, & et d'Angleterre, pays où il avoit entendu dire que l'Hydraulique ou la partie de la Méchanique qui enseigne la conduite des eaux, étoit très cultivée, ainsi que les Arts dont elle se sert.«[53]

Der Bereich der Hydraulik und Wasserbewegung wird international vorangetrieben, und nur selten wird die Heimatadresse der jeweiligen Erfindung verschwiegen, so etwa in der Rezension des zweiten Bandes von Bernard de Bélidors *Architecture Hydraulique*:

»Il faut convenir que M. Savery en Angleterre & M. Papin en Allemagne, son les premiers qui ont donné la perfection à ces machines dont l'action du feu, ou plutôt les vapeurs de l'eau bouillante, sont le principe du mouvement.«[54]

Des Weiteren mehren sich in den Artikeln zur Mechanik vor allem zur Jahrhundertmitte hin jene Aussagen, die Fontenelles Gebot der Nützlichkeit sehr viel entschlossener Rechnung tragen als dieser selbst. Der physikalische Bereich der Mechanik differenziert sich aus und klärt die Handwerke und die zugehörigen Arbeiter auf: Die Hydraulik nimmt in dieser Annäherung von Kunst und Wissenschaft einen zentralen Stellenwert ein und wird etwa in der Besprechung von Ephraim Chambers *Cyclopaedia* zum Paradigma des angewandten Wissens schlechthin, insofern man nämlich dieses als ›Kunst‹ bezeichnet:

»La Science en effet est à l'art ce qu'un ruisseau qui coule dans un lit direct, & et dont on n'examine que le cours, est par rapport à ce même ruisseau qu'on a détourné de son cours naturel, & dont on a formé des cascades, des jets d'eau, des citernes, & autres Ouvrages semblables.«[55]

Zunehmend betritt dabei der Arbeiter selbst als Adressat technischer Aufklärung die Bühne des Journalismus: Die Arbeiter, so heißt es an anderer Stelle, nehmen nicht nur schlechte, sondern auch sehr beschränkte Methoden zur Anleitung ihrer Verrichtungen an: »Les Ouvriers peu éclairés n'adoptent que trop souvent des méthodes ou mauvaises ou dont ils ne connoissent pas assez toute l'étendue.«[56]

Ähnlich nimmt sich das Argument bei Johann Christoph Rieger aus, dessen Werk das *Journal des Savants* wie folgt übersetzt: *Introduction à la connoissance des productions de la Nature & de l'Art, qu'on emploie dans l'usage ordinaire de la vie.* Dort paraphrasiert der Rezensent die Problemlage angewandter Wissenschaft wie folgt:

»La vraie Physique est la connoissance de chaque corps en particulier. Mais comment l'acquerir? La plûpart des Artisans ne connoissent que la méchanique de leur Art, & les Artistes font mystere de la Théorie. Il n'y a donc que les expériences qui puissent mettre à découvert les proprietés des corps.«[57]

Die Theorie nähert sich nicht nur dem Handwerk an. Auch wird technisches Wissen in die breit angelegte Bedürfnisstruktur einer Bevölkerung gesenkt, die in ihrem Stellenwert für das Wohlergehen einer Nation zunimmt. Betonung findet dies in der französischen Einleitung jener Publikation, mit der Stephen Hales die Erfindung seiner Ventilatoren zum Luftaustausch in geschlossenen Räumen bekannt gibt:

»L'etendue des connoissance Physiques, la fécondité à imaginer des experiences, la sagacité à les suivre, la retenue dans les conséquences qu'on en tire, caracterisent également l'intelligence, & l'habilité; mais qu'est-ce que ces avantages quand ils sont steriles à la Société?«[58]

Diese Ventilatoren mögen der Luftumwälzung in Schiffsinnenräumen dienen. Als wie viel nützlicher jedoch erweist sich ein solches Verfahren im Sanitärwesen, so in Hospitälern, in denen die Frischluftzufuhr zur Genesung der Patienten unabkömmlich ist.

Ungeachtet aller späteren ideologischen Differenzen zwischen Presse und dem Unternehmen Diderots und d'Alemberts,[59] wird durch Inhalt und Medialität der Periodika das Feld für den ›Geist‹ der Enzyklopädie bereitet. Allein der hier nur sehr eingeschränkte Blick auf ihre Einträge lässt nachvollziehen, inwiefern Diderot in *L'interpretation de la nature* behaupten kann, dass die Nützlichkeit der Wissenschaften die notwendige Absicherung jeglicher weiterer Forschung und Spekulation darstellt.[60] Es lässt sich allerdings ebenso nachvollziehen, inwiefern sich die europäische Struktur einer nützlichen Wissenserzeugung in ihren Verbreitungsmedien permanent selbst abbildet. Je entschiedener die Gesellschaft als Empfänger und Nutznießer technischer Aufklärung ins Spiel gebracht wird, umso deutlicher wird, dass das Maschinenwesen nicht nur einen ökonomischen Faktor darstellt, sondern darüber hinaus die Stellung einer Nation – als die Gesamtheit einer Bevölkerung, die ein Territorium bewohnt – im innereuropäischen Vergleich beeinflusst. Überspitzt formuliert: Die alte Rechtfertigungsstruktur der Wissenschaften, die Trias von Nautik, Pulver und Buchdruck definierte Europa in der agonalen, aber ebenso übergreifenden Vielfalt seiner Nationen unter dem

Vorrang ihrer gesellschaftlichen Entscheidungsträger. Sie zögert aber auch die umfassende Herstellung einer Öffentlichkeit hinaus, im Rahmen derer der alten merkantilistischen Weisheit, das eigene Handwerk und die Manufakturen zu fördern, eine neue Dynamik verliehen werden sollte.

VI. Die Zirkulation der Information

Projekte zur Beschreibung des Handwerks und seiner Hilfsmittel sind auch vor der *Encyclopédie* bezeugt. Nicht allein das seit dem Barockzeitalter florierende Sujet des ›Maschinentheaters‹ ist in diesen Zusammenhang zu stellen. Auch sind hier die zahlreichen Bände des *Spectacle de la nature* von Abbé Noël-Antoine Pluche zu nennen, die in der Beschreibung des Handwerks dem Naturwunder ein wahres Wirtschaftswunder hinzufügen, das den Menschen rückhaltlos das Recht einräumt, mit dem biblischen Gebot der Unterwerfung der Welt ernst zu machen.[61] Im Hinblick auf Handwerk und Manufakturen sind vor allem verschiedene Lexika zu erwähnen, so etwa das von Thomas Corneille, welches von Fontenelle 1732 neu aufgelegt wird, oder jenes *Dictionnaire universel de commerce* (1723-30) von Jacques Savary-Desbruslons. Zudem bestanden im Zuge der merkantilistischen Wirtschaftspolitik seit Colbert Vorhaben ausführlicher Archivierung der Kenntnisse in graphischer wie auch in textueller Form. Die Bände der Akademie, die eine Beschreibung von Technik und Handwerk realisieren, erscheinen allerdings erst in den sechziger Jahren des 18. Jahrhunderts. Dies darf überraschen, wenn man bedenkt, dass seit dem ausgehenden 17. Jahrhundert sich die *Académie Royale* wiederholt und unter verschiedenen Schirmherrschaften mit derlei Projekten befasste. Diese Aktivität ist auch durch die Ankündigungen der einzelnen akademischen Forschungsberichte im *Journal des Savants* bezeugt.[62] Vielen dieser Unternehmungen ist gemein, dass sie durch staatliche Initiativen zu Stande kamen, dass sie sich allerdings auch im engeren Rahmen einer merkantilistischen Informationspolitik bewegten. Implizierten die Beschreibungen der Handwerke und Künste von den Anfängen an auch stets innereuropäische Betriebsspionage, so sehen sich umgekehrt die französischen Autoren, die über Handel und Handwerk publizieren, genötigt, den Bruch mit den Geheimnissen zu rechtfertigen. Der oben genannte Savary-Desbruslons etwa befürwortet im Vorwort seines wirtschaftlichen Wörterbuches einen freien Austausch der Informationen zum Fortschritt der Wirtschaft und Belebung der Konkurrenz.[63]

Ein weiteres Beispiel bietet René Antoine Ferchault de Réaumur, dem seit 1711 das von der Akademie vorangetriebene Projekt einer Beschreibung der Künste oblag. Dieser hatte bis in die zwanziger Jahre hinein deskriptive Abhandlungen über verschiedene Handwerke veröffentlicht. Im Jahre 1723 bespricht das *Journal des Savants* seine gesammelten *Mémoires* zur Eisenschmelze und Stahlerzeugung. Fast entschuldigend wirkt der erste Satz, mit dem die Rezension anhebt;

demnach handele es sich hier nicht um ein bloßes Werk spielerischer Neugierde (»de pure curiosité«[64]). In der Folge werden allerdings nicht allein bis ins ermüdende Detail hinein Réaumurs Neuerungen benannt. Vielmehr wird ausführlich das Vorwort zitiert, in dem der Autor den Vorwürfen begegnet, die einer Gesinnung merkantilistischer Informationspolitik entsprungen zu sein scheinen: Er habe nämlich seine Entdeckungen nicht ausplaudern dürfen, wenn überhaupt, dann nur den Gilden und Manufakturen selbst unterbreiten dürfen, die dann durch derlei Neuerungen ebenso zum Gemeinwohl des Königreiches hätten beitragen können. Deutlich gibt sich hinter diesen Vorbehalten die Befürchtung zu erkennen, Réaumur könne Staatsgeheimnisse verraten haben. Dieser reagiert daraufhin zunächst mit einem universellen Gestus:

»Il répond, qu'à la verité, nous nous devons premierement à notre Patrie, mais que nous nous devons aussi au reste du genre humain: qu'après tout, il n'est point de Pays, qui puisse tirer de ces découvertes autant d'avantage que la France [...].«[65]

Die Wendung bringt es deutlich an den Tag, dass die Berufung auf das Menschengeschlecht kaum ausreicht, und dass im gleichen Atemzug zu Beschwichtigungen übergegangen wird, die dem Anschein entgegenwirken sollen, der Verfasser habe seinem Vaterland geschadet. Réaumur begründet dies mit den zahlreichen Eisenvorkommen und dem avancierten Stand der Eisenverarbeitung in Frankreich, in der man den europäischen Nachbarn überlegen sei. Außerdem hätten alle Arbeiter ein gleiches Recht auf die Verbesserung ihrer Verfahren. Schließlich – und hier hören wir das gleiche Argument wie bei Savary – belebe die Gleichbehandlung der Arbeiter das Geschäft: »en moderant par la concurrence d'un grand nombre d'Ouvriers, l'excessive avidité du grain, il les engage à faire meilleur marché de leurs ouvrages.«[66]

Diese Beispiele deuten an, dass mit einer wachsenden Anteilnahme der Öffentlichkeit an den Belangen der Produktion und des Handwerks gleichsam ein europäisches Miteinander evoziert wird, das nicht nur auf Konflikt und Gewicht im alten System der Balance beruht, sondern darüber hinaus den Gedanken einer belebenden Konkurrenz befördert. Denn was Réaumur über das Wetteifern der Arbeiter untereinander behauptet, gilt umso mehr für den innereuropäischen Vergleich. Die Fortschrittsideologie des Ancien Régime, die in der Trias des Kompass, des Pulvers und der Presse einen so bündigen wie beredten Ausdruck gefunden hatte und Europa im Agonalen wie Universalen einigte, wird im Laufe des 18. Jahrhunderts um den Gedanken der Konkurrenz und des freien Datenumlaufs ergänzt.

Die *Encyclopédie*, vor allem insofern sie sich nach dem Willen Diderots gestaltet, ist durchdrungen von diesem Geist der frei zirkulierenden Information. Ihre ausführliche Beschreibung der Handwerke und Maschinen, die den Vorgängern

gleichwohl viel verdankt, bezweckt zunächst eine so umfassende wie programmatische Rehabilitation der Mechanischen Künste. Nicht zuletzt die Planches in-
szenieren einen Maschinenpark, der von der Strumpfstickmaschine bis hin zur
Seidenproduktion geeignet scheint, die Ingeniösität der Konstrukteure vor Augen zu stellen.[67] Damit partizipiert das von der *Encyclopédie* ins Werk gesetzte
Technikwunder letztendlich noch an der Wissenschaftsästhetik des Barockzeital-
ters, kehrt allerdings gleichsam den gesamten technologischen Aufwand ins
Notwendig-Alltägliche. Darüber hinaus zielen viele der Artikel Diderots darauf
ab, den Rückstand der Franzosen in verschiedenen Bereichen der Produktion zur
Sprache zu bringen. In den jeweiligen Bereichen werden gerade Neuerungen ins
Spiel gebracht, die konkret zu einer Verbesserung und Effizienzsteigerung des je-
weiligen Wirtschaftszweiges beitragen sollen. Und nicht selten stellt es sich eben
heraus, dass diese Innovationen im Ackerbau, in der Seidenherstellung etc. aus
dem Ausland kommen.[68] Die *Encyclopédie* ist daher nicht nur im rein universalen
Gestus zur Beförderung des Menschengeschicks konzipiert. Sie ist ebenso ein
patriotisches Projekt zur Besserung der eigenen Produktionskräfte. Aber dieses
Vorhaben geht eben mit dem Plädoyer für frei zirkulierende Information überein.
Diderot zeigt ohne Unterlass, dass die französische Nation hiervon stets profitiert
hat und beruft sich in seinem Artikel »Art« dabei auf niemand Geringeren als
Colbert:

»Au jugement de ceux qui ont aujourd'hui des idées saines de la valeur des choses, celui qui peupla la France de graveurs, de peintres, de sculpteurs & d'artistes en tout genre; qui surprit aux Anglois la machine à faire des bas, les velours
aux Génois, les glaces aux Vénitiens, ne fit guère moins pour l'état, que ceux qui
battirent ses ennemis [...].«[69]

Mit der Ankurbelung der Manufakturen habe der Minister mehr erreicht, als
wenn er die Städte seiner europäischen Nachbarn dem Erdboden gleich gemacht
hätte. Dieser Gedanke, dass auch der internationale Handel die Fortsetzung
der Politik mit anderen Mitteln zu sein vermag, verdankt sich ganz und gar der
Aufklärung und wirkt in seiner Übertragung auf das 17. Jahrhundert verzerrend.
Immerhin liegt dieser Rückbezug zu Colbert auf der Linie eines wirtschaftlichen
Denkens, welches die materiellen Grundlagen der eigenen Nation potenzieren
soll. Insofern ist das merkantilistische Erbe in der *Encylopédie* präsent, nur ist es
gereinigt von jedwedem Protektionismus der Information. Das Europa der Zukunft soll eine Öffentlichkeit gestalten, jenseits der überkommenen Arkanpolitik,
und gleichsam soll diese Struktur eine fortdauernde internationale Konkurrenz
auf Dauer stellen.
Es sind diese ideologischen Grundzüge, die es zu beachten gilt, wenn man Diderots abermaligen Rekurs auf Bacons technische Dreifaltigkeit der europäischen
Kultur im Artikel »Art« zur Kenntnis nimmt:

»L'aiguille aimantée a conduit nos vaisseaux jusqu'aux régions les plus igno-
rées; les caracteres typographiques ont établi une correspondance de lumieres
entre les savans de tous les lieux & de tous les tems à venir; & et la poudre à
canon a fait naître tous ces chefs-d'œuvres d'architecture, qui défendent nos
frontieres & et celles de nos ennemis: ces trois Arts ont presque changé la face
de la terre.«[70]

Ist dies noch der gleiche Raum, wie derjenige, den Bacon beschrieb? Dessen Wendung findet sich hier emphatisiert. Diderot expliziert retrospektiv, was
Bacon gemeint haben wird. Nicht nur Antlitz und Zustand *der Dinge* auf Er-
den haben diese drei Erfindungen geändert: »rerum faciem et statum in orbe
terrarum«; sie haben das Gesicht der Welt selbst verändert. Wer wird bei Diderots Verweis auf die ›Meisterwerke‹ der Verteidigungsanlagen nicht an die
umfassende Studie Lewis Mumfords denken,[71] in welcher der rasante Wettlauf
zwischen der Artillerie und den reagierenden Architekturen der Städtebe-
festigung der Frühen Neuzeit beschrieben wird? Europa hat sich inzwischen
territorial kristallisiert, nicht nur in den Fixierungen der manifesten Grenzen,
sondern auch in den journalistischen Rubriken der Erfindungen und der damit
ins Werk gesetzten Kartographien des Wissens. Die Typographie wirkt wie eine
doppelgesichtige Kraft, sie bringt die Nationalisierung der Kulturen hervor, wie
schon McLuhan sagte,[72] und überbrückt sie zugleich. Sie verzweigt sich in *Welt-
bürgertum und Nationalstaat.*[73]

VII. Die Presse als historische Klimax

Für eine Rhetorik der ›Künste und Wissenschaften‹ war Bacons Rede von Kompass, Pulver und Presse ein Bezugspunkt und Paradigma für spätere Legitimie-
rungen, und dies nicht allein deswegen, weil er damit massiv den Zusammenhang zwischen Wissen und Macht ins Zentrum seiner Betrachtung rückte. Überdies erwies sich Bacons Neuentdeckung der angeblichen Neuentdeckungen noch
insofern als suggestiv, als es sich bei allen erwähnten Innovationen *in nuce* um
Transfer- und Verortungsmedien handelte, womit mehr als der Raum beschrieben war, aus dem diese mutmaßlich hervorgegangen waren. Europa situierte
sich geographisch, aber auch entwicklungstechnisch in der Welt, und ebenso
teilte es seinen eigenen Raum auf. Die Einschätzung von Montesquieus Perser
Rhedie – auch wenn ihr im folgenden Briefe von Usbek widersprochen wird – ist
hier äußerst lesenswert: Durch die Artillerie entriss der Souverän den Bürgern die
Verteidigung ihrer Ländereien, hob stehende Heere aus und unterwarf somit die
Subjekte seiner Herrschaft.[74]

Aber gerade der Buchdruck als dritte Säule europäischer ›Raumplanung‹
entwickelte sodann eine Dynamik, die gerade nach Ende der Gelehrtenrepublik die europäischen Wissenskulturen weiter national ausdifferenzierte. Da-

77

mit stellt der hier unternommene Versuch nunmehr auf die Konstitutionsleistung des Buchdruckes ab, wie er sich in der Presse entfaltete. Es sei also dazu eingeladen, die Trias Kompass, Pulver, Presse in einer historischen Narration als Klimax zu lesen, in welcher die ersten beiden Innovationen in der letzten *aufgehoben* werden, entweder im dreifachen Sinne Hegels oder aber in der Erkenntnis McLuhans, dass Medien zu Inhalten anderer Medien werden.[75] Im Zuge der Expansion des Buchmarktes und den Instrumenten seiner Beobachtung – der periodischen Presse – verteilte dieser das Wissen und schärfte das Bewusstsein einer internationalen Kooperation, aber auch Konkurrenz. Der Journalismus hält – wenn auch zögerlich – die Neuverhandlung der Nützlichkeit in Gang, er sedimentiert eine Mentalität, die darin besteht, dass Wissen auch als Produktionsverhältnis Macht bedeutet und bereitet damit die Intervention, die in Diderots und d'Alemberts *Encyclopédie* liegt, vor. Die Aufklärung des Handwerks durch die Philosophie und der Philosophie durch das Handwerk ist die logische Folge, aber ebenso das Desiderat einer offenen Zirkulation der Information, bei gleichzeitiger Disziplinierung, Zentralisierung und Nationalisierung.[76] Vielleicht mag es mithin angehen, dass nicht nur Europa, sondern auch das, was wir ›Technik‹ nennen, Effekte dieser epistemologisch-medialen Umstellungen sind, wodurch man in einem gewissen Sinne Martin Heidegger beipflichten könnte in seinem Hinweis, dass das Wesen der modernen Technik »nichts Technisches ist.«[77]

Anmerkungen

[1] Zuletzt noch bei Volker Steinkamp, *L'Europe éclairée. Das Europa-Bild der französischen Aufklärung*, Frankfurt am Main: Klostermann 2003, vgl. dort: 10-11.

[2] Louis de Jaucourt, Art. »Europe«, in: (Hgg.) Denis Diderot/Jean le Rond d'Alembert, *Encyclopédie ou dictionnaire raisonné des sciences, des arts et des métiers, par une société des gens de lettres*, Paris 1751-1776, Bd. 6, 211-212, hier: 212.

[3] Vgl. zu diesem vor allem in der Renaissance einflussreichen Topos des *multum in parvo* Jessica Wolfe, *Humanism, Machinery, and Renaissance Literature*, Cambridge: University Press 2004, 161-202.

[4] Eine nur sehr allmähliche gesellschaftliche Emanzipation der *artes mechanicae* reicht bis ins Mittelalter zurück und beginnt wohl mit ihren ersten, parallel zu den *artes liberales* erfolgenden Klassifizierungen in enzyklopädischen Werken, so etwa bei Hugo von Sankt Victor. Vgl. im Überblick Helmut C. Jacobs, *Divisiones philosophiae. Spanische Klassifikationen der Künste und Wissenschaften im Mittelalter und Siglo de Oro*, Frankfurt am Main: Vervuert 1996, dort: 12-15. Deutlich wird allerdings auch, dass mit den Mechanischen Künsten zumeist die Handwerke gemeint sind und keine ›Mechanik‹ im modernen Sinn von ›Maschinenwesen‹. Vgl. Marcus Popplow, *Neu, nützlich und erfindungsreich. Die Idealisierung von Technik in der frühen Neuzeit*, Münster/New York/München/Berlin: Waxmann 1998, dort: 14-19. Zudem wird man gerade die Ingenieure der Renaissance, die sogenannten *artifex polytechnes* wie z. B. Leonardo, in ihren Distanznahmen zum bloßen Handwerk wahrnehmen müssen. Vgl. André Chastel, »Der Künstler«, in: (Hg.) Eugenio Garin, *Der Mensch der Renaissance*, Frankfurt am Main: Fischer 1996,

251-281. Fest steht, dass Diderot in seinem Enzyklopädie-Artikel »Art«, auf den noch zurückzukommen sein wird, umfassend für eine Rehabilitierung der seiner Auffassung nach gesellschaftlich marginalisierten und im Zivilisationsprozess kaum berücksichtigten Mechanischen Künste eintritt. Vgl. zu diesem Themenkomplex der *Encyclopédie* Jacques Proust, *Diderot et l'Encyclopédie*, Paris: Armand Colin 1967, 163-231.

[5] Als Phänomen der Selbstbehauptung, die letztendlich der jüdisch-christlichen Weltsicht aufliegt, hat Hans Blumenberg (»Das Verhältnis von Natur und Technik als philosophisches Problem«, in: ders., (Hg.) Anselm Haverkamp, *Ästhetische und metaphorologische Schriften*, Frankfurt am Main: Suhrkamp 2001, 253-265) die neuzeitliche Technik in eine quasi-seinsgeschichtliche Erzählung gefasst.

[6] Vgl. Samuel Huntington, *Kampf der Kulturen. Die Neugestaltung der Weltpolitik im 21. Jahrhundert*, München/Wien: Europa-Verlag 1996, 96-99.

[7] Francis Bacon, *Neues Organon*, (Hg.) Wolfgang Krohn, Darmstadt: Wissenschaftliche Buchgesellschaft 1990, 271.

[8] Vgl. Marcus Popplow, »Reproduzierte Originalität«, in: (Hgg.) Gerhard Banse/Hans-Peter Müller, *Johann Beckmann und die Folgen. Erfindungen: Versuch der historischen, theoretischen und empirischen Annäherung an einen vielschichtigen Begriff*, Münster/New York/München/Berlin: Waxmann 2001, 49-61, dort bes.: 55f. Maßgebliche Quellen für Verzeichnisse der neuzeitlichen Erfindungen, in denen auch die betreffende Trias auftaucht, sind der Artikel »Uhr« der ungefähr 1450 von Giovanni Tortelli verfassten Enzyklopädie *De Orthographia* und sodann die Abhandlung *De inventoribus rerum* (1499) von Polydorus Vergil. Vgl. auch zum Folgenden Popplow, *Neu, Nützlich und Erfindungsreich*, a.a.O., dort: 177-186.

[9] Bacon, *Neues Organon*, a.a.O., 233.

[10] Vgl. dazu den Beitrag von Burkhardt Wolf (»*Gubernatoris ars*. Künste und Techniken europäischer Seeherrschaft«) in diesem Band.

[11] Bacon, *Neues Organon*, a.a.O., 269. In der *República literaria*, die seit Beginn des 17. Jahrhunderts in Manuskriptform zirkuliert und aus der Feder des spanischen Diplomaten Diego Saavedra Fajardo stammt, werden die drei Erfindungen als von der Vorsehung bereitgestellte Mittel zur Entdeckung und Eroberung Amerikas beschrieben. Vgl. *República literaria*, (Hg.) Vicente García de Diego, Madrid: Espasa-Calpe ²1956, 27: »[...] facilitando Nereo la navegaçion con la invençion de la piedra imán; Marte halla la pólbora, Vulcano fabrica los arcabuces, con que armados de rayos los Españoles sujeten la multitud de aquellos bárbaros; i para que entre ellos puedan mejor dilatar la Religión por medio de los libros, escusando el immenso trabajo de los escritores, sus errores i ignorancias, inventa Mercurio los caracteres de la emprenta [...].«

[12] Vgl. Popplow, »Reproduzierte Originalität«, a.a.O.

[13] Es sei dahingestellt, ob ein derartiges Selbstbewusstsein berechtigt ist, denn die europäische Erfolgsgeschichte der drei Erfindungen beginnt vermutlich nicht in Europa. Als mittelalterliche Referenzen des Schwarzpulvers gelten u.a. Schriften von Marcus Graecus (~11. Jahrhundert) und Roger Bacon (13. Jahrhundert). Allerdings sind Vorläufer in antiken, in syrischen wie in chinesischen Kontexten bekannt. Auch der Kompass wurde in China seit dem 11. Jahrhundert benutzt, bevor er im 12. Jahrhundert bei Alexander Neckam Erwähnung findet. Weniger erfolgreiche Varianten des Buchdruckes (ohne bewegliche Lettern) finden sich ebenfalls in der chinesischen Kulturgeschichte überliefert. Entwicklungssprünge oder Einflüsse sollte man hingegen im Paradigma des Kulturtransfers analysieren, das heißt in der Einsicht, dass Kulturgüter in den Zielkulturen anderen Kontexten und Bedürfnissen unterliegen (vgl. Michel Espagne/

Michael Werner, »Deutsch-französischer Kulturtransfer als Forschungsgegenstand. Eine Problemskizze«, in: (Hgg.) dies., *Transferts. Les relations interculturelles dans l'espace franco-allemand (XVIIIe et XIXe siècle)*, Paris: Editions Recherches sur les Civilisations 1988, 11-34). Wie sollte dies nicht für Kompass, Pulver und Buchdruck gelten, die als technische Innovationen in europäischen Kontexten der Frühen Neuzeit eine ungleich größere Dynamik gewinnen?

[14] Bacon, *Neues Organon*, a.a.O., 15ff.

[15] P. Catrou, Art. »Européen, -enne«, in: *Dictionnaire universel françois et latin, vulgairement appelé Dictionnaire de Trévoux*, Paris ⁶1771, 947.

[16] Louis Moréri, *Le grand dictionnaire historique*, Bd. 3, ¹⁸1740, 201.

[17] Neben der hier interessierenden *Préface sur l'utilité des mathématiques et de la physique* ist vor allem auch die *Digression sur les anciens et les modernes* von Relevanz. Vgl. zum weiteren Kontext Hans Kortum, »Die Hintergründe einer Akademiesitzung im Jahre 1687«, in: (Hgg.) Werner Krauss/Hans Kortum, *Antike und Moderne in der Literaturdiskussion des 18. Jahrhunderts*, Berlin: Akademie Verlag 1966, LXI-CXI.

[18] Vgl. Steinkamp, *L'Europe éclairée*, a.a.O., 45-56.

[19] Vgl. Leonard M. Marsak, »Bernard de Fontenelle. In Defense of Science«, in: *Journal of the History of Ideas* 20 (1959), 111-122, hier: 113.

[20] Vgl. Andreas Gipper, *Wunderbare Wissenschaft. Literarische Strategien naturwissenschaftlicher Vulgarisierung in Frankreich von Cyrano de Bergerac bis zur ›Encyclopédie‹*, München: Fink 2002, 121-168; Jan-Henrik Witthaus, *Fernrohr und Rhetorik. Strategien der Evidenz von Fontenelle bis La Bruyère*, Heidelberg: Winter 2005, dort: 136-161.

[21] Vgl. Gérard Simon, »Les machines au XVIIe siècle. Usage, typologie, résonances symboliques«, in: ders., *Sciences et savoirs aux XVIe et XVIIe siècles*, Villeneuve d'Ascq: Septentrion 1996, 161-181, hier: 162-163.

[22] Zur einer ›Theatralik der Technik‹ zählt auch der Aspekt, dass der Mechanismus einer Vorrichtung nicht einsehbar ist. Vgl. hierzu Hans Blumenberg, »Lebenswelt und Technisierung unter Aspekten der Phänomenologie«, in: ders., *Wirklichkeiten, in denen wir leben*, Stuttgart: Reclam 1981, 7-54. Dies gilt nicht nur für die ›Theatermaschine‹, die noch in Fontenelles *Entretiens* (I) eine Rolle spielt, sondern auch für das Schießpulver, das in der Trommel der Muskete verschwindet und auf Entfernung tötet. Vgl. hierzu Wolfram Nitsch, »Der hohle Kopf. Don Quijote und die Technik«, in: (Hg.) Christoph Strosetzki, *Miguel de Cervantes' Don Quijote. Explizite und implizite Diskurse im Don Quijote*, Berlin: Erich Schmidt 2005, 137-148, hier: 139.

[23] Fontenelles Engagement im zeitgenössischen Wissenschaftsjournalismus (vgl. zu Fontenelles redaktioneller Mitarbeit im *Journal des Savants* Eugène Hatin, *Histoire politique et littéraire de la Presse en France*, Bd. 2, Genf: Slatkine 1967 [¹1859-61], 187) dokumentiert umso mehr die Anschlussfähigkeit seiner Schriften im Hinblick auf dieses Medium.

[24] *Mémoires de Trévoux* 2 (1702), 141 (Genf: Slatkine 1968, 185).

[25] Ebd., 139 (Genf: Slatkine 1968, 184).

[26] Ebd., 140 (Genf: Slatkine 1968, 184).

[27] Vgl. Pierre Borel, *Discovrs novveav provvant la pluralité des Mondes, que les Astres sont des terres habitées, & la terre vne Estoile, qu'elle est hors du centre du monde dans le troisiesme Ciel, & se tourne deuant le Soleil qui est fixe, & autres choses tres-curieuses*, Genf 1657, 4: »Si auant l'inuention de l'Artillerie, de l'Imprimerie, des lunetes d'approche, & d'vne infinité d'inventions que nous possedons maintenant, on nous eut dit leurs effets nous ne les eussions iamais creus, car si on nous eut asseuré qu'on pouuoit par la poudre à canon, sans se bouger, tuer les bestes esloignées de nous, nonseulement sur la terre, mais bien auant

dans les airs, abatre les murailles des Villes, & foudroyer les lieux les plus forts, & que dans vn moment ces instrumens executoiet nostre vouloir ; que par l'Imprimerie & les lettres on pouvoit communiquer ses pensées à vn autre, escrire vne infinité de Liures en peu de temps, & mesme aller mille fois plus viste en escriuant, qu'on ne parle, transmettre à nos descendans nos belles conceptions, & acquerir vne spece d'immortalité, & enfin que par les lunetes on pouuoit approcher les obiects, fortifier nostre veuë, & luy faire voir distinctement les choses tres-esloignées, si dis-ie on nous eut proposé ces choses en vn temps auquel on n'en eut iamais plus ouy parler, qui est celuy qui les eut creuë, mais plustost ou est celuy qui ne s'en fut mocqué, & pourtant les effets de ces inuentions sont tres-veritable.«

[28] *Mémoires de Trévoux* 2 (1702), 141 (Genf: Slatkine 1968, 185).

[29] Eine französische Neuübersetzung wird besprochen in den *Mémoires de Trévoux* 1 (1701), 353-357 (Genf: Slatkine 1968, 532).

[30] *Historie/Mémoires de l'Académie Royale des Sciences. Depuis 1666, jusqu'à 1699*, Bd. 7, Paris 1733, 12.

[31] Vgl. zur Skizze der Debatte Steinkamp, *L'Europe éclairée*, a.a.O., 8.

[32] *Journal des Savants* 1 (1665) : »L'imprimevr av lectevr«.

[33] Vgl. Cyril B. O'Keefe, *Contemporary Reactions to the Enlightenment (1728-1762)*, Paris: Honoré Champion 1974, 47-54. Die im Hinblick auf die Zeitschriften ebd. konstatierte Bevorzugung der Alten zu Lasten der Modernen ergibt sich allenfalls durch die thematische Auswahl. Jeder im weitesten Sinne naturwissenschaftliche Artikel trägt zur inneren Spannung eines pluralen Unternehmens, wie es der Journalismus seit seinen Anfängen darstellt, bei. Auch sollte die redaktionelle Mitarbeit von Persönlichkeiten wie Fontenelle nicht vergessen werden.

[34] *Journal des Savant* 37 (1702), 401.

[35] *Mémoires de Trévoux* 2 (1702), [May] 4 (Genf: Slatkine 1968, 199).

[36] Ebd., 5.

[37] *Mémoires de Trévoux* 4 (1704), 1017 (Genf: Slatkine 1968, 344).

[38] *Journal des Savants* 47 (1710), 337.

[39] *Journal des Savants* 50 (1713), 376.

[40] *Journal des Savants* 57 (1720), 58.

[41] Vgl. auch *Journal des Savants* 78 (1741), 67-77; 131-135.

[42] *Mémoires de Trévoux* 4 (1704), [Addition] 8 (Genf: Slatkine 1968, 244).

[43] Ebd., 1594f. (Genf: Slatkine 1968, 491).

[44] Vgl. etwa *Journal des Savants* 40 (1705), 661f.

[45] *Journal des Savants* 57 (1720), 92.

[46] Vgl. *Journal des Savants* 63 (1726), 522.

[47] Vgl. z. B. *Journal des Savants* 38 (1703), 459, 461; *Journal des Savants* 40 (1705), 386; *Journal des Savants* 79 (1742), 30-41.

[48] Im Rahmen dessen, was ihm seine These vorgibt, spricht Rousseau im *Ersten Discours* (*Œuvres complètes*, Bd. 3, Paris: Gallimard 1964 [Bibliothèque de la Pléiade, 69], 1-30) von der schädlichen Einwirkung der Wissenschaften auf das Kriegshandwerk, da diese gegenüber den antiken Kriegern eine Verweichlichung der Soldaten bewirkt hätten (vgl. dort: 22). Während von Kompass und Nautik keine Rede ist und die Entdeckung Amerikas nur im Kontext des Luxus auftaucht (vgl. dort: 20), so heißt es im Hinblick auf den Buchdruck, dass man seiner Erfindung so schändliche Werke wie die von Hobbes oder Spinoza zu verdanken habe (vgl. dort: 28). Allerdings erweist Rousseau Francis Bacon die Ehre (vgl. dort: 29), und

überdies scheint er seine Schelte der Künste nicht auf die mechanischen auszudehnen, wenn es heißt: »Tel qui sera toute sa vie un mauvais versificateur, un Geométre subalterne, seroit peut-être devenu un grand fabricateur d'étoffes.« (ebd.).

[49] Vgl. Montesquieu, *Lettres persanes*, (Hg.) Laurent Versini, Paris: Flammarion 1995, 210-215.

[50] Vgl. Simon, »Les machines au XVIIᵉ siècle«, a.a.O.

[51] Vgl. Herbert Jaumann, *Critica. Untersuchungen zur Geschichte der Literaturkritik zwischen Quintilian und Thomasius*, Leiden/New York/Köln: Brill 1995, 264-274. Jaumann spricht von der Umstellung einer generischen auf eine periodische Ordnung der Literaturkritik. Vgl. zur Periodizität auch Jean Sgard, *Bibliographie de la presse classique (1600-1789)*, Genf: Slatkine 1984, 1; vgl. auch ders., »Journale und Journalisten im Zeitalter der Aufklärung«, in: (Hgg.) Hans Ulrich Gumbrecht/Rolf Reichardt/Thomas Schleich, *Sozialgeschichte der Aufklärung in Frankreich*, Bd. 2, München/Wien: Oldenbourg 1981, 3-33, hier: 4f.

[52] Vgl. Michel Foucault, *Sécurité, territoire, population. Cours au Collège de France. 1977-1978*, Paris: Gallimard 2004, 262ff., 297.

[53] *Journal des Savants* 78 (1741), 512.

[54] *Journal des Savants* 77 (1740), 90.

[55] *Journal des Savants* 81 (1744), 608. Vgl. zum Originalwortlaut Ephraim Chambers, *Cyclopædia, or, An universal dictionary of arts and sciences. Containing the definitions of the terms, and accounts of the things signify'd thereby, in the several arts, both liberal and mechanical, and the several sciences, human and divine: the figures, kinds, properties, productions, preparations, and uses, of things natural and artificial; the rise, progress, and state of things ecclesiastical, civil, military, and commercial: with the several systems, sects, opinions, &c; among philosophers, divines, mathematicians, physicians, antiquaries, criticks, &c: The whole intended as a course of ancient and modern learning*, London 1728, Bd. 1, viii: »A Science, in effect, is that to an Art, which a Stream running in a direct Channel, without regard to any thing but it-self and its own progress ; is to the same Stream turn'd out of its proper Course, and running in a different one dispos'd into Cascades, Jets, Cisterns, Ponds, &c. and serving to water Gardens, turn Mills, and other Purposes.«

[56] *Journal des Savants* 82 (1745), 29.

[57] *Journal des Savants* 81 (1744), 270.

[58] *Journal des Savants* 81 (1744), 421.

[59] Vgl. Paul Benhamou, »Un Adversaire de l'Encyclopédie. Le Père Berthier«, in: *The French Review* 46 (1972), 291-298.

[60] Vgl. Gipper, *Wunderbare Wissenschaft*, a.a.O., 310-313.

[61] Vgl. ebd., 187-258.

[62] Vgl. Proust, *Diderot*, a.a.O., 185f.

[63] Vgl. ebd., 181.

[64] *Journal des Savants* 60 (1723), 161.

[65] Ebd., 163f.

[66] Ebd., 164.

[67] Gipper, *Wunderbare Wissenschaft*, a.a.O., 335-345.

[68] Vgl. Proust, *Diderot*, a.a.O., 204.

[69] Denis Diderot, Art. »Art«, in: Diderot/d'Alembert, *Encyclopédie*, a.a.O., Bd. 1, 713-718, hier: 714.

[70] Ebd., 717.

[71] In seinem erstmals 1961 veröffentlichten *The City in History*.

[72] Marshall McLuhan, *Die magischen Kanäle. Understanding Media*, Dresden: Verlag der Kunst ²1995, 271f.

[73] Vgl. den Titel des berühmten Buches von Friedrich Meinecke, das 1907 erstmals erschien und dem sich diese Wendung verdankt.

[74] Vgl. Montesquieu, *Lettres persanes*, a.a.O., 210f.: »Les princes, ne pouvant plus confier la garde des places aux bourgeois, qui, à la première bombe, se seraient rendus, ont eu un prétexte pour entretenir de gros corps de troupes réglées, avec lesquelles ils ont, dans la suite, opprimé leurs sujets. Tu sais que, depuis l'invention de la poudre, il n'y a plus de places imprenables, c'est-à-dire, Usbek, qu'il n'y a plus d'asile sur la terre contre l'injustice et la violence.«

[75] Vgl. McLuhan, *Die magischen Kanäle*, a.a.O., 22.

[76] Vgl. Michel Foucault, ›*Il faut défendre la société*‹. *Cours au Collège de France (1775-1776)*, Paris: Gallimard 1997, 161.

[77] Martin Heidegger, *Die Technik und die Kehre*, Stuttgart: Neske 1962, 20. Vgl. dazu den Beitrag von Vera Hofmann (»Europa und die Technik. Philosophische Konstruktionsversuche einer Allianz«) in diesem Band.

Technische und literarische Euphorien der Aeronautik
Die Entdeckung der Ballon-Luftfahrt in Frankreich und ihre europäische Rezeption (1783 bis 1873)

Angela Oster

In seiner legendären ›Literarischen Korrespondenz‹, der *Correspondance litté-raire, philosophique et critique*, mit der er lange Jahre von Paris aus vermögende Privatiers und den höfischen Adel über Neuigkeiten Europas informiert, schreibt der Baron Friedrich Melchior von Grimm anlässlich der Ende des 18. Jahrhunderts als kulturelle und technische Sensation gefeierten Ballon-Luftfahrt:

»Nie hat eine Seifenblase Kinder so ernsthaft beschäftigt wie der ›aerostatische Ballon‹ der Herren Montgolfier Stadt und Hof seit vier Wochen; in allen unseren Zirkeln, bei allen unseren Soupers, an den Toilettentischchen unserer hübschen Damen wie in unseren akademischen Schulen spricht man nur noch von Experimenten, atmosphärischer Luft, entzündbarem Gas, fliegenden Wagen und Reisen durch die Lüfte. Würde man alle diese Projekte, Hirngespinste und Überspanntheiten sammeln, die die neue Entdeckung hervorgerufen hat, so ergäbe das ein Buch, toller als von Cyrano de Bergerac.«[1]

Ähnliches merkt Johann Wolfgang von Goethe retrospektiv in seinen *Maximen und Reflexionen* im Jahr 1822 an:

»Wer die Entdeckung der Luftballone miterlebt hat, wird ein Zeugniß geben, welche Weltbewegung daraus entstand, welcher Antheil die Luftschiffer begleitete, welche Sehnsucht in soviel tausend Gemüthern hervordrang, an solchen längst vorausgesetzten, vorausgesagten, immer geglaubten und immer unglaublichen, gefahrvollen Wanderungen theilzunehmen, wie frisch und umständlich jeder einzelne glückliche Versuch die Zeitungen füllte, zu Tagesheften und Kupfern Anlaß gab, welchen zarten Antheil man an den unglücklichen Opfern solcher Versuche genommen.«[2]

Die Entdeckung der Ballon-Luftfahrt Ende des 18. Jahrhunderts war jedoch nicht nur eine technische Sensation. Sie fand, wie die oben stehenden Zitate vermitteln, auch ein Medienecho sondergleichen. Auffällig in der Rezeption des

Phänomens ist dabei, dass die Ballon-Luftfahrt bevorzugt im Zeichen Europas verhandelt wird. Die aeronautischen Dokumente der Zeit durchzieht der Europadiskurs wie ein roter Faden, und dabei ist Europa sowohl bestauntes Objekt als auch enthusiasmiertes Subjekt des Diskurses.[3]

Im Folgenden geht es zunächst um die früheste Pionierzeit technischen Fliegens, nämlich um die kulturtechnisch-historische Bedeutung der legendären Ballon-Luftfahrten Europas in den sogenannten aerostatischen Montgolfièren und Charlièren, genauer: um deren Diskursivierung im Bildmaterial und in den Texten der Zeit (Zeitschriften, Traktate, Reiseberichte u.Ä.m.). Nach einer Übersicht der historischen Entfaltung der Luftfahrttechnik bis hin zu den Balloninstallationen, wird die Entdeckung und Beschreibung des Phänomens in Frankreich vorgestellt und mit seiner Darstellung in den plurimedialen Berichterstattungen Europas verglichen. Das Europa-Bild im Spiegel der Technik bzw. der technische Diskurs auf dem Hintergrund Europas scheinen in einer Vielzahl von zeitgenössischen Quellen Ende des 18. Jahrhunderts auf, die in der literatur- und kulturwissenschaftlichen Forschung bislang nur am Rande aufgearbeitet worden sind. Dies ist nicht zuletzt deshalb ein Manko, weil sich in der Vernetzung von Ballonluftfahrt- und Europadiskursen geradezu exemplarisch eine historisch aussagekräftige Variante der »Dialektik der Aufklärung« beobachten lässt. Mögliche integrative Europakooperationen und Technikprojekte werden im Zeichen der Aeronautik u.a. kartographisch oder publizistisch lanciert und gleichzeitig in der Akzentuierung von Grenzverläufen und Nationalstolz wieder in Frage gestellt. Aufgeklärte – sowohl technische als auch europakulturelle – Rationalität und irrationale Tendenzen der Mythisierung kulminieren in der Ballonfahrt des ausgehenden 18. Jahrhunderts in einer Form der Kulturindustrie, die sich ganz im Sinne Horkheimers und Adornos die kommerzielle Vermarktung und Profitmaximierung zum Ziel setzt.[4]

Dem hier einleitend geschilderten Prozess soll im Nachstehenden genauer nachgegangen werden.

I. ›Leichter als Luft‹
Die technische Genealogie der Ballonfahrt in Europa

Mit seinem Interesse an der technischen Innovation der Ballonluftfahrt reiht sich Goethe Ende des 18. Jahrhunderts in eine jahrhundertealte Tradition ein, nämlich den Traum vom Fliegen, der die Menschheit nahezu von Anbeginn ihrer kulturellen Entwicklung (und also lange vor dem Zeitalter motorisierter Flugapparate und moderner Flugindustrialisierung) begleitet hat.[5]

Die bekannteste europäische Flugsage ist die von Daedalus und Icarus,[6] in der das Fliegen als Metapher für schnelle Bewegung steht, um Europa umgehend verlassen zu können. Der Daedalus in Ovids *Metamorphosen* hat Heimweh nach seiner Heimatstadt Athen und will aus der Verbannung bei Minos auf Kreta entfliehen.[7] König Minos ist in der Mythologie bekanntlich der Sohn des Zeus und der Europa, die seinerzeit durch die Entführung des Stieres auf Kreta gestrandet war. In Ovids *Ars amatoria* erklärt nun Daedalus ausdrücklich,[8] sein Verlangen sei nicht ideell – als ›Greifen nach den Sternen‹ –, sondern technisch-pragmatisch motiviert: »non ego sidereas adfecto tangere sedes: / qua fugiam dominum, nulla, nisi ista, via est« – und dieser Weg führe durch die Lüfte: »aera Minos«.[9] Der Fortgang des Mythos ist bekannt: anders als sein besonnener Vater Daedalus will Icarus schließlich doch ›nach den Sternen greifen‹; er kommt der Sonne zu nahe, das Wachs in seinen Flügeln schmilzt, und er stürzt ab.[10]

In Europa hat sich im Anschluss an den ikarisch-daedalischen Flugmythos eine rege – teils ›realistische‹, teils ›phantastische‹ – Fluggeschichte entwickelt, in welcher Leonardo da Vincis berühmte Flugapparate eine wichtige Etappe darstellen. Es gab bereits vor den Ballonfahrten viele vergebliche Versuche, Fiktionalisierungen und groß angelegte Utopien – stellvertretend seien nur Johannes Keplers ›Kosmischer Flugtraum‹ aus dem *Somnium* oder Cyrano de Bergeracs Flugromane (*Histoire comique des états et empires de la lune*) im 17. Jahrhundert genannt –,[11] sodass die bei Grimm und Goethe geschilderte große Ballonfahrt-Euphorie, die 1783 anlässlich der technischen Realisierung der bisherigen Flugutopien in Europa ausbrach, nachvollziehbar(er) wird.[12] Ende des 17. Jahrhunderts wurde das für die Ballontechnik basale physikalische Prinzip ›Leichter-als-Luft‹ theoretisch erstmals reflektiert.[13] Der oberitalienische Jesuitenpater Graf Lana di Terzi (geboren 1631) griff in seinem 1670 erschienenen Buch *Prodromo all'Arte Maestra* die Versuche Galileis und Torricellis auf.[14] Bei Terzi wird ein Schiff mittels von Rudern und Segeln durch die Luft getragen [Abb. 1]. Die Idee basierte auf Experimenten des deutschen Physikers Otto von Guericke 1650 in Magdeburg, der das Gewicht der Luft ermittelte, indem er die Schwere der Luftsäule mittels leer gepumpter Halbkugeln gemessen hat.[15] Lana folgerte daraus, dass ein luftleerer Raum in einem Körper diesen in der Luft aufsteigen lassen müsse, ähnlich wie ein Ball den Naturgesetzen gemäß aus dem Wasser steige. Doch tat sich sofort das Problem auf, dass wiederum die Wände dieses Körpers sehr stabil – und damit wiederum zu schwer – sein müssten, um nicht vom äußeren Luftdruck zusammengedrückt zu werden. Francesco Lana de Terzi hat nur eine Bauanleitung, nicht aber die Mittel zur Umsetzung seines Konstrukts geliefert; doch bleibt er derjenige, der die bekannte Formel der Fortbewegung mittels des Prinzips ›Leichter als Luft‹ geprägt hat. In der Vorgeschichte der Ballonfahrt waren ansonsten weitgehend Pläne ›schwerer als Luft‹ erörtert worden,[16] und erst im 18. Jahrhundert verfiel man darauf, die Luft mittels ihres eigenen Mediums zu ›überlisten‹: ›leichter als Luft‹ sollten nun Luftschiffe mittels des Gesetzes des Auftriebes lavieren.[17] Der gebürtige Brasilianer Bartholomeu Laurenco de Gusmao ist in der Folge derjenige, der als erster ›réalisateur‹ eines Fluggerätes gelten darf. In Lissabon, am Hofe des portugiesischen Königs Johann V., soll am 8. August 1709 ein mit Heißluft betriebenes Fluggerät aufgestiegen sein. Das Experiment ist nur durch wenige Augenzeugen belegt. Die wichtigsten Dokumente wurden anscheinend 1755 beim Erdbeben von Lissabon zerstört, was in der Folge

Anlass vieler Spekulationen sowie phantastischer und unterhaltender Anschauungen des Flugschiffes »Passarola« war [Abb. 2].

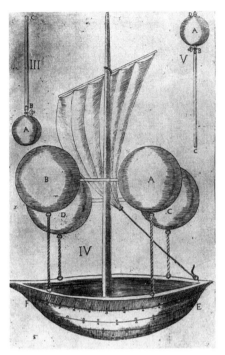

Abb. 1: Luftschiff des Francesco Lana, Kupferstich in der Erstausgabe von 1670.

Abb. 2: Luftschiff des Laurenco de Gusmao, Kupferstich 1714.

Parallel zu diesen Spekulationen wurde in den Naturwissenschaften in der Folge eifrig weiter nach den Grundgesetzen der Hydrostatik geforscht, und ebenfalls parallel wurde mit zwei verschiedenen Stoffen experimentiert, mittels derer ein Ballon zwecks Aufwärtstrieb gefüllt werden konnte: mit Heißluft einerseits und mit Wasserstoff andererseits. 1766 stellte der Engländer Henry Cavendish erstmals chemisch Wasserstoffgas her, das vierzehn Mal leichter als Luft ist.[18] Das Stammland der ersten gelungenen Ballonfahrt ist hingegen Frankreich. Bemerkenswerterweise war der Ort des Geschehens aber nicht die europäische Weltstadt Paris (*das* Zentrum der europäischen Aufklärung schlechthin), sondern ein kleiner Ort in der Provinz namens Annonay, in der Grafschaft Vivarais bei Lyon.[19] Die Gebrüder Joseph und Etienne Montgolfier, ihres Zeichens Papiermühlenbesitzer, ließen am 5. Juni 1783 auf dem Marktplatz einen Ballon von – in damaligen Maßen gesprochen – 35 Fuß Umfang aus Papier und Leinwand aufsteigen, der mit Rauch aus feuchter Schafswolle und Stroh gefüllt war, und der rund 10 Minuten lang in einer Höhe bis zu 2000 Metern geflogen sein soll [Abb. 3]. Diese Nachricht sorgte in Paris sogleich für Aufregung. Die dortige Königliche Akademie der Wissenschaften (eine der ältesten Akademien Europas) ordnete eine Untersuchung der Ereignisse an. Sie setzte sich mit den Brüdern Montgolfier in Verbindung; die Herstellung des Kontakts erwies sich jedoch trotz des Drängens sowohl des Königs (der eine Fortsetzung der Experimente forderte) als auch der breiten Bevölkerung (die Nachricht von der ersten Luftfahrt war wie ein Lauffeuer durch die Presse gegangen[20]) als äußerst langwierig. Der findige Physiker Jacques Alexandre César Charles erkannte in der Verschleppung der Ereignisse sogleich seine Chance und leitete mit den Mechanikern Jean und Nicolas Robert die erste Konstruktion eines Wasserstoffballons in die Wege. Möglich wurde dies durch einen weiteren findigen Kopf, nämlich Barthélémy Faujas de Saint-Fond. Dieser regte die Eröffnung der ersten nationalen Subskription zur Finanzierung eines Experiments an, und so stark war die Sensationslust der Pariser Bevölkerung, dass alsbald 10000 Livres zusammen kamen.

Während das Pariser Team Charles/Robert seine Arbeit unter Hochdruck vorwärts trieb, erstattete bereits die gesamte europäische Presse über die Geschehnisse aus der französischen Provinz Bericht. Nicht zuletzt in Deutschland informierte das Zeitungswesen kontinuierlich; so liest man in der *Darmstädter Landzeitung*, im August 1783:

»Herr Montgolfier zu Annonay in Vivarais hat eine Kugel von 35 Schuhen im Durchschnitte verfertigen lassen, und sie mit Tuch, das auf Holz oder Eisendrath aufgemacht war, und darüber mit aufgeleimtem Papier überzogen. Er hat sie mit brennbarer Luft (gas inflammable) die er aus angezündetem nassen Stroh gezogen, angefüllt. Augenblicklich hat sich die Kugel auf 500 Ruthen in die Höhe gehoben. Zehen Minuten hernach ist die Kugel wieder heruntergefahren. Nach der Berechnung des Hrn. Montgolfier hat die Kugel einen Raum von 2156 Pf. Luft eingenommen. Da nun die brennbare Luft nur 1078 Pf. und die Kugel 500 Pf. gewogen hat, so sind 578 Pf. übrig geblieben, welche die Kugel schnell in die Höhe getrieben haben. Mit brennbarer Luft aus Eisen würde die Würkung noch auffallender seyn. Der Bericht dieses Versuches ist den 2. Juli der Königl. Akademie der Wissenschaften überschickt worden. Herr Montgolfier ist schon wegen des Papiers berühmt, welches er verfertiget, und das man für das schönste und beste in Frankreich hält.«[21]

Abb. 3: Aufstieg eines Heißluftballons der Brüder Montgolfier
am 5. Juni 1783 in Annonay, Kolorierte Radierung 1783.

Die wissenschaftlichen und politischen Autoritäten in Frankreich drängten nun angesichts der europäischen Observanz der technischen Neuerungen auf eine umgehende Verlagerung des technischen Geschehens von der regionalen Provinz in die mondäne Hauptstadt. Und zweieinhalb Monate nach der Aufsehen erregenden Innovation in Annonay wurde am 27. August 1783 auf dem Marsfeld zu Paris ein großes Spektakel organisiert. Den Quellen zufolge wohnten ihm mehrere hunderttausend Menschen bei, was für damalige Verhältnisse eine absolute Sensation darstellte. Gezeigt wurde der Ballon »Globe«,[22] der aus gummiertem Taft bestand, einen Durchmesser von rund vier Metern hatte und mit Gas aus Eisenspänen und verdünnter Schwefelsäure gefüllt war [Abb. 4]. Nach zwei Minuten Flugzeit über dem Marsfeld verschwand der Ballon in den Wolken, flog zweiundzwanzig Kilometer weit und machte nach fünfzig Minuten eine Bruchlandung. Dies hatte folgende Gründe: Der Ballon hatte zu viel Gas ›getankt‹ und die äußerste Belastungsgrenze erreicht. In den höheren Regionen begann sich das Gas durch den Außendruck auszudehnen; die Hülle riss, und das Gefährt begann schnell zu sinken. Es landete auf einer Wiese bei Bauern in Gonesse, die gerade beim Heuholen waren. Was sich nun abspielte, war ein geradezu grotesker Kontrapunkt zur rationalistischen Bewegung des aufgeklärten ›Europe en mouvement‹ im 18. Jahrhundert. Die zu Tode erschreckten Bauern glaubten an ein Teufelswerk; sie hielten die zusammengesackte graue Hülle für den Leibhaftigen; nicht zuletzt auch deshalb, weil aus seinem ›Maul‹ ein bestialisch stinkender, schwefliger Gasgeruch entwich. Mit Forken, Heugabeln und Dreschflegeln gingen sie gemeinschaftlich gegen das apokalyptische Werk des Bösen vor, zerfetzten die

Hülle und banden diese dann an den Schweif eines Pferdes, um die Überreste des Ballons über Wiesen und Äcker zu schleifen [Abb. 5].²³

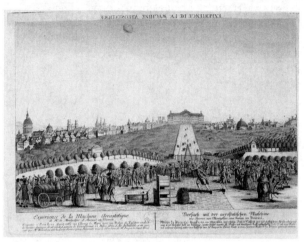

Abb. 4: Aufstieg des ersten Wasserstoffballons von Charles und Robert
am 27. August 1783 auf dem Marsfeld in Paris, Kolorierte Radierung, 1783.

Die europäischen Nachbarländer reagierten in Zeitungsberichten mit Spott und Hohn auf die Nachricht über die Teufelsaustreibung der technischen Gerätschaft, sodass die französische Regierung es für angebracht hielt, mit öffentlichen Bekanntmachungen das Volk zu informieren. In einer »Nachricht für das Volk über das Aufsteigen von Ballonen oder Kugeln« liest man folgende ›aufklärende‹ Instruktion:

»Man hat eine Erfindung gemacht, über die nähere Belehrung zu erteilen die Regierung für notwendig erachtet, um einem Erschrecken vorzubeugen, welches solche Erscheinungen im Volke verursachen könnten. [...] Man hat sich nun vorgenommen, ähnliche Versuche mit viel größeren Kugeln zu machen. Wer also von jetzt an eine solche Kugel am Himmel erblickt, welche einem verfinsterten Monde ähnlich sieht, lasse sich dies gesagt sein, damit er nicht davor als vor einem furchtbaren Phänomen erschrecke. Denn es ist nichts anderes als eine stets aus Taffet oder leichter Leinwand zusammengesetzte, mit Papier überzogene Maschine, welche kein Übel zufügen kann, und vor der man die Erwartung für die Bedürfnisse der Menschen finden werde. (gezeichnet: de Sauvigny, 1783)«.²⁴

II. Technik- und Europadiskurs im Zeichen der Ballonfahrt

In der Folge setzte nun ein Wettlauf zwischen ›Montgolfièrianern‹ und ›Charlièrianern‹ um die nächsten Flugversuche ein, die im Folgenden hier nurmehr summarisch und unter weitgehender Auslassung der technischen Details re-sümiert werden können. Als Nächstes stand die erste bemannte Ballonfahrt bevor, wobei man angesichts der noch nicht ausgereiften Technik der ›fliegenden Maschinen‹ behutsam vorging. Die Académie Royal des Sciences finanzierte die Montgolfière »Martial«, die am 19. September 1783 im Schlosshof von Versaille aufstieg. Bereits die Wahl dieser Örtlichkeit signalisierte ein königliches Spektakel, und auch rein äußerlich stellte der Ballon ein verschwenderisch ausgestattetes, ästhetisches Meisterwerk dar. Der Ballon von zwölf Metern Durchmesser und siebzehn Metern Höhe – damit war er fünf Mal so groß wie die schlichtere Luftkugel von Charles auf dem Champ de Mars – war prachtvoll mit Wasserfarben in azurblau und goldgelb bemalt. Auf dem reich verzierten Hintergrund sind u.a. das Konterfei des Königs und die Sonne abgebildet; kunstvoll gemalte Girlanden schlingen sich um die Initiale des Königs. Im unteren Teil breitet ein Adler seine Schwingen aus, und im oberen Drittel sind die zwölf Tierkreiszeichen versammelt. Assoziativ stellt sich hier auf der Basis der Farb- und Zahlensymbolik (die Zahl Zwölf als Zeichen der Einheit) eine partielle Übereinstimmung mit der modernen Europa-Flagge ein, bei welcher wiederum auf blauem Himmelshintergrund die zwölf Sterne die Völker Europas vereinen. So wie die zwölf Zeichen des Tierkreises das gesamte Universum verkörpern sollten, so stehen die zwölf goldenen Sterne stellvertretend für die Völker Europas. Tatsächlich sind die zwölf Tierkreiszeichen allerdings vor allem aus nautischen Beweggründen für die Verzierung des Ballons ausgewählt worden: die maritimen Schiffe – zu denen die Luftschiffe analog konstruiert und sprachlich diskursiviert wurden – navigierten auf dem Meer lange Zeit, indem sie sich an den Sternbildern orientierten.[25]

Abb. 5: Landung des Wasserstoffballons von Charles und Robert in Gonesse am 27. August, 1783, Radierung (Guckkastenblatt).

Schwierig gestaltete sich die Frage nach der Besatzung der prächtigen Montgolfière »Martial«. Hierzu liest man in einem Kommentar aus dem europäischen Nachbarland Deutschland, wiederum in der *Darmstädter Landzeitung* vom 23. Sept. 1783:

»Am 12ten machte Herr Montgolfier seinen Versuch mit der Luftmaschine, allein ein heftiger Wind und Regen war ihm zuwider; hingegen ist am 19ten im Schloßhofe zu Versailles ein anderer Versuch vor einer unzähligen Menge Zuschauer gemacht worden. (Abb. 6) An dem untern Theil dieses Ballons war ein aus Weiden geflochtener Korb festgemacht worden, in welchem ein Hammel, eine Ente und ein Hahn in gesellschaftlicher Harmonie beysammen saßen, und oben über der Maschine stund ein Barometer. Sie fiel im Walde von Vaucresson, etwa eine halbe Stunde weit von ihrem Aufsteigungspunkte.«[26]

Abb. 6: Aufstieg des Heißluftballons »Martial« der Brüder Montgolfier am 19.
September 1783 in Versailles, Kolorierter Kupferstich (Guckkastenblatt).

Die Tiere sollen bei der neuerlichen Bruchlandung insgesamt nahezu unverletzt geblieben sein; nur ein Hahnenflügel hatte kleinere Blessuren erlitten. In besonderem Maße rentiert hatte sich das Experiment für das Schaf: es erhielt den sprechenden Namen »Montauciel« und wurde ›zur Belohnung‹ lebenslänglich in der königlichen Ménage versorgt.[27]

Der technische Wagemut konnte nunmehr weiter vorangetrieben werden. Der erste Aufstieg von Menschen stand bevor, und zu diesem Zweck wurde eigens eine weitere Montgolfière – »Le Reveillon« – konstruiert. Der König ordnete zunächst an, zwei zum Tode verurteilte Häftlinge in die Gondel zu setzen; doch waren es am 21.11.1783 schließlich Jean François Pilâtre de Rozier und der Marquis François d'Arlandes, die den Aufstieg wagen wollten und den Traum vom Fliegen für den Menschen Realität werden ließen. Im Anschluss an dieses epochale Ereignis erhob der König die Montgolfiers in den Adelsstand und gab ihrem Wappen pikanterweise den ikarischen Wahlspruch: »Sic itur ad astra« – So geht der Weg zu den Sternen.[28] Doch eben die Unvorsichtigkeit des mythischen Ikarus führte bald auch zu den ersten ernsthafteren Unfällen in der noch jungen Aeronautik. Wiederum in der *Darmstädter Landzeitung* liest man am 27. und 29. November desselben Jahres:

»Gestern sah man wieder eine Luftmaschine, die die ganze Stadt überreiste, und in der Ebene von Ville-Juif herunter kam. Es waren 2 Herrn darin, welche beynahe wären gebraten worden; denn da die Kugel auf die Erde kam, entzündete sich das von Weiden geflochtene Behältniß, in welchem sie sich Schwindels halber angeschnüret hatten, mit solcher Geschwindigkeit, daß dem einen die Augbrauen und dem andern die Hände und Kleider verbrannt wurden, doch ohne weitern Schaden.«[29]

Tatsächlich hat sich dann innerhalb von kurzer Zeit erwiesen, dass die Wasserstoffballons, die Charlières, den Montgolfièren technisch überlegen waren, da letztere allzu leicht entzündbar gewesen sind. Am 1. Dezember 1783 erfolgte bereits die zweite bemannte Luftfahrt; dieses Mal mit Charles und Noël Robert und einer Dauer von fast zwei Stunden sowie mit einer maximalen Flughöhe von 3500 Metern, was neuer Rekord war [Abb. 7].

Abb. 7: Aufstieg von Charles und Robert am 1. Dezember 1783
in den Tuilerien, Teilkolorierter Kupferstich.

In der europäischen Öffentlichkeit des 18. Jahrhunderts werden die technischen Errungenschaften der Ballonfahrten insgesamt ambivalent aufgenommen. Die Reaktionen changieren zwischen Begeisterung, Skepsis und Spott. Die Nachbarländer proklamieren zum Teil die neue Erfindung als *europäische* Errungenschaft, und auch die Franzosen selbst schwanken angesichts ihrer technischen

93

Balloneuphorie zwischen Nationalstolz und Europa-Expansion. Die vorhandenen Quellen belegen diese Ambivalenz mit zahlreichen Belegen, von denen hier wiederum nur wenige Beispiele präsentiert werden können. Einer der wichtigsten – und auch bekanntesten – Kupferstiche, der die enge Vernetzung von Technik- und Europadiskurs im Zeichen der Ballonfahrt dokumentiert, ist das Konterfei der Gebrüder Montgolfier »von de Launay dem jüngern nach Houdons Modell gestochen«[30]. Auf dem weit verbreiteten Kupferstich [Abb. 8] ist vor allem der ›Begleittext‹ aussagekräftig:

Abb. 8: Joseph und Etienne de Montgolfier, Kupferstich 1783,
von Nicolas de Launay, nach einem Bas-Relief von Houdon.

»Montgolfier que l'Europe entière / Ne sauroit aßez révérer, / A, des airs franchi la carriere, / Quand l'œil de ses rivaux cherche a la mesurer.« (»Montgolfier, den ganz Europa / Kaum zur Genüge verehren kann / Hat bereits die Lüfte durchkreuzt / Als seine Rivalen noch versuchen, diese zu ermessen.«).[31]

Die hier propagierte Instrumentalisierung »Europas« für die Rezeption der von Frankreich zunächst als *nationale* Errungenschaft gefeierte Erfindung der Ballonluftfahrt steht keinesfalls vereinzelt dar, sondern durchzieht die sachlichen und belletristischen Texte der Zeit zur Aeronautik kontinuierlich als roter Faden. Der wohl prominenteste Bericht ist der des bereits erwähnten Geschäftsmannes Faujas de Saint-Fond. In seiner *Beschreibung der Versuche mit der Luftkugel* aus

94

dem Jahr 1783 heißt es einleitend: »Ich habe die Ehre, Ihnen die Zergliederung zuzuschreiben, welche alle Gelehrte Europens beschäftiget, welche der Gegenstand
der letzten Arbeit des berühmten Eulers war, und die in diesem Augenblicke
die Aufmerksamkeit selbst mehrerer Könige erwecket«, und in der »Vorrede«
heißt es weiter: »Die Entdeckung der Herren von Montgolfier hat in ganz Europa eine grosse Aufmerksamkeit erreget, und sie ist ohne allen Widerspruch die
Frucht eines großen Geistes.«³² Der Abbé Uebelacker, von dem die hier angeführte
Übersetzung Faujas de Saint-Fonds stammt, wurde selbst zu einem eigenen Text,
Abhandlung über die Luftkugeln, inspiriert, der in typisch ›aufklärerischem‹ Ton
doziert:

»Allein andere, welche ausser Frankreich sind, fanden eben keine Ursache, sich
gleichfalls abschrecken zu lasen, die Wahrheit nicht eben so frey heraus zu sagen, als sie wirklich an sich selbst ist. Daher erhob sich seit dem Anfange dieses
Jahres fast in ganz Europa ein neuerer philosophischer Krieg.«³³

Auch die Nachbarländer sehen sich ausgehend von der Errungenschaft der Ballonfahrt zunächst dazu motiviert, eine universale Europaeuphorie zu proklamieren.
So erfährt man aus der *Gazzetta Toscana* (März 1784) vom »nunmehr universalen
Enthusiasmus Europas« anlässlich der »mechanischen Aerostatik«.³⁴ Und Tiberius
Cavallos *Geschichte und Praxis der Aerostatik* konstatiert in Hinblick auf das promi-
nente ›Europa‹-Konterfei der Gebrüder Montgolfiers – welches in seinem Buch auch
abgebildet ist –, dass »fast bei allen Völkern Europens das Mögliche und das Leichte
dieser Kunst dadurch bewiesen ist, daß Menschen sich in die Luft erhoben«.³⁵

III. Dialektik der aerostatischen Aufklärung?

Die Fülle der (nicht nur populär-) wissenschaftlichen Bild- und Textbelege
zeigt eindeutig: Die Luftschiffe sind nicht einfach nur ein kapriziöses Spielzeug
der Gesellschaft im ausgehenden 18. Jahrhundert, sondern in den verschiedenen
Experimenten, Diskursivierungen und Reflexionen wird die Ballontechnik zum
paradigmatischen Dispositiv von Europa-Vorstellungen, von Europa-Instrumen-
talisierungen und Europa-Konzeptualisierungen der Aufklärung.³⁶ Im Zeitalter
der Aufklärung erhebt sich selbstredend nicht zum ersten Mal die Europafrage;
allerdings entfaltet sich die Europafrage erstmalig als spezifisch *historische* Frage
nach möglichen Identitäten eines *wandelbaren* Europas ›en mouvement‹. Europa rückt in seiner spezifischen Genealogie in den Blick, wobei nicht zuletzt gemeinsame europäische Ideale und Lebensformen, die sich allerdings fortlaufend
verändern können, Berücksichtigung in der Diskussion finden. Wie schnell die europäische Euphorie dabei aber wieder in die nationalistische Perspektive zurück
gebogen werden kann, haben die soeben erörterten Quellen gezeigt. Es dürfte
nicht verfehlt sein, in diesem Punkt die Dynamik der einleitend bereits erwähn-

ten »Dialektik der Aufklärung« am Werk zu sehen, nach der rationale Aufklärung – in diesem Fall die Evolution von Europa-Konzeptionen – zurück schnellt in nationalistische Mythenbildung. Jede Nation proklamiert – sei es mit belegbaren Beweisen oder mit fiktionalem Wunschdenken – die Entdeckung der Luftfahrt für sich und beansprucht den ikarischen Mythos in diesem Zusammenhang gerne als Gründungsmythos für die Pioniere der Technik im eigenen Land.

So versteht sich, was auf Grund der Realtechnik der Ballonfahrten kaum verwundert, vor allem Frankreich als Dreh- und Angelpunkt des europäischen Kontinents.[37] Dies wurde im historischen Umfeld der Aeronautik in Europa teils zustimmend, teils skeptisch oder gar ablehnend kommentiert. Die kultur-technische Suprematie Frankreichs begann jedoch langsam, europäischer Konsens zu werden. So stellte 1782 – also kurz vor dem ersten Ballonaufstieg – die Königlich Preußische Akademie der Wissenschaft die Preisfrage (und zwar in französischer Sprache!) zur Universalität des französischen Idioms. Die Universalität wird in diesem Fall als Faktum bereits vorausgesetzt, und es wird darüber hinaus lediglich nach den Gründen und Aussichten der französischen Vorrangstellung gefragt. Doch auch in diesem Fall ist der Sachverhalt komplexer, als er auf den ersten Blick erscheint. Denn die scheinbare Privilegierung einer einzelnen Nation ist nur die Kehrseite der Medaille, auf deren anderer Seite die Unverzichtbarkeit der europäischen Perspektive immer mit aufscheint. Diese wird vor allem dann sichtbar, wenn man nach Residuen des Konzeptes ›Europa‹ nicht nur in makrostrukturellen und expliziten Thematisierungen sucht, sondern seine Einbindung in bestimmte Diskursformen der Technik untersucht, in diesem Fall der »Ballon-Maschinen«, wie es im Sprachgebrauch des 18. Jahrhunderts heißt.

So taucht die Luftkugel zwar geographisch am französischen Firmament auf, ideologisch prägte sie jedoch das europäische Denken über die Nationalgrenzen Frankreichs hinaus und war vor allem – dies kann nicht zur Genüge betont werden – von Anbeginn ein innerhalb des *europäischen* Horizonts verhandeltes Medienereignis.[38] So gesehen waren die Ballonfahrten weit mehr als nur technische Funktionen oder spielerische Artefakte. Sie waren in den Berichterstattungen nicht zuletzt auch Medium und Modell spekulativer Europa-Bilder und -Konzepte, und zwar sowohl in naturwissenschaftlich-technischen Abhandlungen als auch in literarischen Fiktionen. Die Luftschifffahrt beflügelte als Scharnierstelle divergenter Interessen einen regen, einzigartigen Austausch der Diskurslandschaft in Europa. Parallel und öffentlich diskutierten Ingenieure und Schriftsteller verschiedener Nationen über Sinn und Nutzen innovativer Luftfahrttechniken für die Weiterentwicklung Europas. Doch wie vorher bereits angedeutet: Im Spiegel der Ballonfahrten wird keinesfalls nur die repräsentative Vermittlung eines vorgängigen Europaverständnisses geleistet. Vielmehr zeichnen sich in der aeronautischen Blickkonstellation performative Strategien und Funktionalisierungen *möglicher* integrativer Europavorstellungen ab, die auch in der jeweils national codierten Ballonfahrt grenzüberschreitende Zusammenhänge von Kulturtechniken aufscheinen lassen. Zwar generiert sich – wie soeben gezeigt – die Ballonfahrt nicht zuletzt im Spiegel der Tagespresse und in aktuell erscheinenden populär-wissenschaftlichen Büchern als vorwiegend nationalistische Veranstaltung, in der die einzelnen Nationen jeweils für sich den Rang als führende Technokratie der Aeronautik proklamieren. Doch vollziehen sich diese Wettbewerbe stets vor dem Hintergrund Europas, mehr noch: in den präsentierten Quellen wurde deutlich, dass die ostentativen Europa-Deklamationen im öffentlichen Medienforum für die technischen Ballon-Diskussionen anscheinend unentbehrlich sind, weil sie den innovatorischen Ehrgeiz der einzelnen Nationen beflügeln und ihnen nicht zuletzt in jedem Fall eine *Illusion* der europäischen Verbundenheit vermitteln.

IV. Europa-Kooperationen technischer Aviateure

Abb. 9: Kanalüberquerung von Blanchard und Jeffries
am 7. Januar 1785, Öl/Holz, Anfang 19. Jh.

Daneben gab es aber auch in die Tat umgesetzte und durchaus ernst gemeinte Europa-Kooperationen im Wirkungskreis der Aeronauten. Als ostentativ sportlicher Gestus der Europaverbindung ist die erfolgreiche, wenn auch dramatische und dadurch äußerst publikumswirksame Kontinentalüberquerung von Dover nach Calais am 7. Januar 1785 durch Jean-Pierre Blanchard und John Jeffries zu werten [Abb. 9]. Mit Jeffries und Blanchard gab es die erste europäische Interessengemeinschaft technischer Aviateure, die das französische Ufer im Übrigen nur deshalb knapp erreichten, weil sie sich in einer dramatischen Operation in der Luft buchstäblich bis auf die Unterwäsche allen Ballastes entledigten. In diesem Fall wurde das Experiment der Luftfahrt angesichts der Gefahren des zu überfliegenden Meeres in der Skala der Sensationen noch eine weitere Stufe voran getrieben. Wie gefährlich diese Entwicklung tatsächlich war, zeigte sich wenig später, als der erste Ballonfahrer des Jahres 1783, Pilâtre de Rozier, in einem seiner neuerlichen Flugversuche am 15. Juni 1785 – er wollte den Kanal von Frankreich aus überqueren – tatsächlich ums Leben kam.

97

Darüber hinaus gibt es für die Zeitgenossen noch weitere Gründe und Motivationen, den Europagedanken und die Ballontechnik Ende des 18. Jahrhunderts eng zu korrelieren. So werden weitere Interferenzen von Technik- und Europadiskursen im Fokus der Schnittstelle von Militarismus und Merkantilismus sichtbar:

»Denn [man darf nicht vergessen, dass] ungefähr 1800 Zollschranken Ende des 18. Jahrhunderts den Handelsverkehr in Mitteleuropa hemmten; allein in Preußen gab es bspw. 67 lokale Zolltarife und ebenso viele Zollgrenzen. Ein-, Aus- und Durchfuhrzölle, vor allem aber Ein- und Ausfuhrverbote, dienten dem rigorosen Schutz der einheimischen Produktion und bildeten mit die wichtigste Grundlage einer an fiskalischen Gesichtspunkten orientierten merkantilistischen Wirtschaftspolitik, deren Hauptaufgabe es war, die sozialpolitische Ordnung der größeren unter den 314 souveränen, reichsständischen Territorien und 1475 Reichsritterschaften, für die das heilige Römische Reich Deutscher Nation den Rahmen darstellte, zu sichern.«[39]

In der Transgression der Schwerkraft überwindet nun vor allem die auf technischem Gebiet sich rasant entwickelnde Aeronautik die althergebrachten Grenzverläufe Europas. Als Beispiel sei der Bericht von Camille Flammarion angeführt:

»Das Luftschiff überfliegt die Häuser und Gräber der Könige und der Arbeiter; es überfliegt Gärten und Felder, Dörfer und Städte und ganze Provinzen. In einigen Stunden wird es die Grenze zweier großer Nationen hinter sich gelassen haben. [...] Wir haben Frankreich verlassen und schweben über Belgien. Ich verzeichne sorgfältig unsere aerostatische Linie. [...] Die gewerbefleißigen Städte Belgiens mit ihren hellerleuchteten Straßen und Fabriken und deren flammenden Schmelzöfen bieten, aus der Höhe gesehen, ein wundersames Nachtbild dar. Überall steigen aus dem schwarzen Raume rote Feuer und wirbelnde Rauchwolken, und mit dem dumpfen Rauschen des Flusses mischt sich das schrille Pfeifen der Maschinen. [...] Zur Rechten überblicken wir das Großherzogtum Luxemburg bis über Trier hinaus, zur Linken Holland bis an die Nordsee. Der Rhein aber verliert sich in weiter, weiter Ferne.« [Und nach dieser europäisch-panoramatischen Beschaulichkeit heißt es dann zum Abschluss auf einmal pointiert:] »Indem wir uns auf den Boden Deutschlands niederließen, steckten wir die französische Flagge auf.« [40]

Die hier vollzogene Handlung ist mehrdeutig codiert. Das Setzen der Flagge kann einerseits als imperialistischer Nationalgestus gedeutet werden. Im vorliegenden Kontext, der Abstattung eines Flugbesuchs in ein benachbartes Land in eindeutig friedlicher Aviatik-Mission, kann das Aufstecken der Flagge aber auch als europäischer Nachbargruß interpretiert werden. Auch in diesem Fall wird jedenfalls im Bericht einer Ballonfahrt die eigentümliche Ambivalenz von nationalistischem

Gestus und europäischer Perspektive dokumentiert. Diese spiegelt sich nicht zuletzt auch in der Kartographie der Zeit wieder, welche durch den panoramatischen Blick der Ballonfahrt neue Impulse bekam [Abb. 10]. Neben oder mit den Reiseberichten der Aeronauten werden vermehrt kartographische Flugrouten veröffentlicht, auf denen die Ballonfahrten über Europa hinweg festgehalten worden sind [Abb. 11].[41]

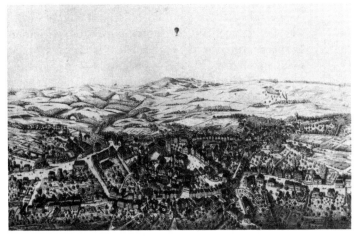

Abb. 10: Blick auf Solingen mit Ballon, Farblithographie um 1847.

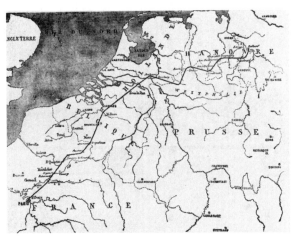

Abb. 11: Flugroute des »Géant« Oktober 1863, Druck.

Neben die traditionellen Techniken der terrestrischen Einzelvermessungen (Triangulation, Graphometer, Meßkette) tritt nun auch die reale Aufsicht auf das Land hinzu. Dabei wird deutlich, dass die Kartographie keinesfalls nur als naturwissenschaftlich-deiktischer Operator angesehen werden kann, der vermeintlich

99

›objektiv‹ die geographische Realität abbildet.[42] Die multifunktionalen Verzweigungsstrukturen und Gitternetze fungieren auch als symbolische Matrix nationaler Begehrlichkeiten.[43] Sie stellen ›mental maps‹ dar, die geopolitisch-räumliche Dimensionen der europäischen Kultur effektvoll ins Bild setzen.[44] In diesem Zusammenhang wird wiederum der exzeptionelle Stellenwert der Ästhetik des Höhenblicks im Zeichen der »imagination du mouvement« hervorgehoben,[45] und zwar bereits von den Zeitgenossen der innovativen Ballonfahrttechnik selbst. Die »Erfindungen aus der Litterärgeschichte«, so betont Johann Nepomuk von Laicharding im Jahr 1785, hätten bereits lange vor dem tatsächlichen Aufstieg des Menschen in die Lüfte dieses Ereignis in Aussicht gestellt und diskutiert.[46] Die Visionen der »Litterärgeschichte« sind nicht zuletzt auch prägend für die Art und Weise, wie ›nüchterne‹ Naturforscher versuchen, das überwältigende Erlebnis des Fliegens nicht allein naturwissenschaftlich-technokratisch (wie im soeben zitierten Bericht), sondern auch ›poetisch‹ in Worte zu fassen.[47] Aus den reichhaltig vorhandenen Quellen sei wiederum stellvertretend nur ein Beispiel angeführt. In »Meine erste Luftfahrt. Wolverhampton«, schildert der Aeronaut Glaisher seine Eindrücke zunächst wie folgt:[48]

»Es war 9 Uhr 42 Minuten vormittags; ich versäumte keinen Augenblick, und kaum waren wir in der Luft, so war ich bemüht, die Instrumente zu ordnen, deren ich zu meinen Beobachtungen bedurfte. Der Leser kann sich hiervon einen Begriff nach der beigefügten Abbildung machen.« [Abb. 12].

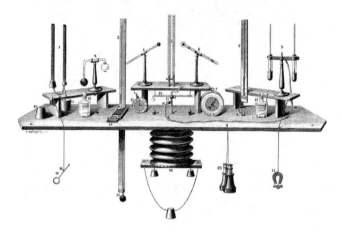

Abb. 12: Glaishers Instrumente: »Meine erste Luftfahrt – Wolverhampton«.

Daraufhin folgt eine akribisch-detaillierte Auflistung der auf genannter Abbildung versammelten technischen Instrumente an Bord:

»Am äußersten Ende links Nr. 1 sieht man die beiden Thermometer mit trockener und nasser Kugel. Der Kegel des nassen Thermometers ist abgenommen, um die Art und Weise zu zeigen, auf welche die Kugel mit Hilfe der Kapillarität befeuchtet wird. / 2. Hygrometer von Daniell. / 3. Quecksilberbarometer. / 4. Thermometer mit geschwärzter Kugel, der Einwirkung der Sonnenstrahlen ausgesetzt. [...].«[49]

Direkt im Anschluss an diese nüchterne Aufzählung wird Glaisher jedoch unvermittelt ›poetisch‹ und greift gar auf das Paradies Dantes zurück, um seine ›Vision‹ adäquat in Sprache fassen zu können:

»In einer Höhe von 1365 Meter verlieren wir uns in Wolken, die uns den Anblick der Erde auf vollständigere, poetischere und plötzlichere Weise entziehen, als dies je auf den Gipfeln jener Berge geschah, wo ich in meiner Jugend umherirrte. [...] Zu unsern Füßen streckt sich ein Dunstwolkenschicht, welche Dante eher mit Engeln als mit Verdammten bevölkert haben würde, da wir eine Temperatur beobachten, die durchaus nichts Infernalisches hat, sondern vielmehr 7 Grad Wärme beträgt.«

Glaisher beobachtet – ausgehend von den Messungen seiner technischen Geräte – weiter sein »zauberisches Schauspiel«, zwingt sich dann aber wieder zur naturwissenschaftlichen Räson: »Leider blieb mir wenig Zeit zur Betrachtung dieser majestätischen Szene, denn ich hatte noch nicht einmal alle meine Instrumente in die erforderliche Stellung gebracht und die Britische Gesellschaft schickte mich nicht in die Wolken hinauf, um zu schwärmen.« Im Anschluss heißt es zunächst nüchtern weiter: »Wir erreichten eine Höhe von 3500 Meter, ehe ich mein fliegendes Observatorium vollkommen in Stand gesetzt hatte«; doch hält der Versuch, die wissenschaftliche Diktion zu wahren, nur genau diesen einen Satz an, bevor der Luftfahrer wieder in das Sprachregister der Poesie zurückfällt:

»Wie soll ich den Anblick beschreiben, welcher sich dem in solchen Höhen schwebenden Beschauer bietet, wenn sein Auge auf einem Wolkenteppich ruht, dem die Laube der Natur alle erdenklichen Formen und Farben gegeben! Wie glänzt die Sonne! Wie blendend wirft jene Wolke die über sie ergossene Strahlenfülle zurück! Kaum daß mein Sinn den übermächtigen Reiz erträgt.«[50]

Neben den hier geschilderten spektakulären Berichterstattungen der Ballonluftfahrt gab es jenseits der Sensationspresse auch eine Reihe von Europa-Allianzen, die ›im Stillen‹ und angetrieben von der grenzübergreifenden Leidenschaft für die Wissenschaft stattgefunden haben. So verlagerte sich im

»Spätherbst des Jahres 1784 das Zentrum der Aeronautik [zeitweilig] von Paris nach London. Dort trafen sich unter der Schirmherrschaft der Herzogin von Devonshire Lord Foley, Horace Walpole, ein bekannter Anatomieprofessor und ein amerikanischer Arzt regelmäßig mit einigen jungen Luftfahrern und bildeten so den ersten [europäischen] ›Ballon-Club‹ der Welt. Zwei von ihnen waren [auch] Italiener: Vincenzo Lunardi, seit seinem ersten Aufstieg in London umschwärmter Held der Gesellschaft, und Graf Francesco Zambeccari, der im November des Vorjahres die erste übermannshohe Wasserstoffblase in England hatte aufsteigen lassen. Dann [...] Jean-Pierre Blanchard, mit drei Luftreisen [damals] bereits erfolgreicher Praktiker, und der berühmte Pilâtre de Rozier [...]. Ebenso zu Besuch und in den Kreis aufgenommen: Faujas de Saint-Fond, auf dem Weg zu einer geologischen Exkursion nach Schottland, begleitet von Chevalier Paolo Andreani, der sich als erster Italiener im Februar vom Grundstück seiner Villa in Monucco in der Nähe von Mailand mit einer Montgolfière in die Luft erhoben hatte, zum ersten freien bemannten Flug außerhalb Frankreichs.«[51]

Der hier aufgezählte Wirkungskreis nimmt sich wie ein Gipfeltreffen der aeronautischen Prominenz Europas aus.

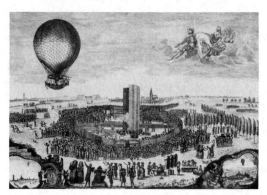

Abb. 13: Blanchards Ballonfahrt von Frankfurt nach Weilburg am 3. Oktober 1785, Teilkolorierter Kupferstich 1785.

Im Vergleich weniger seriös waren dagegen die Europa-Luftschifftourneen des im illustren Aeronauten-Kreis Londons verkehrenden Jean-Pierre Blanchards, der es äußerst geschäftstüchtig verstand, die Aeronautik zu vermarkten. Zwischen 1785 und 1789 steigt der Luftfahrtunternehmer Blanchard in fast zwanzig europäischen Städten auf, u.a. in Frankfurt [Abb. 13] und Hamburg [Abb. 14], bezeichnender Weise auf Jahrmärkten und Volksfesten. Dabei kam es Blanchard fast ausschließlich auf den Profit an. Auch auf zahlreichen Souvenirs wie Teppichen, Fächern, Tabatièren, Schuhschnallen, Dosen, Tapeten, Gedenkmünzen, Tellern und Kannen war das Luftschiff ein europaweit beliebtes Kommerz-Motiv [Abb. 15]. Mit der Französischen Revolution wird diesem Spektakel ein jähes Ende bereitet, und auch die europäische Euphorie bekommt einen deutlichen Dämpfer, als im Jahr

1791 Frankreich Österreich den Krieg erklärt. Die europaweite Befürchtung, mit der Aeronautik stünden nunmehr neben der klassischen Schifffahrt weitere Vehikel der Invasion zur Verfügung, zerschlugen sich allerdings alsbald und blieben weitgehend Phantasiekonstrukte. Denn zu langsam, zu wenig dirigierbar waren die gemächlichen Ballons, als dass man sie zielgerichtet als Kriegsmaschine in Europa hätte einsetzen können.

Abb. 14: Blanchards Aufstieg auf der Sternschanze in Hamburg am 23. August 1786, teilkolorierte Radierung.

Abb. 15: Kanne und Teller mit Abbildungen einer Charlière, Ende 18. Jh.

Abb. 16: Ballonaufstieg von James Sadler anlässlich der Jahrhundertfeier der Hannoveranischen Dynastie am 1. August 1814 im St. James Park in London, Kolorierter Kupferstich 1814.

Abb. 17: Ballonaufstieg von Charles Green bei der Eröffnung der New London Bridge durch König Wilhelm IV. von England am 1. August 1831, Kolorierter Kupferstich.

Während die Ballons als zielgerichtete Verkehrsmittel nicht wirklich tauglich waren, ermöglichten sie hingegen dauerhaft – und das im Übrigen bis auf den heutigen Tag – die beschauliche Repräsentation der stillen Reflexion in der schwe-

benden Gondel. Der Europa-Bezug konnte dabei sowohl ernsthafte als auch parodistische Valenzen enthalten, was die Ikonographie der Zeit anschaulich dokumentiert. Auf den voranstehenden beiden Bildern [Abb. 16 und Abb. 17] sieht man
zum einen den Ballonaufstieg von James Sadler anlässlich der Jahrhundertfeier
der Hannoveranischen Dynastie am 1. August 1814 im St. James Park in London, sowie zum anderen den Ballonaufstieg von Charles Green bei der Eröffnung der New
London Bridge durch König Wilhelm IV. von England am 1. August 1831. Beide Bal-
lonaufstiege sind demonstrativ von einer Phalanx europäischer Flaggen umrahmt
(was in den farbigen Originalabbildungen eindrucksvoll zum Ausdruck kommt).
Das ›bunte‹ Europa fungiert hier im Zeichen der Aeronautik eindeutig als pres-
tigeträchtiges Repräsentationsobjekt, hingegen kaum als verbindliches Politikum.

Abb. 18: La Politique en l'air, Farblithographie nach 1871.

Ein satirisches Beispiel hingegen ist *La Politique en l'air* von 1871 [Abb. 18]. Hier
schwirren dreiundzwanzig vorwiegend europäische Staaten in wirrem Durch-
einander durch die Luft: der dickste Ballon gehört dem ›Vielfraß Russland‹, der
Ballon Englands ist mit dem Gas des Egoismus gefüllt, die Gondel des mit dem
preußischen Adler geschmückten Ballons ist eine Pickelhaube; und der Ballon
Frankreichs liegt zerstört am Boden. Ebenfalls eine Persiflage ist ein hypertroph
ausstaffierter Aerostat [Abb. 19] mit der Aufschrift »Pro Bono Publico«, der die
allgegenwärtige Ballomanie Europas verspottet. Noch plakativer ist die nächste
Abbildung, die einen reichlich aufgeblasenen, aeronautisierten Bürger mit der
Aufschrift »L'Europa« zeigt [Abb. 20].[52] Nicht zuletzt lässt sich aus den Bildern eine
(Selbst)Reflexion der nunmehr kritisch gesehenen Luftfahrt-Euphorie ›ablesen‹.
Denn in den Abbildungen wird fast immer ein imaginärer Schwebepunkt außer-

halb der Gondel konstruiert; d.h. der Ballon selbst wird mit ins Bild gesetzt, *obwohl* die Perspektive ja eine aus dem Ballon herausschauende ist. Es ist also ein fiktionaler Betrachter in das Bild eingelassen, der die reale Erfahrung von einem phantastisch überhöhen Blickpunkt aus gleichsam ›kommentiert‹.

Abb. 19: Große Post-Luft-Kugel,
»Pro Bono Publico«, Kolorierte Radierung.

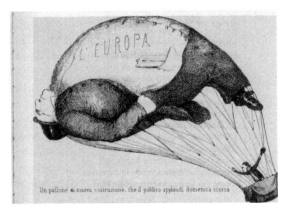

Abb. 20: Italienische Karikatur, März 1853.

Dieses fiktive Potential greifen eine Reihe von literarischen Texten im 18. und später auch im 19. Jahrhundert auf, so Stifters *Der Condor* (1844)[53] oder Jean Pauls *Des Luftschiffers Giannozzo Seebuch* (1801), der in panoramatischen Phantasietechniken[54] nationale Zerrbilder buchstäblich ›in Luft auflöst‹ und über eng gesetzte Grenzen hinaus sein eigenes »Europa« beschwört.[55] Ausgehend vom Panoramablick aus der Luftgondel enttarnt Giannozzo die vorgeblich allgemeine Aufklärung Deutschlands als verkappte nationale Engstirnigkeit: »die allgemein-deutsch-bibliothekarischen Menschen« seien tatsächlich nur »Kopiermaschine(n) der Kopien«.[56]

V. Von der ›Aeropetomanie‹ zur ›Europetomanie‹?

Einen besonderen Stellenwert innerhalb der literarästhetischen Texte zur europäischen Ballontechnik nehmen Christoph Martin Wielands Aufsätze »Die Aeropetomanie« (verfasst im Oktober 1783) und »Die Aeronauten« (Januar 1874) ein,[57] in denen der Autor zeitgenössische Augenzeugenberichte aus Zeitungen (u.a. aus dem *Journal de Paris*) und aus Briefen rezipiert, resümiert und kommentiert. Der zweite Aufsatz übernimmt eine Art Legitimierung des zuerst erschienenen, in welchem sich Wieland offen über die neueste französische Errungenschaft mokiert hatte:

»Die Titel Aeropetomanie, den wir den ersten Versuchen der noch in der Wiege liegenden Luftschifferkunst beylegten, wiewohl er damahls durch die Art, wie sich die Pariser Welt bey einer Erfindung von dieser Wichtigkeit benahm, veranlaßt und gewisser Maßen gerechtfertigt wurde, war doch in so fern nicht zum glücklichsten gewählt, als er eine an sich sehr ernsthafte Sache lächerlich, und den Verfasser des Aufsatzes verdächtig zu machen schien, als ob er den ungläubigen Herren nachhinke, die ihre voreilige Behauptung; ›daß die ganze Sache bloßer Spaß und Französische Steckenreiterey sey,‹ jetzt gern zurücknehmen möchten, und durch Erfolge, welche sie für unmöglich erklärt hatten, vor aller Welt mit Schamröthe überdeckt worden sind.«⁵⁸

Wenn bei Wieland hier die Rede von »vor aller Welt« ist, dann meint dies im Kontext des Autors keinesfalls ›die‹ Welt im global-modernen Sinne, sondern die europäische Weltöffentlichkeit bzw. »ganz Europa«, wie es wenige Zeilen später genauer heißt.⁵⁹ Im Anschluss kritisiert Wieland zunächst seine eigene Nation. Deutschland habe, anders als das jovialere England, auf die französischen Innovationen unsouverän mit »Nazionaleifersucht«⁶⁰ reagiert. Ausdrücklich lobt Wieland die Fähigkeit des ›französischen Publikums‹ zur enthusiastischen Begeisterungsfähigkeit, die den Deutschen abgehe, welche von »der kalten Gleichgültigkeit« dominiert werden. Des Weiteren hätte die ungemein schnelle Entwicklung der aeronautischen Techniken »eine merkliche Veränderung der Tonart erfordert«, und man könne »wohl ohne Vergrößerung behaupten, dass der menschliche Verstand seit Jahrtausenden nichts erfunden und zu Stande gebracht habe, das von dieser Erfindung nicht verdunkelt würde.«⁶¹ Auf den folgenden langen Seiten referiert Wieland zum Teil minutiös und mit viel Detailwissen die rasante Entwicklung der Ballontechnik in den vergangenen Monaten. Und auch in dem früher entstandenen Text »Die Aeropetomanie« schildert Wieland mit viel technischem Wissen die Hintergründe der ersten »aerostatischen Lustbarkeit« in Frankreich⁶² und analysiert aufmerksam die kommerziellen und medientechnischen Strategien (die »Französische Industrie«⁶³) der Ballonschifffahrt, die parallel zum technischen Realgeschehen dasselbe im Hintergrund rentabel machten:

»Schon den 30sten August verkaufte Herr Le Noir, königlicher Kupferstich-Lieferant, um zwölf Sols einen Kupferstich, der das im Marsfelde angestellte Experiment, und bald darauf einen andern, der den Fall der Kugel Gonesse vorstellte. Den 3ten September eröffnete Herr Rouland, Demonstrator der Experimentalfysik auf der Universität zu Paris, eine Unterzeichnung auf eine Anzahl öffentlicher Vorlesungen über die Eigenschaften der brennbaren Luft und den verschiedenen Gebrauch der davon zu machen sey.«⁶⁴

Anschließend folgt eine der Kernpassagen des Textes, in der deutlich wird, dass Wieland sehr wohl – anders als er in seinem zweiten Aufsatz glauben machen will – nicht nur die Rezeption der Aeronautik durch die breite Volksmasse, sondern auch die Luftfahrt selbst ridikülisierte und zunächst nicht ernst genommen hat. Und dieses Urteil fällt er gleichsam aus der Sicht und mit dem Rückhalt einer europäischen ›Vogelperspektive‹:

»So viel ist übrigens gewiß, daß der Globe ascendant zwey Parteyen zu Paris hervorgebracht hat; und vermuthlich wird sich nun, nachdem von Molinisten und Jansenisten nicht mehr die Rede ist, und auch der Gluckisten und Piccinisten ziemlich nachgelassen hat, das zahlreiche Heer der Liebhaber des experimentalischen Zeitvertreibs in Montgolfianer und Robertaner spalten, deren aerostatischer Bürgerkrieg den gleichgültig zuschauenden Bewohnern von Europa (wenigstens bis zum Ausbruch des bevorstehenden Türkenkrieges) eine sehr angenehme Unterhaltung verspricht. In der That hätte die seltsamste Dichtungskraft kein so wunderbares Schauspiel ersinnen können, als zwey Armeen von Naturforschern, die in freyer Luft und auf den Wolken des Himmels Zelte gegen einander aufschlagen, sich mit 1200 pfündigen Luftkugeln herum schießen, und einander mit immer größeren und unerhörtern Experimenten entweder aus dem Felde zu schlagen oder (wie man jetzt in England spricht) zu Bourgoynisieren suchen.«[65]

Wieland konstatiert weiter eine ›Ballomanie‹ der Franzosen und prägt dafür den Neologismus »Aeropetomanie«, ein verballhornendes Kompositum aus dem Griechischen (›Luft-Fliege-Leidenschaft‹)[66]. Prononciert man dieses Wort ›französisch‹, dann lautet es in etwa: ›Europetomanie‹.

Allerdings hält dieser lautmalerische Vergleich der Realität nicht stand, wie im Voranstehenden deutlich geworden ist. Auch wenn in den Diskursen der »Aeropetomanie« viel von Europa die Rede ist, überträgt sich die *Euphorie* der Technik keinesfalls dauerhaft auf die Vorstellungen eines geeinten Europas. Zwar wird ›Europa‹ als öffentliches Forum, als Reflexionsschema, als Kooperationsmöglichkeit zwischen mehreren Staaten und als Konkurrenz-Mobilisator im 18. Jahrhundert zunehmend unverzichtbar, doch eignet dieser Unverzichtbarkeit dennoch etwas ostentativ Unverbindliches. Der Ballon wird zum Emblem der Überwindung politischer Schwerkräfte, allerdings bleibt die ›Beflügelung‹ der europäischen Dimension eher eine temporäre Begleiterscheinung der technischen Errungenschaft, die spätestens in der zweiten Hälfte des 19. Jahrhunderts verabschiedet wird. Paradigmatisch lässt sich dies in Jules Vernes *Le tour de monde en quatrevingt jours*[67] aus dem Jahr 1873 nachverfolgen. Der Roman greift eine Entwicklung auf, die sich in den Jahren vorher bereits angebahnt hat. Die Ballonfahrten werden nun verstärkt zum Gegenstand von plakativen Darstellungen,[68] die Ausstellungen bewerben [Abb. 21], oder zur Karikatur der neu aufkommenden Kunstfotografie bspw. eines Nadar [Abb. 22].[69] Vernes Romane wollen gleichfalls ein breites Publikum ansprechen, doch drängen sie dabei gewaltsam über den europäischen Horizont hinaus. Vernes Ballon- und Luftfahrt-Romane kontextualisieren sich verstärkt in einer Weltperspektive, die nahezu reise-imperialistische Züge annimmt. In der globalisierenden Attitüde überdauern nurmehr Residuen der europäischen Diskursformationen. So wird zu Beginn des Romans *Fünf Wochen im Ballon* (*Cinq semaines en ballon*, 1863)[70] einerseits »das Nationalgefühl« auf einer »Tagung der Königlichen Britischen Gesellschaft für Geographie vom 14. Januar 1862« in London emphatisch beschworen, andererseits Englands Zugriff auf »alle fünf Erdteile« imperialistisch in Aussicht gestellt.[71] Die wissenschaftliche Koryphäe Dr. Fergusson lässt sich im Roman zum einen durch Wissenschaftler und Reisende aus anderen europäischen Ländern in der eigenen Forschung anregen. Zum anderen werden die Kollegen aber als Konkurrenz, ja als Behinderung der geplanten Weltreise gesehen.[72] Aus dieser Spannung heraus, die auf verschiedensten Ebenen ausagiert wird, entstehen nurmehr kurzfristige Kooperationen im Dienste des europäischen Fortschritts der technischen Wissenschaft.[73] Und der Roman endet dem entsprechend mit den Worten: »Die ganze europäische Presse floß über von Bewunderung und anerkennenden Worten.« Spätestens jedoch in Vernes Roman mit dem sprechenden Titel *In 80 Tagen um die Welt* (1873) wird die Europa-Perspektive der überkommenen Ballonfahrttechnik zu Gunsten einer globalen Expansion suspendiert:

Abb. 21: Plakat zur Internationalen Elektrotechnischen Ausstellung 1891 in Frankfurt mit Fesselballon Augusta Victoria, Farblithographie 1891.

Abb. 22: Honoré Daumier: ›Nadar, der die Photographie auf die Höhe der Kunst bringt‹, Lithographie 1862, in: Le Boulevard 25.5.1862.

»Die Nachricht von der Wette verbreitete sich zuerst im Reformklub und löste unter den Mitgliedern der sehr ehrenwerten Vereinigung große Erregung aus. Von dort nahm sie ihren Weg in die Zeitungen, und zwar auf den Fittichen der zahllosen Reporter, und aus den Zeitungen zu den Bewohnern Londons und des ganzen Britischen Reiches. Diese Weltreise wurde mit viel Leidenschaft und Interesse erörtert.«[74]

So gesehen beschränkt sich die Interferenz zwischen technischer Ballonfahrt und Europa-Diskurs auf einen Zeitraum von rund neunzig Jahren (1783-1773), der im Anschluss daran von der Perspektive einer globalisierenden Aeronautik abgelöst wird.[75] So kurzfristig dieser Zeitraum auch erscheinen mag, birgt er dennoch in Bezug auf den europäisch akzentuierten Technikdiskurs eine Fülle wertvoller Quellen, Kooperationen und Interaktionen. Im Vorliegenden konnte lediglich ein Überblick gegeben werden. Eine intensivere Vertiefung der einzelnen Dokumente hingegen wäre künftigen Forschungen vorbehalten.

Anmerkungen

[1] Zit. nach Friedrich Melchior von Grimm, *Paris zündet die Lichter an*, (Hg.) Kurt Schnelle, München: Hanser 1977, 438. Die *Correspondance littéraire* wurde ab 1773 von Jakob Heinrich Meister weitergeführt und herausgegeben; vgl. dazu Maria Moog-Grünewald, *Jakob Heinrich Meister und die »Correspondance littéraire«. Ein Beitrag zur Aufklärung in Europa*, Berlin/New York: de Gruyter 1989.

[2] Johann Wolfgang von Goethe, *Maximen und Reflexionen*, in: *Sämtliche Werke* (Artemis-Ausgabe), Bd. 9, Zürich/München: Deutscher Taschenbuch Verlag 1977, 545. – Die europaweite Faszination durch die aufkommende Ballonfahrt ist in einer Vielzahl von Quellen belegt; hier kann nur exemplarisch ein Eindruck vermittelt werden: »I fisici, i meccanici e in genere tutti i letterati non si occupano che intorno al grand'oggetto del quale ancora il popolo stesso conosce tutta l'importanza, vale a dire sull'invenzione del pallone volante.« (*Notizie del mondo*, 3 genn. 1784, zit. nach: Giuseppe Boffito, *Il volo in Italia. Storia documentata e aneddotica dell'aeronautica e dell'aviazione in Italia*, Firenze: Barbera 1921, 279). Der *Hamburgische unpartheyische Correspondent* berichtet in seiner Nr. 143 aus Paris: »Der neuliche Versuch mit einer Luftmaschine hat hier einen solchen allgemeinen Enthusiasmus hervorgerufen, dass seit dieser Zeit Kleine und Große davon sprechen und sich mit Versuchen beschäfftigen. Man hat die aërostatische Maschine auf hundertfache Art in Kupfer gestochen; alle unsere Bilderläden sind voll davon und beständig ist eine Menge Leute in selbigen, sie zu kaufen oder zu besehen.« (zit. nach Helene Jacobius, *Luftschiff und Pegasus. Der Widerhall der Erfindung des Luftballons in der zeitgenössischen französischen Literatur*, Halle: Verlag Max Niemeyer 1909, 4).

[3] Vgl. bspw. Vincenzo Monti in »Al Signor di Montgolfier«: »Applaudi, Europa attonita, al volator naviglio« (zit. nach Luigi Pescaro, *Rarità bibliografiche aeronautiche dei secoli XVII, XVIII, XIX con reproduzioni integrale dei testi originali*, Mantua: Editoriale Padus 1975, 18) und Paul-Philippe Gudin de la Brennellerie: »Eure Bestimmung verkünde ich heute dem erstaunten Europa«, so in: *Über die aufsteigende Kugel* (1783), (zit. nach (Hg.) Karl Riha, *Reisen im Luftmeer. Ein Lesebuch zur Geschichte der Ballonfahrt von 1783 (und früher) bis zur Gegenwart*, München/Wien: Carl Hanser, 30).

[4] Vgl. Max Horkheimer/Theodor W. Adorno, *Dialektik der Aufklärung. Philosophische Fragmente*, Frankfurt am Main: Fischer 1981, dort: 108ff.

[5] Vgl. dazu die historisch weit greifenden Darstellungen in: Peggy Nill, *Der Traum vom Fliegen. Faszina-*

tion zwischen Kunst u. Technik [Ausstellung im Rahmen d. 750-Jahr-Feier Berlins], Berlin: Elefanten-Press 1987. Eine motivgeschichtliche Summierung bietet: Eckhard Schinkel, *»süßer Traum der Poeten: der Frei-ballon«. Zu den Möglichkeiten und Grenzen der Motivuntersuchung*, Frankfurt am Main/Bern/New York: Lang 1985.

[6] Vgl. dazu Karin Luck-Huyse, *Der Traum vom Fliegen in der Antike*, Stuttgart: Steiner 1997, die auch auf weitere wichtige Mythen wie Bellerophons Himmelsritt auf dem Flügelross Pegasos, Phaethons Fahrt mit dem Sonnenwagen oder die Flucht der Geschwister Phrixos und Helle auf dem Widder näher ein-geht. Besonders informativ und deshalb hervorgehoben sei die Studie: Wolfgang Behringer/Constance Ott-Koptschalijski, *Der Traum vom Fliegen. Zwischen Mythos und Technik*, Frankfurt am Main: Fischer 1991.

[7] Vgl. Ovid, *Metamorphosen*, VIII, 183.

[8] Ovid, *Ars amatoria*, II, 38-40.

[9] Ebd., 39-40.

[10] Die bekannteste Ikonographie dieser Szene bietet P. Breughels d. Ä., *Landschaft mit dem Sturz des Icarus* (Musée des Beaux Arts, Brüssel).

[11] Weitere Beispiele sind Lukian von Samosatas satirischer Text *Ikaromenippus oder die Luftreise* (um 160) oder Athanasius Kirchers *Ekstatische Himmelsreise* (1671). Vgl. zur »(s)pätmittelalterliche(n) Raketentech-nik«, zur scholastischen »Impetustheorie« des Flugs und zu da Vincis Flugmaschinen Behringer/Ott-Koptschalijski, *Der Traum vom Fliegen*, a.a.O., dort: 147-23.

[12] Vgl. Rudolf Braunburg, *Leichter als Luft. Aus der Geschichte der Ballonluftfahrt*, Hamburg: Schröder 1963, 72: »Das Aufsehen, das die französischen Ballonversuche nicht nur in Frankreich, sondern in ganz Europa erregten, läßt sich mit keinem Ereignis in der weiteren Geschichte der Luftfahrt vergleichen.«

[13] Vgl. zur Frühgeschichte der Aeronautik Jules Duhem, *Histoire des idées aéronautiques avant Montgol-fier*, Paris: Sorlot 1943 und ders., *Musée aéronautique avant Montgolfier*, Paris: N.E.L. 1943.

[14] Der genaue Titel des Buchs lautet: Francesco Lana di Terzi, *Prodromo ovvero saggio di alcune inventioni nuove premesso all'arte Maestra. Opera che prepara il P. Francesco Lana, Bresciano della Compagnia di Giesu. Per mostrare li più reconditi principij della Naturale Filosofia, riconosciuti con accurata Teorica nelle più segnalate inventioni, ed isperienze fin'hora ritrovate da gli scrittori di questa materia & altre nuove dell'autore medesimo*, Brescia : Rizzardi 1670. Leibniz bezieht sich auf diese Versuche in »De Elevatione Va-porum, et de corporibus quae ob cavitatem inclusam in aëre natare possunt« (Gottfried Wilhelm Freiherr von Leibniz; in: *Miscellanea Berolinensia ad incrementum scientiarum*, Berlin: Papen 1710, 123-128, dort: 125f.). Bereits für das Jahr 1628 ist das erste ›kunsttechnische‹ Luftfahrtbuch zu datieren; der Tübinger Professor F. H. Flayder schrieb *De arte volandi* (Tübingen 1627). In der Folge entfaltet sich ein reger ae-ronautischer Schriftverkehr, in dem besonders hervorragt: Joseph Galien, *L'art de naviguer dans les airs, amusement physique et géométrique, précédé d'un mémoire sur la formation de la grêle* (Avignon: 1755).

[15] Vgl. dazu Balthasar Wilhelm, *Die Anfänge der Luftfahrt. Lana, Gusmão. Zur Erinnerung an den 200. Ge-denktag des ersten Ballonaufstieges (8. Aug. 1709 - 8. Aug. 1909)*, Hamm i.W.: Breer & Thiemann 1909. Otto von Guericke selbst erläutert seine Vakuumforschung mittels von Luftpumpen in: *Ottonis De Guericke Experimenta Nova (ut vocantur) Magdeburgica De Vacuo Spatio*, Amstelodami: Janssonius a Waesberge 1672.

[16] Erst sehr viel später sollte mittels von Motoren das Eigengewicht des Fluggerätes durch Vortrieb auf den Staudruck der Luft überwunden werden.

[17] »Allen Ballonen ist eines gemeinsam: im gasgefüllten Zustand sind sie leichter als Luft und erheben sich aufgrund des statischen Auftriebs. Dieser Auftrieb ist eine senkrecht nach oben gerichtete Kraft, die gleich der Masse der Luftmenge ist, die der Ballon – und das gleiche gilt für ein Luftschiff – verdrängt. Die Differenz zwischen Auftriebskraft und Eigengewicht ist die Tragkraft.« (Dorothea Haaland/Hans G. Knäusel/Günter Schmitt, *Leichter als Luft. Ballone und Luftschiffe*, Bonn: Bernard & Graefe 1997, 18).

[18] Vgl. zu den Anfängen der chemischen Forschung zur Ballonfahrt Gerhard Wissmann, *Geschichte der Luftfahrt von Ikarus bis zur Gegenwart. Eine Darstellung der Entwicklung des Fluggedankens und der Luftfahrttechnik*, Berlin: VEB Verl. Technik 1969, dort: 64ff.

[19] Die folgenden Darlegungen stützen sich vor allem auf: Michael Stoffregen-Büller, *Himmelfahrten. Die Anfänge der Aeronautik*, Weinheim: Physik-Verlag 1983; daneben wurde frequentiert: Douglas Botting, *Die Luftschiffe. Die Geschichte der Luftfahrt*, Amsterdam: Time Life Verlag 1980; Günter Schmitt/Werner Schwipps, *Pioniere der frühen Luftfahrt*, Bindlach: Gondrom Verlag 1995; Joseph Lecornu, *La navigation aérienne. Histoire documentaire et anecdotique*, Paris: Nony & Cie 1903; L. T. C. Rolt, *The aeronauts. A history of balloons 1783-1903*, London: Longmans 1966. Zeitnahe Darstellungen bieten: Alfred Sircos/Th. Pallier, *Histoire des ballons et des ascensions célèbres*, Paris: F. Roy 1876; Gaston Tissandier, *Histoire des ballons et des aéronautes célèbres 1793-1890*, 2 Bde., Paris: H. Launette & C. 1890; ders., *Bibliographie aéronautique. Catalogue de livres d'histoire, de science, de voyages et de fantaisie, traitant de la navigation aérienne ou des aérostats*, Paris: H. Launette & C. 1887; Wilfrid de Fonvielle, *Aventures aériennes et expériences mémorables des grands aéronautes*, Paris: E. Plon et Cie 1876.

[20] Am 26. Juli 1783 gab es eine erste anonyme Veröffentlichung im *Mercure de France*. Die Exemplare dieser Ausgabe waren daraufhin in Windeseile ausverkauft. Am nächsten Tag berichtete auch die erste Zeitung Frankreichs, der *Journal de Paris*, in der Ausgabe 208 über die sensationellen Ereignisse.

[21] Zit. nach: (Hg.) Otto Weber, *Die Erben des Ikarus. Lichtenberg und die Anfänge der Ballonfahrt*, Ober-Ramstadt: Verein für Heimatgeschichte e.V. 1983, 4f.

[22] Die Bezeichnung »Globe« für den Ballon steht – um möglichen Missverständnissen diesbezüglich vorzubeugen – nicht in erster Linie für eine vorgängige Weltkonzeption, sondern der ›Globus‹ meint in erster Linie das Weltganze im Sinne einer eurokratischen Expansion.

[23] Die anfänglichen Vorbehalte gegenüber der Ballonschifffahrt hatte im 18. Jahrhundert – bei aller ›Aufklärung‹ – einen nach wie vor bemerkenswerten irrationalen Hintergrund, nämlich den überdauernden Glauben an dämonische Kräfte. Es darf nicht vergessen werden, dass eine der letzten Hexenhinrichtungen im Schweizer Kanton Glarus noch im Jahr 1782 stattgefunden hat, also im Vorjahr des ersten Ballonaufstiegs. Die orthodoxe Theologie hielt auch in der Folge zunächst an der dogmatischen Kritik des in ihren Augen dämonischen Fluges durch die Luft fest. Vgl. exemplarisch zum »Flug der Hexen im 17. Jahrhundert« Behringer/Ott-Koptschalijski, *Der Traum vom Fliegen*, a.a.O., dort: 256ff.

[24] Nach Riha, *Reisen im Luftmeer*, a.a.O., 27f.

[25] Vgl. dazu den Beitrag von Burkhardt Wolf in diesem Band (»*Gubernatoris ars*. Künste und Techniken europäischer Seeherrschaft«).

[26] Zit. nach Weber, *Die Erben des Ikarus*, a.a.O., 5.

[27] Vgl. Jacobius, *Luftschiff und Pegasus*, a.a.O., 9.

[28] Vgl. speziell zu den Gebrüdern Montgolfier die Monographie: Charles Coulston Gillespie, *The Montgolfier Brothers and the Invention of Aviation 1783-1784*, Princeton: Princeton University Press 1983.

[29] Weber, *Die Erben des Ikarus*, a.a.O., 6.

[30] Wie bekannt der Kupferstich im damals aktuellen Ballonfahrt-Diskurs war, zeigt seine Thematisierung in einer Vielzahl einschlägiger Quellen; hier ist stellvertretend Wielands »Die Aeronauten« angeführt: C. M. Wieland, *Sämmtliche Werke, Dreyssigster Band: Vermischte Aufsätze*, Leipzig: Georg Joachim Göschen 1797, 40-136, hier: 50 (zit. nach dem Reprint Nördlingen: C. H. Beck 1984). Erstmals erschien der Text als: »Die Aeronauten oder fortgesetzte Nachricht von den Versuchen der Aerostatischen Kugel«, in: *Der Teutsche Merkur* 1. Viertelj. 1784, 69-96. Auf Wielands Texte zur Aeronautik wird im Folgenden weiter eingegangen werden.

[31] Übersetzung Vf.in.

[32] Barthélemy Faujas de Saint-Fond, *Déscription des expériences de la machine aérostat. de MM. de Montgolfier*, Paris: Chardon 1784. Das Buch wurde noch im gleichen Jahr ins Deutsche übersetzt: *Beschreibung der Versuche mit den aerostatischen Maschinen d. H. von Montgolfier* (in der Übersetzung des Abbé Uebelacker, Wien 1783; hier: Zitat aus der »Vorrede«, o. P.). Zeitgleich zu Faujas' Berichten vor Ort in Paris kommentieren – und dies ist ein äußerst wichtiger Aspekt in Hinblick auf den europäischen Fokus der Ballonfahrten – die Nachbarländer die französischen Luftfahrtexperimente ausgiebig, bspw.: Christoph Gottlieb von Murr, *Der Herrn St. u. J. v. Montgolfier Versuche, mit der von ihnen erfundenen aerostat. Maschine*, Nürnberg: Ernst Christoph Grattenauer 1784; Christian Gottlieb Kratzenstein, *L'Art de Naviguer dans l'air*, Copenhaven/Leipzig: Faber & Nitschke 1784; J.C.G. Hayne, *Versuch ueber die neuerfundene Luftmaschine des Herrn von Montgolfier besonders in wie fern solche in der Kriegskunst eine Aenderung machen, und einem Staate nuezlich und nachtheilig seyn koenne*, Berlin und Stettin: F. Nicolai 1784.

[33] Das Zitat lautet weiter: »Alle Tage las man andere Berichte in öffentlichen Blättern, wodurch sich die meisten Nationen der Ehre und des Ruhms anmaßten, die Erfindung der Luftmaschinen von einem Philosophen ihres Landes lang vor den Herren Montgolfier gehabt zu haben. Von Spanien ist zwar hierüber nichts bekannt gemacht worden; und man darf auch hierinn nichts erwarten; weil die heilige Inquisition einen solchen erhabenen Erfindungsgeist zu vorigen Zeiten mit gewöhnlicher Tyrannenwürde vertilget haben. Vielmehr muß man sich verwundern, daß dieses Land dermal schon an dieser nun mehr bekannten Wissenschaft Lust gewonnen hat. Aber die Engländer, Wälschen, und Deutschen streiten mit den Franzosen über diese Erfindung in die Wette.« (Abbé Uebelacker, Mitgliedes verschiedner Akademien der Wissenschaften, *Abhandlung über die Luftkugeln, wodurch erwiesen wird, daß ein deutscher Physiker vom XIV. Jahrhunderte der Urheber derselben sey*, Wien: J. Edler von Kurzbeck 1784, in: Barthélemy Faujas de Saint-Fond, *Beschreibung der Versuche mit der Luftkugel, welche sowohl die Herren von Montgolfier, als andre aus Gelegenheit dieser Erfindung in Frankreich gemacht haben. Uebers. von Abbé Uebelacker. Mit einer Abhandlung desselben, wodurch erwiesen wird, dass ein deutscher Physiker vom XIV. Jahrhunderte der Urheber dieser Erfindung sey*, Wien: J. Edler von Kurzbeck 1784; die Abhandlung Uebelackers weist eine vom Text Faujas' unabhängige Paginierung auf, hier: 4f.). In der Folge argumentiert Uebelacker dezidiert (deutsch)nationalistisch, indem er versucht zu beweisen, dass die Entdeckung der Luftfahrt allererst in Deutschland ihren Ausgang genommen habe. Albert von Sachsen sei es gewesen, so Uebelacker, dem die Erfindung der Luftkugeln gelungen sei: »Ich bin daher der Meinung, daß, wenn ich diesen Satz mit gründlichen Beweisen wird dargethan haben, alle Nationen Europens ihre Ansprüche auf diese Erfindung um so ehender werden fallen lassen, als alle nachfolgenden Physiker unsrem Urheber hierinn nur nachgeschrieben zu haben scheinen.« (ebd., 8). Eine andere – wiederum frankonationale – Sichtweise der Dinge vertritt zeitgleich David Bourgeois, *Recherches sur l'art de de voler, depuis la plus haute antiquité jusqu'à ces jours*, Paris: Cuchet 1784.

[34] »L'entusiasmo oggimai universale nell'Europa di tentare gli effetti della meccanica aerostatica ha final-mente occupati gli intendenti di questa città«, so der Wortlaut auf der Seite 47 in der *Gazzetta Toscana* (n.12 del 1784, marzo); zit. nach: Boffito, *Il volo in Italia*, a.a.O., 204.

[35] Tiberius Cavallo, *Geschichte und Praxis der Aerostatik*, Leipzig: Schwickert 1786, 31 (dtsch. Übersetzung aus dem Englischen: *History and Practice of Aerostation*, 1785). In der »Vorrede« (ebd., o.P.) heißt es dort außerdem: »Die erst vor kurzem erfundene und so schnell verbesserte Kunst, durch die Luft zu reisen, hat einige neue Worte in Gebrauch gebracht, welche verschiedene dahin gehörende Gegenstände aus-drücken. Die Bedeutung dieser Worte läßt sich leicht verstehen und behalten, da sie mehrentheils von dem lateinischen Worte Aer, die Luft, hergeleitet sind; daher ist *Aerostat*, oder die *aerostatische Maschine*, die allgemeine Benennung der fliegenden Maschine; der *Aeronaut*, Luftfahrt; Luftsegler, ist die Person, die mit einer aerostatischen Maschine durch die Luft reiset, und die Kunst selbst, mit allem was zur Kenntniß derselben gehört, heißt die *Aerostatik*. – Die fliegende Maschine heißt auch eine *Luftkugel*, ein *Luftball*.« – Vgl. ähnlich Carl Ignaz Geiger, *Reise eines Erdbewohners in den Mars* (1790): »Lange sah ich aus einem fremden Welttheile mit Aergerniß dem kindischen Spiele zu, das Europa, in unserem tändlenden Jahrhunderte, mit Luftballen und Luftschiffen trieb; und lachte über das wichtige Ansehn, das man sich dabei gab, und über das Zedergeschrei, das man als über eine nützliche und wichtige Erfindung erhob: ohngeachtet die Sache an sich nichts mehr und nichts weniger ist als was uns die Kinder alle Tage mit ihren Saifenblasen und ihren papiernen Drachen sehen lassen, die hoch in der Luft fliegen, wohin sie der Wind treibt; nur mit dem Unterschiede, dass unsere Luftschiffe mit buntem Taffet überzogen, und mit zierlichen Fränzchen verbrämt sind, und darin ein französischer Windbeutel sitzt, luftig genug, um von der Luft getragen zu werden.« (zit. nach Riha, *Reisen im Luftmeer*, a.a.O., 86).

[36] Vgl. zur »herausragende[n] Bedeutung, die dem 18. Jahrhundert in der Geschichte des Europa-Begriff zukommt«: Volker Steinkamp, *L'Europe éclairée. Das Europa-Bild der französischen Aufklärung*, Frankfurt am Main: Klostermann 2003, hier: 9.

[37] Aussagekräftig sind diesbezüglich die französischen Selbstdefinitionen in den verschiedenen Enzy-klopädien des 18. Jahrhunderts, so im jesuitischen *Dictionnaire de Trévoux* (Erstausgabe 1704), im *Grand dictionnaire géographique, historique et critique* (Hg. Louis Moreri, 1726-1739) und nicht zuletzt in der berühmten *Encyclopédie* Diderots und d'Alemberts (Louis de Jaucourt, Art. »Europe«, in: (Hgg.) Denis Di-derot/Jean le Rond d'Alembert, *Encyclopédie ou dictionnaire raisonné des sciences, des arts et des métiers, par une société des gens de lettres*, Paris 1751-1776, Bd. 6, 211-212). Vgl. dazu in der Forschung Marc Fumaroli, *Quand l'Europe parlait français*, Paris: Fallois 2001.

[38] Vgl. zur Konstruktion von Europa-Konzepten innerhalb des Horizonts medialer Vermittlung im 18. Jahr-hundert den Beitrag von Jan-Henrik Witthaus (»Kompass, Pulver, Prese. Zur technischen Ausrichtung des europäischen Raums in französischen Zeitschriften des 18. Jahrhunderts«) in diesem Band.

[39] Helmut Böhme, *Prolegomena zu einer Sozial- und Wirtschaftsgeschichte Deutschlands im 19. und 20. Jahrhundert*, Frankfurt am Main: Suhrkamp 1973, 9. Vgl. dazu Stoffregen-Büller, *Himmelfahrten*, a.a.O., 143: »Spätestens im Frühjahr 1784, [...] verbreitete sich von Frankreich aus eine Epidemie, deren Virus dank der Tüchtigkeit der Zeitungsredationen mit erstaunlicher Sicherheit selbst die entferntesten Winkel Euro-pas erreichte: das Ballon-Fieber. [...] Ein schwer nachvollziehbarer Freudentaumel erfaßte vor allem Gebil-dete und politisch Denkende, die auf den schlichten Ball die gewagtesten Hoffnungen projizierten: Frei-heit und Grenzüberschreitungen, ungehinderte Reisen ohne Schlagbäume und Polizeibüttel der Fürsten, wissenschaftliche Entdeckungen, die den Horizont der Menschheit nachhaltig verändern würden.«

[40] Camille Flammarion, »Von Paris nach Preussen, am 14. Juli 1867«, zit. nach: (Hg.) Reinhard Kaiser, *Wir sind jetzt Bürger des Himmels! Bilder und Berichte von den Ballonfahrten der Herren Glaisher, Flammarion, Fonvielle und Tissandier im mitteleuropäischen Luftmeer*, Nördlingen: Delphi Franz Greno 1986, dort: 60, 68f., 75, 77. Eine ähnliche grenzüberschreitende Vision des Europa-Panoramas entwirft das Buch von Jonas Ludwig von Heß, *Durchflüge durch Deutschland, die Niederlande und Frankreich* (1785), Neuauflage Hamburg: Gundermann 1793.

[41] Die Abbildung zeigt die Flugroute des prominenten Ballons »Géant« von Nadar, dessen Fahrt einen ähnlichen Weg nahm wie diejenige Flammarions. Eigenartigerweise ist in der Forschung die exzeptionelle Bedeutung der Ballonfahrt für die Kartographie kaum beachtet worden. Das Hauptinteresse richtete sich bislang auf Erfahrung und Wahrnehmung von Luftbildern im Rahmen der erst später aufkommenden Photogrammetrie (vgl. dazu Stefan Siemer, »Bildgelehrte Geotechniker. Luftbild und Kartographie um 1900«, in: (Hg.) Alexander Gall, *Konstruieren, Kommunizieren, Präsentieren. Bilder von Wissenschaft und Technik*, Göttingen: Wallstein Verlag 2007, 69-108). Auch im vorliegenden Aufsatz können nur erste Hinweise gegeben werden, die in einem weiteren, eigenständigen Beitrag genauer aufgearbeitet und entfaltet werden sollen. Im Zeitalter der Ballonfahrt wird in Frankreich sicherlich einerseits die staatszentralistische Kartographie des Ancien Régime weiter fortgeführt, in der das Verwaltungswissen eng an das herrschaftliche Wissensmonopol gekoppelt blieb. Andererseits macht die Aufklärung im Zeichen der Aeronautik den geographischen Raum transparenter und damit auch geopolitische Entscheidungen durchsichtiger. Dass diese Entwicklung tendenziell in die Französische Revolution mündet und zwischen technischem ›Aufstieg‹ der Ballontechnik und ideologischer ›Erhebung‹ des dritten Standes mehr als nur metaphorische Beziehungen bestehen, ist evident.

[42] Vgl. dazu Benedict Anderson, *Die Erfindung der Nation. Zur Karriere eines folgenreichen Konzepts*, Frankfurt am Main/New York: Campus 1996; Yves Lacoste, *Geographie und politisches Handeln. Perspektiven einer neuen Geopolitik*, Berlin: Wagenbach 1990; (Hgg.) Christof Dipper/Ute Schneider, *Kartenwelten. Der Raum und seine Repräsentation in der Neuzeit*, Darmstadt: Primus 2006.

[43] Um die gemeinte These an einem Beispiel zu veranschaulichen: Der Statistiker August Friedrich Wilhelm Crome (1753-1833) gab 1782, also kurz vor der ersten Ballonfahrt durch die Montgolfiers, eine kaufmännische »Producten-Karte von Europa« heraus. Cromes Karte arbeitete mit besonders eindrucksvollen Visualisierungen und wurde mehrfach aufgelegt und in ganz Europa nachgeahmt. Crome betonte aber die Relevanz der Texte im ›Gesamtbild‹ der Karte, um die symbolischen Konnotationen angemessen reflektieren zu können. In der Folge baute Crome sein Verfahren aus und gab bspw. 1785 eine Karte heraus mit dem Titel »Über die Kulturverhältnisse der Europäischen Staaten. Ein Versuch mittelst Größe und Bevölkerung den Grad der Kultur der Länder Europas zu bestimmen«. Die Karte wurde zeitnah (von Crome selbst) ins Englische und Französische übersetzt. Cromes Entwicklung seiner Kartographie, so ist zu vermuten, wurde von der Entdeckung der Ballonschifffahrt beeinflusst. Indizien dazu finden sich in seiner *Selbstbiographie. Ein Beitrag zu den gelehrten und politischen Memoiren des vorigen und gegenwärtigen Jahrhunderts*, Stuttgart: Metzler 1833.

[44] Vgl. Frihtjof Benjamin Schenk, »Mental Maps. Die Konstruktion von geographischen Räumen in Europa seit der Aufklärung«, in: *Geschichte und Gesellschaft* 28 (2002), 493-514.

[45] Vgl. zu diesem wichtigen Aspekt Christine Buci-Glucksmann, *Der kartographische Blick der Kunst*, Berlin: Merve 1997; Gaston Bachelard, *L'Air e les songes. Essai sur l'imagination du mouvement*, Paris: Corti 1943.

[46] Dieser forcierte ›mouvement‹ und sein nationen-übergreifendes Potential wurde bereits von den

Zeitgenossen erkannt. Vgl. den genaueren Wortlaut bei Johann Nepomuk von Laicharding, *Beytrag zur Luftschiffart. Nebst einer Anweisung, Luftmaschinen von Papier zu verfertigen und ohne Feuersgefahr frey fliegen zu lassen ; m. 1 Kupfertafel, Friedberg* 1785; dort heißt es im »Vorbericht«, 5: »Wer den alles überwindenden Geist des Menschen im Fortgange der Wissenschaften und Anwendung der Erfindungen aus der Litterärgeschichte kennet, der wird auch leicht vorsehen, dass die große Erfindung des *Montgolfiere* bey dem dermaligen Grad der Verbesserung lange nicht stehen bleiben wird. Den 5ten Junius 1783 läßt der Erfinder zu Annonay einen großen Ueberzug von Leinwand, dessen Theile durch Knopflöcher vereiniget sind, der Luft über, und am 7ten Jenner 1785 fährt der kühne *Blanchard* von *Dover* nach *Calais*. Wollen wir uns die Vervollkommnerung der Luftschiffahrt nach Maaß und Verhältnis der großen Schritte, welche in dieser kurzen Zeit gemacht worden, versprechen, so ist leicht zu ermessen, um wie viel schneller diese Erfindung, als jene der Wasserschiffart, des Schießpulvers, des Druckes und ähnlicher vorrücken wird.«

[47] Umgekehrt gibt es, was weniger überraschend ist, eine Fülle von poetischen Transferierungen der Ballonfahrt in die Literatur. Vgl. wiederum exemplarisch: G. W. Eckhardt, *Montgolfiers Luftball, eine poetische Declamation*, Berlin 1784. Weitere Beispiele zählt Wieland in »Die Aeropetomanie« auf (Chr. M. Wieland: »Die Aeropetomanie«, in: ders., *Sämmtliche Werke, Dreyssigster Band: Vermischte Aufsätze*, Leipzig: Georg Joachim Göschen 1797, 1-39 (zit. nach dem Reprint Nördlingen: C. H. Beck 1984; vgl. dort: 30); der Text erschien erstmals als: »Die Aéropetomanie oder die neusten Schritte der Franzosen zur Kunst zu fliegen«, in: *Der Teutsche Merkur* 4. Viertelj. 1783, 69-96. Gleichzeitig betätigen sich auch renommierte Dichter als Naturforscher, die mit Ballonkugeln experimentiert haben, so bspw. Goethe und Lichtenberg. In seinem *Naturwissenschaftlichen Entwicklungsgang* schreibt Goethe: »Schönes Glück, die zweite Hälfte des vorigen Jahrhunderts durchlebt zu haben. Großer Vorteil, gleichzeitig mit großen Entdeckungen gewesen zu sein... Die Luftballone werden entdeckt. Wie nah ich dieser Entdeckung gewesen. Einiger Verdruß, es nicht selbst entdeckt zu haben.« (Johann Wolfgang von Goethe, *Naturwissenschaftlicher Entwicklungsgang*, in: *Sämtliche Werke* [Artemis-Ausgabe], Bd. 16, Zürich/München: Deutscher Taschenbuch Verlag 1977, 905). Vgl. zu Goethes Aeronautik-Rezeption allgemein: Rolf Denker, »Luftfahrt auf montgolfiersche Art in Goethes Dichten und Denken«, in: *Jahrbuch der Goethe-Gesellschaft* 26 (1964), 181-198. Eine ähnlich geartete Enttäuschung wie die Goethes findet sich bei Georg Christoph Lichtenberg: »›So wie es schon schmerzt, manche Entdeckung nicht gemacht zu haben, sobald man sie gemacht sieht, obgleich noch ein Sprung nötig war, so schmerzt es unendlich mehr. [...] Aufschieben war mein größter Fehler von jeher! [...] Die Montgolfiersche Erfindung hat die Physik in Deutschland doch wirklich etwas in Gang gebracht. Ich habe soeben den 8ten Purschen abgewiesen, weil mein Auditorium nur hundert hält, die ich schon in voriger Woche voll hatte.« (zit. nach Stoffregen-Büller, *Himmelfahrten*, a.a.O., 147f.).

[48] Die folgenden Zitate sind entnommen aus Kaiser, *Wir sind jetzt Bürger des Himmels!*, a.a.O., 22ff.

[49] Die imposante Aufzählung setzt sich wie folgt fort: »[...] / 5. Ein trockenes und ein nasses Thermometer in Verbindung mit dem Blasbalg, dessen Platz wir sogleich andeuten werden. / 6. Thermometer mit geschwärzter Kugel in einer luftleeren Kristallröhre und den Sonnenstrahlen ausgesetzt. / 7. Metallenes Barometer. / 8. Außerordentlich empfindliches Thermometer mit seiner Kugel in Rostform, um die Empfindlichkeit des Instruments und die Genauigkeit der Beobachtungen zu erhöhen. / 9. Hygrometer von Regnault. Jedes Thermometer des Paares 1 besitzt ein kegelförmiges Schutzdach. Das des feuchten Thermometers liegt auf dem Tische (Nr. 10), um seine Form zu zeigen und den in das Wassergefäß Nr. 11 führenden Leitfaden sehen zu lassen. / 12. Kleine Reservewasserflasche. 13. Kompaß. / 14. Chronometer. 15. Hahn zu Nr. 5, und Nr. 16, ein anderer Hahn zu Nr. 9 gehörend. Diese beiden Hähne sind Teile des Blasbalgs,

von welchem oben die Rede gewesen ist. / 17. Ätherflasche zum Gebrauch des Regnaultschen Hygrometers. / 18. Lupe zum Ablesen der Instrumente. / 19. Unterer Teil des Quecksilberthermometers. Man sieht, daß er mit einem Gegengewicht versehen ist, um dieses Instrument in senkrechter Richtung zu erhalten. / 20. Blasbalg, der mit dem Fuße in Bewegung gesetzt werden kann. / 21. Magnet, durch welchen die Nadel des Kompasses Nr. 13 in Bewegung gesetzt werden kann. Wenn man sich seiner nicht bedient, so legt man ihn weit genug von dem Kompaß hinweg, damit er die Angaben desselben nicht störe. / 22. Minimum-Thermometer. / 23. Fernglas.« (ebd., 23f.).

[50] Ebd., Zitatcollage aus den Seiten: 24-26. – Lichtenberg macht sich 1783 *Vermischte Gedanken über aërostatische Maschinen* und hebt bereits zum damaligen Zeitpunkt die poetischen Komponenten der naturwissenschaftlichen Berichte nüchterner Forscher hervor: »Prof. Charles hat vielleicht nie gedichtet, wer aber den Brief liest, worin er seine Empfindungen beschreibt, wird eine dichterische Erhebung der Seele nicht verkennen.« (zit. nach G. Chr. Lichtenberg, »Gedanken über die aerostatischen Maschinen«, in: ders., (Hg.) Wilhelm Grenzmann, *Gesammelte Werke*, Bd. 2, Baden-Baden: Holle Verlag, 348-364, hier: 363). Wieland teilt die Ansicht Lichtenbergs und vermerkt ausdrücklich, dass der Aeronaut Charles »sehr gut schreibt« (Wieland, »Die Aeronauten«, a.a.O., 66) und hebt eine besonders poetische Formulierung Charles' hervor: »je m'écoutois vivre« (ebd. 76). »Die beste Karakteristik eines Volkes ist seine Sprache«, schreibt Wieland außerdem (ebd., 95; Fußnote 6).

[51] Stoffregen-Büller, *Himmelfahrten*, a.a.O., 153.

[52] Dass die satirischen und parodistischen Elemente der Ballonfahrt nahezu alle Medien und Kunstgenres durchdringen, zeigt auch die Präsenz des Phänomens im Musiktheater der Zeit, so bspw. bei Maximilian Blaimhofer, *Die Luftschiffer oder der Strafplanet der Erde. Ein komisch-satirisches original Singspiel in 3 Aufzügen*, Musik von Max Blumhofer, Leipzig/Cöln: Imhof 1787; Christoph Friedrich Brezner, *Die Luftbälle. Eine komische Oper in zweÿ Aufzügen*, Musik von Ferdinand Fraenzl, Mannheim 1787; Christian Ludwig Dietter, *Der Luftballon* (Singspiel), Stuttgart 1789 (Libretto von Emanuel Schikander).

[53] Stifters Text ist ein prominentes Beispiel für die Instrumentalisierung von Frauenfiguren im Diskurs der Luftschifffahrt. Deren vielfältige symbolische Aufladung kann im vorliegenden Beitrag jedoch nicht weiter erörtert werden, da hierzu eine ausgedehntere Gender-Perspektive mit in die Erörterung eingeschaltet werden müsste. Die konservative Sichtweise Stifters reagiert, so ist zu vermuten, auf die von Anbeginn auffällig starke Involvierung von realen oder fiktiven Frauengestalten in den Ballontechnik-Diskurs – was Stifters massive Kritik herausfordert, der in *Der Condor* das ›schwache‹ Geschlecht ›auf den Boden der Tatsachen‹ zurück befördert. Zu Beginn des 18. Jahrhunderts hat sich auch Heinrich von Kleist mit der Luftschiffkunst beschäftigt; vgl. dazu: Roland Borgards, »Experimentelle Aeronautik. Chemie, Meteorologie und Kleists Luftschiffkunst in den *Berliner Abendblättern*«, in: *Kleist-Jahrbuch* 2005, 142-161.

[54] Im Text ist von einem »Äolsschlauch von Phantasien« und »Idyllen-Träume[n]« die Rede (zit. nach Jean Paul, *Des Luftschiffers Giannozzo Seebuch*, München: Schumacher-Gebler 1975, hier: 7 und 8). Dass sich Paul mit der Technik und Physik der Aeronautik eingehender befasst hat, zeigen Passagen wie die folgende: »Der gleichzeitige Marsch und Kontremarsch der Wolken hat es dir längst gesagt, dass fast immer entgegengesetzte Winden in verschiedenen Höhen streichen. Zwischen zwei feindseligen Strömen hält nun nach den hydrostatischen Gesetzen durchaus eine neutrale ruhige Luftschicht still.« (ebd., 7).

[55] Vgl. ebd., 15, 31 und vor allem 69, 24f.

[56] Ebd., 33. Diese Formulierung spielt auf die von Jean Paul kritisch betrachtete »Allgemeine deutsche Bibliothek« Friedrich Nicolais an.

[57] Chr. M. Wieland, »Die Aeropetomanie«, a.a.O. und Chr. M. Wieland, »Die Aeronauten«, a.a.O.

[58] Wieland, »Die Aeronauten«, a.a.O., 41f. (Hervorhebung, Orthographie und Interpunktion im und nach dem Original).

[59] Ebd, 42. Vgl. ähnlich dort: 133.

[60] Ebd., 42.

[61] Ebd., 43-46.

[62] Wieland, »Die Aeropetomanie«, a.a.O., 11. Daran wird deutlich, dass Wieland das aeronautische Geschehen aufmerksam in den Berichterstattungen der Zeit (und zwar europaweit) verfolgt haben muss.

[63] Ebd., 16.

[64] Ebd.

[65] Ebd., 29.

[66] Vgl. Dieter Zastrow, *Entstehung und Ausbildung des französischen Vokabulars der Luftfahrt mit Fahrzeugen ›Leichter als Luft‹ (Ballon, Luftschiff) von den Anfängen bis 1910*, Tübingen: Niemeyer 1963, dort: 399. Der »aéropétomanie« Wielands korrespondiert demnach als Terminus keine französischen Entsprechung.

[67] Vgl. dazu Rainer E. Zimmermann, *Die ausserordentlichen Reisen des Jules Verne. Zur Wissenschafts- und Technikrezeption im Frankreich des 19. Jahrhunderts*, Paderborn: Mentis 2006.

[68] Vgl. hierzu W. Lockwood Marsh, *Aeronautical prints and drawings*, London: Halton and T. Smith 1924 und *L' air et les Peintres 1783-1945*. Exhibition Catalogue, XXe Salon de Montrouge, 6 May - 1 June, 1975, Ausstellungskatalog Poitiers: Musee de Poitiers 1975.

[69] Nadar (d.i. F. Tornachon), *Le Droit au Vol*, Paris : J. Hetzel 1865.

[70] Jules Verne, *Fünf Wochen im Ballon*, mit sämtlichen Illustrationen der Originalausgabe, aus dem Französischen von Felix Gasbarra, Stuttgart und München: Dt. Bücherbund 1987. Der französische Originaltitel erschien 1864 in Paris bei J. Hetzel: *Cinq semaines en ballon*.

[71] Verne, *Fünf Wochen im Ballon*, a.a.O., 5f.

[72] Vgl. hierzu ebd., 7ff.

[73] Vgl. ebd., 13f.: »Sehr bald verstummten die Zweifler. Die Vorbereitungen des Fluges fanden in London statt. Die Seidenfabriken von Lyon erhielten den großen Auftrag für Seide, für die Ballonhülle. Schließlich stellte die englische Regierung dem Doktor die ›Resolute‹ unter Kapitän Pennet zum Transport des Luftschiffes zur Verfügung. Jetzt regnete es förmlich Glückwünsche, Ermutigungsadressen. Das Bulletin der geographischen Gesellschaft in Paris brachte einen langen, eingehenden Beitrag über Einzelheiten des Unternehmens. Ein sehr bemerkenswerter Artikel erschien in den ›Nouvelles Annales des Voyages de la géographie, de l'histoire et de l'archéologie‹ von M.V.-A. Malte-Brun; die ›Zeitschrift für Allgemeine Erdkunde‹ veröffentlichte eine gründliche Untersuchung von Dr. W. Koner über die Erfolgschancen und die zu erwartenden Schwierigkeiten und hob die großen Vorteile der Fortbewegung auf dem Luftwege hervor, wobei der Verfasser sich positiv über die Möglichkeit des Unternehmens aussprach.«

[74] Jules Verne, *In 80 Tagen um die Welt*, München: cbj-Verlag 2005, 34.

[75] Insofern bezieht sich der Untertitel der Studie von Felix Philipp Ingold – *Literatur und Aviatik. Europäische Flugdichtung 1909-1927*, Frankfurt am Main: Suhrkamp 1980 – auf ›Europa‹ als geographische Zuschreibung, nicht auf ›Europa‹ als diskursiv in Frage stehendes Ideologem.

Europas Aufbruch auf dem ›Stier der Zukunft‹ Ein Mythos zwischen Technikprogressionen und antiken Reminiszenzen in Lyrik und Oper der französischen Moderne

Roland Alexander Ißler

I. Einleitung: Der Europamythos und die Moderne

>»Nous venons, écrivains, peintres, sculpteurs, architectes, amateurs passion-
> nés de la beauté jusqu'ici intacte de Paris, protester de toutes nos forces, de
> toute notre indignation, au nom du goût français méconnu, au nom de l'art et
> de l'histoire français menacés, contre l'érection, en plein cœur de notre capi-
> tale, de l'inutile et monstrueuse Tour Eiffel, que la malignité publique, souvent
> empreinte de bon sens et d'esprit de justice, a déjà baptisée du nom de tour de
> Babel. [...] Il suffit d'ailleurs, pour se rendre compte de ce que nous avançons, de
> se figurer un instant une tour vertigineusement ridicule, dominant Paris, ainsi
> qu'une noire et gigantesque cheminée d'usine, écrasant de sa masse barbare
> [...] tous nos monuments humiliés, toutes nos architectures rapetissées, qui dis-
> paraîtront dans ce rêve stupéfiant.«[1]

Diese Protestbekundung angesichts eines der repräsentativsten Symbolbau-
werke der Moderne stammt von einer Pariser Künstlergruppe und ist, wenn auch
folgenlos, am 14. Februar 1887 als offener Brief an den Leiter der bevorstehenden
Weltausstellung in der Pariser Zeitung *Le Temps* erschienen. Um den Affront
nachzuempfinden, als welcher der Eiffelturm der Kunstszene jener Zeit erscheint,
genügt ein Blick auf die nur ein Jahrzehnt früher entstandene, 1875 eröffnete Opéra de Paris Garnier, die in einer Baustilmischung von Klassik bis Neoba-
rock dem Second Empire ein architektonisches Denkmal setzt und von der sich
die modernistischen Ambitionen Gustave Eiffels (1832-1923) deutlich abheben.
Tatsächlich gehört der Opernarchitekt Charles Garnier (1825-1898) zu den Un-
terzeichnern der Beschwerdekampagne gegen den Eiffelturm, neben namhaf-
ten Zeitgenossen wie dem Komponisten Charles Gounod (1818-1893) und den
Schriftstellern Guy de Maupassant (1850-1893) und Alexandre Dumas fils (1824-
1895). Unter den Protestierenden ist auch ein Dichter, der für die Rezeption des
Europamythos in der französischen Lyrik des 19. Jahrhunderts eine zentrale Rolle
spielt: Charles-Marie-René Leconte de Lisle (1818-1894).

Der Aufbruch des Menschen in die Moderne, gerade angesichts der damit verbundenen technischen Umwälzungen, ist eines der zentralen Spannungsfelder,
die die europäische Literatur jener Zeit bewegen. Der antike Mythos vom ›Raub
der Europa‹ scheint darin auf den ersten Blick keinen Platz mehr zu haben. Tatsächlich tritt er in der ersten Jahrhunderthälfte in den Hintergrund, erlebt jedoch
in der zweiten eine umso deutlichere Wiederkehr.[2] Hier lohnt der exemplarische
Blick auf die französische Lyrik als Triebfeder der literarischen Moderne; sie bietet
gleich mehrere Beispiele einer Wiederentdeckung der Entführungsepisode im
Lichte des kulturtechnischen Umbruchs. Europa als mythologische Gestalt steht
dabei im Zentrum der Betrachtung; da sich aber der Mythos von dem parallel ver-
laufenden Kontinentaldiskurs nicht immer trennscharf abgrenzen lässt und der
Begriff Europa beide Ansätze absorbiert, umfasst das für diesen Beitrag zu Grunde gelegte Werkkorpus neben mythologisch inspirierten Gedichten von Leconte
de Lisle, Rimbaud, Bouilhet und Régnier sowie einer Kurzoper von Milhaud auch
einige ausgewählte Zeitdokumente aus Literatur, Bildender Kunst und Architektur, die keinen direkten Mythosbezug aufweisen.

II. Hellenistische Idealschönheit im Welturzustand: Leconte de Lisle

Leconte de Lisle ist einer der bedeutendsten Lyriker seiner Zeit und literatur-
geschichtlich maßgeblich als Gründer des *Parnasse* bekannt, einer Dichtervereini-
gung, die sich gegen die Bekenntnislyrik der Romantik richtet und ein rein ästhe-
tizistisches Programm verfolgt. Zu den wichtigsten Gedichtzyklen des gräzistisch
gebildeten Antikekenners und französischen Homerübersetzers zählen die *Poèmes antiques* und die *Poèmes barbares*, Sammlungen mythologisch inspirierter
Gedichte aus den 1850er bis 60er Jahren; den ›Raub der Europa‹ behandelt der
Dichter allerdings erst kurz vor seinem Lebensende 1894.

Mit *L'Enlèvement d'Européia*[3] widmet Leconte de Lisle dem Mythos ein formbe-
herrschtes Gedicht in 15 Alexandriner-Strophen, das sich weitgehend an der altgrie-
chischen Idylle des antiken Dichters Moschos von Syrakus (um 150 v. Chr.) orientiert.[4] Aus der Bearbeitung des französischen Lyrikers erwächst ein parnassisches
»Kunstwerk von marmorhafter Schönheit«[5] und diffuser Religiosität, das sich ganz
der neohellenistischen Idee formaler *beauté* verschreibt und Europa als Kunstfigur
gestaltet, gespiegelt in zauberhaften elementaren Naturbildern und symbolträchtigen Farben in einer vom Ursprünglichen und Göttlichen durchtränkten Welt.

L'Enlèvement d'Européia

La montagne était bleue et la mer était rose.
Du limpide horizon, dans l'air tout embaumé,
L'Aurore, fleur céleste, et récemment éclose,
Semblait s'épanouir sur le monde charmé.

5   Non moins roses que l'Aube, au bord des vastes ondes,
Les trois Vierges, avec des rires ingénus,
Laissant sur leur épaule errer leurs boucles blondes,
Se jouaient dans l'écume où brillaient leurs pieds nus.

Le sein libre à demi du lin qui les protège,
10   Une lumière au cœur et l'innocence aux yeux,
Et la robe agrafée à leurs genoux de neige,
Elles allaient, sans peur des hommes et des Dieux.

Voici qu'un grand Taureau parut le long des côtes,
Grave et majestueux, ayant de larges flancs,
15   Une étoile enflammée entre ses cornes hautes
Et des éclats de pourpre épars sur ses poils blancs.

Le souffle ambroisien de ses naseaux splendides
L'enveloppait parfois d'un nuage vermeil
Tel que la Vapeur d'or dont les Époux Kronides
20   Abritaient leur amour et leur divin sommeil.

Il vint, et dans le sable où l'écume s'irise
Se coucha, saluant d'un doux mugissement
Le beau groupe immobile et muet de surprise,
Et caressa leurs pieds de son mufle fumant.

25   Or, le voyant ainsi prosterné, l'une d'elles,
Dont l'œil étincelant reflétait le ciel bleu,
Plus jeune, et la plus belle entre les trois si belles,
S'assit sur ce Taureau superbe comme un Dieu.

Tandis qu'elle riait dans sa naïve joie,
30   Lui, soudain, se dressa sur ses jarrets de fer,
Et, rapide, emportant sa gracieuse proie,
En quelques bonds fougueux s'élança dans la mer.

Les deux autres, en pleurs, sur les algues marines
Couraient, pâles, les bras étendus vers les flots,
35   Suppliaient tour à tour les Puissances divines
Et nommaient leur compagne avec de longs sanglots.

Celle-ci, voyant fuir le doux sol d'Hellénie,
Se lamentait, tremblante: – Où vas-tu, cher Taureau?

Pourquoi m'emportes-tu sur la houle infinie,
40   Cruel! Toi qui semblais si docile et si beau?

Vois! la mer est stérile et n'a point de prairies
Ni d'herbage odorant qui te puisse nourrir.
Hélas! J'entends gémir mes compagnes chéries…
Reviens! Ne suis-je pas trop jeune pour mourir? –

45   Mais Lui nageait toujours vers l'horizon sans bornes,
Refoulant du poitrail le poids des grandes Eaux
Sur qui resplendissait la pointe de ses cornes
A travers le brouillard qu'exhalaient ses naseaux.

Et quand la terre, au loin, se fut toute perdue,
50   Quand le silencieux Espace ouranien
Rayonna, seul, ardent, sur la glauque étendue,
Le divin Taureau dit: – O Vierge, ne crains rien.

Je suis le Roi des Dieux, le Kronide lui-même,
Descendu de l'immense Éther à tes genoux!
55   Réjouis-toi plutôt, ô Fleur d'Hellas que j'aime,
D'être immortelle aux bras de l'immortel Époux.

Viens! Voici l'Ile sainte aux antres prophétiques
Où tu célébreras ton hymen glorieux,
Et de toi sortiront des Enfants héroïques
60   Qui régiront la terre et deviendront des Dieux! –

Weihevoll erwacht über dem Meer in ferner Vorzeit ›die Himmelsblume Aurora‹ (V. 3) und taucht die Küste in feierliche Morgendämmerung. Schauplatz ist die Heimat der Prinzessin Europa – bemerkenswerterweise nicht das phönizische Sidon, sondern Griechenland (vgl. V. 37). Synästhetische Sinneseindrücke prägen das Tableau; der Dichter reizt die atmosphärische Mitgestaltung durch Naturschauspiele wie Licht- und Farbeffekte, Klangelemente und Düfte lyrisch aus. Man fühlt sich an Charles Baudelaires (1821-1867) *Correspondances* erinnert, die der gegenseitigen Durchdringung der verschiedenen Sinne Ausdruck verleihen: »La Nature est un temple où […] / Les parfums, les couleurs et les sons se répondent«.[6] Ähnlich wie das Inventar des Natur-Tempels bei Baudelaire Heiligtümer birgt, sakralisiert und divinisiert auch Leconte de Lisle viele Naturelemente durch Majuskelschreibung: »L'Aurore« (V. 3), »l'Aube« (V. 5), »[les] Eaux« (V. 46), »l'Espace ouranien« (V. 50) und »l'immense Éther« (V. 54) scheinen die Natur, wie auch in anderen Gedichten Leconte de Lisles, als vergöttlichte Erscheinungen der Elemente gleichsam zu animieren.

Erst nach dieser lyrischen Exposition verschiebt sich kaum merklich der Fokus von der bislang menschenleeren Natur auf die beseelte Welt. Drei Jungfrauen verbringen den Morgen spielend und lachend am schillernden Meeresufer, als wären sie selbst ganz Teil der Natur, mit der sie verschmelzen wie die Farbe ihrer Wangen mit dem Zartrosa des Himmels (vgl. V. 5). Die Beschreibung der skulpturalen Jungfrauen, deren Dreizahl (vgl. V. 6) eine Erfindung Leconte de Lisles ist und unterschwellig das klassische Statuenmotiv der drei Grazien aufgreift, nimmt den Raum zweier Strophen ein und wird zunehmend erotisiert durch ein Wechselspiel aus Enthüllen und Bedecken, das sich wie beiläufig aus den spielerischen Bewegungen ergibt; die drei Mädchen sind spärlich mit Leinengewändern bekleidet, die, vom Meerwasser benetzt, mitunter an ihren schneeweißen Knien haften bleiben (vgl. V. 11). In ihrer kindlich verspielten Urnaivität bewegen sich die Mädchen ›ohne Angst vor Menschen und vor Göttern‹ (V. 12) und ahnen nichts von der Gefährdung, die bald in Gestalt eines ›großen Stiers‹ wie aus dem Nichts auftauchen soll. Die Plötzlichkeit, aber auch die göttliche Würde und Erhabenheit seiner Erscheinung wird durch den biblischen Sprachgestus verstärkt: »Voici qu'un grand Taureau parut« (V. 13) – ›Siehe, da erschien ein großer Stier‹.

In drei weiteren Strophen wird der Stier beschrieben, der sich ihnen allmählich nähert, ›ernst und majestätisch, mit weiten Flanken, einem flammenden Stern zwischen den hohen Hörnern und purpurne Schimmer auf seinem weißen Fell‹ (V. 14 ff.). Nicht ohne Rückgriff auf antike Vorbilder stilisiert Leconte de Lisle das mythologische Wesen nach eigener Vorstellung und erschafft so eine neue Stiergestalt als Synthese der Beschreibungen des Altertums. Das schneeweiße Fell – hier eigentümlich rötlich angeleuchtet – übernimmt er von Ovid (43 v. Chr.-17 n. Chr.) und von Moschos den Lichtschimmer auf der Stirn, dessen Form der französische Dichter ebenfalls variiert und auf den Gustave Moreau (1826-1898) in seiner bekannten Gemäldeserie zum ›Raub der Europa‹ anspielt. Leconte de Lisle greift das rötliche Licht des Anfangs auf, zeichnet den weißsilbrigen Stier im Morgenlicht purpurn irisierend und hebt damit wiederum die Farbassimilation zwischen divinisierter Natur und göttlichem Lebewesen hervor. In eine vermeilrote Farbe tunkt er auch den ›ambrosischen Hauch‹ (V. 17), der als ›Wolke‹ (vgl. V. 18) den Nüstern des Stiers entströmt. Dieser ›goldene Dunst‹ (V. 19) könnte den verkleideten Gott verraten, doch noch bis zum Ritt auf seinem Rücken am Ende der siebenten Strophe hält Europa ihn lediglich für einen stolzen Stier (V. 28).

Erst in der sechsten Strophe sucht der Stier die Nähe und Berührung der Jungfrauen. In der schäumenden Gischt der Wellen wirft er sich vor den drei sinnlichen Schönen nieder und ›streichelt ihre Füße mit seinem dampfenden Atem‹ (V. 24). Überrascht angesichts der Sanftmut des Tieres (vgl. V. 22 f.), bleiben die Mädchen stehen, bis eine von ihnen sich auf seinen Rücken wagt. Die schöne Reiterin, nicht nur mutiger, sondern auch jünger als die anderen beiden Jungfrauen, ist ›die Schönste der drei Schönen‹ (V. 27): Ihr Blick korrespondiert mit der Farbe des Himmels und spiegelt dessen göttliche Erscheinung (V. 26). Lange bevor Leconte seine »Européia« beim Namen nennt, antizipiert er deren Verbindung zu dem Gott durch die Suggestivkraft des Farbtons.

Lachend vor ›naiver Freude‹ (V. 29) und argloser Verspieltheit, beginnt die Jungfrau ihren Ritt und kann die Folgen nicht absehen. Denn der Stier hat nur darauf gewartet, ›seine anmutige Beute‹ (V. 31) auf dem Rücken zu spüren und ist voller Ungeduld, mit ihr ins Meer zu steigen. Während die beiden am Ufer zurückgebliebenen Jungfrauen weinend ›mit ausgestreckten Armen‹ (V. 34) auf dem Strand auf und ab laufen, ohne dass ihre ›langen Seufzer‹ (V. 36) Gehör finden, stimmt auch Européia auf dem Stierrücken ihr traditionelles Lamento an: ›Wohin gehst du, lieber Stier? Warum trägst du mich fort auf unendlichen Wogen, Grausamer, der du so zahm und schön erschienst?‹ (V. 38 ff.) Existenzielle Angst ergreift sie, weil der Stier auf dem Meer keine Nahrung finden und sie mit in den Tod reißen könnte (vgl. V. 44). Das anfängliche Spiel des Ausflugsritts ist hier längst für sie vorbei.

Leconte steigert die Spannung für den Leser in dem Maße, wie er die geheimnisvolle Aura des lange stumm bleibenden Stiers, aber auch die Ungewissheit der Européia wachsen lässt, die sich immer tiefer in die Einsamkeit des offenen Meeres fortgetragen sieht. Erst nach dem absoluten Verlust jeglicher Orientierung (»quand la terre, au loin, se fut toute perdue«, V. 49), der mit der Erfahrung der Ruhe im ›stillen uranischen Raum‹ (»le silencieux espace Ouranien / [...] sur la glauque étendue«, V. 50 f.) und dem Nebeldunst des ambrosischen Stieratems hoffnungsgrün und reich an göttlicher Würde zu einem versöhnlichen Moment »kosmischen Friedens«[7] zusammenfließt, gibt ›der göttliche Stier‹ (V. 52) seine wahre Identität preis: »Ich bin der König der Götter, der Kronide selbst, hinabgestiegen aus dem unermesslichen Äther« (V. 53 f.). Der ›Blüte Griechenlands‹ (V. 55) – gemeint ist Europa – verheißt er die gemeinsame Vermählung auf der ›heiligen Insel‹ Kreta (vgl. V. 57) und verspricht ihr Unsterblichkeit, damit sie selbst göttliche Helden aus ihrem Schoß hervorbringen kann. Mit dieser Verheißung schließt das Gedicht.[8]

Leconte de Lisle folgt dem dichterischen Auftrag einer kunstvollen Neubelebung hellenistischer Idealschönheit. Dafür aber muss er sich in die mythologische Vorzeit versenken, um die ursprüngliche Kraft und Reinheit der Welt zu empfinden: »L'avenir est dans le passé, dans un passé si lointain que l'homme ne le comprend plus. C'est la tâche du savant et du poète de le faire comprendre et d'en faire aimer l'image«.[9] Der Mythos der Europa, insbesondere in seiner idyllischen Überlieferung nach Moschos, fügt sich mit seiner archaischen Ursprünglichkeit und Unberührtheit in die Ästhetik des Dichters wie von selbst in die Darstellung eines reinen Welturzustandes ein, in dem – nach den Worten Leconte des Lisles selbst – ›der Mensch und die Erde jung waren und im Aufblühen ihrer ganzen Kraft und Schönheit‹.[10]

III. Europas Liebestod als Sinnbild einer verlorenen Ursprünglichkeit: Rimbaud

In ähnlicher Weise stilisiert der Lyriker Arthur Rimbaud (1854-1891) in einem seiner Erstlingswerke den Europamythos im Jahr 1870. Mit dem mehrteiligen Gedicht *Soleil et chair*,[11] das er dem Dichter Théodore de Banville (1823-1891) übersendet, möchte der Sechzehnjährige in die Reihen der Parnassiens aufgenommen werden.

Auch er betrauert den Verlust einer antiken Idealwelt, hier mit der anaphorisch wiederkehrenden Wendung »Je regrette les temps...« (V. 10, 14, 25), in der ›die Götter in heiligen Wäldern die Menschen und die unendliche Welt belauschen‹: »Les Dieux écoutent l'Homme et le Monde infini!« (V. 164); Anklänge an Leonte de Lisles Dichtung sind unüberhörbar.[12]

In einem Aufgebot mythologischer Gestalten und Götter, die mit der Natur gleichsam verschmelzen – ähnlich wie die shakespearesche Heldin Ophelia in Rimbauds gleichnamigem Gedicht – findet sich auch Europa wieder. Durch Gedankenstriche abgetrennt, reiht Rimbaud episodisch Liebespaare der antiken Mythologie auf, die sich zu einem hymnischen Lobgesang auf Venus zusammenfinden und den ›Liebesdurst‹ der Erde wecken.[13] Während noch Ariadne weinend Theseus nachblickt, der über das Meer fortsegelt, erscheint auf dem Meer der stiergestaltige Zeus, Europas nackten Leib auf dem Rücken. Die Momentaufnahme hält die idealisierte Vereinigung des mythologischen Liebespaares fest, in der Europa in einem göttlichen Kuss gleichsam zu ertrinken scheint:

> Zeus, Taureau, sur son cou berce comme une enfant
> Le corps nu d'Europé, qui jette son bras blanc
> Au cou nerveux du Dieu frissonnant dans la vague,
> Il tourne lentement vers elle son œil vague;
> 135 Elle, laisse traîner sa pâle joue en fleur
> Au front de Zeus; ses yeux sont fermés; elle meurt
> Dans un divin baiser, et le flot qui murmure
> De son écume d'or fleurit sa chevelure.[14]

Doch die Ursprünglichkeit und Reinheit jenes frühen Weltzustands, den das lyrische Ich in dem Gedicht herbeisehnt, ist unwiederbringlich verloren. Der Mensch kann seine einstige Keuschheit und Unschuld, mit der er ›wie ein kleines Kind an der Brust Kybeles trank‹ (vgl. V. 30 f.), nicht wiedererlangen. Im Gegenteil:

> Misère! Maintenant il dit: Je sais les choses,
> Et va, les yeux fermés et les oreilles closes.
> 35 – Et pourtant, plus de dieux! plus de dieux! l'Homme est Roi,
> L'Homme est Dieu![15]

Die Hybris und Überheblichkeit, die der Mensch des 19. Jahrhunderts an den Tag legt, entfernen ihn immer weiter von dem vergangenen Ideal der irdischen Liebe. Der Fortschritt in Wissenschaft und Technik hat eine Kehrseite. Über die Welt Bescheid zu wissen – ›savoir les choses‹ – macht blind und taub für die unerschöpfliche Beseeltheit der Natur, der sich der vorwärts strebende Mensch entfremdet.

IV. Der mythische Stier als Allegorie der Zukunft: Bouilhet

So erklärt sich auch Leconte de Lisles Skepsis gegenüber dem Eiffelturm. Gegen die Naturentfremdung und den Utilitarismus der bürgerlichen Gegenwart wird die Mythisierung einer reinen, noch unschuldigen Urzeit der Welt kontrapunktisch abgesetzt. Für den Europamythos hat das zur Folge, dass Rimbaud und Leconte ihn in eine weltgeschichtliche Retrospektive betten, die die Progressivkräfte der Moderne stillschweigend ignoriert. Der spätere Rimbaud wird in Gedichten wie *Mouvement* (1886) allerdings entschieden auf den fahrenden Zug der technischen Vorwärtsbewegung der Moderne aufspringen und den Futurismus vorbereiten. Für den Europamythos heißt einstweilen der Neuerer Louis Bouilhet (1822-1869). Er bedient sich gerade dieses Mythos, um der Furcht vor den Unwägbarkeiten der Moderne zu begegnen, und sucht ihre Konfrontation und Reibungsflächen.

Der Lyriker Bouilhet ist eher durch seine Freundschaft zu Gustave Flaubert (1821-1880) als durch sein Werk in die Literaturgeschichtsschreibung eingegangen. In seinem Sonett *Europe*, das er 1862 Flaubert zur Begutachtung übersendet[16] und das dieser in der Sammlung *Dernières chansons* nach dem Tod seines Freundes herausgibt,[17] bindet er den ›Raub der Europa‹ in eine Reflexion über das menschliche Dasein ein und deutet den Entführerstier als den ewigen Lauf der Zeit, der Europa in seiner erbarmungslos progressiven Bewegung unaufhaltsam mit sich fortreißt. Der mythische Stier wird erstmals zum Vehikel einer modernistischen Weltsicht, die in ihrer unerbittlichen Sogwirkung einen prägnanten Ausdruck findet.

Europe

Quand, sur le grand taureau, tu fendais les flots bleus,
Vierge phénicienne, Europe toujours belle,
La mer, soumise au Dieu, baisait ton pied rebelle,
Le vent n'osait qu'à peine effleurer tes cheveux!

5   Un amant plus farouche, un monstre au cou nerveux
T'emporte, maintenant, dans sa course éternelle;
La rafale, en fureur, te meurtrit de son aile;
La vague, à ton flanc pur, colle ses plis baveux!

Tes compagnes, de loin, pleurent sur le rivage,
10   Et, jetant leur prière à l'océan sauvage,
Dans la paix du Passé veulent te retenir.
Mais tu suis, à travers l'immensité sans bornes,
Pâle, et les bras crispés à l'airain de ses cornes,
Ce taureau mugissant qu'on nomme l'Avenir!...

Auffallend ist in dem Sonett der Mangel einer Verortung. Als Schauplatz wählt der Dichter unbestimmt die ›blauen Fluten‹ (V. 1) des Meeres, nicht Europas Heimat Phönizien, vor allem aber nicht Kreta. Das Ziel der Reise ist dem Leser ebenso unbekannt wie der Entführten. Mit Blick auf die allgemeine Auf- und Umbruchstimmung im Europa des 19. Jahrhunderts liegt es nahe, dass hier das paradigmatische Bewusstsein eines Schwellendaseins zum Ausdruck kommt.

Im ersten Quartett wird die Erinnerung an den ›Raub der Europa‹ nach der mythologischen Überlieferung zelebriert. Das idyllisch-arkadische Bild, in dem eine anmutige Jungfrau von einem großen Stier durch sanfte blaue Wellen getragen wird, findet einen durchaus ähnlichen Ton wie die Idealisierungen Leconte de Lisles und Rimbauds. Europa thront auf dem Rücken des Stiers; die dem Gott gehorchenden Naturgewalten erweisen sich als im Sinne seiner Liebe gezähmt und gebändigt wie die in Stiergestalt erscheinende Urkraft selbst. Dem Wasser haftet dabei nichts Bedrohliches oder Unberechenbares an; seine Berührung mit Europas Körper ist eine einzige Liebkosung. Der Wind nimmt sich zurück und wagt kaum zu säuseln (V. 4), um das Haar der Prinzessin allenfalls als leisester Hauch zu streifen. Das einzige Bildelement, das ansatzweise auf einen unfreiwilligen Frauenraub hinweist, ist Europas ›rebellischer Fuß‹ (V. 3), der sich jedoch nur leicht gegen das Fortstreben des Stiers sträubt und die sanfte Grundstimmung der ersten Strophe nicht einzutrüben vermag.

Ein abrupter Zeitsprung ins »maintenant« (V. 6) der Gegenwart bricht jäh mit der träumerisch-amoenen Atmosphäre und bewegt sich auf ein nicht begrenzbares »Avenir« (V. 14) zu, das durch die drei Punkte am Ende des Schlussverses auch typographisch in der Schwebe bleibt. Dem temporalen Sog steht eine Zeitlosigkeit der Europa entgegen, die von Beginn an als »toujours belle« (V. 2) apostrophiert wird. Wild und ungestüm erscheint hingegen der neue Entführerstier, dessen Willkür Europa sich jetzt ausgeliefert sieht. Dem zahmen Stier des ersten Quartetts wird nun ›ein ungezähmterer Liebhaber, ein Ungeheuer mit sehnigem Hals‹ (V. 5) gegenübergestellt.[18] Auch Wind und Wellen, nun schneidende Naturgewalten, passen sich diesem rauen und wenig zartfühlenden Untier an (vgl. V. 7 f.). Die ursprünglich scheinbar so harmlose mythologische Entführung gerät plötzlich aus den Fugen und wird zu einer bedrohlichen Irrfahrt mit dem wilden Stier ›in seinem ewigen Lauf‹ (V. 6). Dessen Sogwirkung ist längst unaufhaltsam geworden; ein Zurück kann es nicht mehr geben.

Das erste Terzett zeigt die hilflosen und verängstigten Gefährtinnen der Europa, die sich am Ufer dem unabänderlichen Lauf der Dinge machtlos ausgeliefert sehen und nur noch zu weinen vermögen. Sie selbst verharren in dem vergangenen ›Goldenen Zeitalter‹, »dans la paix du Passé« (V. 11), dem Frieden der ersten Sonettstrophe, doch es gelingt ihnen nicht mehr, Europa ans rettende Gestade zurückzuholen. Gegen die Übermacht der Zeit, der Ewigkeit und des Zukunftsstrebens können sie nichts ausrichten, und so verbleiben sie am weit entfernten Meeresufer, während ihr Bitten im Brausen des wilden Ozeans ungehört verhallt (vgl. V. 10).

In dem adversativen *mais*, welches das letzte Terzett einleitet, steckt die ganze Vergeblichkeit ihrer Hoffnungen auf Wiederkehr. Europa wird nicht umkehren; sie blickt sich nicht einmal um wie in der Darstellung Ovids[19] und den vielen davon inspirierten ikonographischen Nachbildungen.[20] Vielmehr schickt sich die Jungfrau in ihre neue Lage und klammert sich angstvoll und bleich an die ›erzenen Hörner‹ des Stiers (V. 13), welche nichts mehr von Ovids »cornua parva [...], facta manu«[21] erkennen lassen; das Metall deutet vielmehr auf die Kälte und Härte der Modernität hin.[22]

Solche Vorzeichen machen das Sonett Bouilhets zu der ersten gewaltsamen Darstellung des ›Raubs der Europa‹ in der französischen Dichtung. Mit der Evokation des unbezähmbaren Stiers in seiner wilden Schönheit streift Bouilhet die ästhetische Kategorie des Erhabenen. Die ›ewige Bahn‹ der Zeit, auf der Europa jedem Blick entschwindet, kennt keine Grenzen, sondern führt ›durch die grenzenlose Unermesslichkeit‹ (V. 12) in die unaufhörliche Fortentwicklung und gleichsam dämonische Progression des Jetzigen, in die ewige Ungewissheit des Kommenden. Bouilhet dehnt die geschilderte Furcht vor der anbrechenden Moderne und zögert die Enthüllung längstmöglich hinaus: Erst ganz am Ende des Sonetts, im letzten Wort des letzten Verses, gibt er die Identität des Stiers mit umso deutlicherer Wirkung preis – ›man nennt ihn Zukunft!‹.

Für Bouilhet und seine Zeitgenossen ist der Zukunftsbegriff gleichbedeutend mit der gärenden, drängenden Kraft des wissenschaftlichen, vor allem technischen Fortschritts des 19. Jahrhunderts und einem unbeirrbar vorwärtsgewandten evolutionistischen Geist. Der stählern-erzene Stier, der ohne belebte Züge mit maschinengleicher Präzision und in erbarmungslosem Vorwärtsdrang alles Vormalige mit sich reißt und zur Veränderung zwingt, wird so zu einer allegorischen Avantgarde des Modernismus und löst den ewig gleichbleibenden, friedliebenden Konservatismus jener überrannten argwöhnischen Traditionalisten ab, wie ihn Europas Gefährtinnen in der dritten Sonettstrophe repräsentieren. Das Spannungsfeld zwischen beiden entgegengesetzten Kräften des Zeitgeistes wird von Bouilhet nicht etwa aufgelöst, sondern im Sonett gerade fokussiert und noch zusätzlich in Schwingung versetzt. Zwar entzieht sich Bouilhet mit der parnassisch unbeteiligten Darstellungsweise einer konkreten Stellungnahme; trotz mancher modernismusoptimistischer Werke des Dichters schwingen in der betonten Ungewissheit des Ausgangs durchaus Ängste und Zweifel mit. In der scheinbaren Wiederholung der immer gleichen Entführungsepisode manifestiert sich die

Kontingenz der modernen Welt, das Unabgeschlossene, ja Unabschließbare einer temporalen Drohgebärde. Die Allegorisierung Jupiters als stiergestaltige Zukunft ist für die Rezeptionsgeschichte des Mythos eine bedeutungsvolle Neuerung des Dichters, die aus der zunehmend entfremdeten Lebenswirklichkeit des 19. Jahrhunderts erwächst.

V. Zwischen Euphorie und Skepsis: Zentren der technischen Progression

1863, im Jahr, nach dem Bouilhets Europasonett entsteht, schreibt Jules Verne (1828-1905), der Erfinder des modernen Zukunftsromans, einen Roman mit dem Titel *Paris au XXe siècle*, in dem er eine Vision der Metropole entwirft, wie er sie sich im nachfolgenden Jahrhundert vorstellt. Das verschollen geglaubte und erst in den 1990er Jahren veröffentlichte Manuskript[23] offenbart die nicht zu erwartende Skepsis, die selbst ein Autor wie Verne der Zukunft entgegenbringt. Der technische Triumph der Automaten und Automobile wird mit dem Verfall kultureller Werte erkauft; die literarischen Werke eines Victor Hugo (1802-1885) sind in Vernes Fiktion schon 1860 nicht mehr bekannt, dafür die Stadt mit technischen Errungenschaften übersät, deren Erfindung Verne vielfach mit ingeniöser Präzision vorausgesehen hat.

Tatsächlich hinterlässt der technische Fortschritt schon im Frankreich des 19. Jahrhunderts seine Spuren. Im Rahmen des radikalen Umbaus von Paris durch den Präfekten Georges Eugène Haussmann entstehen 1853 nicht nur die großen Prachtboulevards, die die Metropole bis heute auszeichnen, sondern auch gleich 14 neue Seinebrücken. In ganz Frankreich wächst zugleich das Schienennetz der Eisenbahn exponentiell von 32 Kilometern im Jahr 1830 auf fast 3000 Kilometer im Jahr 1850 und über 36000 Kilometer im Jahr 1880 an.[24] Heinrich Heine (1797-1856) pointiert eindrucksvoll die ambivalente Technikrezeption seiner Zeit, wenn er 1843 die Eröffnung der Eisenbahnlinien Paris-Orléans und Paris-Rouen kommentiert:

»Während aber die große Menge verdutzt und betäubt die äußere Erscheinung der großen Bewegungsmächte anstarrt, erfaßt den Denker ein unheimliches Grauen, wie wir es immer empfinden, wenn das Ungeheuerste, das Unerhörteste geschieht, dessen Folgen unabsehbar und unberechenbar sind. Wir merken bloß, daß unsere ganze Existenz in neue Gleise fortgerissen, fortgeschleudert wird [...], und das Unbekannte übt seinen schauerlichen Reitz, verlockend und zugleich beängstigend.«[25]

Bei der breiten Masse jedoch potenziert sich die Euphorie des Fortschritts, die vor allem anhand der seit 1851 stattfindenden Weltausstellungen greifbar wird. Paris ist dabei eine der internationalen Hauptbühnen für die Präsentation; bis heute vergibt das dort ansässige Bureau International des Expositions die Teilnahmerechte für kandidierende Länder. In Paris findet bis zur Jahrhundertwende nahezu in jedem Jahrzehnt eine Weltausstellung statt. Dargebotene Neuerungen sind 1855 das Aluminium und ein großer Industriepalast aus Eisen, 1867 ein hydraulischer Aufzug, ein Gasmotor und eine Gaslampe und 1878 eine elektrische Bogenlampe sowie ein Eisschrank. Auf der legendären Weltausstellung 1889 wird schließlich neben Automobil und Glühbirne der ebenso umstrittene wie faszinierende Eiffelturm präsentiert, bevor 1900 mitsamt den Zweiten Olympischen Spielen erstmals eine Rolltreppe Fußgänger transportiert und 1937 die neuen Baustoffe Asbest, Plastik und Plexiglas vorgeführt werden.[26]

Ein Gelände nahe dem Champ de Mars, an dem später der Eiffelturm errichtet wird, ist für die Weltausstellung 1878 Baugrundstück des Palais du Trocadéro. Das repräsentative Gebäude wird zur Weltausstellung 1937 wieder abgerissen zu Gunsten des noch heute dort sichtbaren Palais de Chaillot; doch sind die allegorischen Erdteilskulpturen von 1878 aus Bronze, die den ersten Palast zierten, erhalten geblieben, darunter die *Europe* des Bildhauers Alexandre Schoenewerk (1820-1885).[27]

Die Allegorisierung des Kontinents Europa als Prinzessin durchzieht die Literatur- und Kunstgeschichte der Neuzeit ebenso wie die Kartographie; ihre Wurzeln liegen in der Antike. Entsprechend stark ist die Wiederbelebung solcher Kontinentalallegorien im Zeitalter der Renaissance, zumal nach der Entdeckung der Neuen Welt, die der bis dahin bekannten Trias der Erdteile eine vierte Frauengestalt hinzubeschert.[28] Ikonographisch trägt vor allem der Italiener Cesare Ripa (etwa 1560-1625) Ende des 16. Jahrhunderts zur Verbreitung solcher Allegorien bei; seine *Iconologia*, ein Nachschlagewerk für Bildallegorien, beinhaltet auch eine Europafigur.[29] Ripa stellt Europa als den anderen Erdteilen überlegen dar und stattet sie mit militärischen, kulturellen und religiösen Attributen aus. Im Vergleich zu dem Renaissance-Holzschnitt entfällt der christliche Bezug bei Schoenewerk, der seine Europa bewusst dualistisch anlegt. Je nach Betrachterposition treten durch Äskulapstab, Malerpalette und Bücher Europas kulturelle Identität durch Wissenschaften und Künste hervor oder steht mit Helm, Schild, Schwert und Lorbeer das Militärische im Vordergrund. Die kunsthistorische Annäherung Europas an die Handwerks- und Kriegshandwerksgöttin Minerva zeigt sich schon früher in der Bildtradition,[30] ist aber gerade hier im 19. Jahrhundert auffallend. Als verbindendes Element zwischen Kriegs- und Handwerkstechnik dient ein Hammer in Europas Hand. Zur Seite gestellt sind ihr aus der Hand verschiedener Künstler fünf weitere Bronzeskulpturen der Erdteile Afrika, Asien, Nordamerika, Südamerika und Ozeanien. Sie alle werden von charakteristischen Natursymbolen, von exotischen Früchten und Tieren dominiert. Eine gewisse Wildheit und Ungezwungenheit bescheinigt ihnen zudem die entblößte Brust; nur Europas Oberkörper ist von einem wuchtigen Panzer verdeckt. Die Vormachtstellung in der Welt wird ihr durch die industrielle Revolution zuerkannt. So präsentiert die Weltausstellung 1878 in Paris den stolzen Gastgeberkontinent als zivilisierte und disziplinierte Größe mit Stärke und Entschlusskraft, mit kultureller Geschichte, vor allem aber mit der Fähigkeit zum Fortschritt.

Der Fortschritt ist ebenso rasant wie die Fortbewegungsmittel, die er hervorbringt. Es ist sicher kein Zufall, dass mit den modernen, der technischen Progression zu verdankenden Verkehrsmitteln immer wieder Europa assoziiert wird. Das geschieht nicht erst im Nationalsozialismus mit dem gleichnamigen Schnelldampfer, zu dessen Innenausstattung ein Wandteppich mit dem in karibische Gewässer verlagerten ›Raub der Europa‹ gehört.[31] Die erste Linie der Pariser Métro fährt ab 1900 im Rahmen der Weltausstellung, eröffnet aber schon 1891 ihre erste Station; unter den frühen Jugendstil-Haltestellen befindet sich an der Place de l'Europe nahe der Gare Saint-Lazare auch eine Station namens Europe.[32]

Der Dekorationswille des *Art nouveau* darf nicht über seine Funktionalität hinwegtäuschen; eine Ästhetik des Ornaments schließt Pragmatik nicht aus, wie neben den technisch motivierten Métrostationen auch viele Industriegebäude zeigen. Selbst der Eiffelturm wird von der *télégraphie sans fil*, der drahtlosen Telegraphie, in Dienst genommen. 1912 nimmt der Dichter Guillaume Apollinaire (1880-1918) in *Zone*, dem Eröffnungsgedicht der *Alcools*, Bezug auf den symbolträchtigen Turm im Pariser Stadtbild und lobt daran gerade sein Herausragen aus dem Auratischen der Vergangenheit, von dem die protestierenden Künstler sich so schwer loszusagen vermochten:

A la fin tu es las de ce monde ancien
Bergère ô tour Eiffel le troupeau des ponts bêle ce matin
3   Tu en as assez de vivre dans l'antiquité grecque et romaine [...].[33]

Zu dem eingangs zitierten Protest der Künstler bezieht Gustave Eiffel, der Konstrukteur des umstrittenen Turms, übrigens direkt Stellung und spricht seinem Bauwerk eine neue Ästhetik der Technik zu:

»Je crois, pour ma part, que la Tour aura sa beauté propre. Parce que nous sommes des ingénieurs, croit-on donc que la beauté ne nous préoccupe pas dans nos constructions et qu'en même temps que nous faisons solide et durable, nous ne nous efforçons pas de faire élégant? [...] je prétends que les courbes des quatre arêtes du monument, telles que le calcul les a fournies [...] donneront une grande impression de force et de beauté; [...] Il y a, du reste, dans le colossal une attraction, un charme propre, auxquels les théories d'art ordinaires ne sont guère applicables.«[34]

Ein französischer Schriftsteller, der sich in seinem Werk mit technischen Errungenschaften, konkret mit dem Fliegen, berufsbedingt immer wieder kritisch auseinandersetzt, ist Antoine de Saint-Exupéry. Geboren 1900, gehört er einer neuen Künstlergeneration an, die in die Wirren des Ersten Weltkriegs hineinwächst und schließlich im Zweiten Weltkrieg ihr kurzes Leben lassen muss (gest. 1944). Saint-Exupérys Worte lesen sich wie eine vermittelnde Entgegnung an die rückwärtsgewandte technikskeptische Haltung, die Bouilhet im ersten Terzett seines Sonetts evoziert:

»Il me semble qu'ils confondent but et moyen ceux qui s'effraient par trop de nos progrès techniques. [...] la machine n'est pas un but. L'avion n'est pas un but: c'est un outil. Un outil comme la charrue. [...] Pour le colonial qui fonde un empire, le sens de la vie est de conquérir. Le soldat méprise le colon. Mais le but de cette conquête n'était-il pas l'établissement de ce colon? Ainsi dans l'exaltation de nos progrès, nous avons fait servir les hommes à l'établissement des voies ferrées, à l'érection des usines, au forage de puits de pétrole. Nous avions un peu oublié que nous dressions ces constructions pour servir les hommes.«[35]

Trotz seiner Parteinahme für die Zweckdienlichkeit der technischen Neuerungen bringt Saint-Exupéry Verständnis auf für die Verunsicherung, die der Mensch durch sie erfährt:

»Chaque progrès nous a chassés un peu plus loin hors d'habitudes que nous avions à peine acquises, et nous sommes véritablement des émigrants qui n'ont pas fondé encore leur patrie. Nous sommes tous de jeunes barbares que nos joujoux neufs émerveillent encore«[36].

VI. Europas entzauberte Wirklichkeit: Régnier

Gerade Europas Mythos vom Aufbruch ins Ungewisse scheint sich den Dichtern in besonderer Weise anzubieten, um Sinnfragen der veränderten Gegenwart zu stellen. Die Verlorenheit des Menschen in der modernen Welt, wie sie schon Leconte de Lisle und Rimbaud betrauerten, spricht auch aus einem Europagedicht des Symbolisten Henri de Régnier (1864-1936) aus dem lyrischen Zyklus *Les jeux rustiques et divins* (1897). Den Mythos vom ›Raub der Europa‹ verarbeitet er darin als Tagtraum-Evokation.[37] In zwölf Versen bietet der Dichter eine Szene des Ackerbaus dar, in der vor einen Pflug gespannte Rinder unter Führung einer Pflügerin ein kretisches Feld bearbeiten. Die Momentaufnahme hat auf den ersten Blick mit dem Europamythos nichts gemein, doch Régnier lässt ihn durch symbolistische Suggestionstechnik in subtilen Anspielungen aufscheinen.

Le Taureau

> Tu mènes lentement, ô grave laboureuse,
> Tes lourds bœufs obstinés au sillon qui se creuse
> Dans la terre crétoise, ouverte au soc luisant;
> Les mufles ont bavé sous le frontail d'argent
> 5   Et leur écume éparse évoque une autre écume.
> Le champ déferle au loin ses vagues, une à une,
> Et des oiseaux, là-bas, volent sur le sillon;
> Et toi, tu songes, appuyée à l'aiguillon,

Grave, lorsque le vent du soir sèche ta joue,
10   Près du soc à tes pieds qui luit comme une proue,
Tu songes, et tes bœufs meuglent vers le ciel clair,
A quelque taureau blanc qui traversa la Mer.

Eine erste Andeutung des Mythos macht der Dichter mit der geographischen Verortung der ländlichen Alltagsszene, die sich nicht zufällig auf kretischem Boden (»Dans la terre crétoise«, V. 3) abspielt. Vordergründig wird in dem Gedicht die mühselige Feldarbeit beschrieben, wozu der Dichter mit den parallelisierten Zeilen seines Bustrophedon-Gedichtes nach Art der »Ochsenkehre«[38] die Bewegung des Pfluges imitiert und die Ackerfurchen zieht. Fachtermini der Agrarsprache verfestigen den Eindruck der Genreszene. Die einzelnen Bildelemente sind jedoch so angelegt, dass sie jeweils ein anderes Bildelement, welches Teil der mythologischen Szene vom ›Raub der Europa‹ ist, evozieren und gemeinsam eine Konnotationskette bilden. Vielleicht am deutlichsten wird diese intertextuelle Verfahrensweise, wenn der Speichel, den die Rinderschnauzen absondern, »une autre écume« evoziert (V. 5). Solch ›anderer Schaum‹ findet sich etwa in dem antiken Quellentext der Idylle des Moschos, in der Europa dem sabbernden Stier die Schnauze abwischt.[39] Zwischen dem Schaum des Rindermauls im Mythos und dem des Gedichts von Régnier besteht freilich ein großer Unterschied. Noch Leconte de Lisle beschreibt den feuchten Schaum der Schnauze als ambrosische »écume érotique«;[40] nichts davon aber eignet dem Schaum bei Régnier, wo er der schweißtreibenden, mühseligen Feldarbeit auf hartem Ackerboden geschuldet ist.

Entsprechend der gezielten Evokationstechnik Régniers ruft die »laboureuse / [...] appuyée à l'aiguillon« (V. 1, 8) die mythologische Heldin Europa wach, wie sie auf dem Rücken des Stiers durch das Meer reitet. Hält sich diese im Mythos an den Hörnern des *einen* Stiers fest, ist jene hier an den Pflug gelehnt und führt – unter Umkehrung der Rollenverteilung im Mythos, in dem der Stier die Richtung bestimmt – mehrere schwergängige, namenlose Rinder an. Régnier greift mitunter auf das Stilmittel des Vergleichs zurück. So suggeriert er durch den Pflug in agrarisch-maritimer Metaphorik einen Schiffsbug (vgl. V. 10) auf dem furchen- wie wellenreichen Ackerboden (V. 6). So wirken die »oiseaux« (V. 7) wie Seevögel, die ähnlich den geflügelten Eroten aus der Mythosüberlieferung nach Lukian (um 120-180 n. Chr.)[41] die Meerfahrt der Europa begleiten und dicht über den Wellen des Meeres bzw. des Feldes schweben.

Wirkliche Gewissheit über die gewollt herbeigeführte Parallelität zum Mythos bietet jedoch erst der letzte Vers, in dem nicht nur syntaktisch der im achten Vers begonnene Satzrahmen nach mehreren hypotaktisch retardierenden Momenten geschlossen, sondern auch endlich ausdrücklich das Bild eines meerfahrenden Stiers aufgerufen wird. Zwar wird das mythologische Tier mit dem uneindeutigen Indefinitadjektiv *quelque* wiederum nur verschleiert angedeutet, doch macht spätestens sein charakteristisches weißes Fell, wie es Ovid in seinen

Metamorphosen beschreibt, den Stier unverwechselbar: »Et toi, tu songes, [...] / A quelque taureau blanc qui traversa la Mer«.[42]

Die Erinnerung an den Mythos bleibt ein reines Gedankenspiel in einer absolut entmythisierten Wirklichkeit, in der zähes Landleben und mühseliger Ackerbau den Alltag bestimmen. Als Bäuerin muss sich die moderne Europa im Schweiße ihres Angesichts in täglicher Anstrengung und körperlicher Arbeit ihr Leben hart verdienen. Unter Joch und Zaumzeug schwitzt und plagt sich der postmythologische Stier als moderner Nachfahre des göttlichen Jupiter. Auch Europa müht sich unter der Monotonie harter Feldarbeit, nachdem ihre Ahnin einst als heldenhafte Prinzessin und Halbgöttin auf derselben Insel eingeschifft und festgesetzt worden ist. In der modernen Wirklichkeit bleibt nichts als die Erinnerung an das vorzeitliche heroische Geschehen, die in dem freudlosen und schwermütigen Ernst der »grave laboureuse« (V. 1) allenfalls noch als Sehnsucht nachschwingt.

So bleibt zwar die Faszination des antiken Stiergottes in ihrer Einflussnahme auf die junge kretische Bäuerin zur Zeit des späten 19. Jahrhunderts ungebrochen, doch die in der Dichtung lange zelebrierte Erhabenheit und Majestät des Gottes weicht einer resignativen Desillusionierung und Entzauberung des Divinen. Die retrospektive Sehnsucht nach Heimat und Familie im alten Mythos wird umgekehrt in Fluchtgedanken des modernen einsamen Menschen, der aus seinem von Mühsal, Anstrengung und Gleichförmigkeit bestimmten Leben ausbrechen möchte und Schutz sucht im Zurückrufen antiker Mythen.

So wie Europa nach der Erfüllung ihrer mütterlichen Pflichten von Jupiter auf Kreta alleingelassen wird, bleibt der Mensch der nachmythologischen Zeit sich selbst überlassen; das Göttliche kommt ihm abhanden und wird ihm fremd im nüchternen »Absolutismus der Wirklichkeit«.[43] Rasant entwickelt sich die moderne Welt sich fort und verliert darüber ihre alten Mythen. Die ›aurea aetas‹ der Mythologie existiert nur mehr in der Erinnerung und in der Suggestion. Auferstehen kann sie, wenn die Dichtung sie wachruft.

VII. Reduktion und Ironisierung des Mythos im Musiktheater: Milhaud

In der künstlerisch wie gesellschaftlich bewegten Frühphase des 20. Jahrhunderts bemächtigt sich schließlich auch das Musiktheater des mythologischen Europastoffes und sucht nach neuen, dem Zeitgeist angemessenen Formen der ästhetischen Gestaltung. So entsteht im Rahmen der Baden-Badener Kammermusiktage für neueste Musik 1927 auf Bestellung des Komponisten Paul Hindemith (1895-1926) mit Darius Milhauds (1892-1974) *L'Enlèvement d'Europe* eine neue Gattung der Kurzoper: der opéra minute.[44]

Das Libretto stammt – wie die Themenwahl – von dem französischen Diplomaten Henri Hoppenot (1891-1977), der den überlieferten Mythos ironisch bricht und so die erotische Vorliebe der Prinzessin für Tiere enthüllt (vgl. Scène VIII). Immerhin wird dem traditionellen Stier des Mythos aus dramaturgischen Gründen auch ein menschlicher Europaverehrer als Rivale gegenübergestellt, der die eigentliche Entführungshandlung an den Rand drängt: Pergamon liebt Europa und sieht keinen anderen Weg, sie für sich zu gewinnen, als durch einen cholerischen Angriff auf den verborgenen Gott. Der Pfeil, den er, musikalisch effektvoll begleitet, auf den Stier schießt, kehrt wie von Zauberhand zu Pergamon zurück und trifft ihn mitten ins Herz (Scène VI). Der Stier hingegen trägt Europa auf seinem Rücken fort, »Vers le berceau du Minotaure!« (Scène VIII). Die Vorwegnahme dieses mythologischen Mischwesens aus Stier und Mensch deutet, wenn auch im persiflierenden Gewand der Ironie, auf eine sich anbahnende Pervertierung der modernen Gesellschaft voraus und nimmt dem Mythos vollends seine Erhabenheit.

Abb. 1: D. Milhaud: »Die Entführung der Europa« (mit freundl. Genehmigung der Universal, Edition A.G., Wien/UE 8898)

Der Umgang mit der antiken Vorlage wird im 20. Jahrhundert sichtlich freizügiger; dazu trägt nicht allein die unverhohlene sodomitische Veranlagung Europas bei, die die klassische Form des Liebesduetts ad absurdum führt und die Parodie der Gattung deutlich hervortreten lässt. Der spöttisch das Geschehen begleitende Chor begleitet Europas pentasyllabische Liebesschwüre lapidar mit ostinatem »Mouh!«

(Scène IV); musikalisch wird dazu die regelmäßige Taktstruktur aufgebrochen und statt des sonst fast durchweg geltenden 6/8-Takts ein 5/8-Takt verwendet.

Abb. 2: D. Milhaud: »Die Entführung der Europa« (mit freundl. Genehmigung der Universal, Edition A.G., Wien/UE 8898)

Einzigartig in der französischen Rezeption des Europamythos wird der Stier, hier vorgeblich andalusischer Herkunft, pointiert mit der Tradition des Stierkampfes in Verbindung gebracht, was die Oper musikalisch stellenweise in spanisches Lokalkolorit taucht (Scène II).[45] Ansonsten überwiegt eine bukolisch-pastorale Stimmung, die sowohl durch die Instrumentierung mit Holzbläsern als auch durch den ländlichen Siciliano-Rhythmus evoziert wird. In seinem Zorn stört erst Pergamon die idyllische Atmosphäre, aggressiv von schrillen Trompeten- und Piccoloflötensoli angestachelt. Wenn der tragische (Anti-)Held, nur vermeintlich unbesiegbar (»invincible«, Scène I), im Angesicht des Todes die Worte ausruft: »C'est la parade espagnole!« (Scène VII),[46] so stirbt er an exponierter Stelle ohne die zu erwartende traditionelle Sterbearie. Zugleich reklamiert er den dramatischen Höhepunkt für sich und lenkt von der mythologischen Entführung ab. Solche Brüche sind gewollt und unterstreichen die parodistische Absicht des Künstlerduos.

Formal richtet sich der opéra minute gegen die aufwändige und dekorationsreiche Traditionsoper, deren dramaturgische Architektur Hoppenot bei aller Verknappung gleichwohl übernimmt. So wirken die Charaktere zwangsläufig statisch und bar jeder emotionalen Nuancierung, ja mitunter geradezu mechanisch und automatisiert.[47] Die Vermittlung der Handlung geht spürbar zu Lasten der psychologischen Einfühlung, was die neue Gattung in einen absoluten Gegensatz etwa zu Richard Wagners (1813-1883) Opernkonzeption stellt:

»Das Fühlen und innere Erleben der Protagonisten ist dort zerdehnt und entwickelt sich im Zeitlupentempo. Die seelischen Prozesse werden langsam und
langatmig ausgebreitet und quasi unter dem Mikroskop gezeigt. In den opéras
minute geschieht die Handlungs- und Gefühlsdarstellung [dagegen] in rasen-
dem Tempo«.[48]

Milhaud nutzt das Postulat der Kürze – Georg-Achim Mies spricht treffend
von einer »Zeitparodie«[49] – für eine zielgerichtete Persiflage eines überkommenen Stils des Musiktheaters, der ihm in den 1920er Jahren nicht mehr zeitgemäß
erscheint. Von insgesamt drei opéras minute des Komponisten zu mythologischen Themen ist *L'Enlèvement d'Europe* die kürzeste. Mit einer Aufführungsdau-
er von kaum neun Minuten spiegelt der Komponist zugleich das Lebensgefühl
seiner Zeit, die die Beschleunigung als Prinzip verinnerlicht hat und sich mit
dem technischen Fortschritt zunehmend identifiziert.[50] Anders jedoch als Arnold
Schönberg (1874-1951), der mit seiner Zwölftontechnik die Tradition der Tonalität
endgültig zu zerschlagen trachtet, bleibt der jüngere Milhaud den tonalen Beziehungen verhaftet. Allerdings mischt er verschiedene simultane Klänge zu bi- oder
polytonalen Akkorden, d. h. er verwendet gleichzeitig verschiedene Tonarten und
Tongeschlechter, einschließlich der Kirchentonarten. Harmonisch erweist sich diese für Milhaud charakteristische Polytonalität als eine Überlagerung von Klängen,
in der sich eine für die Moderne paradigmatische Überstürzung der ästhetischen
Gewohnheiten andeutet.[51]

VIII. Schlussbetrachtung: Europas Aufbruch in die Moderne

In den verschiedenen Rezeptionszeugnissen zum Europamythos in den
Jahrzehnten vor und nach der Wende zum 20. Jahrhundert manifestiert sich
die Auseinandersetzung der französischen Künstler mit dem zunehmend fass-
bar werdenden technischen Fortschritt und dem kulturhistorischen Wandel hin
zur europäischen Moderne. Dabei machen sie sich einerseits die konservativen,
bewahrenden Motivelemente des Mythos zunutze und thematisieren das noch
ungewisse Ziel der Entführung – die Entführung aus der Sicht der zurückbleiben-
den Gefährtinnen –, andererseits wird die vorwärtsdrängende Fortbewegung des
Stiers und die verheißungsvolle Zukunft zum Garanten einer positiv valorisierten
Progression. Dass diese, bezogen auf die Rezeption des antiken Europamythos,
deutlich weniger entschieden zutage tritt, mag verwundern und zeugt von der
janusgesichtigen Schwellenzeit des Aufbruchs Europas auf dem ›Stier der Zukunft‹.

Selbst fortschrittsfreundliche Schriftsteller wie Arthur Rimbaud, Louis Bouilhet,
Antoine de Saint-Exupéry und Jules Verne machen durchaus technikkritische Re-
flexionen geltend; Verkünder des Fortschritts weichen stattdessen auf den Namen
Europa als Werbeträger für Verkehrsmittel und technische Errungenschaften aus.

Ob die Stimmen der künstlerischen Moderne Europa kritisch, skeptisch abwartend oder fortschrittsoptimistisch besingen – auch angesichts fundamentaler Umgestaltungen der Lebenswirklichkeit und allen Kontingenzen des modernen Alltags zum Trotz bleibt Europa als mythologisch-literarisches Motiv ebenso wie als Kontinentalallegorie ein äußerst bewegliches Konzept.

Anmerkungen

[1] *Protestation contre la Tour de M. Eiffel*, 1887 (»Wir, Schriftsteller, Maler, Bildhauer, Architekten, alle begeisterte Verehrer der bisher unberührten Schönheit der Stadt Paris, protestieren mit allen Kräften, mit höchster Entrüstung und im Namen des verkannten Geschmacks, im Namen der bedrohten Kunst und der französischen Geschichte gegen den Bau des überflüssigen und monströsen Eiffelturmes, den die Öffentlichkeit, oft von gesundem Menschenverstand und Urteilsgeist geleitet, bereits boshaft ›Turm von Babel‹ getauft hat. [...] Um sich von dem Zustand, dem wir entgegengehen, ein Bild zu machen, genügt es, sich auch nur einen Augenblick lang vorzustellen, wie ein verrückter und lächerlicher Turm Paris überragt, wie ein riesiger, schwarzer Fabrikschornstein mit seiner barbarischen Masse alle unsere Bauten [erwähnt werden Notre Dame, Sainte-Chapelle, der Tour Saint-Jacques, der Louvre, der Dôme des Invalides und der Arc de Triomphe] erdrückt, unsere Architektur herabwürdigt und in dieser erschreckenden Vorstellung dem Verschwinden anheimfallen lässt.«). Der französische Originaltext ist der offiziellen Internetpräsentation des Eiffelturms entnommen: www.tour-eiffel.fr/teiffel/fr/documentation/dossiers/page/debats. html (zuletzt abgerufen am 28.11.08); übers. vom Vf. in Anlehnung an (Hg.) Peter-Paul Schneider, *Literatur im Industriezeitalter. Eine Ausstellung des Deutschen Literaturarchivs im Schiller-Nationalmuseum Marbach am Neckar*, 2 Bde., Marbach: Deutsche Schillergesellschaft 1987, hier: Bd. 1, 288 f.; vgl. auch Vera Kowitz, *La Tour Eiffel. Ein Bauwerk als Symbol und als Motiv in Literatur und Kunst*, Essen: Die Blaue Eule 1989, 56 ff. – In der Folge nicht ausdrücklich gekennzeichnete Übersetzungen stammen vom Vf.

[2] Vgl. u.a. Christian de Bartillat/Alain Roba, *Métamorphoses d'Europe. Trente siècles d'iconographie*, o.O.: Bartillat 2000, 116 sowie Roland Alexander Ißler, *Metamorphosen des ›Raubs der Europa‹. Der Mythos in der französischen Lyrik vom frühen 14. bis zum späten 19. Jahrhundert*, Bonn: Romanistischer Verlag 2006, 120.

[3] [Charles-Marie-René] Leconte de Lisle, *Poésies complètes*, (Hg.) Maurice de Becque, Bd. 4: *Derniers Poèmes, La Passion, Pièces diverses, Notes et variantes*, Genève: Slatkine Reprints 1974, 31-33 (zuerst in: *Revue des Deux Mondes*, 15. Mai 1894, 443-445). Vgl. meine Nachdichtung in: (Hg.) Almut-Barbara Renger, *Mythos Europa. Texte von Ovid bis Heiner Müller*, Leipzig: Reclam 2003, 129-131. Zitiert wird in der Folge aus der erstgenannten Ausgabe. Zur Verortung des Gedichts innerhalb der französischen Dichtung zum Europamythos vgl. Ißler, *Metamorphosen des ›Raubs der Europa‹*, a.a.O.

[4] Moschos, *Die Europa des Moschos*, (Hg.) Winfried Bühler, Wiesbaden: Steiner 1960.

[5] Josef Theisen, *Die Dichtung des französischen Symbolismus*, Darmstadt: Wissenschaftliche Buchgesellschaft 1974, 25.

[6] Charles Baudelaire, »Correspondances«, in: ders., *Œuvres complètes*, (Hg.) Claude Pichois, Bd. 1, Paris: Gallimard 1983 (Bibliothèque de la Pléiade, 1), 11.

[7] »La révélation divine s'effectue dans un cadre qui évoque l'infini et la paix cosmique« (Rémy Poignault, »Échos du texte antique d'Europe dans quelques versions du mythe au XIXe et au début du XXe siècle«,

in: (Hgg.) ders./Françoise Lecocq/Odile Wattel-de Croizant, *D'Europe à l'Europe*, Bd. 2: *Mythe et identité du XIXe siècle à nos jours, Actes du colloque tenue à Caen (30 septembre-2 octobre 1999)*, Tours: Centre de Recherches A. Piganiol 2000, 67-86, hier: 79).

[8] Ein Manuskript ist erhalten, das eine weitere Schlussstrophe aufweist (vgl. Leconte de Lisle, *Poésies complètes*, Bd. 4, a.a.O., 347).

[9] Pierre Martino, *Parnasse et symbolisme (1850-1900)*, Paris: Colin 1942, 59 (»Die Zukunft liegt in der Vergangenheit, in einer so fernen Vergangenheit, dass der Mensch sie nicht mehr versteht. Es ist die Aufgabe des Gelehrten und des Poeten, sie verständlich und ihr Bild gefällig zu machen.«).

[10] »[O]ù l'homme et la terre étaient jeunes et dans toute l'eclosion de leur force et de leur beauté« (zit. nach Martino, *Parnasse et symbolisme*, a.a.O., 59).

[11] Arthur Rimbaud, *Œuvres complètes*, (Hg.) Antoine Adam, Paris: Gallimard 1983 (Bibliothèque de la Pléiade, 68), 6-11.

[12] In seinem Kommentar zu *Soleil et chair* nennt Antoine Adam die Lyrik Leconte de Lisles als eine der Inspirationsquellen, vgl. Rimbaud, *Œuvres complètes*, a.a.O., 845.

[13] »Le Monde a soif d'amour« (V. 80).

[14] »Der Zeus-Stier, der den Leib Europas auf sich trägt, / Die, wie ein Kind gewiegt, die weißen Arme schlägt / um seinen starken Hals, leis fröstelnd vor den Fluten, / Dreht langsam auf sie zu des Auges trübe Gluten. / ihr rosig blühendes Gesicht wird bleich und sinkt / Hin auf Zeus' Stirn; sie schließt die Augen; sie ertrinkt / In seinem Kuß. Das Meer, sacht murmelnd wie im Träume, Läßt ihre Locken blühn in seinem goldnen Schaume.« (V. 131 ff.), übers. von Sigmar Löffler und Dieter Tauchmann, in: Arthur Rimbaud, *Sämtliche Werke*, frz./dtsch., (Hg.) Thomas Keck, Frankfurt am Main/Leipzig: Insel 1992, 27.

[15] »Das Elend! Jetzt sagt er: ›Ich kenne alle Sachen‹, / und geht hin, ohne Ohr und Augen aufzumachen. / – Kein Gott mehr! kein Gott mehr! Der Mensch ist König, Gott!« (V. 33 ff.), ebd., 23.

[16] Louis Bouilhet, *Lettres à Gustave Flaubert*, (Hg.) Maria Luisa Cappello, Paris: CNRS Editions 1996, 364 f. (Lettre 243, Brief vom 17. Januar 1862).

[17] Das Gedicht steht dort unter der Nummer XVII: Louis Bouilhet, *Œuvres*, réimpression de l'édition de Paris 1880 et 1859, Genève: Slatkine Reprints 1974, 345, nachfolgend wird nach dieser Ausgabe zitiert. Vgl. meine Nachdichtung in Renger, *Mythos Europa*, a.a.O., 127 f.

[18] Unabhängig von Bouilhet verwendet hier auch Rimbaud die Formulierung des »cou nerveux« (*Soleil et chair*, a.a.O., V. 133).

[19] P. Ovidius Naso, *Metamorphosen*, lat./dtsch., (Hg.) Michael von Albrecht, Stuttgart: Reclam 1994, 122 (*Liber secundus*, V. 874).

[20] Vgl. u.a. (Hg.) Claudio Pescio, *Il Mito di Europa. Da fanciulla rapita a continente*, Ausstellungskatalog Galleria degli Uffizi, 11. Juni 2002 bis 6. Januar 2003, Firenze: Giunti 2002 sowie (Hg.) Barbara Mundt, *Die Verführung der Europa*, Katalogbuch zur gleichnamigen Ausstellung im Kunstgewerbemuseum Berlin, 2. August bis 30.Oktober 1988, Frankfurt am Main: Ullstein 1988.

[21] P. Ovidius Naso, *Metamorphosen*, a.a.O., 120 (*Liber secundus*, V. 855 f.).

[22] Vgl. Poignault, »Échos du texte antique d'Europe«, a.a.O., 74. Selbst Leconte de Lisle assoziiert in diesem Zusammenhang das Metall: »Lui, soudain, se dressa sur ses jarrets de fer« (Leconte de Lisle, *L'Enlèvement d'Européia*, s.o., V. 30).

[23] Zur Editionsgeschichte vgl. das Vorwort der Ausgabe: Jules Verne, *Paris au XXe siècle*, (Hg.) Perio Gondolo della Riva, Paris: Hachette 1994. Eine deutsche Übersetzung von Elisabeth Edl liegt vor: Jules Verne, *Paris*

im 20. Jahrhundert, Wien: Zsolnay 1996.

[24] Vgl. Hans Kraemer, *Welt der Technik im XIX. Jahrhundert*, Faksimile der Ausgabe in drei Bänden 1898-1902, Düsseldorf: VDI-Verlag 1984, 261.

[25] Heinrich Heine, *Lutezia. Berichte über Politik, Kunst und Volksleben, Zweiter Theil, LVII. Paris, 5. May 1843*, in: ders., (Hg.) Manfred Windfuhr, in Verbindung mit dem Heinrich-Heine-Institut Düsseldorf, *Historisch-kritische Gesamtausgabe der Werke*, Bd. 14, 1: *Lutezia II. Text, Apparat 43.-58. Artikel*, bearb. von Volkmar Hansen, Hamburg: Hoffmann und Campe 1990, 57.

[26] Zu einzelnen Pariser Weltausstellungen vgl. u.a. Volker Barth, *Mensch versus Welt. Die Pariser Weltausstellung von 1867*, Darmstadt: Wissenschaftliche Buchgesellschaft 2007; Hans Kraemer, *Die Ingenieurkunst auf der Pariser Weltausstellung 1900*, Reprint der Ausgabe Berlin 1900, Düsseldorf: VDI-Verlag 1984 und, allgemeiner, das Kapitel »›Schaufenster der industriellen Welt‹. Weltausstellungen«, in: Schneider, *Literatur im Industriezeitalter*, a.a.O., Bd. 1, Kap. 12, 271-293, sowie Evelyn Kroker, *Die Weltausstellungen im 19. Jahrhundert*, Göttingen: Vandenhoeck & Ruprecht 1975.

[27] Vgl. Michel Pastoureau/Jean-Claude Schmitt, *Europe. Mémoire et emblèmes*, Paris: Les Éditions de l'Épargne 1990, 45-48, mit Abbildungen der Europa-Allegorie aus verschiedenen Betrachterperspektiven.

[28] Vgl. Sabine Poeschel, *Studien zur Ikonographie der Erdteile in der Kunst des 16.-18. Jahrhunderts*, München: Scaneg 1985.

[29] Cesare Ripa, *Iconologia*, (Hg.) Piero Buscaroli, mit einem Vorwort von Mario Praz, Milano: TEA 1992, 295-297. Die erste Ausgabe der *Iconologia* erschien ohne Abbildungen 1593, die zweite illustriert 1603.

[30] Vgl. Sabine Poeschel, »Europa. Herrscherin der Welt? Die Erdteil-Allegorie im 17. Jahrhundert«, in: (Hgg.) Klaus Bußmann/Elke Anna Werner, *Europa im 17. Jahrhundert. Ein politischer Mythos und seine Bilder*, Wiesbaden: Steiner 2004, 269-287, hier: 277.

[31] Vgl. (Hg.) Siegfried Salzmann, *Mythos Europa. Europa und der Stier im Zeitalter der industriellen Zivilisation*, Ausstellungskatalog, Hamburg: Ellert & Richter 1988, 414 f.

[32] Vgl. Pastoureau/Schmitt, *Europe*, a.a.O., 162.

[33] Guillaume Apollinaire, »Zone« (V. 1-3), in: ders., *Alcools*, Paris: Gallimard 2002 (Collection Poésie, 10), 7-14, hier: 7. »Am Ende bist du dieser antiken Welt müde / O Hirte Eiffelturm die Herde der Brücken blökt heute morgen / Du hast es satt im griechischen und römischen Altertum zu leben«. Zu Apollinaires Verhältnis zu städtischen Metallkonstruktionen vgl. etwa Wilhelm Woltermann, *Guillaume Apollinaire und die Stadt*, Frankfurt am Main: Lang 1997, insbes. 105 ff. Auch Iwan Goll (1891-1950), erst nach der Errichtung des Eiffelturms geboren, lobt dessen Modernität bei gleichzeitiger Herabsetzung des altehrwürdigen Pariser Baubestands: »Unten verwest Paris / Pilze zerfressen Oper und Pantheon / Hier schwebt Gesang / [...] / Unverwitterbar Gebirg / Aus menschlichem Geist / Wolkenleiter / Aus wieviel tausend Tonnen Stahl« (aus: »An den Eiffelturm«, in: (Hg.) Hannes Küpper, *Technische Zeit. Dichtungen*, Essen: Kauermann 1929, 39).

[34] Gustave Eiffel, Auszug aus einem Interview, in: *Le Temps*, 14. Februar 1887, zit. nach www.tour-eiffel.fr/teiffel/fr/documentation/dossiers/page/debats.html (zuletzt abgerufen 28.11.08): »Ich für meinen Teil glaube, dass der Turm seine eigene Schönheit besitzen wird. Glaubt man denn, nur weil wir Ingenieure sind, dass uns in unseren Konstruktionen die Schönheit nicht bekümmert und dass wir zur selben Zeit, in der wir etwas Solides und Dauerhaftes bauen, uns nicht auch bemühen, es elegant zu machen? [...] Ich behaupte, dass die Bögen der vier Seiten des Monuments, wie die Berechnung sie hervorgebracht hat, [...] einen großen Eindruck von Kraft und Schönheit machen werden. [...] Das Kolossale hat im Übrigen eine

Anziehung, einen eigenen Zauber, auf welche die gewöhnlichen Kunsttheorien kaum anwendbar sind.« Eiffel bezeichnet sein Konstrukt hier bereits ausdrücklich als ›Monument‹; offiziell zum historischen Monument erklärt wird der Turm hingegen erst 1964.

[35] Antoine de Saint-Exupéry, *Terre des hommes*, in: ders., *Œuvres complètes*, (Hgg.) Michel Autrand/Michel Quesnel, Paris: Gallimard 1994 (Bibliothèque de la Pléiade, 98), 169-296, hier: 198 f. (»Die guten Leute, die sich über die technischen Fortschritte unserer Zeit so entsetzen, verwechseln, wie mir scheint, Zweck und Mittel. [...] [D]ie Maschine ist kein Ziel und darum ist auch das Flugzeug kein Zweck, sondern ein Werkzeug, ein Gerät nicht anders als der Pflug. [...] So geht es auch dem Gründer eines Weltreiches: für ihn wird Erobern Sinn und Zweck des Lebens. Der Soldat verachtet den Siedler; und doch bleibt das Ziel der Eroberung, den Siedlern Raum zu schaffen. So haben auch wir im Fortschrittsrausche die Menschen dazu gezwungen, an Eisenbahnen, Werkbauten und Tiefenbohrungen Dienst zu tun, und haben darüber ziemlich vergessen, dass alle diese Anlagen nur geschaffen wurden, um den Menschen zu dienen« (Übers. von Henrik Becker, in: Antoine de Saint-Exupéry, *Wind, Sand und Sterne*, Düsseldorf: Rauch 1995, 46 f.).

[36] Saint-Exupéry, *Terre des hommes*, a.a.O., 199 (»Jeder Fortschritt hat uns aus Gewohnheiten, die wir kaum erst angenommen hatten, gleich wieder vertrieben. Wir sind Verbannte, die noch kein neues Vaterland gefunden haben. Wir sind junge Wilde und staunen über unsere neuen Spielsachen«; übers. von H. Becker, *Wind, Sand und Sterne*, a.a.O., 47).

[37] Henri de Régnier, »Le Taureau«, in: ders., *Œuvres*, Bd. 3: *Les jeux rustiques et divins*, réimpression de l'édition de Paris 1913-1931, Genève: Slatkine Reprints 1978, 20. Die folgenden verkürzten Ausführungen gehen zurück auf: Ißler, *Metamorphosen des ›Raubs der Europa‹*, a.a.O., 134-139.

[38] (Hgg.) Werner Habicht/Wolf-Dieter Lange, *Der Literatur-Brockhaus*, Mannheim u.a.: BI-Taschenbuchverlag 1995, s. v. »Bustrophedon«, Bd. 2: *Bot-Dub*, 93.

[39] Vgl. Moschos, *Die Europa des Moschos*, a.a.O., 39.

[40] Poignault, »Échos du texte antique d'Europe«, a.a.O., 81.

[41] Vgl. Lukian, *ZEΦΥΡΟΥ ΚΑΙ ΝΟΤΟΥ* [*Meergöttergespräche*, Nr. 15], in: (Hg.) M. D. Macleod, *Luciani Opera*, Tomus IV, *Libelli 69-86*, Oxford: Oxford University Press 1987, 258-260, hier: 259.

[42] »Und du, du träumst von einem weißen Stier, der das Meer durchquerte« (V. 8 ff.).

[43] Hans Blumenberg, *Arbeit am Mythos*, Frankfurt am Main: Suhrkamp [6]2001, 9.

[44] Darius Milhaud, *L'Enlèvement d'Europe. Opéra-minute en huit scènes*, Klavierauszug, Wien: Universal Edition 1927. Die Uraufführung fand am 17. Juli 1927 in deutscher Sprache in Baden-Baden statt. Für eine genauere Analyse vgl. Almut-Barbara Renger/Roland Alexander Ißler, »Europa-Inszenierungen vom Grand Siècle bis zu Milhaud. Mythos und Erdteilallegorie im Wechselspiel von Musik und Literatur«, in: *Grenzgänge. Beiträge zu einer modernen Romanistik* (erscheint 2009).

[45] Jedoch wird bereits in der spanischen Literatur des Siglo de Oro, zumal in diversen panegyrischen Sonetten auf fürstliche Stierkämpfer, im Zusammenhang mit der nationalen Corridatradition der Europamythos evoziert.

[46] »Dies ist die spanische Art, einen Angriff abzuwehren!«, sinngemäß übers. von Hilde Malcomess, in: dies., *Die opéras minute von Darius Milhaud*, Bonn: Verlag für systematische Musikwissenschaft 1993, 73.

[47] Nicht zufällig beschreiben gerade Ausdrücke der technischen Welt die dargestellten Personen besonders treffend. Vgl. auch Henri Bergson, *Le Rire. Essai sur la signification du comique*, Paris: Presses universitaires de France 1993 ([1]1901).

[48] Malcomess, *Die opéras minute von Darius Milhaud*, a.a.O., 69.

[49] Georg-Achim Mies, *Die Kurzoper. Materialien zur Geschichte und Ästhetik der experimentellen musikdramatischen Kleinform im ersten Drittel des 20. Jahrhunderts*, Diss. Berlin: Freie Universität 1971, 97.

[50] Zur Einbindung des Zeitfaktors in die moderne Ästhetik vgl. u.a. Ingrid Oesterle, »Innovation und Selbstüberbietung. Temporalität der ästhetischen Moderne«, in: (Hgg.) Silvio Vietta/Dirk Kemper, *Ästhetische Moderne in Europa. Grundzüge und Problemzusammenhänge seit der Romantik*, München: Fink 1998, 151-178.

[51] Zu Technik und Gestaltungsmöglichkeiten der Polytonalität Milhauds vgl. u.a. Paul Collaer, *Geschichte der modernen Musik* [*La musique moderne*, Brüssel 1955], übers. von Margot Fürst, Stuttgart: Kröner 1963, 270 ff. sowie Antoine Goléa, *Musik unserer Zeit. Eine kritische Darstellung ihrer Hauptströmungen*, München: Beck 1955, 147 ff.

Literatur und Technik
Wissenstransformationsprozesse im Zeitalter der Industrialisierung

Claude D. Conter

I. Technik und der europäische Traum der Kontinentalisierung

»Europa in Bewegung« meint im 19. Jahrhundert zweierlei. Zum einen bewegt der vielfältige Europadiskurs Gelehrte, Diplomaten sowie Politiker einschließlich einer breiten Öffentlichkeit und verändert die politischen Vorstellungen über die Neugestaltung des Kontinents nach dem Ende der Napoleonischen Universalmonarchie grundlegend.[1] Zum anderen wird Bewegung selbst zu einem Begründungsmoment der Europäisierung, am sichtbarsten im Technikdiskurs, wenn etwa die Eisenbahn symbolisch und mit Recht als Vehikel der Kontinentalisierung gefeiert wird.[2]

Den Zeitgenossen kündigte gerade die Eisenbahn ein neues Zeitalter an, ein Maschinenzeitalter, das in Fortsetzung der seit dem 18. Jahrhundert üblichen Reaktion auf Technikinnovationen in aufklärerisch-kosmopolitischen Argumentationszusammenhängen zu einem Friedenszeitalter apostrophiert wurde. Insbesondere jene Autoren, die sich dem Liberalismus nahe fühlten, hoben diesen Gedanken hervor und stellten die Eisenbahn als Instrument heraus, ein als starr empfundenes Metternich-System zu durchbrechen: So wurde die Eisenbahn zum »Sturmvogel des Völkerfrühlings«[3]. Gegen die Vorstellung einer zementierten Restauration, wie sie im Kollektivsymbol des Krebses in den Populärmedien präsent war, wurde die Maschinen- und Dampfkraft als politischer Durchbruch gefeiert. Theodor Mundt überzeugte sich davon 1835 anlässlich des obligatorisch gewordenen Besuches in England als dem Land industrieller Avantgarde. Zwar war er noch ungewiss, ob die »zukunftsvolle[n] Eisenlinie[n]«[4] ein eisernes oder ein goldenes Zeitalter ankündigten, er hegte aber keine Zweifel, dass die neue Technik »das einzig welthistorische Gesicht in unsern Tagen macht«[5], wie Heinrich Heine die Eisenbahn beschrieb. Deren Einführung war für Heine ein »saeculares Ereignis«, das – wie der Buchdruck und die Entdeckung Amerikas – »ein[en] neue[n] Abschnitt in der Weltgeschichte« darstellte, wobei die Ungewissheit über die Folgen des Aufbruchs bei ihm auch ein »unheimliches Grauen« auslöste.

Mundt und Heine sind keine singulären Fälle, ganz im Gegenteil: Es lassen sich ähnliche Beispiele in literarischen und populärwissenschaftlichen Texten ab den 1830ern problemlos mehren. So griff etwa Eduard Beurmann die Idee auf, dass technische Medien ein neues Zeitalter initiierten und benannte zugleich die Unterschiede zwischen den Eisenbahnen und der Buchdruckerkunst:

»Diese [Buchdruckerkunst] ermittelte Ideen, jene [Eisenbahnen] werden das Leben vermitteln; diese belehrte Völker über einander, jene werden sie zueinander führen [...]. Aus den kleinen Landes-Eisenbahnen wird in den ersten zwanzig Jahren schon die große europäische Eisenbahn hervorgehen. Binnen mehrerer Wochen könnte man auf einer Eisenbahn die Erde umfahren, und eine Anstalt, die die Welt zu einem Diminutivum machen würde, wie würde sie die Nationalität und das Ansehen der Reiche auslöschen.«[6]

Beurmanns utopischer Eifer scheint zunächst geläufig, da er auf einen liberalen Europadiskurs zielte, der in den 1830er Jahren wesentlich im Gegensatz zur gleichgewichtstheoretisch ausgerichteten Großmächtepolitik stand und wonach eine Europäisierung zu einer Homogenisierung des Alltagslebens[7] führen und in der Folge mit einer Abschaffung nationaler oder staatlicher Grenzen einhergehen sollte, zumindest aber die Vorstellung des Staates und der Nationalität marginalisieren würde. Weniger auffällig hingegen, aber einen kulturgeschichtlichen Wandel dennoch zur Geltung bringend, ist, dass Beurmann mit der zum Topos erhobenen Genealogie ›Buchdruck/Eisenbahn‹ und mit der Bezeichnung der Eisenbahn als Anstalt[8] unmittelbar den ästhetischen Diskurs durch den technischen ersetzt. War für die Aufklärer einst die Schaubühne als moralische Anstalt das Fortschrittsmedium der Unterweisung schlechthin, so wurde die Technik nun zum Instrument der Umsetzung der zeitlich zurückliegenden Belehrungen. Gemeinsam ist beiden der Nützlichkeitsgedanke. Beurmann aber ersetzte die ästhetische Erziehung, wie sie Schiller als Konsequenz aus der aporetischen Moderne programmatisch formuliert hatte, durch Technikoptimismus. Die Technik wurde in den 1830er Jahren tatsächlich von liberalen Denkern als jenes Medium gesehen, das de facto soziale und politische Konvergenz durch Transportvereinheitlichungen erwirken würde. Dieser Optimismus trat umso deutlicher zu Tage, je geringer die Chancen einer Umsetzung liberaler Wirtschaftsmodelle und liberaler Politikkonzepte, vor allem nach dem Hambacher Fest 1832, waren. Tatsächlich schien die Hoffnung, in der eine Kontinentalisierung politisch durchsetzbar war, nach den 1820er Jahren nur noch gering. Für viele Gelehrte hatte die Politik die Chance verwirkt, in föderalistischen oder konföderalistischen Modellen Europa neu zu gestalten. Hingegen traute man nun der Technik dieses Potential zu, weshalb die Eisenbahn-Debatte sogleich in einen nicht nur utopisch grundierten europäischen oder kosmopolitischen Diskurs überführt wurde. Die Eisenbahnen verleiteten einige liberale Gelehrte zum Traum von Europa, insofern sie zum sichtbaren Aushängeschild des Liberalismus wurden und einen Wandel der gesellschaftlichen und politischen Strukturen insinuierten.

Und so ging nach 1830 eine Politisierung der Technik mit einer Applikation der Technik im Europadiskurs einher, was in *Meyers Conversations-Lexicon* von 1846 im Artikel »Eisenbahn« bereits als Alltagswissen ausgewiesen wurde. Das neue Fortbewegungsmittel wurde zum Ersatz für die Leistungen, die man sich von einer europäischen Politik erwartet hatte. Nun verzichtete man darauf, alte Debatten über die verschiedensten Modelle der politischen Erneuerung Europas fortzusetzen und setzte stattdessen überwiegend auf die Technik, um den europäischen Frieden und die Versöhnung der Völker zu garantieren.[9] Dass Technik ein Friedensprojekt sei, das die Menschen und die Staaten einander näher bringen würde und die internationalen Verhältnisse wesentlich verändern könnte, merkte Carl Schmeidler 1871 rückblickend in seiner Geschichte des Eisenbahnwesens an. Und auch der Technikhistoriker Conrad Matschoss meinte in seiner *Geschichte der Dampfmaschine*: »Die Eisenbahnen einigen die Völker [...]. So fördert über den ganzen Erdkreis sich der Menschen gemeinsames Werk«.[10] Die Eisenbahnen sind für viele in der Zeit der Frühindustrialisierung die

»Verschmelzer alles vereinzelten Völkerlebens zu Einem Reich in den gesamten Beziehungen des Verkehrs, der Geselligkeitszustände und des geistigen Daseyns. Es ist der E.B. höchste Aufgabe, die letzte Versöhnung der widerstreitenden Elemente in der Geschichte der Menschheit, die Ausgleichung der höchsten Freiheit im einzelnen Wollen, mit dem innigsten Unterordnen unter das Gesetz des Ganzen zu ermitteln, doch sey dieses nirgend das Gesetz der Willkür, sondern nur das der Vernunft, wo Wille und Zwang, Pflicht und Recht Eines werden in erkannter, sittlicher Notwendigkeit. Nach diesem wahrhaft göttlichen Ziel hat die Geschichte zwar von jeher ihren Lauf gerichtet, doch auf den stürmend vorwärts rollenden Rädern der Eisenbahn wird sie es um ein Jahrhundert früher erreichen.«[11]

Solch ein Fortschritts- und Zukunftsoptimismus schien Europa aus der politischen Krise herauszuhelfen, damit der Kontinent seine Zivilisationsaufgabe der Völkerverbrüderung wieder wahrnehmen könne. Die Eisenbahnunternehmen selbst spielten mit diesem Konzept von Technik als Wiederherstellung kontinentaler Macht und nutzten es, für sich zu werben:

»Die Eisenbahn huldigt einem politischen Kosmopolitismus, der durch die Eisenbahnen über kurz oder lang herbeigeführt werden muß, wo alle die schroffen Gegensätze der Nationalitäten schwinden und ein allgemeiner, freier, geistiger und materieller Verkehr unter allen Nationen stattfinden wird.«[12]

Dort, wo die Diplomaten scheinbar versagt hatten, übernahmen Industrie und Wirtschaftsunternehmen selbst den Traum von Europa, in dem sie ihn zwar zunächst zu Werbezwecken instrumentalisierten, aber damit auch signalisierten, dass sie jene politischen Erwartungen zu erfüllen wussten, die von der europäischen Kongresspolitik in bürgerlichen Kreisen enttäuscht worden war: die grenzüberschreitende Kommunikation. Im liberalen Umkreis wurde die Technik in kosmopolitischer Umdeutung zum Surrogat für Europa. Dass Autoren diesen Gedanken aufgriffen, war nur folgerichtig, wurde ihnen doch erlaubt, ein früheres Thema beizubehalten, auch wenn der Begriff Europa nun durch den der Eisenbahn ersetzt werden musste. Jakob Schnerr hob diesen Zusammenhang anlässlich der Nürnberger Streckeneröffnung in modischen Eisenbahn-Festreimen auf die Melodie des Liedes *Am Rhein, am Rhein, da wachsen unsre Reben* hervor, als er die vereinende Netzstruktur der Eisenbahn mit dem Prozess der Kontinentalisierung gleichsetzte:

Mit Schienen, Freunde, webet ohne Bangen
Ein Netz von Pol zu Pol!
Sieht sich Europa einst gefangen,
Dann wird es ihr erst wohl.[13]

Die Netzmetapher, die auf den ersten Blick lediglich als Verbildlichung der Eisenbahnlinien erscheint, ist indes auch eine subtile liberale Antwort auf die andere Netzmetapher, die in den 1830er Jahren den Lesern nicht unbekannt war. Metternich, der Erzfeind der Liberalen, wurde nicht selten als Spinne kritisiert, die ihr Spinnennetz über Europa ausbreite.[14] Tatsächlich hatte Metternich ein dichtes Netz an Geheimpolizei und Geheimkorrespondenten über den Kontinent verteilt, so dass die von Schnerr benutzte Netzmetapher demgegenüber die Freiheit als Gegenmodell zur politischen Restaurationspolitik feiern konnte. Das Gefangenenmotiv (›im Netz der Spinne‹) aus der vormärzlichen Literatur wird umgedeutet, insofern das Eisenbahnnetz nun »ohne Bangen« eine verkehrsbedingte Völkerverständigung herbeiführt. Die Eisenbahn als Mittler zur Annäherung der Völker wird auch in anderen Gedichten hervorgehoben wie *Einst und Jetzt* in der viel beachteten Gedichtsammlung *Lieder eines deutschen Mädchens* von Louise Otto Peters (1847) oder *Der Freiheit eine Gasse* von Georg Herwegh.[15] Diese Texte verkünden eine technische Friedensmission:

Vergeudet nicht zu Kriegs- und Mordgewehren
Hinfort dies edle Herz!
In Fried' und Glück auf solcher Bahn verkehren,
Erfreue Aller Herz.[16]

Die Hoffnung, dass die Eisenbahn die Völker durch die erfahrene Raum- und Zeitaufhebung annähere und Kriege verhindere, ist ein populärer Topos der Eisenbahnliteratur jener Zeit.[17] Ludwig Börne stimmte ein in diesen Chor und beschrieb in seinen *Briefen aus Paris* unter Berufung auf Friedrich List die politische Friedensaufgabe der Eisenbahn: »Diese Eisenbahnen sind nun meine und Lists Schwärmereien wegen ihrer ungeheuern politischen Folgen. Allem Despotismus wäre dadurch der Hals gebrochen, Kriege ganz unmöglich.«[18] Friedrich List hatte bereits 1825 bei seinem ersten Englandaufenthalt die neuen Kommunikationsmittel der Eisenbahn, der Dampfschifffahrt und der Telegrafie als die wichtigsten Mittel der europäischen Integration apostrophiert:

»Wie unendlich wird die Cultur der Völker gewinnen, wenn sie in Massen einander kennen lernen und ihre Ideen, Kenntnisse, Geschicklichkeiten, Erfahrungen und Verbesserungen sich wechselseitig mittheilen. Wie schnell werden bei den cultivirten Völkern Nationalvorurtheile, Nationalhaß und Nationalselbstsucht besseren Einsichten und Gefühlen Raum geben, wenn die Individuen verschiedener Nationen durch tausend Bande der Wissenschaft und Kunst, des Handels und der Industrie, der Freundschaft und Familienverwandtschaft mit einander verbunden sind.«[19]

Ein von Eisenbahnschienen vernetztes Europa, in dem die wichtigsten Industrie- und Ballungszentren verbunden wären, imaginierten auch Michel Chevalier in seiner Schrift *Système de la Méditerranée* (1832) oder Victor Hugo auf dem Friedenskongress in Paris am 21. August 1849.[20] Sie sind Ausdruck der wiederkehrenden Idee, dass die Technik jene politische Idee realisiert, die in den 1820er Jahren gescheitert war. Der Vielzahl der Belege, so lässt sich pointiert feststellen, ist indes gemeinsam, dass der Technikdiskurs und der Europadiskurs dort interferieren, wo der Aufbruch in eine neue Zeit des Friedens und der Völkerverständigung sowie des Fortschrittsoptimismus gegen eine als abgeschlossen oder zu Ende gehende Ära proklamiert werden. Dabei kann die Technik Bestandteil einer liberalen politischen Konzeption von Europa sein oder ein Surrogat für die Politik.[21]

II. Geschichtsphilosophie, Gesellschaft und Ästhetik
Technik als Applikationsfeld von Literatur

Die Veränderungen im Landschaftsbild, die neue Erfahrung von Geschwindigkeit und die Folgen der Industrialisierung hatten eine so komplexe Diskussion über die Technik zu Folge, dass die simple Vorstellung von den Eisenbahnen als Motoren des europäischen Friedens alsbald zu einer Fußnote im Diskurs verkam. Vor allem die Debatten in den 1830er Jahren, insbesondere mit der Entstehung des *juste milieu*, hatten dazu beigetragen, dass politische Fragen mit internationalen Dimensionen und Europaprojekte eingetauscht wurden gegen solche, in denen geschichtsphilosophische und soziale Fragen sowie ästhetische Probleme erörtert wurden. Die Technikfrage wurde auf andere Debatten appliziert. In den meisten Fällen ging es nicht wirklich um eine Bewertung der Technik, sondern um eine Bewertung der Auswirkungen technischer Innovationen auf Gesellschaft und Natur.

Dass dabei ein kulturpessimistischer Reflex auf den technischen Fortschritt und die von ihm ausgehenden Veränderungen im Landschaftsbild, auf die urbane Kultur oder im Sozialverhalten nicht ausbleiben konnte, ist weniger ein Ergebnis der Auseinandersetzung mit den Eigenschaften neuer Technologien als vielmehr ein Topos bei der Bewertung von Medienkonkurrenz infolge innovativer Medien. Wenn Joseph von Eichendorffs dromologische Beobachtungen der Eisenbahn in *Ahnung und Gegenwart* zum melancholischen Bedauern über

die Zerstörung der Landschaft und ihrer romantischen Wahrnehmung unter den
ästhetischen Vorgaben des Naturerhabenen führen, dann war dies strukturell
vergleichbar mit der Diagnose, die Johann Georg Lichtenberg erstellt hatte, als er
die Reisegeschwindigkeit in einer Kutsche bereits mit der Vernichtung der Land-
schaftswahrnehmung verband und die Verzeitlichung der Raumkategorie als ver-
wirrend empfand. Neu hingegen war, dass die Geschwindigkeit der Eisenbahn im
19. Jahrhundert in einen geschichtsphilosophischen Diskurs überführt wurde.

Tatsächlich gab die Geschwindigkeit der Eisenbahnen Anlass zu grundle-
genderen Reflexionen, die mit Hegels geschichtsphilosophischen Vorlesungen
zusammenhingen.[22] Für Karl Beck stellte die Verräumlichung der Zeit in *Die Eisenbahn* die Überwindung starrer Zeit- und damit Geschichtsvorstellungen dar. Als
Symbol für mögliche geschichtliche Veränderungen wurde die Technik Bestandteil kulturphilosophischer Überlegungen; den antiken Europamythos aufgreifend
wurde die Eisenbahn in Werbetexten auch als »antediluvianische[r] Stier«[23] bezeichnet, der Europa vor der geschichtsphilosophischen Sintflut rette. Und Adelbert von Chamisso reagierte in *Die Reise um die Welt* auf die Ängste vor einem
geschichtlichen Stillstand in der Restaurationszeit, indem er die Überwindbarkeit
der Gegensätze von technischem Fortschritt und geistiger Langsamkeit, Schnelligkeit der Bewegungen und Trägheit des Denkens dem Zeitgeist überantwortet:

»Ihr Starren, die ihr die Bewegung leugnet und unterschlagen wollt, seht, ihr
selber, ihr schreitet vor. Eröffnet ihr nicht das Herz Europas nach allen Seiten
der Dampfschiffahrt, den Eisenbahnen, den telegraphischen Linien, und verlei-
het dem sonst kriechenden Gedanken Flügel? Das ist der Geist der Zeit, der,
mächtiger als ihr selbst, euch ergreift.«[24]

Zugleich diente die Beobachtung der Raum- und Zeitentgrenzung durch die
Eisenbahn[25] dazu, den Weltlauf der Geschichte nach Hegel ad absurdum zu füh-
ren. Chamisso verkehrte im ersten deutschen Eisenbahngedicht überhaupt, *Das
Dampfroß* (1830), den geschichtsphilosophischen Pessimismus, indem er die von
Hegel konstatierte geschichtsphilosophische Fortschrittsbewegung von Osten
nach Westen nicht etwa in Amerika ankommen ließ, sondern konsequent im
Kreis drehen ließ, insofern der Fortschritt dann wieder von Osten kommt, wenn-
gleich paradoxerweise wieder auch aus der Vergangenheit[26]:

Mein Dampfroß, Muster der Schnelligkeit,
Läßt hinter sich die laufende Zeit,
Und nimmt's zur Stunde nach Westen den Lauf,
Kommt's gestern von Osten schon wieder herauf.[27]

In der Verwandlung von Raum und Zeit konnte der Fortschritt nun wieder von
Osten nach Europa kommen, aber auch, in den selteneren Fällen, wie in Eichen-

dorffs Fragment *Ein Auswanderer* (1850/1856), in Stillstand umgedeutet werden. Dort klagte der Auswanderer, bevor er sich einschiffte:

Europa, du falsche Creatur!
Man quält sich ab mit der Cultur,
Spannt vorn die Locomotive an,
Gleich hängen sie hinten eine andre dran,
Die eine schiebt vorwärts, die andere retour,
So bleibt man stecken mit der ganzen Cultur.[28]

Zeigt bei Chamisso das Zivilisationssymbol Eisenbahn durch die Raum- und Zeitentgrenzung den Ausweg aus der geschichtsphilosophischen Europamüdigkeit, ist es bei Eichendorff gerade die Lokomotive, die zum Symptom der Zivilisationskrankheit wird. Der Naturforscher Chamisso hatte die von der technologischen Entwicklung hervorgerufenen Ängste erkannt. Ihm fiel der Widerspruch auf zwischen dem Einzelnen, der wie Eichendorff den Fortschritt aufhalten wollte und kleinmütig in der ›Starre‹ verharrte, und dem Allgemeinen, dem Zeitgeist.

Wenn in den 1830er Jahren der Zeitgeist beschworen wurde, dann wurden nicht selten außer politischen auch soziale Belange thematisiert. Es wundert daher nicht, dass die Technik oftmals im Hinblick auf Veränderungen gesellschaftlicher Strukturen bewertet wurde. Die Eisenbahn wurde als europäisches Gesellschaftsmodell *en miniature* gezeichnet, wobei ideale Vorstellungen auf die Technik projiziert wurden. Alexander von Sternberg etwa feierte die gesellschaftsübergreifenden Implikationen der Mobilität, insofern die Eisenbahn nicht allein den Adligen vorbehalten sei.[29] Die sozialen Konsequenzen wurden dabei abgeleitet von einem gesamtliberalen Programm, das die Privilegien einer ständischen Ordnung des Ancien Régime durch eine Konstitution für eine bürgerliche Gesellschaft in ganz Europa obsolet machen wollte. Die Eisenbahnen sollten stände- bzw. klassenübergreifende Geselligkeit ermöglichen und zugleich Kommunikation transportieren, womit die Anhänger des Liberalismus auch konkret den Transport von Presseprodukten meinten. So hoffte Arthur Schopenhauer nur das »Beste von den Dampfschiffen und Eisenbahnen [...], welche dem Austausch der Gedanken eben so förderlich sind als dem der Waren.«[30] Alexander von Sternberg war diesbezüglich noch euphorischer und jubilierte: »O diese Eisenbahnen, diese Eisenbahnen! Diese Preßfreiheit auf Riesenfoliobogen ganzer Länderstrecken«.[31] Und für Albert Borsig ist die Lokomotive noch allgemeiner »der feurige Vorläufer der Freiheit und Einheit in allen Ländern, sie bringt am leichtesten Bildung, Arbeit und Gesittung zu allen Nationen«.[32]

Nachdem die Technik zum hoffnungsträchtigen Symbol der Europavorstellungen und zur Projektionsfläche für ökologische,[33] soziale und geschichtsphilosophische Problemstellungen geworden war, durfte es nicht ausbleiben, dass die Technik auch zum Applikationsfeld für ästhetische Neupositionierungen wurde:[34] Die Technik sollte eben auch zur Erneuerung der Poesie beitragen. Erhoffte Nikolaus Lenau in den 1830er Jahren noch die Erneuerung der Poesie von Amerika aus, trauten viele Autoren aus dem Umfeld der Vormärzdichtung der neu gewonnenen Technikbegeisterung diese Aufgabe zu. Anastasius Grün verlieh im Gedicht *Poesie des Dampfes* – wie auch Georg Herwegh im Gedicht *Den Naturdichtern*[35] – der Vorstellung Ausdruck, dass der Fortschritt in der Metapher des Dampfes der Literatur eine neue poetische Qualität verleihe. Diese Auffassung richtete sich in polemischer Weise gegen diejenigen, die in kulturpessimistischer Weise greinten,

[d]aß Poesie, entsetzt, nun fliehen werde,
Auf schnurgerader Eisenbahn entjagen,
Entführt auf Dampffregatten unsrer Erde,
Auf Dampfkarossen ferne fortgetragen! –[36]

Die Revitalisierung der Poesie ging einher mit einer revolutionär anmutenden Nobilitierung der Prosa gegenüber der Lyrik. Anastasius Grün stellte den Siegeszug der Eisenbahn mit dem der Prosa über die Lyrik gleich und vollzog damit eine poetische Hierarchisierung, wie sie für die jungdeutsche Ästhetikvorstellungen mit der Aufwertung publizistischer Schriften typisch war. Er assoziierte mit der neuen Poesie den Fortschritt, so wie er in der geraden Linie der Eisenbahn den Gegensatz zu den »krummen Wegen« sah, die nicht zuletzt an ästhetische Komponenten wie die Arabeske oder das Fragment einer idealistischen Poesie sowie an die Strukturen vom Bildungs- bis zum Künstlerroman erinnern sollten. Die Eisenbahnen standen im Gegensatz zur Postkutschenromantik und verkündeten als zeit- und raumaufhebende Bewegungsmittel eine Literatur, die der Zeit verpflichtet war. Die neue Poesie des Dampfes entwickelt für Grün eine eigenständige Kraft. Sie erfüllte als Verkünder des Fortschritts die ureigene Funktion, den »Menschengeist« zu besingen: »Amt der Poesie in allen Tagen / Ist's, hoher Geist, Dein Siegesfest verschönen.«[37] Der technische Fortschritt, dessen hervorragendste Exponenten zur Zeit der industriellen Revolution die Dampfmaschine und das Dampfschiff waren, wurde Ausdruck des Menschengeistes und Gegenstand der Poesie. Die Erneuerung der Poesie verdankte sich der technischen Entwicklung und umgekehrt wurde die Technik nobilitiert wie bei Lothar Gall, der in seinem Reisebericht das Dampfschiff als »Triumph des menschlichen Geistes«[38] beschrieb.

III. 1830. Das Ende der Aufklärung oder der interdiskursive Verlust der Literatur

Die Fülle der bisherigen Beispiele zur Technik als Metapher und Thema im Europadiskurs und in den literarischen Verhandlungen von Gesellschaft, Geschichtsphilosophie und Ästhetik ist so überzeugend, dass man den Autoren kaum vorwerfen wird, sie seien blind für die Bedeutung der Technologieentwicklung gewesen.[39] Doch äußerten sich die Autoren tatsächlich zur Technik, wenn sie die Eisenbahn und die Dampfschiffe erwähnten? Die Autoren diagnostizierten sehr wohl und differenziert die Technikentwicklung als wesentlichen Motor von Vergesellschaftung im 19. Jahrhundert und beobachteten genau die Auswirkungen der Frühindustrialisierung. Durch die in Europa seit den 1830er Jahren erfolgende Veränderung des Alltagsbildes (Landflucht, Entstehung der Metropolen, Eisenbahnen, Dampfmaschinen, Telegraphen usw.) entstand sogar ein von Schriftstellern und Gelehrten geführter Diskurs über Nutzen und Nachteile der Technikentwicklung für die soziale und kulturelle Evolution. Tatsächlich war das Sensorium der Autoren für neue Entwicklungen so fein, dass die Literaturwissenschaft in den letzten Jahrzehnten unter dem Impuls der Studien von Harro Segeberg eine umfassende Motivgeschichte der Technik erarbeiten konnte. Ein wenig aus dem Blick gerieten dabei allerdings die jeweiligen ästhetischen Vorgaben der Literaturproduktion und ihr Wandel im Verlauf des Jahrhunderts. Gerade die ästhetischen Voraussetzungen literarischer Verhandlungen von Technik und der Kontext des sich professionalisierenden Literaturmarktes um 1830 aber versprechen vertiefte Einblicke besonders in das Verhältnis von Technikentwicklung bzw. Bewegung und Europadiskurs und in die oft diskutierte Defizitthese von der Leistungsfähigkeit der Literatur bzw. ihrem Wissen.[40]

Eine solche Diagnose muss keine kulturpessimistischen Züge tragen und muss auch nicht als eine Diskussion über Defizite des Mediums Literatur geführt werden, doch wird erkennbar, dass zu Beginn des 19. Jahrhunderts, ausgerechnet im Übergang der Frühindustrialisierung zur Industriegesellschaft, die Literatur technisches Wissen immer weniger präzise vermittelt und höchstens als Projektionsfläche für andere Diskurse nutzt. Diese Entwicklung ist nicht als Symptom der Wissenschaftskritik oder gar der Wissenschaftsfeindlichkeit literarischer und kulturphilosophischer Entwürfe misszuverstehen, sondern sie ist vielmehr als ein Ergebnis der Selbstpositionierung der Literatur im kulturellen Diskurs zu begreifen. Kurzum: Infolge des konkurrierenden Verhältnisses zwischen literarisch-interdiskursivem und naturwissenschaftlich-technologischem Paradigma wird die Literatur auf Grund ihrer limitativen Fähigkeit der Wissenstransformation die Leistung der Interdiskursivität teilweise einbüßen und an andere Medien abgeben.

Tatsächlich greift nach 1830 bei einigen Literaten die Skepsis um sich, ob Literatur überhaupt in der Lage wäre, heterogene Wissensbestände zu einer kommunikationsanschließenden Sinnproduktion zu synthetisieren. Eine solche an der aufklärerischen Tradition orientierte Literatur wäre, wie Jürgen Link dargelegt hat, eine spezifisch interdiskursive, insofern sie an der Schnittstelle interferierender Diskurse stünde, wobei Kollektivsymbole, also bildliche Verdichtungsmomente von Diskursinterferenzen, eine Übersetzerfunktion zum Verständnis von Wissensmengen aus Spezialdiskursen übernehmen würden. Damit will Link den dialektischen Prozess zwischen der Spezialisierung in den unterschiedlichen Wissensbereichen und den Bestrebungen nach einer Reintegration des durch Spezialisierung produzierten Wissens beschreiben. Literatur würde zum Medium des Verstehens einzelner Propositionen aus Spezialdiskursen durch elementar-literarische Anschauungsformen wie bildliche Analogien, Metaphern und Symbole. Eine solche Literatur würde die Kommunikation in der Gesellschaft zwischen den einzelnen spezialisierten Mitgliedern aufrechterhalten.

Nach 1830 scheint die Traditionslinie der Aufklärung aber nicht mehr dominant, d.h. im Selbstverständnis der Literaten gehört die Vermittlung von Wissen nicht mehr zur ästhetischen Aufgabe von Literatur, wie es im 18. Jahrhundert noch in der eigenständigen Gattung der Lehrdichtung erfolgt war. Diese verstand sich dezidiert entlang der Idealvorstellung des Universalgelehrten als eine literarische Gattung und als Bestandteil des literarischen Systems; infolge der Autonomieästhetik hingegen wurde die Vermittlung von Wissen an eine größere Öffentlichkeit aus einem poetischen System ausgeschlossen. Dass die Literatur in der ersten Hälfte des 19. Jahrhundert ihre aufklärerische diskursive Kompetenz einbüßte oder preisgab, wird deutlich, wenn man die Entwicklung verfolgt, die der Traum vom Fliegen von der Aufklärung bis ins 19. Jahrhundert genommen hat und die literarischen Verhandlungen der Heiß- und Gasluftballons oder Luftschiffe von den Anfängen bis in die erste Hälfte des 19. Jahrhunderts betrachtet.[41] In einer Anfangsphase ist zu beobachten, dass eine sich dem Programm der (Volks)Aufklärung verpflichtete Literatur einen ungebrochenen, wenngleich nicht blinden Fortschrittsoptimismus verkündete, wonach der vielfache zu erwartende Nutzen der Montgolfière von der Beschleunigung der Kommunikation zu Gunsten der Verbesserung diplomatischer Beziehungen oder des Handels bis hin zur Förderung der Erkenntnis über astronomische, physikalische oder geographische Fragen im Mittelpunkt stand. In dieser Anfangsphase stellte sich die Literatur in den Dienst der Wissensproduktion, wobei sie sich oftmals wie im Falle von Mercier in *Mon bonnet de Nuit* (Neuchâtel 1784) auf spekulative Zukunftsprognosen verlegte. Alles in allem ließe sich diese Form der optimistischen Wissensaneignung als utilitaristisches Orientierungswissen technologischer Entwicklungen verstehen, wobei auch die Ängste vor Veränderungen traditionellen religiösen Orientierungswissens und theologische Warnungen berücksichtigt wurden. Doch sehr bald wurde die technische Faszination transformiert in ein System, das ästhetischen Maßgaben folgte.[42] Dort, wo literarische Texte einst populäres Wissen vermittelten, rückten Strategien der Mythisierung in den Mittelpunkt.[43] Die Bewegungsmittel wurden mit dem Ovidschen Ikarus-Mythos beschrieben, um den einstigen Traum vom Fliegen in Erinnerung zu rufen. Der häufige Vergleich mit Ikarus indes verleitete viele, die technologischen Bedingungen des Fliegens und damit den Unterschied zwischen antikem Traum und neuzeitlicher Realisierung zu nivellieren.[44] Der poetische Transformationsprozess machte indes den Rückgriff auf prätextuale Verstehensmuster notwendig, wodurch die Technik zugleich zum Antitypus der Literatur wurde. Was 1783 mit einem euphorischen oder kulturkritischen Lob auf die den Fortschritt garantierende Technik begann, endete im 19. Jahrhundert mit dem Lob des Dichters oder der Sehnsucht nach Freiheit:

»Vielleicht war es einfach die Mischung aus mythischem Hintergrund, der Assoziation von Freiheit und Erotik, die eine anhaltende Faszination bewirkte, wobei die unvollkommene technische Verwirklichung die Möglichkeit schriftstellerischer Kompensation bot.«[45]

Die Preisgabe der interdiskursiven Leistung oder die geringe Kompatibilität zwischen dem technischen Redegegenstand und den literarischen Diskursregularitäten wurde insbesondere in der problematischen Umsetzung technischer Erklärungen in Bildern deutlich. So wurden umweltzerstörende und -verschmutzende Nebenwirkungen der Eisenbahnen und die Bedrohlichkeit der Technik durch eine Reihe von Analogien mit zumeist exotischen Tieren wie einem Nashorn oder einem Elefanten oder Phantasietieren wie Drachen veranschaulicht. Nun ist es die Funktion von Metaphern, das zu Erklärende durch Analogien zu anderen semantischen Feldern verständlich zu machen, aber die meisten Bilder und auch Personifikationen und Mythisierungen waren in den meisten Fällen denkbar ungeeignet für eine interdiskursive Durchdringung von Technik. So erwies sich die Literatur nicht zuletzt auf Grund von ästhetischen Normvorstellungen (Kunstautonomie) und der breit geführten Diskussion über die gesellschaftliche Relevanz von Literatur im 19. Jahrhundert als darstellungsästhetisch resistent gegenüber technischen Innovationen. Dafür war das Zeichensystem klassischer Regeltechniken zu dominant, wobei auf Grund fehlender gebräuchlicher Begriffe das Sprechen über neue technische Innovationen nicht leicht war.[46] Dennoch bedienten die metaphorischen Ausleihen vom »Leichenwagen des Absolutismus« über den »schwarzen Teufel« bis zum »eisernen Engel« für die Lokomotive auch solche Bildfelder, die das *Wissen* gegen das *Verstehen* austauschen.[47] Spätestens bei den Tiermetaphern und den mythologischen Anspielungen als tertium comparationis wird das Wissensangebot zurückgeführt auf eine vorindustrielle Zeit. Wenn die Eisenbahn ein Dampfross ist, dann ändert sich in der poetischen Darstellungsweise nicht der tatsächliche qualitative Fortschritt, der mit dem neuen Vehikel einhergeht. Dann wird vielmehr »unmissverständlich klar, wie sehr der Zug immer noch als Kutsche angesehen wird«[48]:

»Während die Technik begann, radikal die Grundbedingungen des Daseins zu verändern, behauptete die Literatur, sie könne weiterhin von menschlicher Subjektivität handeln, ohne die Technik wirklich zur Kenntnis zu nehmen.«[49]

Diese Anmerkungen mögen den Transformationsprozess von Spezialwissen im Medium der Literatur illustrieren, wobei die Diagnose einer limitativen Wissenstransformation weniger aus dem Bedürfnis entsteht, literarische Texte eines wissensvermittelnden Defizits zu überführen – auch wenn nicht wenige Texte selbst den Anspruch erheben, Orientierung im kulturellen Wissen anzubieten –, als vielmehr aus der Beobachtung des kulturelles Ortes dieser Literatur. Ich greife somit den Ansatz von Michael Titzmann auf, die Modi der Relationen zwischen Literatur und Wissensmengen zu beschreiben. Es geht mir dabei weniger um jene impliziten oder expliziten Theoriebildungen literarischer Texte, die sich aus den interpretatorischen Aussagen über die Wissenschaftsobjekte ergeben, also um Aussagen über die Textbedeutung, als vielmehr um die »kulturelle Situierung eines Textes« durch den »Vergleich von Textwissen und Theoriewissen«.[50] Der Vergleich der in den Texten verhandelten Wissensbestände und ihrer Darstellung als Kommunikationsangebote zu externen Wissensbeständen und eben dem kulturellen Wissensbestand und seinen Repräsentationsmodi muss nicht zu Ungunsten der Literatur geführt werden, jedoch kann er den kulturellen Ort des Textes im Wissensdiskurs situieren. Und hier wird deutlich, dass ab 1830 eine stärkere Ausdifferenzierung innerhalb des literarischen Systems stattfindet, wonach die Literatur und die Populärwissenschaften sich ausdifferenzieren.

Bereits um 1800 begann unter dem Protektorat des deutschen Idealismus eine teilweise selbstverordnete Eingrenzung des Literaturbegriffs hin zur Vorstellung von der Schönen Literatur. Damit aber grenzte sie die Vorstellung von Interdiskursivität selbst ein.[51] Aus einer diskursinterferierenden Literatur mit dem in aufklärerischen Poetiken normativ oder implizit gegebenen Bildungsauftrag der Wissensakkumulation wurde eine diskurs-averse Literatur, in der der rückwärtsorientierte Bildungsgenuss den Vorzug vor der modernen Bildungsneugier erhält. So verschwand eine der erfolgreichen Gattungen des 18. Jahrhunderts, das Lehrgedicht, aus den Ästhetiken des 19. Jahrhunderts. Es wundert daher nicht, wenn das klassische Ideal eine Orientierung an neuem naturwissenschaftlichem Wissen eher verhinderte. Die vielfältigen Versuche jungdeutscher[52], linkshegelianischer[53] oder liberaler Autoren nach 1830, Literatur neu zu konzeptionalisieren, haben diese Entwicklung eher beschleunigt als aufgehalten. Das Versprechen, vor allem der liberal und demokratisch gesinnten Autoren, eine neue realistische Literatur zu schreiben, wurde zumindest im Hinblick auf die technische Entwicklung nicht eingelöst. Dass die Zeitnähe im Roman nach 1830, insbesondere im Zeitroman des Jungen Deutschland, trotz des programmatischen Anspruches auf Wirklichkeitsabbildung, Technik lediglich als Beiwerk integrierte, die realistische Wirklichkeitsdarstellung demnach stark eingeschränkt war, ist in der Forschung deutlich herausgearbeitet worden.[54] Kennzeichnend sind die Aussagen Karl Gutzkows im Artikel *Der Roman und die Arbeit* (1855):

»Den Roman an die Welt der Arbeit verweisen heißt ihn in seiner ganzen Natur aufheben; denn es ist gerade das Wesen des Romans, die Wochentagexistenz des Menschen gleichsam beiseite liegen zu lassen und seinen Sonntag zu erörtern. Wir verstehen unter Sonntag die Offenbarung seiner poetischen Natur, sei es nun im Leiden oder im Handeln. Der ewige Sonntag jedes Menschen ist sein Lieben, sein Gefühl der Freundschaft, seine Religion, sein Geschick.«[55]

Gutzkow wandte sich explizit gegen die Forderung, den arbeitenden Menschen als Gegenstand der Literatur zu berücksichtigen, indem er am Modell des Romans im klassisch-romantischen Sinne festhielt. Er begriff den Roman als Individualroman, bzw. frei nach Hegel als Erziehung des Individuums, das sich an der vorhandenen Wirklichkeit orientiert mit der Folge, dass die Wirklichkeitsdarstellung aus dem Charakter des Individuums abgeleitet wird. Gutzkow kehrte also bewusst zu einer idealistischen Vorstellung der Literatur als Wahrheit zurück:

»Der deutsche Roman vollends hat die erwiesenste Berechtigung, noch immer in seiner alten Sphäre der Idealität zu bleiben. Unser Volk wird sich seinen innersten Trieb zu einem höheren Culturleben nicht nehmen lassen, und mag auch die Materie sich mit Dampf, Electrizität und Börsenschwindel noch so geltend machen.«[56]

Technische Innovationen, die Gutzkow als omnipräsent im Alltagsleben wahrnehmen musste, haben demnach in der Literatur keinen Raum. Wo die Literatur Alltagswissen absorbierte und auch die Wirklichkeit der Technik als Wissensmenge diskursivierte, drohte ihr der Vorwurf der Preisgabe von Literarizität.[57] Die Herausforderung für die literarische Avantgarde um 1830, das Verhältnis von Literatur und Wirklichkeit neu zu definieren, wurde angesichts des erdrückenden idealistischen Erbes nur selten angenommen.

IV. Limitative Wissenstransformationen und die Entstehung des Literaturbetriebs, oder: Wie die Technik das Unwissen über Technik in der Literatur beschleunigte

Fragt man nach den Gründen für das vergleichsweise geringe literarische Wissen über Technik angesichts ihrer Bedeutsamkeit in der Zeit der Frühindustrialisierung, so ist zunächst darauf zu verweisen, dass sich die Literatur in einem Prozess des sich operativ schließenden Literatursystems befand. Außer einem wachsenden Bildungsgrad und den Errungenschaften der Volksaufklärung veränderten vor allem die technischen Produktionsbedingungen der Literatur nach der Erfindung der Schnellpresse und Dampfpresse sowie der maschinellen Herstellung von Papier und der raschen Zunahme an Journalen die Literatur insofern, als sie zu einem Massenmedium wurde. Diese Entwicklung wurde von einem Prozess der Ausdifferenzierung begleitet, bei dem: erstens der Literaturbegriff eingegrenzt wurde und: zweitens, sich ein von den Zeitgenossen mit ›populärer Literatur‹ umschriebener Markt etablierte, der überwiegend aus Journalen und Konversationslexika und anderen Medien der Popularisierung der Wissenschaften bestand.[58] Kurzum: Die Literatur, die zunehmend ein Synonym für Belletristik wurde, stand in Konkurrenz zum Interdiskursmedium ›populäre Literatur‹, das die Funktion der Reintegration von Spezialwissen übernahm. ›Populäre Literatur‹ meinte dabei populärwissenschaftliche Technik- und Wissenschaftsjournale sowie Konversationslexika und Enzyklopädien.

Die Journale bildeten den ersten Pfeiler der populären Literatur auf dem sich ausdifferenzierenden Literaturmarkt. Vor allem die Pfennigliteratur,[59] die für ein Massenpublikum konzipierten, billigen, illustrierten Wochenzeitschriften, mit populärwissenschaftlichen Artikeln über Naturwissenschaften und neue technische Erfindungen, sind hier zu nennen. Als eine neue Form des standardisierten und institutionellen Wissens wurde zudem das Konversationslexikon zu einem populären Medium der Wissensvermittlung, d.h. zu einer Schnittstelle für das Zusammentreffen von den Bestrebungen nach Wissensverbreitung und der Entwicklung der Massenkommunikation. Dabei knüpften die Konversationslexika ab 1820 bewusst an die Volksaufklärungsbewegung des 18. Jahrhunderts an,[60] indem sie zunächst auf die Verbreitung nützlicher Kenntnisse hinwiesen, wobei der Nutzen für das Alltagsleben evident sein sollte. Das Projekt einer literarischen Volksaufklärung aus dem 18. Jahrhundert kommt im 19. Jahrhundert so nicht mehr in der Schönen Literatur selbst, sondern in den Konversationslexika zu seiner Erfüllung.[61] Die Lexika wollten Bedeutung zuweisen und nicht nur Spezialwissen wiedergeben und bedienten sich dabei unterhaltender Elemente, so dass die Tradition aufklärerischer Literatur direkt zu den Lexika führte: »Die Belehrung des Publikums hatte sich der Unterhaltung und der ›Erbauung‹ unterzuordnen.«[62] Neben den gebildeten Bürgern zugänglichen Konversationslexika und Journalen existierten als dritte Säule der populären Literatur populärwissenschaftliche Darstellungen, wobei diese nicht nur von Schriftstellern, Pädagogen und Journalisten, sondern immer mehr von den wissenschaftlichen Autoritäten selbst verfasst wurden, u.a. von Physikern wie Hermann Helmholtz oder Michael Faraday oder von Naturwissenschaftlern wie Karl Vogt und August Liebig. Dabei griffen sie auf narrative Strukturierungsformen wie das Gespräch oder die Briefe zurück,[63] welche die Wissenschaftler des Problems der Systematisierung enthoben, und nutzten daneben als weitere literarische Strategien der Popularisierung Bilder und Symbole, womit sowohl Abbildungen, Schemazeichnungen, Diagramme und Tabellen als auch Symbolisierungen in bildhaften Zeichen gemeint sind. Die populäre Literatur griff auf jene interdiskursiven Elemente wie Kollektivsymbole zur Verzahnung spezialisierter Diskurse zurück[64] und lehnte sich stark an literarische Konventionen ihrer Zeit an,[65] um, das sei zu ergänzen, besser an die Rezeptionserfahrung des gebildeten Lesers anzuknüpfen als es die Schöne Literatur vermochte. Die populärwissenschaftlich schreibenden Wissenschaftler übernahmen demnach jene Funktion, die ca. dreißig bis vierzig Jahre zuvor noch in den aufklärerischen Poetiken dem Lehrgedicht als zentrale Gattung der Literatur zugesprochen worden war.

Damit scheint aber auch ab den 1840er Jahren bereits deutlich zu sein, dass die Belletristik längst nicht mehr in ihrer interdiskursiven Funktion wahrgenommen wurde, sondern als ein sich schließendes System, das sich gegenüber anderen Systemen abgrenzte. Die Funktionszuweisung schien zur Mitte des 19. Jahrhunderts eindeutig geworden zu sein: *Wissen ist die Produktionsmenge der Wissen-*

schaften, Unterhaltung die der Literatur. Im Rahmen der idealistischen Ästhetik trat die Literatur so den Rückzug aus der Wissensvermittlung an und überließ der populären Literatur die Aufgabe der Interdiskursivität. Es verwundert daher nicht, wenn die einstigen Leser zu Hobbyforschern wurden, die Bücher nicht mehr aus Wunsch nach Erkenntnisgewinn lasen, sondern die Neugier in eigenen Experimenten befriedigten. Tatsächlich begann Ende des 18. Jahrhunderts ein Phänomen, das im 19. Jahrhundert unter dem Schlagwort des Dilettantismus diskutiert wurde. Dabei handelte es sich um Amateure und Freizeitwissenschaftler, die den Übergang zu den einzelnen Fachwissenschaften herbeiführten. Im Privaten wurden mechanische, chemische, optische, elektrische und magnetische Experimente ausgeführt. Und es waren nicht nur Goethe oder Adlige, die einen kleinen Heißluftballon im Garten versuchten steigen zu lassen; vielmehr handelte es sich um eine Freizeitbeschäftigung des gut ausgebildeten Bürgertums, dessen Sachinteresse an der Wirklichkeit zu einer ausführlichen vorwissenschaftlichen Auseinandersetzung führte.[66] Das Nützliche mit der Unterhaltung zu verbinden, was im 18. Jahrhundert der Lehrdichtung als spezifisch dafür ausgewiesener Gattung oblag, wurde im Laufe der ersten Hälfte des 19. Jahrhunderts ersetzt durch das spielerische Experimentieren.[67] So gab es Hammerwerke und Elektrisiermaschinen, Kräne, Fahrzeuge, Mühlen und Schreinerwerkstätten für Kinder und sogar Bausätze, Baukästen und bereits fertig zusammengestellte, standardisierte Experimentierkästen. Unter diesen Voraussetzungen entstand eine Erwartungshaltung, bei der die Leser den Wissensdurst nicht mehr durch Romanlektüre stillten, wenn sie aus dem Experimentierzimmer ins Wohnzimmer gingen, um sich zu entspannen, sondern eher zum Konversationslexikon oder zum Technikjournal griffen. Der Ort, an dem aktuelles Wissen differenziert und unterhaltend präsentiert am einfachsten zugänglich wurde, war nicht mehr die Schöne Literatur.

Diese Entwicklung lässt sich auch an einem anderen Bildungsbereich deutlich machen: Das 19. Jahrhundert kannte eine neue Form des Tourismus, die des ›modernen Bildungstourismus‹. Dort wo Konversationslexika und Baukästen nicht mehr ausreichten, besuchte man die Fabriken selbst wie einst Museen. So wurde aus der Italienreise Ende des 18. Jahrhunderts die Englandreise mit den obligatorischen Besuchen in Spinnereien, Webereien, Bergwerken und Fabriken.[68] Auch durfte man die neue Eisenarchitektur mit Brücken und Kanälen bewundern. Wer um 1790 das alte Rom und das Forum romanum besuchte, begeisterte sich ca. dreißig Jahre später für eine Eisenbahnfahrt in London. Franz Grillparzer, Friedrich von Raumer, Theodor Mundt u.a. erlagen dieser Faszination der Technik,[69] berichten in Briefen – und schweigen sich in der Literatur lieber aus, vermutend, dass die Literatur nicht konkurrieren kann in der Darstellung von Technik. Tatsächlich sparten sie aus, worüber alltäglich gesprochen wurde. Raumer etwa berichtete am Ende seiner Englandreise, »daß Dampfschiffe, Dampfwagen, Eisenbahnen und Zollvereine [...] den Hauptinhalt aller Gespräche auf den Postwagen«[70] seien – aber nicht seines Reiseberichts, wie man hinzufügen darf.

Im Laufe des 19. Jahrhunderts kam es also zu einem Abkoppelungsprozess von Belletristik und populärer Literatur, was der Literatur im engeren Sinne zunächst nicht abträglich war, war die Professionalisierung des Literaturmarktes doch von einem ökonomischen Erfolg ohne Gleichen begleitet. Tatsächlich hatte sich die Schöne Literatur zu einem wirklichen Massenmedium der Unterhaltung entwickelt. Und es schien, als hätten viele Autoren angesichts der Medienkonkurrenz zur ›populären Literatur‹ den Prozess eines sich operativ schließenden Literatursystems beschleunigt zu einem Zeitpunkt, nämlich 1830, als die Lage noch offen schien für eine ästhetische Neuausrichtung nach dem zunächst als Zäsur empfundenen Abschluss der Goethezeit. Das Ergebnis vom interdiskursiven Funktionsverlust der Schönen Literatur im 19. Jahrhundert ist einer der Gründe für die Verengung des Literaturverständnisses von der ›Literärgeschichte‹ um 1800 bis zur Belletristik und Schönen Literatur im 19. Jahrhundert, bei der die Vorstellung von der Autonomie der Kunst im Gegensatz zur aufklärerischen Verbindlichkeit steht.

Dass die in jüngster Zeit so oft gescholtene Defizitthese der Literatur im 19. Jahrhundert, die mit dem Vorwurf einhergeht, die Literatur habe sich zunehmend der Wirklichkeit verschlossen, lediglich als kulturpessimistischer Reflex zu verstehen sei, ist allerdings eine Vereinfachung von Apologeten idealistischer und systemtheoretischer Positionen. Dass die Technik in der Literatur des 19. Jahrhunderts präsent ist, sagt indes noch nichts über ihre Repräsentativität im literarischen Text aus und stellt nicht automatisch einen interdiskursiven Brückenschlag dar. Unter den Vorbehalten und Vorgaben einer idealistischen Ästhetik ist es den Autoren vielmehr immer weniger möglich, Spezialwissen zu reintegrieren. Literatur interessiert sich für die Wünsche, Ängste und Hoffnungen, die mit der Technikgeschichte verbunden sind. Ob man dann so weit gehen darf, Schriftsteller als »Experten in der Wahrnehmung und Beschreibung der Technikerfahrungen«[71] zu begreifen, ist fraglich. Denn zumindest über große Strecken des 19. Jahrhunderts wird deutlich, dass diese Erfahrungsberichte infolge eines Transformationsprozesses vom naturwissenschaftlich-technischen Paradigma zum ästhetischen Paradigma mit einem wesentlichen Verlust an Technikwissen auf Kosten der Erfahrungsberichte der Techniknutzung erfolgt.

Im 19. Jahrhundert droht der Literatur in Bezug auf die Technik ihre interdiskursive Leistung abhanden zu kommen. Dort, wo sich die Übernahme von der friedensstiftenden Mission des Dampfes aus dem Technikdiskurs in der Literatur findet, handelt es sich zunehmend um eine rhetorische Floskel. Die Aufklärer hatten die technischen Innovationen des Luft- oder Gasballons zwar auch in Verbindung mit dem Fortschritt der Menschheit gebracht, aber sie hatten diese Zuversicht zumindest in explizierender Weise mit Erläuterungen über technische Details verknüpft. So hatte man sich etwa mit Fragen der Lenkbarkeit von Luftschiffen beschäftigt. Der technische Fortschritt wurde unter der axiomatischen Annahme von der prinzipiellen Teilnahme aller Menschen an der Vernunft erklärbar gemacht, während die Literaturen des 19. Jahrhunderts, mit Ausnahme der Science fiction-Literatur Ende des Jahrhunderts und Romanen etwa von Jules Verne[72], die Technik nur noch in ihren Applikationen darstellten und damit die rationale Grundlage der Technikentstehung ihrem Verständnis entzogen.[73] Vor allem die Beobachtung der Welt wurde unter den sich verändernden Raum-Zeit-Wahrnehmungsgewohnheiten sehr viel stärker zum Thema als die sie hervorrufenden und bedingenden technischen Dispositive. Die Eisenbahnen, die Dampfschiffe u.a. sind nicht als technische Innovationen interessant, sondern als Vehikel der Beobachtung und der Bewertung von Welt und schließlich von Erkenntnis. Kurzum: Die zahlreichen literarischen Verhandlungen der Technik verwandeln sich unter dem Erbe einer idealistischen Autonomieästhetik zu einem Wissensarchiv, das sich infolge seines idealistischen Panzers als schwieriger zugänglich erweist als die Motivgeschichten der Technik vermuten lassen. Die literarischen Verhandlungen von Technik, so meine These für die Literatur vom Ende der 1820er bis in die 1860er, gebären trotz anderer poetischer Zielsetzungen eher den Traum ästhetischer Wahrnehmungsmuster, als dass sie ein Wissensmedium im öffentlichen Diskurs über Nutzen und Nachteile der Technik wären.

Eine solche Diagnose dient keineswegs dazu, mit der Literatur streng ins Gericht zu gehen.[74] Vielmehr stützt sie die Beobachtung vom Prozess des sich operativ schließenden Literatursystems und einer neuen ästhetischen Ausrichtung.[75] Mit der fortschreitenden Expansion der Eisenbahnstrecken in Europa und mit dem stetig wachsenden Reiseaufkommen verschwand zwar das Dampfross aus der Literatur, aber mit der Beschleunigung der technischen Innovation entwickelte sich auch die Literatur zum Massenmedium. Denn wer es sich gemütlich im Bahnabteil machen wollte, zog sogleich ein Buch aus seiner Tasche, das er in einer der neu entstandenen Eisenbahnbuchhandlungen gekauft hatte.[76] Dass die Reiselektüre in erster Linie unterhaltend sein sollte, versteht sich von selbst. Was die Technik leistete, wusste der Leser aus eigener Erfahrung, wie grell die Eisenbahnpfiffe klangen, merkte er spätestens, wenn ihn selbiger aus dem Schlummer riss, in den ihn die Lektüre im rhythmischen Gleichklang der Radbewegungen gelullt hatte. Als Europa in Bewegung geriet, bescherte das Massenmedium Literatur den Eisenbahnreisenden das quietistische Lesevergnügen, dass die Zeit still stehen konnte, und den Autoren die pekuniäre Freude, dass der gesteigerte Absatz Schöner Literatur ihre Stellung auf dem Literaturmarkt festigte.

Anmerkungen

[1] Vgl. dazu ausführlich: Claude D. Conter, *Jenseits der Nation. Das vergessene Europa des 19. Jahrhunderts: Geschichte der Inszenierungen und Visionen Europas in Literatur, Geschichte und Politik*, Bielefeld: Aisthesis 2004.

[2] Vgl. Paul Michael Lützeler, *Kontinentalisierung. Das Europa der Schriftsteller*, Bielefeld: Aisthesis 2007. Lützeler versteht unter dem Begriff der Kontinentalisierung den Prozess der Internationalisierung und

des Zusammenschlusses innerhalb eines Kontinents. Der Begriff hat den Vorteil, konkrete Prozesse der Vergemeinschaftung auf einem Kontinent zu benennen, ohne spezifische Anlagen bei konkreten Europa-Ideen zu machen.

[3] Manfred Riedel, »Vom Biedermeier zum Maschinenzeitalter. Zur Kulturgeschichte der ersten Eisenbahnen in Deutschland«, in: (Hg.) Harro Segeberg, *Technik in der Literatur. Ein Forschungsüberblick und zwölf Aufsätze*, Frankfurt am Main: Suhrkamp 1987, 102-131, hier: 103.

[4] Theodor Mundt, *Spaziergänge und Weltfahrten*, Bd. 1: »Briefe aus London«, Altona: Hammerich 1838, 108f.

[5] Heinrich Heine, *Lutezia*, in: ders., (Hgg.) Manfred Windfuhr/Marianne Tilch, *Historisch-kritische Gesamtausgabe der Werke*, Bd. 14, 1, Hamburg: Hoffman und Campe 1990, 58 [Eintrag vom 5. Mai 1843]. Heine geht auch auf die Verwandlung der Zeit- und Raumdimension ein: »Sogar die Elementarbegriffe von Zeit und Raum sind schwankend geworden. Durch die Eisenbahnen wird der Raum getödtet, und es bleibt uns nur noch die Zeit übrig.«

[6] Eduard Beurmann, *Brüssel und Paris*, Bd. 1: Leipzig: (s.n.) 1837, 115.

[7] Theodor Mundt berichtet von solchen Homogenisierungstendenzen als Gesprächsstoff in Eisenbahnen in England. Dort fürchte man eine »erstickende Massenzusammenhäufung des ganzen europäischen Lebens« oder durch eine Annäherung aller Räume eine Neugestaltung der Bürgertums. Vgl. Mundt, *Spaziergänge und Weltfahrten*, a.a.O., 107ff.

[8] Der deutsche Eisenbahnpionier Friedrich List spricht sogar von einer »Wohlfahrtsanstalt«, die Vermögen bewirke, wobei er auch unterstrich, dass der Eisenbahnverkehr mehr geistig als materiell sei, mehr durch die Menschen als durch die Produkte wirke und mehr auf die produktiven Kräfte als auf die Verbreitung der Produkte ziele (Friedrich List, »Eisenbahnen und Kanäle, Dampfboote und Dampfwagentransport«, in: (Hgg.) Carl von Rotteck/Carl Welcker: *Staats-Lexikon oder Encyklopädie der Staatswissenschaften*, Bd. 4, Altona: Hammerich 1837, 655).

[9] Vgl. auch das Zitatenflorilegium bei Johann Hendrik Jacob van der Pot, *Die Bewertung des technischen Fortschritts. Eine systematische Übersicht der Theorien*, Bd. 1, Assen: Van Gorcum 1985, dort: 361-365.

[10] Conrad Matschoss, *Geschichte der Dampfmaschine. Ihre kulturelle Bedeutung, technische Entwicklung und ihre grossen Männer*, Bd. 1, Berlin: Julius Springer 1901, 23f. Beim zweiten Satz handelt es sich um ein Zitat aus Friedrich Schleiermachers Kapitel *Weltsicht* aus seinen *Monologen*, wobei Matschoss eben den Gedanken von Schleiermacher umkehrt, insofern nicht mehr der Geist, sondern eben das Materielle gemeinschaftsstiftend wirkt.

[11] *Meyers Conversations-Lexicon für die gebildeten Stände*, Bd. 8, Hildburgshausen 1846. Zit. nach: Johannes Mahr, *Eisenbahnen in der deutschen Dichtung. Der Wandel eines literarischen Motivs im 19. und im beginnenden 20. Jahrhundert*, München 1982, 26f. Johannes Mahrs textreiche Studie bleibt bis heute unersetzlich, weil sie die entlegensten Texte versammelt, die anders kaum zugänglich sind. Ohne dass Mahr in seiner Studie auf den Aspekt der technologischen Rückkehr im Europadiskurs eingeht, verweisen doch zahlreiche der von ihm aufgeführten Gedichte auf dieses Thema. Gedichte, die ich nicht recherchieren konnte, habe ich nach seiner Studie zitiert.

[12] In: *Leipzig-Dresdner Eisenbahn. Wochenblatt für Sachsen* vom 9. Oktober 1839; zit. nach: Mahr, *Eisenbahnen in der deutschen Dichtung*, a.a.O., 44.

[13] Jakob Schnerr, *Am 7. December 1835*; zit. nach: Mahr, *Eisenbahnen in der deutschen Dichtung*, a.a.O., 39.

[14] Vgl. dazu exemplarisch Charles Sealsfield: »Wie eine ungeheure Spinne hat er sein Netz über Europa

gespannt, und seine Spione sitzen in jeder Hauptstadt.« (Charles Sealsfield, *Österreich, wie es ist*, in: ders., (Hg.) Karl J. R. Arndt, *Sämtliche Werke. Kritisch durchgesehene und erläuterte Ausgabe*, Bd. 3, Hildesheim/ New York: Olms 1827 (²1972), 146). Auch der radikale Franz Lubojatzky beschreibt das Arbeitszimmer Metternichs als Zentrum des Spinnennetzes: »Es ist der Sitz der Spinne, die kunstvoll von diesem kleinen in dem großen umfangreichen Wien und dem weiten Europa den Augen der Welt gleichsam verschwindenden Raume aus ihre Fäden und Netze webt für Alles, was freien Flug versucht.« (Franz Lubojatzky, *1848 oder Nacht und Licht. Historischer Roman*, Bd. 1, Grimma: Verlags-Comptoir 1849, 4f.).

[15] Diese und andere Beispiele bei: Mahr, *Eisenbahnen in der deutschen Dichtung*, a.a.O., dort: 39, 71ff.

[16] Schnerr, *Am 7. December 1835*, a.a.O., 39.

[17] Vgl. »Den mächt'gen Weg zum großen Weltverbande, / Der mit der Zeit durch Dampfes rasche Fährte / Das All verschmilzt zum großen Vaterlande.« Das Gedicht von G. Vieß ist nicht vollständig überliefert; zit. nach: Mahr, *Eisenbahnen in der deutschen Dichtung*, a.a.O., 43.

[18] Ludwig Börne, *Briefe aus Paris*, in: ders., (Hgg.) Inge Rippmann/Peter Rippmann, *Sämtliche Schriften. Neu bearbeitet und herausgegeben*, Bd. 3, Düsseldorf: Melzer 1964, 283 [51. Brief vom 8. Oktober 1831].

[19] List, »Eisenbahnen und Kanäle, Dampfboote und Dampfwagentransport«, a.a.O., 660. Vgl. dazu Eugen Wendler, *Friedrich List. Politische Wirkungsgeschichte des Vordenkers der europäischen Integration*, München: Oldenbourg 1989, 210.

[20] Victor Hugo, »Congrès de la Paix à Paris. Discours d'ouverture: 21. Août 1849«, in: ders., *Œuvres complètes*, Bd. 7: *Actes et Paroles (I. Avant l'exil)*, Paris: Le Club français du livre 1968, 220.

[21] Bei einigen Linkshegelianern wird die Technik gar zum Ersatz für die Literatur selbst. So verteidigt der Protagonist Benedict in der Novelle *Bilder im Moose* zunächst die Natur gegen die politische Instrumentalisierung seines Freundes Johannes, der alles durch die Brille politischer Freiheitsideen betrachtet. Gegen eine solche Vorstellung politischer Literatur spielt Benedict beim Anblick des Eisenbahnbaus die Operativität von Literatur gegen die Macht des Faktischen aus: »Hier siehst du einen Gedanken, welcher Raum und Zeit überwindet und Städte, Länder und Völker aneinanderkettet und sich als gewaltiger, feuerschnaubender Drache der vorwärtseilenden Zeit vorspannt, und dennoch ist er kein politisches Gedicht in deinem Sinne. Du kannst mit deinen rhetorischen Versen viel nützen, aber diesen eisernen Gedanken überbieten sie nicht, denn er ist eine That geworden.« (Julius Mosen, *Bilder im Moose. Novellenbuch*, Erster Theil, Leipzig: Brockhaus 1846, 50f.).

[22] Hegel betrachtet in seinen *Vorlesungen über die Philosophie der Geschichte* (1822) die Historie unter dem Axiom des Fortschritts hin zum Vollkommenen. Vgl. Georg Friedrich Wilhelm Hegel, *Vorlesungen über die Philosophie der Geschichte*, (Hg.) Johannes Hoffmeister, Hamburg: Meiner 1955: Der »Trieb der Perfektibilität« (149) bestimme den Gang der Weltgeschichte in seiner Veränderbarkeit, wobei »der Geist, und zwar nach seinem Wesen, dem Begriff der Freiheit« (152) den jeweiligen Stand der Weltgeschichte bildet. Dieser Gedanke ist grundlegend für die gängige Auffassung der Zeitgenossen, dass sich die Geschichte von Osten nach Westen entwickelt: »Die Weltgeschichte geht von Osten nach Westen, denn Europa ist schlechthin das Ende der Weltgeschichte, Asien der Anfang.« (243).

[23] Mahr, *Eisenbahnen in der deutschen Dichtung*, a.a.O., 32.

[24] Adelbert von Chamisso, *Die Reise um die Welt* (1836), in: ders., (Hg.) Jost Perfahl, *Sämtliche Werke*, Bd. 2, München: Winkler 1975, 89f.

[25] Vgl. Wolfgang Schivelbusch, *Geschichte der Eisenbahnreise. Zur Industrialisierung von Raum und Zeit im 19. Jahrhundert*, Wien/Frankfurt am Main: Hanser 1977, dort: 35-44.

[26] Hegel, der Amerika als eine europäische Kolonie betrachtete, setzte den Westen nicht mit Amerika gleich. Amerikas Fortschritt sei nichts anderes als eine europäische Errungenschaft, die dem missionarischen Eifer der Europäer zu verdanken sei. »[W]as in Amerika geschieht, geht von Europa aus. Europa warf seinen Überfluß nach Amerika hinüber« (Hegel, *Vorlesungen über die Philosophie der Geschichte*, a.a.O., 209).

[27] Adelbert von Chamisso, »Das Dampfroß«, in: ders., (Hg.) Jost Perfahl, Sämtliche Werke, Bd. 1, München: Winkler 1975, 208-210, hier: 209 [zuerst im *Berliner Musenalmanach für 1831* von Moritz Veit veröffentlicht].

[28] Joseph von Eichendorff, »Ein Auswanderer«, in: ders., *Werke in sechs Bänden*, Bd. 1, Frankfurt am Main: Deutscher Klassiker Verlag 1987, 460.

[29] So äußert sich ein Orgelspieler in Wien dem Besucher gegenüber, zunächst die gängigen Topoi verwendend: »Wahrlich die Eisenbahn ist eine Erfindung ganz ebenbürtig der Druckerpresse und dem Schießpulver. Wir werden durch sie noch Großes erleben.« Das Große besteht aber in nichts anderem als in den sozialen Umbrüchen, die durch die neue Technik begünstigt werden: »In dem Kriege, den die einzelnen Rangclassen der Gesellschaft unter sich führen, ist diese Erfindung wie das Schießpulver, sie verändert die ganze Taktik der Kriegsführung. Sehen Sie nur unsere Vornehmen und Exclusiven, wie verbittert und mit Recht sie gegen die Eisenbahn sind.« Das Problem sei: »ein Häuflein untergeordneter Creaturen, Krämer, Handwerker, Künstler, reisender Possenreißer, Alles das ha[be] sich zusammen gefunden und zwing[e] einen Vornehmen mit ihnen gemeinschaftliche Sache zu machen«. Und der Staat »begünstigt diese teuflische demokratische und revolutionäre Erfindung, ja auch noch mehr, das Oberhaupt desselben fährt selbst mit Gevatter Schneider und Handschuhmacher zugleich ab.« (Alexander von Sternberg, *Erinnerungsblätter*, 5. Theil, Leipzig: Brockhaus 1859, 147).

[30] Arthur Schopenhauer, »Versuch über das Geistersehen und was damit zusammenhängt«, in: ders., *Parerga und Paralipomena. Kleine philosophische Schriften*, Bd. 1, Darmstadt: Wissenschaftliche Buchgesellschaft 2004, 273-372, hier: 324f.

[31] von Sternberg, *Erinnerungsblätter*, a.a.O., 145f.

[32] Zugleich ist die Eisenbahn aber vor allem ein Vehikel der nationalen Begründung: »[S]ie rückt die Völker näher aneinander, vermittelt den Austausch der weltlichen und geistigen Güter; sie saust über Vorurteile, Zopfwesen, Kleinstaaterei, Pass-Schererei schon jetzt in Deutschland lustig hinweg – möge sie denn die Deutschen zu einer einigen Nation, ihre Industrie zur Großmacht gestalten« (Albert Borsig, *Rede anläßlich der Feier zum 25. Firmenjubiläum am 22.07.1862*, in: (Hg.) Peter-Paul Schneider, *Literatur im Industriezeitalter*, Bd. 1, Marbach am Neckar: Deutsche Schillergesellschaft 1987, 63).

[33] Das bekannteste Beispiel dürfte Nikolaus Lenaus Gedicht *An den Frühling* (1838) sein. Über die Kritik der Eisenbahnen in der Literatur vgl. Rolf-Peter Sieferle, *Fortschrittsfeinde? Opposition gegen Technik und Industrie von der Romantik bis zur Gegenwart*, München: C.H. Beck 1984, 42-65 (über romantische Kritik) und 87-118 (zur Debatte um die Eisenbahn). Vgl. auch van der Pot, *Die Bewertung des technischen Fortschritts*, a.a.O., 227-237.

[34] Der Dichterstreit zwischen Justinus Kerner (*Unter dem Himmel*) und Gottfried Keller (*An Justinus Kerner*) aus dem Jahre 1845/46 ist hier kennzeichnend. Kerner hatte eine romantische Position gegen »Das Fliegen, der unsel'ge Traum« verteidigt.

[35] Georg Herwegh, »Den Naturdichtern«, in: ders., *Gedichte eines Lebendigen*, Zürich/Winterthur: Literarisches Comptoir 1841, 139. In dieser Polemik gegen die Naturdichter betont er die Ubiquität der Poesie und

macht sich zum Vertreter des poetischen Animismus, behauptet er doch, dass die Poesie wie Gott in allen Dingen sei – so auch »in eines Dampfschiffs Qualme«.

[36] Anastasius Grün, »Poesie des Dampfes« (aus: *Vermischte Gedichte*), in: ders., *Gedichte*, Leipzig: Weidmann 1837, 237-239, hier: 237.

[37] Ebd., 239.

[38] Lothar Gall, *Meine Auswanderung nach den Vereinigten-Staaten in Nordamerika im Frühjahr 1819 und meine Rückkehr nach der Heimath im Winter 1820*, Bd. 1, Trier: Gall 1822, 39.

[39] Vgl. Rolf Geißler, »Literarische Bildung und technische Welt«, in: *Die Deutsche Schule* 60 (1968), 174-186.

[40] Diese These von der Leistungsfähigkeit der Literatur bezüglich ihrer Wissensvermittlung ist überraschenderweise in den jüngsten Beiträgen zur Wissenspoetik oder zu den Poetologien des Wissens nicht aufgegriffen worden. Vgl. in Auswahl: Ralf Klausnitzer, *Literatur und Wissen. Zugänge, Modelle, Analysen*, Berlin/New York: de Gruyter 2008; (Hgg.) Thomas Klinkert/Monika Neuhofer, *Literatur, Wissenschaft und Wissen seit der Epochenschwelle um 1800. Theorie, Epistemologie, komparatistische Fallstudien*, Berlin/New York: de Gruyter 2008; Jochen Hörisch, *Das Wissen der Literatur*, München: Fink 2007; (Hg.) Joseph Vogl, *Poetologien des Wissens um 1800*, München: Fink 1998; Heinz Schlaffer, *Poesie und Wissen*, Frankfurt am Main: Suhrkamp 1990. In der hitzig geführten Debatte (Tilmann Köppe, Tom Kindt, Gideon Stiening, Simone Winko, Lutz Danneberg, Michael Titzmann) ist die Leistungsfähigkeit von Literatur kein Thema.

[41] (Hg.) Karl Riha, *Reisen im Luftmeer. Ein Lesebuch zur Geschichte der Ballonfahrt von 1783 (und früher) bis zur Gegenwart*, München/Wien: Carl Hanser 1983 sowie Wolfgang Behringer/Constance Ott-Koptschaliкski: *Der Traum vom Fliegen. Zwischen Mythos und Technik*. Frankfurt am Main: Fischer 1991, 333-339, 351-358. Vgl. dazu den Beitrag von Angela Oster (»Technische und literarische Euphorien der Aeronautik. Die Entdeckung der Ballon-Luftfahrt in Frankreich und ihre europäische Rezeption: 1783 bis 1873«) in diesem Band.

[42] Bezeichnenderweise wird das Problem der Lenkbarkeit von Ballons in der Literatur kaum aufgegriffen, obgleich Anfang des 19. Jahrhundert dieser Herausforderung die meiste Aufmerksamkeit zukam. Es spricht auch Bände, dass die Ballonfahrten kaum als Forschungsinstrument, insbesondere zu meteorologischen Zwecken, Erwähnung finden, wozu sie zunehmend benutzt wurden. Vgl. Gerhard Wissmann, *Geschichte der Luftfahrt von Ikarus bis zur Gegenwart*, Berlin: VEB Verlag Technik 1960, 86f.

[43] Indes haben die der Aufklärung verpflichteten Autoren des 19. Jahrhunderts wie Adalbert Stifter oder Heinrich von Kleist die Literatur auch weiterhin auf die interdiskursive Leistung verpflichtet.

[44] Ikarus als Chiffre für den Dichter geht bereits auf die Renaissance-Dichtung zurück. Vgl. Erich Unglaub, *Steigen und Stürzen. Der Mythos von Ikarus*, Frankfurt am Main: Peter Lang 2001, 42-46.

[45] Behringer/Ott-Koptschalikski, *Der Traum vom Fliegen*, a.a.O., 354.

[46] Mahr hat Beispiele aufgeführt, die verdeutlichten, dass erst neue Sprachformen entwickelt werden mussten, wie Mitteilungen zu Technik zu formulieren seien. Vgl. Mahr, *Eisenbahnen in der deutschen Dichtung*, a.a.O., 114.

[47] Tilman Fischer hat in den Reiseberichten über London festgehalten, dass zur Schilderung der Industrie am meisten auf Dämonisierungen zurückgegriffen wurde: »Dies mag im mangelnden technischen Sachverstand der Reisenden gegenüber dem, was sie sehen, seinen Grund haben« (Tilman Fischer, *Reiseziel England. Ein Beitrag zur Poetik der Reisebeschreibung und zur Topik der Moderne (1830-1870)*, Berlin: Erich Schmidt 2004, 526). Des Weiteren werden Maschinen oft als Geisterspuk dargestellt: »Neben der Poetik des Gruseligen und an diese leicht anschlußfähig ist die Darstellung moderner Industrie mit Hilfe

der Ikonographie christlicher Höllenvorstellungen.« (ebd., 539).

[48] Vgl. Mahr, *Eisenbahnen in der deutschen Dichtung*, a.a.O., 110.

[49] Ebd., 119.

[50] Christine Maillard/Michael Titzmann: »Vorstellung eines Forschungsprojekts«, in: (Hgg.) dies., *Literatur und Wissen(schaften) 1890-1935*, Stuttgart/Weimar: Metzler 2002, 7-37, hier: 22.

[51] Gustav Frank kommt zu einer anderen Bewertung. Für ihn führt der Zusammenbruch des goethezeitlichen Diskurssystems geradezu zu einer Befreiung der interdiskursiven Leistung der Literatur. Vgl. Gustav Frank, »Romane als Journal. System- und Umweltreferenzen als Voraussetzung der Entdifferenzierung und Ausdifferenzierung von ›Literatur‹ im Vormärz«, in: Rainer Rosenberg/Detlev Kopp, *Journalliteratur im Vormärz*, Bielefeld: Aisthesis 1996, 15-48, hier: 39f.

[52] Vgl. ausführlich Helmut Koopmann, *Das Junge Deutschland. Analyse eines Selbstverständnisses*, Stuttgart: Metzler 1970.

[53] Vgl. Michel Ansel, *Robert Prutz, Hermann Hettner und Rudolf Haym. Hegelianische Literaturgeschichtsschreibung zwischen spekulativer Kunstdeutung und philologischer Quellenkritik*, Tübingen: Niemeyer 2003.

[54] Vgl. Dirk Göttsche, *Zeit im Roman. Literarische Zeitreflexion und die Geschichte des Zeitromans im späten 18. Jahrhundert und im 19. Jahrhundert*, München: Fink 2001, dort: 506-554; Hartmut Steinecke, »Die ›zeitgemäße‹ Gattung. Neubewertung und Neubestimmung des Romans in jungdeutscher Kritik«, in: (Hgg.) Vincent J. Günther/Helmut Koopmann/Peter Pütz/Hans Joachim Schrimpf, *Untersuchungen zur Literatur als Geschichte*, Berlin: Erich Schmidt 1973, 325-346.

[55] Karl Gutzkow, »Der Roman und die Arbeit«, in: ders., (Hg.) Adrian Hummel, *Schriften*, Bd. 2: *Literaturkritisch-Publizistisches. Autobiographisches-Itinerarisches*, Frankfurt am Main: Zweitausendeins 1998, 1297-1302, hier: 1299.

[56] Ebd., 1302 (Hervorhebung im Original).

[57] Ludolf Wienbarg, »Die Poesie und die Industrie«, in: *Deutsches Literaturblatt* 21 vom 20.02.1841, 29. Der »Industrialismus« bleibt auch für Wienbarg das antipoetische Prinzip. Er hegt lediglich die Hoffnung, dass die neue Epoche zu einer reicheren Poesie führe oder aber die Poesie auflöse.

[58] Vgl. Ulrike Spree, *Das Streben nach Wissen. Eine vergleichende Gattungsgeschichte der populären Enzyklopädie in Deutschland und Großbritannien im 19. Jahrhundert*, Tübingen: Niemeyer 2000, 94.

[59] Vgl. Sibylle Obenaus, *Literarische und politische Zeitschriften 1830-1848*, Stuttgart: Metzler 1988, 45f.

[60] Vgl. (Hg.) Helmut Reinalter, *Lexikon zu Demokratie und Liberalismus 1750-1848/49*, Frankfurt am Main: Fischer 1993, 321-324.

[61] Es scheint indes, als hätten auch die Konversationslexika und die Journale nicht zu einem befriedigenden Ergebnis geführt. Alexander von Humboldt, der sich wiederholt über die Ungenauigkeit der Wissensvermittler in den Journalredaktionen aufgeregt hatte, bedauerte die beschränkte Wissensvermittlungsleistung populärer Medien, denen er »[a]ugenblickliche Befriedigung der Neugier, nicht Wißbegier« bescheinigte: »von tieferm Wissen kann selbstverständlich nicht die Rede sein«: (Hg.) Hanno Beck, *Gespräche Alexander von Humboldts*, Berlin: Akademie-Verlag 1959, hier: 279.

[62] Vgl. Spree, *Das Streben nach Wissen*, a.a.O., 227.

[63] Vgl. Klaus-Ulrich Pech, *Technik im Jugendbuch. Sozialgeschichte populär-wissenschaftlicher Jugendliteratur im 19. Jahrhundert*, Weinheim/München: Juventa 1998, 131f.

[64] Spree, *Das Streben nach Wissen*, a.a.O., 219.

[65] Vgl. ebd., 227.

[66] Vgl. Richard Toellner: »Liebhaber und Wissenschaft«, in: *Berichte zur Wissenschaftsgeschichte* 9 (1986), 137-145.

[67] Vgl. Pech, *Technik im Jugendbuch*, a.a.O., 13.

[68] Hermann Fürst von Pückler-Muskau besuchte etwa gegen Eintritt (ca. 1 Schilling) mit einer Taucherglocke den Tunnelbau unter der Themse oder für einen Penny die Waterloo-Brücke und Fabriken. Vgl. Hermann Fürst von Pückler-Muskau, *Briefe eines Verstorbenen*, 2. Aufl., 3. Theil, Stuttgart: Hallberger'sche Verlagsbuchhandlung 1836, dort: 45f. und 247ff. Zu den Englandreiseberichten in diesem Zeitraum vgl. Fischer, *Reiseziel England*, a.a.O.

[69] Über die Faszination der Industrie und die Kontroverse über die Schönheit der technischen Gebilde sowie die Kategorie des Erhabenen vgl. van der Pot, *Die Bewertung des technischen Fortschritts*, a.a.O., 238-254.

[70] Friedrich von Raumer, *England im Jahre 1835, Erster Theil*, Leipzig: Brockhaus 1836, 3.

[71] Harro Segeberg, »Technik und Literatur oder: Was ist und wozu taugt eine germanistische Technikgeschichte?«, in: *Akademie-Journal* 1 (2001), 29-32, hier: 30.

[72] Bei Jules Verne werden nicht nur präzise Angaben von Technik gemacht, auch operiert er mit zahlreichen Plausibilisierungsprogrammen, die den wissenschaftlichen Prinzipien gerecht werden müssen, durch die der technikinteressierte Leser überzeugt werden soll.

[73] Dabei dürfte das von Johann Friedrich Cotta seit 1820 vertriebene *Polytechnische Journal* von Emil Maximilian Dingler den meisten Literaten bekannt gewesen sein. Dingler war an Cotta herangetreten, »das Bedürfnis zur Verallgemeinerung polytechnischer Kenntnisse, als ein anerkanntes verlässliches Mittel zur Förderung und Emporbringung der vaterländischen Industrie und Nationalvermögens« zu stillen (Brief von Dingler an Cotta vom 27.06.1819. Abgedruckt in: Schneider, *Literatur im Industriezeitalter*, a.a.O., 61).

[74] Johannes Mahr tut dies und rechnet mit der Literatur förmlich ab, wenn er meint, »daß die Literatur eine ihr aufgetragene und in einem bestimmten Bereich nur von ihr zu bewältigende Aufgabe innerhalb des im 19. Jahrhundert sich vollziehenden Entwicklungsprozesses nur unzureichend erledigt hat«. Auch habe die Kunst die »utopischen Möglichkeiten« der neuen Verkehrsmittel nicht ausgeschöpft (Mahr, *Eisenbahnen in der deutschen Dichtung*, a.a.O., 262f.).

[75] Insofern stimme ich Gerhard Plumpe zu, der »ästhetische oder literaturprogrammatische – ›poetologische‹ – Motive« für die marginale Bedeutung der Technik in der realistischen Literatur des 19. Jahrhunderts verantwortlich machte (Gerhard Plumpe, »Technik als Problem des Literarischen Realismus«, in: (Hgg.) Michael Salewski/Ilona Stölken-Fitschen, *Moderne Zeiten. Technik und Zeitgeist im 19. und 20. Jahrhundert*, Stuttgart: Franz Steiner 1994, 43-59, hier: 50.

[76] Vgl. dazu ausführlich Christine Haug, »›Populäres auch populär vertreiben‹. Karl Gutzkows Vorschläge zur Reform des Buchhandels und zur Beschleunigung des Buchabsatzes: Ein Beitrag zur Geschichte der Buchdistribution und Buchwerbung im 19. Jahrhundert«, in: (Hgg.) Gustav Frank/Detlev Kopp, *Gutzkow lesen!*, Bielefeld: Aisthesis 2001, 385-416.

»Ein Rudel blonder Raubthiere« (Nietzsche) Europas Aufbruch im Spiegel der Theaterkritik von 1920. Zu Text und Aufführung von Georg Kaisers »Europa« unter besonderer Berücksichtigung des Schlussaktes

Almut-Barbara Renger

»Im Jahre 1915, als er »Europa« schrieb, oder solange er daran schrieb, war Georg Kaiser in sehr heiterer Laune. Umwallt von den Fahnen der deutschen Siege, überschäumt von dem Glauben, daß die Welt von dem Muskel des Stärkeren regiert werden müsse, dichtet er ein Stück zur Verherrlichung männlicher Kraft. Es ist ein antipazifistisches Gebilde, daran kann niemand zweifeln; auf Nobels Friedenspreis, der ihn herausreißen könnte, wird Kaiser verzichten müssen.«[1]

Mit diesen Worten leitet Fritz Engel im *Berliner Tageblatt* vom 6.11.1920 seine Rezension des am Vorabend in Berlin uraufgeführten Schauspiels *Europa* von Georg Kaiser ein.[2] Das Stück greift die seit Herodot geläufige Verknüpfung des Europa- mit dem Kadmosmythos auf und schlägt aus dieser erfindungsreich Pointen.[3] Im antiken Mythos wird die Königstochter durch Zeus in Stiergestalt von Phöniziens Ufern nach Kreta entführt und gebiert dort nach Vereinigung mit ihm Minos, Rhadamanthys und Sarpedon.[4] Während sich ihre Funktion hierin erschöpft, werden die Söhne an verschiedenen Stätten im Mittelmeerraum zu bedeutenden Gründern und Eponymen; wie auch Europas Bruder Kadmos. Vom Vater ausgeschickt, wird er auf der Suche nach der verschwundenen Schwester vielfacher Stadt- und Tempelgründer, nicht zuletzt von Eponym, der Burg des späteren Thebens, wo nach seinem Sieg über den heiligen Drachen aus der Saat der Zähne bewaffnete Männer sprießen.[5] Kaisers Europa wird ebenfalls von Zeus als Stier entführt, kehrt aber nach einer einzigen Nacht zurück. Sie lässt sich nicht von Zeus zur Mutter machen, sondern nimmt sich ihrerseits einen Mann, der allen Vorstellungen ihres Vaters von einem ›trefflichen Gemahl‹ widerspricht: den Anführer der mythischen Kadmos-Sprossen. Mit ihnen, die am Tag nach der Entführung auftauchen, zieht sie – wie zuvor, ohne Benachrichtigung des Vaters, Kadmos – aus, ein neues Land zu suchen. Dieses soll ihren Namen, »Europa«, tragen – und so erhält sie aktive Gründer- und Eponymenfunktion.

Europas Aufbruch aus überkommenen Strukturen in dramatischer Engführung von mythischer Figur und Erdteilnamen auf die Bühne zu bringen, muss

1920 reizvoll erschienen sein. »Europa« ist in dieser Zeit als Projekt, Vision und ›Schicksalseinheit‹ in vieler Munde. Thesen zu Europas Untergang – der erste Band von Oswald Spenglers *Untergang des Abendlandes* ist 1918 erschienen – provozieren eine Vielzahl positiver Gegen-Utopien, von denen die 1923 veröffentlichte Paneuropa-Schrift von Coudenhove-Kalergi[6] die prominenteste ist. Die seit der Romantik maßgeblich von Schriftstellern geführte »Europa-Debatte« flammt mit und nach dem Krieg wieder auf. Autoren wie Ferdinand Lion, Annette Kolb, Rudolf Borchardt, Hermann Hesse, Hugo von Hofmannsthal, Heinrich Mann und Willy Haas erörtern Europas hervorgehobene Position im Weltganzen, die Idee einer kulturellen und politischen Einheit sowie mögliche Formen einer Staaten-Allianz und Völkerverständigung.[7] Und das geschlagene Deutsche Reich schien sich durch den Krieg aus dem europäischen Verbund gelöst zu haben und einer Reintegration bedürftig zu sein.

Vor diesem Hintergrund und angesichts der Starbesetzung – unter den Schauspielern waren Roma Bahn als Europa, Alexander Moissi als Zeus und Heinrich George sowie Werner Krauß als König Agenor – versprach die Aufführung, ein großer Erfolg zu werden. Das erwartete auch Werner R. Heymann, der die Bühnenmusik geschrieben hatte. Doch das Gegenteil trat ein. Die Premiere, die 3000 Theaterbesucher ins Große Schauspielhaus gezogen hatte, verursachte, wie die Zeitungen und Heymanns Memoiren bezeugen, »einen waschechten riesigen Theaterskandal«.[8] Zu ihm trugen Kaisers Inhaftierung wegen Unterschlagung wenige Wochen zuvor in Berlin und seine Überführung nach München am Tag der Premiere bei. Zudem wurde vor Aufführungsbeginn im Theater – durch Verkauf des *8Uhr-Abendblattes*, auf dessen Titelseite stand: »Georg Kaiser wegen Diebstahl verhaftet! Hat Teppiche, Silber, Bargeld seiner Zimmerwirtin unterschlagen!«[9] – Öl ins Feuer der ›Kaiser-Affäre‹[10] gegossen. So befand sich das Publikum von Anfang an in Skandalstimmung. Dass es am Ende aber tatsächlich zu Tumult und Krawall kam und *Europa* nach wenigen Vorstellungen abgesetzt wurde, ist nicht entscheidend auf die Ereignisse um Kaiser zurückzuführen, sondern ganz wesentlich auf das Stück *Europa*, nicht zuletzt auf die Spannung zwischen der literarischen Fassung und der Inszenierung durch Karlheinz Martin.

Theaterkritiker und -wissenschaftler jener Zeit haben diese Spannung mit Nachdruck thematisiert. Irritiert waren die meisten Rezensenten bereits durch das zirkusartige Äußere, das sie u.a. durch die Größe des (aus dem *Circus Renz* umgebauten) Schauspielhauses bedingt sahen, sowie eine kabarettistische Bierkeller-Note der Inszenierung, in der Parodie und Burleske dominierten.[11] In der Rezension von Monty Jacobs in der *Vossischen Zeitung* vom 6. November heißt es: »Kaisers ›Europa‹ und Martins ›Europa‹« trenne »eine Kluft, so breit wie die Szene des Großen Schauspielhauses«.[12] Bezüglich der Änderungen gegenüber der Vorlage moniert er näherhin, Martins *Europa* verzichte »auf alle Künste leiser Ironie«. »Zum Ersatz« werde »der Geist der Parodie heraufbeschworen« und das »an Grazie [...] verlockend[e]« »Schwebespiel« stürze »bleiern« und »abgeschmackt«

in der »Arena« des Schauspielhauses ab »hinunter zur Biermimik«.[13] Abschätzige Urteile provozierte u.a. ein »dickes, geputztes Brauerpferd«, das, so der eingangs zitierte Fritz Engel, »neben dem unechten Stier, in den sich Zeus verwandelt hatte«, »freundlich mittrampelte«.[14] Gleichsam hoch zu Ross erschien – nach dem falschen »Zirkusrindvieh«[15] im vierten Akt des Stücks, auf diesem echten »Zirkusgaul«[16] im fünften Akt – zum Happy End – der Anführer einer Schar von fremden Kriegern. Auf sie und ihre Funktion namentlich im Verhältnis zum übrigen dramatischen Personal wird im Folgenden näher eingegangen. Dabei geht es in lockerem Wechselblick um den Widerspruch zwischen dem Drama zur Zeit seiner Entstehung und der späteren szenischen Realisation sowie seine Einbettung in die jeweilige Zeitstimmung (I.), um die daraus folgende Sicht und Bestrebung zur pazifizierenden Umformung (II.) sowie um zeit-, kultur- und technikkritische Aspekte angesichts des antikisierenden Griffs des Autors in den Fundus mythologischer Überlieferung (III.). Nach knappen Bemerkungen anhand von Freud über die Desublimierungsdynamik des Stückes gegen den triebsublimierenden »Kulturprozess« (Freud) schließen allgemeine zusammenfassende Bemerkungen zur Zeitsignatur mit Nietzsche die Betrachtung ab (IV.).

I. Von Pazifismus zu Kriegsbereitschaft
Der Auftritt der fremden Krieger im Schlussakt

Die Kriegerschar bildet die schärfste Markierung der »Kluft« zwischen Kaisers und Martins *Europa*, ihr szenisches Arrangement durch den Regisseur – wie überhaupt dessen Einrichtung des Schlussakts – erfuhr in Rezensionen der Aufführung eindringliche Kritik. Engel schreibt: »Am Schluß verkennt der Regisseur den Sinn des Stückes. Er streicht aus dem Text markante Sätze [...].«[17] Jacobs konstatiert mit Blick auf den Schluss, der Regisseur habe die »Moral des Stückes« »getilgt«.[18] Siegfried Jacobsohn wendet in *Das Jahr der Bühne* ein, aus »potenten Kriegern« würden bei Martin »lächerliche Schneidergesellen«.[19] Und Engel fordert schließlich, gegen die Aufführung, der Zuschauer müsse, mit dem Autor, »wenn Kaisers Lied zum Ruhme der Männlichkeit nicht umsonst gesungen sein soll«, nicht komische »spillerige Karikaturen«, sondern »Kraftgestalten sehen, Recken, Naturmenschen«.[20]

Engels Monitum geht die Frage voraus: »Wo aber steht, dass die Männer, die Germanen, [...] ›komisch‹ sein sollen?«. Sie stützt sich auf Bühnenanweisungen in Kaisers Text. Ihnen ist zu entnehmen, dass die Krieger als Anspielung auf die Germanen aufzufassen seien, wie sie nach Tacitus' *Germania*[21] topisch wurden (und bis ins zeitgenössische, zumal angloamerikanische Kino als Deutschen-Karikaturen gerne vor- und dargestellt werden). Kaiser führt die Krieger im fünften Aufzug der *Europa* mit folgender Angabe ein: »*Nun erscheint ein Trupp fremder Krieger: Mächtige Gestalten, bärtig, gelber dickgewickelter Haarschopf – Felle auf der nackten Brust – rauhe Beine – und Waffen.*« (641). Die ›Rauhbeine‹ treffen bei König Agenor ein, als dieser den scheinbaren Verlust seiner entführten Tochter betrauert. Sie stellen sich ihm als »Sprossen« seines Sohns Kadmos vor (642), der vor vielen Jahren, am Tag seines Antritts als Thronerbe (vgl. 599), plötzlich verschwunden war. Zudem berichten sie, dass Kadmos lebe, dass der von ihm gegründete Kriegerstaat aber wegen Frauenlosigkeit zum Aussterben verurteilt sei, und fordern: »Weiber müssen sein, wo Männer wachsen sollen. Gib uns Weiber mit!« (644). Agenor reagiert zunächst abschlägig, willigt aber schließlich ein, als seine Tochter, wie er feststellt, »gleichsam über Nacht verwandelt« (649), zurückkehrt und sich für einen Besuch im Land des Bruders ausspricht; sie wählt »den mächtigen Anführer« (648) der Krieger als ihren Mann und inspiriert durch ihre Bereitschaft, mit den fremden Männern zu ziehen, ihre Gefährtinnen, d.h. »die Mädchen« (585), dazu, sich gleichfalls den Kriegern anzuschließen.

Die Funktion der bärtigen, fellbehängten Krieger in Kaisers Text ist evident: Aus »Drachenzähne[n]« und »fertig mit Schwertern und Speeren empor[gesprossen]« (643), repräsentieren sie ungezügelten Trieb und kriegerische Stärke. Damit stehen sie diametral dem ›Kultivierungskonzept‹ Agenors gegenüber, der in seinem »Reich ungestörten Friedens« (601) jede Art von Gewalt und Derbheit abgeschafft zu haben meint. Jede »Hast« sei »besänftigt«, erklärt er, »jeder Lärm gedämpft«, selbst »die ganze Grundfläche [des] Reichs« als Zeichen für die ›Beherrschung roher Natur‹ in kunstvolle Gärten umgewandelt; die »Wiese« trage »genau so künstlichen Blumenschmuck, wie jeder Baum der Gehölze mit planmäßiger Absicht gepflanzt« (601) sei. Auch seine Männer, die »Tanz« als »Ausdruck für die vollkommene Mäßigung der Regungen« (602) kultivieren, stellt Agenor als Resultat der »Umwandlung« dar: Dazu erzogen, alles Grobe, Rohe abzustreifen, seien sie, wie die königliche Gartenkunst, »geschaffen«, »das Herz eines Mädchens zu erfreuen« (601). Der »Mann« als »Mädchenschreck«, »wie er aus der Schöpfung hervorkommt«: »wild – zottig – ungeschlacht – brüllend«, sei nach gründlicher »Umwälzung« »bewältigt« (614). – Es ließe sich hier eine Vielzahl ähnlicher Behauptungen Agenors anführen. Seine Welt der Besänftigung wird durch das Erscheinen der Krieger unsanft konterkariert.

Um zu verdeutlichen, dass Agenors Männer die Einlösung des königlichen ›Kultivierungskonzepts‹ repräsentieren sollen, schöpft ihre Charakterisierung verstärkt aus dem seinerzeit viel praktizierten Zugriff der Künste aufeinander: aus dem grenzüberschreitenden Experimentieren von Literatur, Theater, Tanz, Musik, Malerei und Skulptur mit Stilen und Stilmitteln, Körperbildern und Bewegungsfiguren. Figurationen eines verfeinerten ›Ästhetentums‹, tänzeln die Männer in honiggelben und himmelblauen wallenden Gewändern, Blumen pflückend und Kränze windend, eingeübt leichtfüßig durch die Gärten. Ihre Unterhaltung mutet hierbei ebenso künstlich-geziert an wie ihre Bewegungen. »Jeder laute Ton« sei »verbannt«, kommentiert Agenor, jede »ungefügte Gebärde gelähmt« (601), und er fügt hinzu: »Der Tanz ist die letzte Stufe. Im Tanz ist unsere Rauheit bis auf den Kern gelöst« (602). Diese tänzerische – und zugleich sprachlich übersetzte – ironische Darstellung ist u.a. vor dem Hintergrund des damaligen Paradigmenwechsel vom klassischen Ballett zum freien Tanz zu sehen. Die in Kaisers Bühnenanweisung vorgesehenen Bewegungsmuster – »*nach Schritten aus hochgeworfenen Knien Stillstand, die gerundet erhobenen Arme drehen die Schultern*« (587) – stehen ostentativ im Kontrast zu den Konzepten der Körper-Natur und der natürlichen Bewegung, die sich um 1900 herausbildeten und die kulturemanzipatorische Wirkung des freien Tanzes, wie ihn u.a. Isadora Duncan vertrat, betonten.[22] Zugleich lässt sich die Art des Auftritts von Agenors Männern als Absage an das Spiel mit definierten Geschlechterrollen lesen, wie es sich etwa bei Alexander Sacharoff fand. Der Tänzer postulierte 1910 in einem Programmheft (zu einem größtenteils von antiken Mythen bestimmten – vielrezensierten – Tanzabend in München), »für den Tanz als reine und eigene Kunst« seien »weder der reife Mann noch das Weib vorzüglich geeignet«, sondern vielmehr »der Jüngling als ein Wesen, das noch zwischen beiden steht und noch gleichsam die Möglichkeit beider Geschlechter in sich vereinigt«.[23] Diesem Plädoyer für Androgynität entsprechen sinngemäß Kaisers Tänzer. Ihre Bewegungen und Posen, Gewandung und sprachliche Äußerungen weisen, durch Betonung zeittypischer Merkmale des Weiblichen, stark mannweibliche Züge auf, die auch »*das ungeschnittene Haar*«, das ihnen »*in den Rücken wallt*« (589), hervorhebt.

Kraftstrotzende Virilität hingegen repräsentieren die fremden Krieger. Mit »*barsche[n] Stimmen*« lärmend und unter »*Rasseln von Waffen*« (641) stapfen die ›Rauhbeine‹ »*stampfende[n] Schritte[s]*« (646) durch Agenors Friedensstaat. Gezierte Wechselrede liegt ihnen nicht. Unter plakativem Waffenklirren (vgl. 643, 646), drohendem Armeschütteln (vgl. 648) und gelegentlichen Repetitionen von Parolen ihres Anführers artikulieren sie, im Übrigen markant ineloquent, wiederholt nur ein Ziel: »Wir wollen Weiber« (648) – und sind erfolgreich.

Die Möglichkeit, diesen ironischen Lapidarismus Kaisers einseitig, als doktrinäres Plädoyer für bewaffnete Kraftmenschen, zu verstehen, unterminierte Martins Inszenierung, indem sie den Germanen-Topos durch Darbietung »spilleriger« Gestalten unterlief. Damit machte sie den Autor zwar nicht, um Engels eingangs zitierte Worte aufzunehmen, nobelpreisverdächtig, führte das Stück aber auch nicht als das auf, was es, wie von Engel bemerkt, tatsächlich war: Dokument einer kriegsbejahenden Aufbruchsstimmung.[24] Diese vermittelt Kaisers Text, indem das antike Europa-Kadmos-Sujet als dreifacher Lobpreis zur Darstellung gebracht wird: zum Ersten als eine desublimierende animalische Kraft; zum Zweiten als eine befreiende Rebellion gegen den Vater; zum Dritten als ein Weltherrschaft beanspruchender Kriegsgeist. Erst nimmt Europa den in einen Stier verwandelten Zeus als attraktiv wahr und kehrt von ihrer Nacht mit ihm, wie der Vater feststellt, ›blühender‹ zurück: »du blühst förmlich« (645). Dann zeigt sie sich, der kein Tänzer aus dem väterlichen Friedensstaat zusagt – »Europa bleibt kühl« (602) –, von den Kriegern fasziniert und entschließt sich ohne Zögern für den Anführer als Gefährten. Wie zuvor ihr Bruder, der die Heimat, so Agenor, »ohne Gruß und Abschied« verließ, da er nach Auskunft der Sprossen »ein Mann sein« wollte, und sich ein eigenes Königsreich »mit Männern in Waffen« schuf (642f.), ist die in Agenors Augen ›starrsinnige‹ Tochter (vgl. 599f., 605) der vom Vater kultivierten Überfeinerung überdrüssig. Ihre Begegnung mit den Kriegern weist auf den sozialpsychologischen Prozess voraus, den Alexander Mitscherlich später in *Auf dem Weg in die vaterlose Gesellschaft* (1963) als Verlöschen des Vaterbildes bezeichnet hat. Wie Kadmos und Europa von *ihrem* Vater sagen auch die »Sprossen« des Kadmos (648), die »Kinder seiner Taten« (649), sich von *ihrem* König los. Sie beschließen, nicht zu Kadmos zurückzukehren, da die Königsschwester als Königin nur eigenständig herrschen könne, führen ihm mithin auch nicht die zur Bevölkerung seines Reichs notwendigen Frauen zu. Von ihm unabhängig wollen sie ein »neues Land« gründen, das »von seiner Königin [...] seinen Namen haben« soll: »Europa!« (649).

Hätte es mit dieser Darstellung des Aufbegehrens gegen König und Vater und, damit verbunden, des Wunsches nach Erneuerung, sein Bewenden, erschiene Engels Urteil, *Europa* sei ein »antipazifistisches Gebilde«, nicht schlüssig. Wie adäquat es gleichwohl ist, zeigen die Schlussdialoge, in deren Verlauf der zuvor pazifistische König sich, gleichsam wie befreit, der Aussicht auf Krieg überlässt. Auf die Frage, ob sie »aus diesem Europa« wiederkommen wollten, erteilt der Anführer der Krieger dem König zwar eine abschlägige Antwort, quittiert dann aber dessen Bemerkung »Dem Himmel sei Dank« mit der Drohung, dass ihre Söhne wiederkämen: Eines Tages würden sie »über die Grenzen« Europas »fluten« und Agenors Volk vernichten (650).

Diese Aussicht wendet Agenors bisherige Friedfertigkeit in eine gegenstrebige Haltung. Auf seinen Ruf hin: »Schafft mir Männer. Männer, die Waffen schwingen und dies Leben verteidigen, das unseren Schutz verlangt«, vollzieht sich an den von ihm gleichsam ›hochgezüchteten‹ Repräsentanten verfeinerten Ästhetentums ein Wandel: Die Männer raffen ihre Röcke, binden sich die Haare hoch und holen, nach Art eines Sabinerinnenraubs, zwecks Zeugung von neuen Männern »*kräftige*« »Mägde aus dem Hof« (650). Der alte König zeigt sich beim Anblick der sich in den Armen seiner Männer wehrenden Mägde erst überrascht, dann aber durchaus einverstanden: »Ich sehe eure Söhne. Flutendes Leben quillt auch hier.« Mit dieser vitalistischen Vorstellung bricht sich seine Kriegsbereitschaft endgültig Bahn. Er fordert Kadmos' Krieger zum Kampf mit dem »neuen Geschlecht« auf: »Kommt später und messt euch mit diesem Geschlecht. Kämpft um das Leben, das allein besteht: echtes Leben ist starkes Leben und das stärkste ist das beste.« (650f.). Der Appell wird von beiden Parteien mit demselben Kampfgeist aufgenommen, mit dem er ausgesprochen wurde: »Die Krieger: Wir kommen zu euch. Die Männer: Wir warten auf euch.« (651). Den ›guten‹ Ausgang – die Vision zweier neuer Generationen und deren Kampf zwecks Ermittlung des *stärksten* Geschlechtes – besiegelt der König schließlich mit einem altbewährten Zeichen des Happy Ends: Mit den Worten »Die Zeit bringt alles, was sie bringen muß«, lässt er für alle Hochzeitsfackeln entzünden.

Dieses Ende muss auch mit Blick auf Gender Studies und feministische Kritik als höchst prekär erscheinen. Die vom Text – durch satirische Herabsetzung der androgynen Figuren einerseits und Bestätigung herkömmlicher Geschlechterstereotypen andererseits – konstruierte Geschlechterdifferenz findet hier Bekräftigung, indem das (zumal in jener Zeit) fragwürdige Muster antiker Gründungsmythen, die auf gewaltsamer Entführung bzw. Vergewaltigung von einem bzw. mehreren Mädchen – hier erst Europa, dann den Mägden – basieren, zur Anwendung kommt.[25] So sagt am Schluss einer der Männer Agenors, »die nun nachgebende Magd vorführend«, zu diesem: »Die soll dir Männer geben«. Die übrigen Männer stimmen hierauf »mit den anderen Mädchen« gemeinsam ein: »Die Erde blüht – weil Europa endlich glüht.« Carol Diethe hat nicht zu Unrecht darauf hingewiesen, dass dieser Aussage die Prämisse »what a bored virgin really needs is a good rape« zu Grunde zu liegen scheint.[26] Es wäre folgerichtig, wenn unter den Streichungen im Schlussakt, die der Regisseur für die Aufführung vornahm, auch diese Passage war. Dabei scheint ein Aspekt bemerkenswert: Bei Kaiser ist es immerhin eine Frau, die selbsttätig und kraftvoll mit dem Verlassen der personalisierten Männlichkeit des göttlichen Stiers und des irdischen Vaters und Souveräns sowie mit der freien Wahl des Kriegers zum Gefährten jenen nach ihr benannten Kontinent begründet. Damit deutet der Autor den Mythos als weibliche Gründungstat um. Der gegengeschlechtlichen Relation in üblicher kontradiktorischer Charakterisierung (männlich = bellizistisch, weiblich = pazifistisch) stellt Europa die gegenläufige Möglichkeit weiblicher Tatkraft gegen männliche Dekadenz an die Seite.

II. Von »poetischer Mobilmachung« zur Läuterung des Menschen
»Wandlung« nach der Kriegserfahrung technisierter Materialschlachten

Europa ist in der Zeit ihrer Abfassung – sie wurde etwa 1912 begonnen und bis nach Ausbruch des ersten Weltkrieges, bis zur Publikation 1915 überarbeitet[27] – in der Tat kein singuläres »antipazifistisches Gebilde«. Die meisten Dichter und Künstler plädieren im Spätsommer 1914 für den Kampf, nur wenige wie Karl Kraus oder Heinrich Mann stimmen nicht in den breiten Konsens über Notwendigkeit und Richtigkeit des Krieges ein. Nach den Mobilmachungen im Gefolge der Julikrise und den Kriegerklärungen Anfang August kommt es allenthalben zu Jubelsbekundungen. Künstler und Schriftsteller sind von der entfesselten Kriegshysterie affiziert und an einer »poetischen Mobilmachung« (Julius Bab) beteiligt.[28]

Das Ausmaß der freudigen und patriotischen Beteiligung an dem als kulturrevolutionäres Ereignis gefeierten Krieg, dokumentiert Thomas Mann in Die neue Rundschau: »Wie die Herzen der Dichter sogleich in Flammen standen, als jetzt Krieg wurde! [...] Krieg! Es war Reinigung, Befreiung, was wir empfanden, und eine ungeheure Hoffnung.«[29] Ähnlich vergegenwärtigt Ernst Toller die herrschende Ekstase in einem autobiographischen Rückblick: »Ja, wir leben in einem Rausch des Gefühls. Die Worte Deutschland, Vaterland, Krieg haben magische Kraft, wenn wir sie aussprechen, verflüchtigen sie sich nicht, sie schweben in der Luft, kreisen um sich selbst, entzünden sich und uns.«[30] Toller gehört zur sogenannten expressionistischen Avantgarde um Ernst Stadler, Georg Trakl und Franz Werfel, die sich, wie zunächst so viele Literaten, gleichfalls auf die Seite der Kriegsbefürworter und -beschwörer stellt und der kollektiven Kriegseuphorie in rauschhaftem Pathos mittels ersatzreligiöser und -metaphysischer Wortwahl poetischen Ausdruck verleiht: »herrlichste Musik der Erde hieß uns Kugelregen« (Stadler).[31] Diese Begeisterung der expressionistischen Bewegung, zu der Kaisers von 1912 bis 1922 entstandene Stücke – von *Von morgens bis mitternachts* über die sogenannte *Gas*-Trilogie bis zu *Hölle Weg Erde* und *Noli me tangere* – gemeinhin gerechnet werden,[32] konstituiert sich, wie an *Europa* exemplarisch ablesbar, vor dem Hintergrund der Hoffnung auf Konkretisierung vorhandener revolutionärer Ansätze: auf »Wandlung« des Einzelnen (durch Ausstieg und Aufbruch aus überkommenen Ordnungen) und, infolgedessen, der Gesellschaft. Der »zur Marionette der Gesellschaft entwürdigte Zivilisationsmensch« soll, so Horst Denklers Destillat expressionistischer Wandlungsdramen, »auf das Menschliche in ihm« zurückgeführt bzw. zum Menschen, der »im Menschlichen seine Mitte findet«, geläutert werden.[33]

Zu dieser »Läuterung des Menschen« sollten mehrere Faktoren beitragen. Zu den aus sozialkritischer Sicht notwendigen Faktoren zählte das Aufbrechen der Familienzelle. Mit ihren Repressionsmechanismen – dem Familienvorstand als ›Souverän‹ (in *Europa* in erster Generation: Agenor, in zweiter Generation: Kadmos) und den Kindern (in *Europa* in erster Generation: Kadmos und Europa, in zweiter Generation: die Kadmos-Krieger) als unterdrückten ›Untertanen‹ – galt die Familie als Abbild der zu überwindenden hierarchischen Gesellschaft. Zugleich wurde im Vater die autoritative Macht des Überlieferten und Bestehenden überhaupt bekämpft.[34] Ein weiterer, hiermit im Zusammenhang stehender, ausschlaggebender Faktor ergab sich *sub specie artis* aus dem zentralen Desiderat, ästhetische Konventionen umzustürzen. Krieg wurde von den Künstlern mit Vitalität, Dynamik und Kraft gleichgesetzt. Die einen meinten, neue Eindrücke für die eigene künstlerische Produktion finden zu können. Den anderen ging es primär um kollektive Interessen, die sie durch die – im Schlussakt der *Europa* beispielhaft vorgeführte – integrative und solidarisierende Wirkung von Krieg verwirklicht zu sehen glaubten. Die Isolation des Künstlers sollte durch eine verbindende neue Gemeinschaft überwunden, der dekadente unverbindliche Ästhetizismus der Jahrhundertwende durch politische Verantwortung verabschiedet werden. Beides will *Europa* durch Darbietung eines Umschwungs von ›Dekadenz‹ zu ›Aktion‹ vor Augen führen: durch Europas Entschluss, den »mächtigen Anführer« zum Mann zu nehmen, sowie die darauf folgende Entscheidung *erst* ihrer Gefährtinnen, mit den Kriegern in ein neues Land zu ziehen, und *dann* der Männer Agenors, mit ›robusten‹ Mägden eine neue Generation zu zeugen, die das Land verteidigt.

Anders als in *Europa* mit der versprochenen Zeugung einer nachrückenden Generation in Aussicht gestellt, schlug der 1914 entflammte Kriegsenthusiasmus im Verlaufe der Kriegserfahrungen in Kriegsgegnerschaft und Engagement weitgehend für den in Frieden lebenden »neuen Menschen« um. Integrales Moment des sogenannten expressionistischen Verkündigungs- bzw. Ideendramas der letzten Kriegs- und der Nachkriegsjahre, das als Medium eines ideologisch-programmatischen Aufrufs gegen den Krieg fungiert, ist das Postulat der Gewaltlosigkeit. Seine Realisation erhoffte man sich 1918 von der Novemberrevolution. Noch Anfang 1919 wird behauptet, der »Expressionismus« sei »kein Begriff mehr«, sondern »eine herrliche Wirklichkeit«, er finde »in der beginnenden Weltrevolution seine Bestätigung«.[35] Angesichts dieser Zeitstimmungen überrascht es nicht, dass *Europa*, obwohl Kaiser seit 1917 gefeierter Bühnenautor war, erst Ende 1920 uraufgeführt wurde. Antikriegs- und Revolutionsprogrammatik, zumal die literarische Realisation der Revolution, mussten erst als gescheitert gelten, die Forderung der Gewaltlosigkeit durch die blutigen Ereignisse 1918/19 wieder in Frage gestellt werden und zudem, salopp formuliert, etwas Gras über die Ereignisse der vergangenen Jahre gewachsen sein; dann konnte *Europa* auf die Bühne gebracht werden. Ihre Inszenierung mit erheblicher Kürzung des Schlussaktes, Streichungen markanter Sätze und Hinzufügung von Äußerungen – wie etwa des Vaters der Europa: »Wir haben ja die Waffen abgegeben!« – war keine ›Missdeutung‹, wie Engel provokativ behauptete.[36] Die ›Sinn-Verkennung‹ beruhte auf Vorsatz. Der mit Kaisers Werk vertraute Martin – er verfilmte 1920 z.B. auch das Bühnenstück *Von morgens bis mitternachts*, nachdem er es bereits auf der Bühne inszeniert hatte –, nahm bewusst eine dramaturgische Umregistrierung vor. Ohne sie hätte das Schauspiel mit seinem Lobpreis eines eroberungsbereiten Kriegsgeistes Ende 1920 anachronistisch gewirkt.

Kurz, die in den Kritiken diagnostizierte Differenz – die »Kluft« – zwischen Text und Aufführung erklärt sich entscheidend aus der »Kluft« zwischen Textentstehungs- und Aufführungszeit. Die *Europa*-Inszenierung Martins suchte der veränderten Bewusstseinslage zu entsprechen. Immerhin hatte Martin im Jahr zuvor (in der von ihm mitbegründeten avantgardistischen »Tribüne«) höchst erfolgreich Tollers Stück *Die Wandlung* inszeniert, das – wie *Von morgens bis mitternachts* und *Europa* – u.a. Befreiung aus gesellschaftlichem Kontext, zumal den Ausbruch aus der Familie, darstellt. Die Wandlung, die Martin mit dem Drama des einstmals kriegsbegeisterten Toller auf die Bühne brachte, war die des Protagonisten vom unreflektierten Patrioten zum Kämpfer für Freiheit, mit dem Resultat geistiger Einheit durch große Verbrüderung (am Ende des Stücks fassen sich alle an den Händen und schreiten gemeinsam davon).[37]

Diese Wandlung, die Tollers *Wandlung* mit der Intention, sie beim Zuschauer in Gang zu setzen, darstellt, zeigte zwar nicht Kaisers Text, in dem sich, so der Rezensent Emil Faktor, »Pazifismus dem rauhen Zugriff des Kriegers [beugt]«;[38] Martins Inszenierung beabsichtigte aber, sie durch den Versuch, den Text selbst der Wandlung zu unterziehen, geltend zu machen. Die Aufführung sollte, zumal da Kaiser seit 1917 infolge der *Bürger von Calais* als pazifistischer Schriftsteller galt, kriegsbefürwortende Elemente durch ihre vergröbernd-burleske Darstellung entkräften, gleichwohl Aspekte wie Vitalität, Dynamik und Kraft unter Missbilligung von Dekadenz und Ästhetizismus weiterhin stark machen, um am Ende abermals für Aufbruch und Erneuerung zu plädieren. So griff der Regisseur verstärkt zu Mitteln der Satire und der Parodie. Die »überkultivierten und entnervten Männer« des Friedenstaates, Kaisers Repräsentanten »einer verweiblichten Ästhetenkultur«, wurden – laut Emmels (von Diskriminierung nicht freien) Ausführungen – »als mit Fistelstimme krähende Anwärter des § 175 gespielt«;[39] Monty Jacobs formulierte es nur wenig bedachter: Aus »den Aestheten« seien »Eunuchen, geputzte Hämlinge, schaudervoll zu ertragen«, »feminine Schwächlinge« geworden.[40] Und die ›gegnerische Mannschaft‹ der Krieger wurde nicht, wie in Kaisers Text vorgesehen, als »Trupp [...] *mächtige[r] Gestalten*« in Szene gesetzt, sondern als »ein Haufe« magerer Karikaturen, »über die man« Engel zufolge »lachen sollte«.[41] Mit Jacobs gesprochen: Kaisers »Moral des Stückes«, »echtes Leben« sei »starkes Leben und das stärkste [...] das beste« (650f.), wurde »vom Regisseur getilgt«.[42]

Dieser Zugriff des Regisseurs entsprach der veränderten Haltung der meisten avantgardistischen Schriftsteller nicht nur gegenüber dem Krieg an sich, sondern auch – und in Verbindung damit – gegenüber der Technik und den neuen Handlungspotentialen, die sie bereitstellte. Mit dem Krieg entwickelten viele Literaten, die zuvor technikoptimistisch oder -ambivalent waren (z.B. die neuen Verkehrsmittel einerseits mit Hoffnungen im Sinne einer »panhumanistischen« »Erdballgesinnung«[43], andererseits mit den Gefahren einer umfassenden Akzeleration verknüpft hatten),[44] jetzt eine deutlich technikpessimistische Einstellung. Zwar hatte es vor 1914, wie etwa von den Sammelbänden *Technik in der Literatur* (Segeberg) und *Literatur in einer industriellen Kultur* (Großklaus/ Lämmert) gezeigt, Proklamationen der Technikbejahung, wie sie in Italien und Frankreich ertönten, im deutschsprachigen Raum nicht so pronnonciert und v.a. bei den Expressionisten kaum gegeben.[45] Technik wurde aber keineswegs von vornherein durchgängig als feindliche Größe erachtet; erst durch den Krieg begann ein negatives Maschinenerlebnis vorzuherrschen. Seit 1915, vor allem ab 1918 erschienen zahlreiche Antikriegsgedichte und -dramen, die verheerende Folgen eines technisierten Großkrieges zeigten; unter ihnen August Stramms *Gedichte aus dem Krieg*, die Herbert Walden 1919 unter dem Titel *Tropfblut* herausgab. Nach der Kriegserfahrung der technisierten Materialschlachten, in denen Menschen, planmäßig und funktionalisiert, massenhaft eingesetzt und vernichtet wurden, konsolidierten sie, wider die futuristische Feier der technischen Errungenschaften der Moderne,[46] die Ansicht, dass technischem Handeln als solchem eine für den Menschen lebensgefährliche Komponente innewohnt.

Dementsprechend brachte Martin seine, so Kasack, »travestierten Krieger im letzten Bilde«[47] nicht als zweckrationalistisch gedrillte ›Maschine‹ auf die Bühne.

Er setzte keinen »Trupp« im Sinne einer militärischen Einheit in Szene, sondern einen ungeordneten »Haufen«, der hinter einem Pferd – unter Ausblendung jedweder technischer Mittel der Fortbewegung – erschien. Mit Blick auf die ursprüngliche Tendenz des Stückes geforderte »übertriebene Kraftmeierei« fand Engel durch Martin nicht »in Spuren angedeutet«.[48] Wie die Glossen der Theaterkritiker, beispielhaft Jacobsohns, andeuten, dürfte der »Haufen« »lächerlicher Schneidergesellen« beim Theaterbesucher den Eindruck erweckt haben, jedweder Organisationsstrategie und militärästhetischer Exaktheit zuwiderzulaufen und zerstörerischer Potenzen, wie sie bei einer Aufführung zur Entstehungszeit des Textes noch gefeiert worden wären, zu entbehren.

Martins Versuch, Kaisers Stück durch dramaturgische Umregistrierung zum Erfolg zu verhelfen, scheiterte. Selbst die Forschung hat das Stück gewissermaßen ›gestrichen‹. Zumindest haben Drama-, Kaiser- und Expressionismusforschung es überwiegend nur en passant behandelt.[49] Weitaus erfolgreicher als das *Europa*-Schauspiel, das im antiken Griechenland spielt, waren Kaisers Zeitstücke, die auf eine Vielzahl – offensichtlich aktueller – politischer und gesellschaftlicher Aspekte der industriellen technischen Gegenwart referierten. Einige der Stücke zählen heute zu den bekanntesten Zeugnissen des expressionistischen Dramas. Sie liegen in Schulausgaben vor und haben eine Flut an Sekundärliteratur hervorgerufen.[50] Ihr Kennzeichen ist es, ein von den Objekten der modernen Zivilisation und deren technischen Errungenschaften überfremdetes Subjekt vorzuführen, das, in den Prozess arbeitsteiliger Technologie und Lebensform gleichsam eingebaut, der Selbstvernichtung entgegen schreitet. Gefragt wird in und mit den Stücken nach der Bewahrung des Menschen im versklavenden industriellen Arbeitsprozess, nach der individuellen Selbstverwirklichung in einer technischen Zivilisationslandschaft, nach alternativen (utopischen oder eben nicht-utopischen) Lösungen angesichts der totalen Funktionalisierung von Mensch und Natur.

Die prominentesten unter diesen Schauspielen sind *Gas I* und *Gas II* (UA 1918 und 1920), die an *Die Koralle* (UA 1917) anknüpfen (sog. *Gas*-Trilogie).[51] Sie verweisen emphatisch auf das destruktive Potential der modernen industriellen, technisierten Zivilisation und ihre ökonomischen Zwänge, die das Leben des Einzelnen bestimmen. »Gas« steht dabei – wie mehrere Jahrzehnte später das Schlagwort »Atom« – für die Problematik moderner Energiewirtschaft und technologischen Progresses. Die Art seiner Thematisierung – ins Gewaltige gesteigerte Gasproduktion endet in Vernichtung, Technikoptimismus schlägt in Technikpessimismus um – knüpft u.a. daran an, dass sich Erdgas seinerzeit als *das* Energiepotential technischer Entwicklung für die nächsten Jahrzehnte auszuweisen schien und zugleich als potentiell höchst zerstörerisch galt, auch da Gas in Form von Giftgas als Massenvernichtungswaffe im Krieg eingesetzt worden war.[52] Vor diesem Hintergrund prangern die Stücke, deren Atmosphäre kalter inhumaner Technizität noch Fritz Langs Film *Metropolis* (1926) beeinflusst hat,[53] industrielle Automation und ›Vermassung‹, Krieg und menschliche Entfremdung an. Für die Entfremdung steht als Symbol die Maschine. Diese verweist auf die dem Menschen durch technischen Fortschritt verliehene Möglichkeit, sowohl das Leben zu erleichtern, als auch den eigenen Untergang herbeizuführen. Der Umgang mit Gas erscheint als Maß für die innere Befindlichkeit und ethische Bedrängtheit des Menschen.

III. Von der Moderne zurück hinter die Antike
Konstruktion einer von Industrie und Technik freien Archaik

Mit dieser unverstellten Zivilisations- und Technologiekritik hat Kaisers *Europa* auf den ersten Blick nichts gemein. Durch das belustigende Spiel mit visuellen und akustischen Reizen scheint das Stück mit dem signifikanten Untertitel *Spiel und Tanz* eher an die Sinnlichkeit des Zuschauers appellieren als ihn, wie exemplarisch die *Gas*-Stücke, schockieren und unmittelbar intellektuell herausfordern zu wollen. Indem (nicht erst der Regisseur, sondern schon) der Text, wie den Bühnenanweisungen zu entnehmen ist, Musik und Tanz nutzt und auf optischen Zauber der Bühne setzt, scheint er auf eine bequeme, der Denkarbeit enthebende Rezeption zu zielen.

Dieser Schein freilich trügt. *Europa* intendiert keineswegs nur von Denkarbeit enthebende Belustigung. Wie von etlichen Theaterkritikern 1920 bemerkt, »schwebt über« dem Stück vielmehr (bei aller derben Komik) eine an »Feinheiten« und »Nuancen« reiche »Ironie«,[54] die unter verschiedenen problematischen Befindlichkeiten der Moderne auch die technische Überformtheit von Mensch und Gesellschaft kritisiert. Sinnfällig macht dies u.a. die in Agenors Reich kultivierte Form des Tanzes, auf die bereits oben knapp verwiesen wurde. Über sie ließe sich mit Bezug auf die damalige Zeit vieles, was den Rahmen dieser Überlegungen sprengte, sagen. Hier nur so viel: Der Tanz macht transparent, dass Agenors Männer Produkte einer technisch verfeinerten Gesellschaft sind, die den Menschen von sich und der Natur entfremdet und gleichsam zum Teil einer Maschine gemacht hat. Die *»gemessene Tanzbehendigkeit«* (587), mit der die Männer in *»trauervolle[r] Niedergeschlagenheit«* (589) lebensmüde einherschreiten, zeigt, wie sehr sie auf Maß und Regelhaftigkeit geeicht funktionieren. Auf Zahlen reduziert und von eins bis zwanzig durchnummeriert, erscheinen sie wie namenlose Marionetten ihrer im Tanz sublimierten ermüdenden Kultur, in der »alles abgestreift« wurde, »was grob – was roh ist« (601). Die *»Schritte aus hochgeworfenen Knien«*, der dann regelmäßig erfolgende *»Stillstand«*, *»die gerundet erhobenen Arme*, die *»die Schultern [drehen]«* (587), erinnern an die (seinerzeit die Bühnen bevölkernden) Marionetten des italienischen »Teatro grotesco«, das laut Reinhold Grimm aus Leiden am Dasein, aus dem Gefühl der Sinn- und Hoffnungslosigkeit entstanden, zum Ausdruck brachte, dass das Leben nur »blindes Tappen nach Schatten« sei.[55]

Gegen diese namenlosen ›Marionetten‹ installiert das Stück – als Aufweis der Möglichkeit eines gesteigerten Lebens- und Kraftgefühls und einer von zivilisatorischen Konventionen und Tabus ungezügelten Lebensform – dreimal eine Figur eines vitalen, lustvollen Einzelnen in mythischem Gewande: erst den in einen Stier verwandelten lüsternen Zeus, dann den Anführer der Krieger, der nach Engels Gutdünken ebenfalls »nicht zu wenig wüst war«,[56] und schließlich die Titelheldin selbst. Diese sagt sich, durch die Begegnung mit Zeus »verwandelt« (649), von den triebsublimierenden väterlichen Verhaltenskodizes endgültig los, um mit dem »wüsten« Anführer eine neue Gemeinschaft zu gründen. Zur Darstellung gebracht wird so das von vielen Expressionisten beschworene Prinzip ›Wandlung des Einzelnen setzt Wandlung der Gesellschaft frei‹. Die »verwandelt[e]« Europa initiiert ein – laut Engel für den Theaterbesucher unüberhörbar und unübersehbar lustvolles – »jauchzendes Finden der Geschlechter, wie in der ›Lysistrata‹ des Aristophanes«. Aus diesem Jauchzen erhebt sich die Vision umfassender Erneuerung: »Man wird, um sich«, so Engel, »in Kraft fortzupflanzen, auf die Völkerwanderung gehen und ein neues Land suchen«: »Europa«.

Engels Formulierung, die Anspielung auf die alte Komödie, macht einmal mehr deutlich, dass der Regisseur die komischen Tendenzen des Stücks nutzte, um – nach der tragischen Weltsicht der zuvor aufgeführten Dramen Kaisers (wie zahlreicher anderer expressionistischer Dichter) – einen heitereren Blick auf das Leben zu werfen. Während die Gas-Trilogie am Ende – im dritten, ebenfalls im November 1920 uraufgeführten Teil[57] – den ›Super-Gau‹, die universale Zerstörung als Ausweg aus der totalen Funktionalisierung menschlicher Handlungen durch Technik vor Augen führt, projiziert das Tanzspiel Europa eine Lösung der in der Trilogie kompromisslos dargestellten Krise an den Horizont des dramatischen Geschehens. Es konstruiert, wie ironisch gebrochen auch immer, eine Bewegung hin zu archaischer Ursprünglichkeit, die von Überfremdung durch Industrie und Technik frei ist, und entbindet aus ihr, vor dem Hintergrund der kulturkritischen Gegenwartsdiagnostik der Dekadenz, den Aufbruch Europas: als Tochter, Frau und Begründerin eines neuen Europa. Dass hierbei konsequent alles ausgeblendet wird, was zum technisch dominierten Alltagsbild nicht nur des angehenden 20. Jahrhunderts, sondern, viel weiter gehend, der europäischen Geschichte überhaupt gehört, ist Bestandteil dieser Konstruktion von Ursprünglichkeit – einer Ursprünglichkeit, deren reinste Verkörperung die entsprechend dem überlieferten Kadmosmythos aus Drachenzähnen empor gesprossenen fremden Krieger darstellen. Das Stück enthält weder Hinweise auf moderne technische Mittel der Kommunikation und Fortbewegung, wie Telegraphen, Eisenbahnen, Flugobjekte etc., noch auf alterprobte Mittel europäischer Herrschaftstechnik, wie etwa ein Schiff,[58] mit dem die mythischen Krieger von Kadmos zu Agenor gereist sein könnten.

Die Archaik, die das Stück konstruiert, ist in vielfacher Hinsicht der Bemächtigung des antiken Mythos in Theorie, Literatur und Bildender Kunst geschuldet, wie sie seit 1900 verbreitet war. Seit der Entdeckung des archaischen Griechenlands in der zweiten Hälfte des 19. Jahrhunderts, hatte das von Winckelmann und Goethe kanonisierte Bild »edler Einfalt und stiller Größe« sukzessive seine autoritative Geltung verloren, waren an und in der Antike immer häufiger Elemente erregender Fremdheit abgelesen worden. Von Friedrich Nietzsche neu konstruiert – archaisiert, naturalisiert, remythisiert – stellte die Antike als Gegenbild zu allem Klassischen oder Klassizistischen ein Feld bereit, aus dem sich archaische bzw. archaisierende Elemente auslesen und als Material für eigene Aussagen verfügbar machen ließen.[59] Vor allem Nietzsches Entgegensetzung der Gottheiten des Maßes, Apollon, und der Entgrenzung, Dionysos, in der Geburt der Tragödie wurde in Literatur und Bildender Kunst allenthalben nutzbar gemacht. Der Trend ging hierbei von Apollon zu Dionysos:[60] Von Interesse waren nicht länger Maß und Harmonie, Form und Ordnung – Werte, die das idealisierte Griechenbild des Neuhumanismus transportiert hatte –, sondern mit Dionysos assoziierte bzw. assoziierbare körperliche und seelische Grenz- und Ausnahmezustände in Kult, Rausch und Ekstase. Dramatiker von Hofmannsthal bis Jahnn instrumentalisierten diese, um gegen von ihnen diagnostizierte Scheinerrungenschaften der Moderne wie Industrialisierung und Technisierung zu polemisieren und Gegenpositionen zu konsolidieren. Nicht zuletzt unter dem Eindruck der von Sigmund Freud begründeten Psychoanalyse waren ihnen antike Mythen, Riten und Mysterien, zumal in Hinsicht auf den Sexus, Vehikel für Unbewusstes und kollektiv Verdrängtes geworden. Ziel war es, mittels Re- und Uminszenierung mythischer Konstellationen zu einer wilden *arché* zurückzustoßen, aus der ungebrochenen Energie der archaischen Ursprünglichkeit eine eigene kultur- und zivilisationskritische Dynamik zu gewinnen bzw. zu verstärken und »Kultur« und »Zivilisation« als bloßen Mantel zu entlarven, der die animalische »Natur« des Menschen verdeckt.

Kaisers *Europa* steht ganz im Zeichen dieser desublimierenden Gegenbewegung gegen die triebsublimierende Zivilisation, wie sie seinerzeit zahlreiche, sowohl theoretische als auch literarische und bildkünstlerische Werke, kennzeichnete. Freud würde etliches, was er in seiner Libido-, Verdrängungs- und Kulturtheorie ausformuliert hat, an den verschiedenen Figuren der *Europa* wieder erkannt haben: Das Stück führt die Insistenz kulturell vermeintlich überwundener Triebregungen vor, und zeigt, dass in Abwehrbildungen das Abgewehrte weiter lebt und alle ›Fortschritte‹ der ›Zivilisierung‹ das archaische Erbteil der Sexualität nicht zuverlässig zu domestizieren vermögen. Es überführt zumal die ›apollinische‹ Partei – Agenor und seine Männer – einer auf Dauer unhaltbaren Sublimierung machtvoller Wunschregungen, endet mit einem ›dionysischen‹ Schlussbild des Triumphs der Libido über Triebunterdrückung und -verdrängung: »jauchzende[m] Finden der Geschlechter«.

Auf diesen dionysischen Triumph[61] voraus weisen schon das Ende des dritten Aktes und der vierte Akt, der die – seit dem Altertum in Literatur, Bildender Kunst und Musik vielfältig gestaltete – Entführung Europas durch Zeus in Stiergestalt zum Inhalt hat. Die Entführungsszene erfolgt bei Kaiser im Anschluss an einen von Agenor angesetzten Tanzwettbewerb um die Hand seiner Tochter. Zeus, der auf dem Turnier, nachdem er die übrigen Bewerber bereits im Vorfeld durch seine

bloße Erscheinung ›ausgestochen‹ hatte, als Tänzer in menschlicher Gestalt auf-
getreten war, sich am Ende seiner Vorstellung vor Europa niedergeworfen und ihr
einen Liebesantrag gemacht hatte, war von der Umworbenen mit unbändigem
Gelächter bedacht worden: »*Sie krümmt sich auf dem Stuhl* [...].« – »Europa *lacht
und steckt alle anderen Mädchen an.*« – »*Ein Sturm von Gelächter erschüttert den
Saal.*« – »Europa *bezwingt den neuen Lachausbruch nicht mehr* [...]« (621f.). Ob des
Gelächters tief gekränkt, gibt der oberste Griechengott daraufhin seiner wahren ›dionysischen Natur‹ Raum. Er verwirft seine Rolle als kultivierter Tänzer und
verwandelt sich in einen mächtigen wilden Stier, um die auf einer Wiese einsam
spielende Europa und ihre Gefährtinnen zu erschrecken. Doch gerade Europa,
von der er sich ausgemalt hat, dass sie »mit gellenden Rufen« flüchten und er sie
dann »schweifschlagend« und wiehernd auslachen würde (631), flieht nicht wie
die anderen Mädchen vor ihm. Vielmehr *»hält«* sie *»unbewegt stand«*, auch als
der Stier *»schäumend – fauchend«* um sie herumbockt. Schließlich legt sie sich
spielerisch auf seinen Rücken, was er zu nutzen weiß; und bevor sie seine Absicht
durchschaut hat, ist er bereits mit ihr ins Meer geschwommen.

Dem Ausbruch Europas in nicht enden wollendes Gelächter am Ende des
dritten Aktes kommt in mehrfacher Hinsicht eine Schlüsselstellung zu. Zunächst
dient er unschwer erkennbar als Entladung einer emotionalen Spannung, unter
deren Bann Europa gestanden hat. Das Lachen entlarvt eine ihr innewohnende
Lebenskraft, die sich, wider alle Domestizierungsversuche des Vaters, nun folgen-
reich Bahn bricht und als erstes Zeus' ›kultivierte‹ Tanzvorstellung, in der er sein
zügelloses Wesen unterdrückt hat, ins Lächerliche wendet. Diese Wendung *qua*
lachender Transzendenz der väterlichen Ordnung stellt für das gesamte weitere
dramatische Geschehen einen fundamentalen Wende-Punkt dar: Zeus stürzt ver-
legen davon, schmiedet dann wutentbrannt Rachepläne und nimmt schließlich
Stiergestalt an. Freigesetzt wird mithin eine ungebrochene Energie archaischer
Ursprünglichkeit, die ab jetzt den dramatischen Handlungsfortgang bestimmt.

Diese Energie archaischer Ursprünglichkeit offenbart sich in der Begegnung
selbst auf mehrfache Weise. Sie manifestiert sich zum einen in Zeus' Gebahren
als »Mädchenschreck«, der – so, wie ihn Agenor nach gründlicher »Umwälzung«
›ausgerottet‹ wissen will: wild, ungeschlacht, brüllend – umhertobt (vgl. 614).
Zum anderen kommt sie in Europas Verhalten zum Ausdruck. Der Umgang der
Königstochter mit dem Stier enthält eine ›archaisch-animalische‹ Komponente,
die bei aller kulturellen Entwicklung des Menschen ganz im Sinne Freuds zu
erkennen gibt: »Die fundamentalen Vorgänge, welche die Liebeserregung liefern, bleiben ungeändert.«[62] In der Begegnung treten olfaktorisch gestützte
sexuelle Neigungen Europas zu Tage, die im Rahmen der vom Vater betriebenen
›Kultivierungsmaßnahmen‹ keineswegs »bewältigt« (614) wurden – Neigungen,
die sich nach Freud »als unverträglich mit unserer ästhetischen Kultur erwiesen,
wahrscheinlich, seitdem wir durch den aufrechten Gang unser Riechorgan von
der Erde abgehoben haben«.[63] Wie »beim Tier« ist bei Europa der »leitende Sinn

(auch für die Sexualität)« der »Geruch«, der Freud gemäß beim Menschen im Kulturprozess eigentlich »abgesetzt« wird.[64] Wie später die Krieger nimmt sie den Stier maßgeblich über den Geruchssinn wahr, wobei sich an ihre Wahrnehmung – analog zur Trieborganisation der archaischen Krieger, die ihre »Weiber« »durch die Wände« wittern (646) – ersichtlich libidinöse Regungen knüpfen. Dem Stier gegenüber äußert sie: »Dein rauhes Fell riecht bitter nach Fett. Der Dampf beizt in meiner Nase. *Ihm die Flanken klopfend.* Diese Stärke – Du bist ein Kerl.« (635). Und auch an den Kriegern nimmt sie mit Wohlgefallen einen Geruch »scharf – bitter nach Fett« (646) wahr. Hat sie sich erst wohlig auf dem Stierrücken gebettet – »Ich liege so bequem auf deinem Pelz. Wenn man auf diesem scharfduftenden Teppich ruht, dann kommen einem die besten Gedanken.« (636) –, »vergräbt« sie sich am Ende wohlig »in die Fellbrust« des Kriegers (649), den sie sich zum Mann auserkoren hat. – Dass Agenor hingegen als rigoroser Vertreter der Kulturentwicklung bei den Kriegern zunächst keinen Geruch wahrzunehmen scheint, diesen dann aber, von der Tochter darauf aufmerksam gemacht, als »unangenehm« empfindet – er »*hüstelt*« (646) –, überrascht keineswegs: Während sich Europa ohne jedwede Berührungsangst ganz auf den Geruch einlässt, gereicht er dem Vater zu einer Differenzerfahrung, mit der er seine Distanz zu den wilden Kriegern bestätigt.

IV. Schlussbetrachtung mit Nietzsche

Abschließend sei ein knapper allgemeinerer Blick auf die Einbettung der *Europa* in Zeittendenzen geworfen. Die starke männlich-kriegerische Akzentuierung war, wie geschildert, der vor und zu Kriegsbeginn herrschenden Empfindung geschuldet, gegen den durchweg als »Dekadenz« erlebten Kulturzustand ›echte‹, ›natürliche‹ Lebensweise zur Geltung zu bringen. Hier hatte zweifellos Nietzsche maßgeblich vorgearbeitet, der als Stichwortgeber durch die Avantgarde um und nach 1900 rege rezipiert wurde und dessen Werk (wie das Freuds) die Basis der damaligen Desublimierungsdynamik gegen die triebsublimierende Kultur bzw. Zivilisation bildete. Der geniale gigantische Snobismus, die Anfänge der Dekadenz schon im Athen des Sokrates anzusiedeln, und der Gestus, in dem Nietzsche seine Schriften verfasst hatte, beeindruckten die kulturkritischen Künstler jener Zeit ungemein. Im ›Drang zum Großen‹ hatte Nietzsche seine Theorien mit der stärksten Empfindung für die Unzulänglichkeit der etablierten wilhelminischen Autoritäten und deren Ignoranz der grundlegenden Energie menschlicher Schaffenskraft, sowie mit einem ausgeprägten Gefühl für den eigenen Genius vertreten. Was viele Künstler, zumal des Fin de Siècle und der expressionistischen Bewegung, zu und in ihrem Schaffen motivierte – die Erkenntnis der Unhaltbarkeit aller tradierten moralischen Postulate, der Verlust der als objektiv begriffenen Wertvorstellungen, der Einsturz des metaphysischen Philosophiegebäudes des Abendlandes –, fanden sie in Nietzsches Werk formuliert – und entnahmen diesem leichthin Schlagworte, vielfach ohne die Subtilität und Komplexität der

Theorien, denen sie entstammten, zu erkennen bzw. zu vermitteln.[65] So wurden die Lehre vom »Übermenschen«, der »Wille zur Macht« und der »Nihilismus« in Programmen vereinfacht, wurde das Ideal eines ästhetizistischen Immoralismus und Übermenschenkults, einer Herrenmoral libertinistischer Genuss- und Gewaltmenschen jenseits von Gut und Böse gefeiert, indem man sich auf Nietzsche berief, der die »Gottheit der décadence, beschnitten an ihren männlichsten Tugenden und Trieben, [...] nunmehr nothwendig zum Gott der physiologisch-Zurückgegangenen, der Schwachen« degeneriert gesehen[66] und auch das Antidot hierzu mehrfach beschrieben hatte, etwa so:

»Ich gebrauchte das Wort ›Staat‹: es versteht sich von selbst, wer damit gemeint ist – irgend ein Rudel blonder Raubthiere, eine Eroberer- und Herren-Rasse, welche kriegerisch organisirt [...], unbedenklich ihre furchtbaren Tatzen auf eine der Zahl nach vielleicht ungeheuer überlegene [...] Bevölkerung legt.«[67]

Nietzsches »Raubthier«, die »nach Beute und Sieg lüstern schweifende *blonde Bestie*«,[68] dürfte auch Kaisers Konzeption der gelbhaarigen »Sprossen« als Kontrastfiguren zu Agenor und seinem Volk inspiriert haben. Anspielungen auf Nietzsches Werk finden sich, wie von der Forschung gezeigt,[69] in Kaisers Werk allenthalben. Und Kaiser selbst, der Nietzsches Werk um 1895 im Magdeburger »Leseverein Sappho« durch einen Vortrag Kurt Hildebrandts kennengelernt hatte und in den Folgejahren, wie aus der autobiographischen Skizze »Notiz über mein Leben« hervorgeht, intensiv darin las und darüber diskutierte, antwortete 1926 auf eine von der New York Times gestellte Rundfrage nach den zwölf unsterblichen Dichtern: »Ich kenne nur zwei Unsterbliche: Plato und Nietzsche. Wenn ich auf eine einsame Insel verbannt würde, hätte ich an den Büchern dieser Beiden vollauf genug.«[70]

Wie weit reichend bzw. tief greifend Kaisers Nietzsche-Verständnis war, mag an dieser Stelle dahingestellt bleiben. Wichtig ist, dass der Auftritt des »Rudel[s] blonder Raubthiere« in *Europa* eine in Nietzsches Sinne entlarvende Wirkung auf die Repräsentanten von Kultur, deren Reich die gelbhaarigen ›Bestien‹ invadieren, hat: Durch das Erscheinen der Krieger wird die von Agenor betriebene Unterwerfung ursprünglicher Natur als jene Gewalt des Subjekts über seine innere Natur demaskiert, von der u.a. Nietzsches Schrift *Zur Genealogie der Moral* handelt. Agenors Versuche einer kultivierenden ›Zähmung‹ seines Volks werden am Ende als Geschichte verinnerlichter Grausamkeit, wie sie nach Nietzsche die Geschichte der menschlichen Zivilisation kennzeichnet, lesbar; Agenors Verneinungen von Gewalt werden als Bedürfnis nach Gewalt dekuvriert. – Dieses entlarvende Moment freilich nimmt weder den fremden Kriegern ihre Dumpfheit noch dem Schlussakt seine höchst prekären Aussagen.

Dass die Stunde solcher Krieger kommen werde, war verbreitete Erwartung nicht nur, wie erwähnt, expressionistischer Schriftsteller, sondern auch von

Solitären wie Stefan George, der sich im *Stern des Bundes* (1913) die ›große Aufräumarbeit‹ so ausmalte: »Zehntausend muss der heilige wahnsinn schlagen / Zehntausend muss die heilige seuche raffen / Zehntausende der heilige krieg.«[71] Bekanntlich wurden es einige mehr, woran sich jene verbreitete Antikriegsphilosophie schloss, die die spannungsreiche und vor allem im Schlussakt gegen die literarische Vorlage gerichtete Aufführung der *Europa* kennzeichnet. Hervorzuheben bleibt, dass kriegsbejahende Ideen keineswegs verschwunden waren, vielmehr in den folgenden Jahren an Zustimmung gewannen. Zu denken ist nur an Ernst Jüngers *In Stahlgewittern* (1920) und *Der Kampf als inneres Erlebnis* (1922), mit ihrer Beschwörung des heroischen Menschen, der durch das Kriegserlebnis zu seinem wahren Wesen gelange. Von solchem Geist waren die späteren Zeitläufte stärker erfüllt als von dem Pazifismus um 1920. Doch davon ist hier nicht zu handeln.

Anmerkungen

[1] Fritz Engel, »Georg Kaisers ›Europa‹. Großes Schauspielhaus«, in: *Berliner Tageblatt und Handels-Zeitung* (49. Jg. Nr. 511), 6.11.1920 (Abendausgabe = Ausgabe B Nr. 245), 3. – Für die Unterstützung bei der Beschaffung hier verwendeter Theaterkritiken von 1920 sei Sebastian Hierl gedankt, Librarian for Western Europe, Germanic Emphasis, Widener Library, Harvard University.

[2] Georg Kaiser, *Europa. Spiel und Tanz in fünf Aufzügen,* Berlin: S. Fischer 1915. Im Folgenden unter Angabe der Seitenzahl in Klammern zitiert aus: ders., (Hg.) Walther Huder, *Werke,* Bd. 1: *Stücke 1895-1917,* Berlin/Wien/Frankfurt am Main: Propyläen 1971, 585-651. Bühnenanweisungen werden (wie bei Kaiser) kursiv wiedergegeben.

[3] Vgl. Herodot, *Historien* 4,147,4 in Verbindung mit 2,49,3. Die Verknüpfung wurde durch die mythographische Tradition, die um Europas Genealogie kreist, kanonisch und begegnet von Ps.-Apollodor, *Bibliotheke* 3, 2ff. und Hygin, *Fabulae* 178 bis zu wiederum einflussreichen Werken wie Natale Conti, *Mythologiae, sive explicationis fabularum libri decem* 8, 23: »De Europa« (1551); Benjamin Hederich, *Gründliches mythologisches Lexikon,* Art. »Cadmus«, »Europa« (1724) und Gustav Schwab, *Die schönsten Sagen des klassischen Altertums, nach seinen Dichtern und Erzählern* (1838-40): »Europa«, »Kadmos« (als Abdruck der Ausgabe letzter Hand mit 142 Zeichnungen von John Flaxman, (Hg.) Ernst Beutler, Berlin: Seydel o. J., 30-36, 36-39).

[4] Zu den antiken literarischen Zeugnissen vgl. Winfried Bühler, *Europa. Ein Überblick über die Zeugnisse des Mythos in der antiken Literatur und Kunst,* München: Fink 1968, 7-46; (Hg.) Almut-Barbara Renger, *Mythos Europa. Texte von Ovid bis Heiner Müller,* Leipzig: Reclam 2003, dort: 19-59, 222-226.

[5] Antike literarische Zeugnisse, die den Kadmosmythos zum Gegenstand haben, sind neben den in Anm. 3 genannten z.B.: Hesiod, *Theogonie* 937.975ff.; Pindar, *Pythien* 3,88ff.; Ps.-Apollodor, *Bibliotheke* 3,21ff.; Pausanias, *Beschreibung Griechenlands* 9,12,1.3; Ovid, *Metamorphosen* 3,3ff.; Nonnos, *Dionysiaka* 1,138ff.; Diodorus Siculus, *Bibliotheke* 5,48,5ff.

[6] Vgl. in diesem Band den Beitrag Anne-Marie Saint-Gille (»Coudenhove-Kalergis *Paneuropa* und *Apologie der Technik.* Versuch einer Überwindung des Kulturpessimismus«).

[7] Ferdinand Lion, *Gedanken über Europa* (1915); Annette Kolb, *Briefe einer Deutsch-Französin* (1915); Rudolf Borchardt, *Gedanken über Schicksal und Aussicht des europäischen Begriffs am Ende des Weltkrieges. Sche-*

ma (1917); Hermann Hesse, *Die Brüder Karamasoff oder Der Untergang Europas. Einfälle bei der Lektüre Dostojewskijs* (1919); Hugo von Hofmannsthal, *Die Idee Europa. Notizen zu einer Rede* (1917) und *Blick auf den geistigen Zustand Europas* (1922); Heinrich Mann, *Der Europäer* (1916) und *VSE (Vereinigte Staaten von Europa)* (1924), Willy Haas, *Europäische Rundschau* (1924). – Sämtliche hier genannten Beiträge sind wiederabgedruckt in: (Hg.) Paul Michael Lützeler, *Plädoyers für Europa. Stellungnahmen deutschsprachiger Schriftsteller 1915-1949*, Frankfurt am Main: Fischer 1987, 7-116; ders., *Hoffnung Europa. Deutsche Essays von Novalis bis Enzensberger*, Frankfurt am Main: Fischer 1994, 212-271.

[8] (Hg.) Hubert Ortkemper, *Werner Richard Heymann, »Liebling, mein Herz lässt dich grüßen«: Der erfolgreichste Filmkomponist der großen UfA-Zeit erinnert sich*, Berlin: Henschel 2001, 111. Zeugnis hiervon legen neben den Memoiren Heymanns, der wenige Jahre später Generalmusikdirektor der UFA wurde, zahlreiche Theaterkritiken jener Zeit ab. Vgl. z.B. F[ritz] E[ngel], »Georg Kaisers ›Europa‹. Großes Schauspielhaus« [kurze Frühkritik], in: *Berliner Tageblatt und Handels-Zeitung* (49. Jg. Nr. 510), 6.11.1920 (Morgenausgabe = Ausgabe A Nr. 266), dort 2: »Am Schluß das Plebejerkonzert des Theaterskandals. Dadaistische Simultangeräusche, Klatschen, Trampeln, Zischen, Pfeifen, Tirilieren«; (anonym. Verf.), »Ein Theaterskandal«, in: *Bayrischer Kurier und Münchner Tageblatt*, 6./7.11.1920, dort 3: »Bei der Aufführung von Georg Kaisers Europa […] kam es zu einem großen Theaterskandal. Den Beifall, der hauptsächlich dem Mitgefühl für den Dichter zuzuschreiben sein dürfte, erwiderte das Zischen und Johlen der Opposition.«

[9] Ortkemper, *Werner Richard Heymann*, a.a.O., 109.

[10] Über die Kaiser-Affäre bzw. den »Fall Kaiser« erschienen seit der Verhaftung des Autors am 13.10.1920 kontinuierlich Zeitungsartikel. Eine Zusammenstellung der Titel von 1920/21 findet sich als Anhang zu Marilyn S. Fries, »Georg Kaisers's Public Challenge. Press Reactions to his Arrest and Trial, 1920-22«, in: (Hgg.), Holger A. Pausch/Ernest Reinhold, *Georg Kaiser Symposium*, Berlin/Darmstadt: Agora 1980, 155-173; »Appendix. A partial bibliography of newspaper articles pertaining to Georg and Margarete Kaiser's arrest and trial, from 26.10.1920 to 18.6.1922«, 171-173.

[11] Emmel z.B. eröffnet seine Kritik an der *Europa*-Inszenierung mit den Worten: »Armer Dichter Georg Kaiser! Daß Du ins Gefängnis kamst, ist schlimm. Daß Du aber in die Hände des Regisseurs Karlheinz Martin fallen musstest, ist schlimmer.« Kasack klagt, Martin habe »die Dichtung in eine Burleske [gefälscht]«. Knudsen bemängelt, »der Regisseur Martin« habe dem Stück »unrecht getan«, indem er es ohne »Rücksicht auf den Wortlaut des Buches, […] auf die ganz unparodistische, weiche und feine Musik« »auf einen nahezu Offenbachischen Parodie-Ton« stellte. Vgl. Felix Emmel, »Georg Kaiser. Europa«, in: ders., *Das ekstatische Theater*, Prien: Kampmann & Schnabel 1924, 280-287, hier: 284; Hermann Kasack, »Berliner Theater«, in: *Die neue Schaubühne* 2 (1920), 329-332, hier: 331f.; Hans Knudsen, »Mitteilungen. Theater«, in: *Die schöne Literatur* 21 (1920), 298f., hier: 299. – Eine Auswahl der damaligen *Europa*-Kritiken findet sich auch in: Peter K. Tyson, *The Reception of Georg Kaiser (1915-45). Texts and Analysis*, Bd. 1, New York: Peter Lang 1984, 261-278.

[12] Monty Jacobs, »Georg Kaisers ›Europa‹. Großes Schauspielhaus«, in: *Vossische Zeitung*, 6.11.1920 (Morgenausgabe), 2.

[13] Jacobs, »Georg Kaisers ›Europa‹«, a.a.O., 2. Ähnlich schließt Emmel, »Georg Kaiser. Europa«, a.a.O., 286: »Kurzum, die ganze Aufführung ohne künstlerisches Gewissen auf platteste gröbste Massenwirkung eingestellt. Ein Stück Kunst als Opfer der Arena.«

[14] E[ngel], »Georg Kaisers ›Europa‹«, a.a.O., 2. – Kasack, »Berliner Theater«, a.a.O., 332, bemerkt mit Blick auf die Abende nach der Uraufführung mokant, »das obligate Cirkuspferd, das man dem Anführer zudiktiert

hatte«, habe »man wenigstens in den Wiederholungen im Stall« gelassen.

[15] Emmel, »Georg Kaiser. Europa«, a.a.O., 286.

[16] Jacobs, »Georg Kaisers ›Europa‹«, a.a.O., 2.

[17] E[ngel], »Georg Kaisers ›Europa‹«, a.a.O., 3.

[18] Jacobs, »Georg Kaisers ›Europa‹«, a.a.O., 2.

[19] S[iegfried] Jacobsohn, »Europa«, in: *Das Jahr der Bühne* 10 (1920/21), 46-49, hier: 48.

[20] E[ngel], »Georg Kaisers ›Europa‹«, a.a.O., 3.

[21] In Tacitus, *Germania* 4,2, heißt es, dass die Körperbeschaffenheit der Germanen (*habitus corporum*) trotz der großen Menschenzahl *(tamquam in tanto hominum numero)* bei allen die gleiche sei: wild blickende blaue Augen (*truces et caerulei oculi*), rötliches Haar (*rutilae comae*), hoch gewachsene und für den Angriff starke Körper (*magna corpora et [...] ad impetum valida*).

[22] Vgl. Gabriele Brandstetter, *Tanz-Lektüren. Körperbilder und Raumfiguren der Avantgarde*, Frankfurt am Main: Fischer 1995.

[23] Zit. nach: ebd., 81.

[24] Hiervon wird später (Abschnitt II.) die Rede sein.

[25] Vgl. hierzu Georg Doblhofer, *Vergewaltigung in der Antike*, Stuttgart/Leipzig: Teubner 1994, dort insbes.: 83-93.

[26] Carol Diethe, »The Dance Theme in German Modernism«, in: *German Life & Letters* 44 (1991), 330-352, hier: 343.

[27] Einem anlässlich der *Europa*-Aufführung im Oktober 1920 verfassten Text Kaisers mit dem Titel »Europa« ist zu entnehmen, dass *Europa* im Anschluss an sein erstes expressionistisches Drama aus dem Jahre 1912, *Von morgens bis mitternachts*, entstand. Vgl.: *Blätter des Deutschen Theaters. Ausgabe für das Große Schauspielhaus*, geleitet von H. Herald, (Hg.) Deutsches Theater, Jahrgang 7, Heft 4: *Jedermann Europa Heft*, 5-6.

[28] Vgl. (Hg.) Bernd Hüppauf, *Ansichten vom Krieg. Vergleichende Studien zum Ersten Weltkrieg in Literatur und Gesellschaft*, Königstein/Ts.: Forum Academicum Hain Hanstein 1984, darin vor allem: Reinhard Rürup, »Der ›Geist von 1914‹ in Deutschland. Kriegsbegeisterung und Ideologisierung des Krieges im Ersten Weltkrieg«, 1-30, insbes.: 29). Zu den vielfältigen Ursachen der Kriegsbegeisterung s. auch: Wolfgang Kruse, »Die Kriegsbegeisterung im Deutschen Reich zu Beginn des ersten Weltkrieges. Entstehungszusammenhänge, Grenzen und ideologische Strukturen«, in: (Hgg.) Marcel van der Linden/Gottfried Mergner, *Kriegsbegeisterung und mentale Kriegsvorbereitung. Interdisziplinäre Studien*, Berlin: Duncker & Humblot 1991, 73-87.

[29] Thomas Mann, »Gedanken im Krieg«, in: *Die neue Rundschau* 29 (1914), H. 11 (Nov.), 7-20, hier: 9f.

[30] Ernst Toller, »Eine Jugend in Deutschland« (1933), in: ders., (Hgg.) Wolfgang Frühwald/John M. Spalek, *Gesammelte Werke*, Bd. 4, München/Wien: Hanser 1978, 78.

[31] Ernst Stadler, *Der Aufbruch und andere Gedichte*, (Hg.) Heinz Rölleke, Stuttgart: Reclam 1967, 17. – Ausführlich zur Thematik »Expressionismus und Krieg« (mit Angabe und Abdruck zahlreicher Primärquellen): (Hgg.) Thomas Anz/Michael Stark, *Expressionismus. Manifeste und Dokumente zur deutschen Literatur 1910-1920*, Stuttgart: Metzler 1982, 292-326.

[32] Vgl. hierzu Klaus Petersen, *Georg Kaiser, Künstlerbild und Künstlerfigur*, Bern/Frankfurt am Main: Peter Lang 1976; Ernst Ernst Schürer, »Georg Kaiser und die Neue Sachlichkeit (1922-1932). Themen, Tendenzen und Formen«, in: (Hgg.) Holger A. Pausch/Ernest Reinhold, *Georg Kaiser Symposium*, Berlin/Darmstadt:

Agora 1980, 115-138, hier: 118 (auf der Grundlage von: ders., *Georg Kaiser*, New York: Twayne 1971, 19-80).

[33] Horst Denkler, *Drama des Expressionismus. Programm, Spieltext, Theater*, München: Fink ²1979, 61.

[34] Zur Thematik s. z.B. Walter Hinck, *Das moderne Drama in Deutschland. Vom expressionistischen zum dokumentarischen Theater*, Göttingen: Vandenhoeck & Ruprecht 1973, 31-34; Manfred Durzak, *Das expressionistische Drama. Carl Sternheim, Georg Kaiser*, München: Nymphenburger Verlagshandlung 1978, 34f.

[35] Zit. aus einer vor das Inhaltsverzeichnis geschalteten Anzeige des »Graphischen Kabinett J.B. Neumann«, in: *Der Osten* 1 NF (1919), H. 9/11 (Januar/März): Sonderheft »Politik des Geistes«.

[36] E[ngel], »Georg Kaisers ›Europa‹«, a.a.O., 3. Zu den Streichungen vgl. auch Kasack, »Berliner Theater«, a.a.O., 331f.

[37] Ernst Toller, *Die Wandlung. Das Ringen eines Menschen* (1919), in: ders., *Prosa, Briefe, Dramen, Gedichte*, Reinbek bei Hamburg: Rowohlt 1961, 235ff.

[38] Emil Faktor, »Georg Kaisers Europa. Großes Schauspielhaus«, in: *Berliner Börsen-Courier* (53. Jg., Nr. 521), 6.11.1920 (Morgenausgabe), 1. Beilage, dort: 1.

[39] Emmel, »Georg Kaiser. Europa«, a.a.O., 286.

[40] Jacobs, »Georg Kaisers ›Europa‹«, a.a.O., 2.

[41] E[ngel], »Georg Kaisers ›Europa‹«, a.a.O., 3.

[42] Jacobs, »Georg Kaisers ›Europa‹«, a.a.O., 2.

[43] Beide Schlagworte verwendet Rubiner 1917 in einem Plädoyer für »Das junge Europa«. Vgl. [Rubiner, Ludwig], »Europäische Gesellschaft«, in: *Zeit-Echo* 3 (1917), 1. und 2. Maiheft, 6-9.

[44] Zur Ambivalenz von Technikkult und Technikkritik in den ersten Jahrzehnten des 20. Jahrhunderts vgl. Frank Trommler, »Technik, Avantgarde, Sachlichkeit. Versuch einer historischen Zuordnung«, in: (Hgg.) Götz Großklaus/Eberhard Lämmert, *Literatur in einer industriellen Kultur*, Stuttgart: Cotta 1989, 46-71.

[45] Vgl. Harro Segeberg, *Technik in der Literatur. Ein Forschungsüberblick und zwölf Aufsätze*, Frankfurt am Main: Suhrkamp 1987; als epochengeschichtlichen Überblick vgl. dort: Karlheinz Daniels, »Expressionismus und Technik«, 351-386 (zuerst in: Wolfgang Rothe, *Expressionismus als Literatur*, Bern/München: Francke 1969, 175ff.). Vgl. außerdem: Großklaus/Lämmert, *Literatur in einer industriellen Kultur*, a.a.O., dort: »Vorbemerkungen der Herausgeber«, 13-15, sowie Frank Trommler, »Technik, Avantgarde, Sachlichkeit. Versuch einer historischen Zuordnung«, a.a.O., 46-71.

[46] Vgl. (Hg.) Umbro Apollonio, *Der Futurismus. Manifeste und Dokumente einer künstlerischen Revolution 1909-1918*, Köln: DuMont 1972, passim.

[47] Kasack, »Berliner Theater«, a.a.O., 332.

[48] E[ngel], »Georg Kaisers ›Europa‹«, a.a.O., 3.

[49] Unter den Studien, die auf *Europa* eingehen, sind: Richard Samuel/Thomas, R. Hinton, *Expressionism in German Life, Literature and the Theater (1910-1924)*, Cambridge 1939, (Wiederabdr.: Philadelphia: Saifer 1971, 59); Brian J. Kenworthy, *Georg Kaiser*, Oxford: Blackwell 1957, 10-12; Wilhelm Steffens, *Georg Kaiser*, Velber: Friedrich 1969, 91f.; Lia Secci, *Il mito Greco nel teatro Tedesco espressionista*, Rom: Bulzoni 1969; Manfred Kuxdorf, *Die Suche nach dem Menschen im Drama Georg Kaisers*, Frankfurt am Main/Bern: Herbert Lang 1971, 54-56; Ernst Schürer, *Georg Kaiser*, New York: Twayne 1971, 57f.; Regina Baltz-Balzberg, *Primitivität der Moderne 1895-1925, am Beispiel des Theaters*, Königstein/Ts.: Hain 1983, 98; Peter K. Tyson, *The Reception of Georg Kaiser (1915-45). Texts and Analysis*, Bd. 2, New York u.a.: Peter Lang 1984, 781-791.

[50] Vgl. z.B. Hermann Glaser, »Georg Kaiser. Die Bürger von Calais« und »Georg Kaiser: Die Koralle. Gas I, Gas II«, in: (Hg.) Ludwig Büttner, *Europäische Dramen von Ibsen bis Zuckmayer. Dargestellt an Einzelin-*

terpretationen, Berlin/Frankfurt am Main: Diesterweg ³1964, 175-184 und 185-194; Günther Rühle, »Gas, Gas. Zweiter Teil«, in: ders., *Zeit und Theater. Vom Kaiserreich zur Republik: 1913-1925*, Berlin: Propyläen 1973, 914-925; (Hg.) Armin Arnold, *Georg Kaiser*, Stuttgart: Klett 1980, 30-125; Peter Schlapp, *Georg Kaisers Textanalyse und Konzept einer szenischen Realisation*, Bern/New York/Frankfurt am Main: Peter Lang 1984; Manfred Gehrke, »Zum Verhältnis von totaler Kritik und Utopie in Georg Kaisers Gas-Dramen«, in: ders., *Probleme der Epochenkonstituierung des Expressionismus. Diskussion von Thesen zur epochenspezifischen Qualität des Utopischen*, Frankfurt am Main/New York/Paris: Lang 1990, 168-185; Silvio Vietta/Hans-Georg Kemper, *Expressionismus*, München: Fink ⁵1994, 83-99. Vgl. auch den Überblick über Kaiserrezeption und -forschung von: Audrone B. Willeke, *Georg Kaiser and the Critics. A Profile of Expressionism's Leading Playwright*, Columbia: Camden House 1995, passim (mit Kaiser-Bibliographie: 121-146).

[51] »Wer von Georg Kaiser spricht, meint ›Gas‹, und wer von ›Gas‹ spricht, meint Georg Kaiser.« (Walther Huder). Vgl. Glaser, »Georg Kaiser. Die Bürger von Calais«, a.a.O., 185.

[52] Vgl. hierzu z.B. Durzak, *Das expressionistische Drama*, a.a.O., 153-173; Ernst Schürer, »Die ›Gas‹-Dramen«, in: Arnold, *Georg Kaiser*, a.a.O., 92-110; Harro Segeberg, »Simulierte Apokalypsen. Georg Kaisers ›Gas‹-Dramen im Kontext expressionistischer Technik-Debatten«, in: Großklaus/Lämmert, *Literatur in einer industriellen Kultur*, a.a.O, 294-313; Vietta/Kemper, *Expressionismus*, a.a.O., 92-95.

[53] Sol Gittleman, »Fritz Lang's ›Metropolis‹ and Georg Kaiser's ›Gas I‹. Film, Literature and Crisis of Technology«, in: *Unterrichtspraxis* 12 (1979), 27-30.

[54] Kasack, »Berliner Theater«, a.a.O., 331f.

[55] Reinhold Grimm, »Masken, Marionetten, Märchen. Das italienische Teatro grotesco«, in: *Sinn oder Unsinn? Das Groteske im modernen Drama. Fünf Essays von Martin Esslin, Reinhold Grimm, H.B. Harder und Klaus Völker*, Basel/Stuttgart: Basilius 1962, 81.

[56] Hier und am Ende des Passus zit. aus: Engel, »Georg Kaisers ›Europa‹«, a.a.O., 3.

[57] *Gas II* wurde am 13.11.1920 im Neuen Theater in Frankfurt am Main uraufgeführt, wo am 27.10.1917 bereits *Die Koralle* und am 28.11.1918 *Gas I* Premiere hatten.

[58] Vgl. hierzu in diesem Band den Beitrag von Burkhardt Wolf (»*Gubernatoris ars*. Künste und Techniken europäischer Seeherrschaft«).

[59] Vgl. Hubert Cancik, *Nietzsches Antike. Vorlesung*, Stuttgart: Metzler 1995, dort: 35-49.

[60] Vgl. hierzu auch: (Hgg.) Achim Aurnhammer/Thomas Pittrof, *›Mehr Dionysos als Apoll‹. Antiklassizistische Antike-Rezeption um 1900*, Frankfurt am Main: Klostermann 2002, dort die »Einleitung«: 1-17.

[61] Auf die Entwicklung vom Apollinischen zum Dionysischen im Stück hat auch Peter Tyson verwiesen in: »The Warriors in Georg Kaiser's ›Europa‹«, in: *Germanic Notes* 15 (1984), 5-7.

[62] Sigmund Freud, *Über die allgemeinste Erniedrigung des Liebeslebens*, in: ders., *Gesammelte Werke*, 18 Bde., Frankfurt am Main: Fischer 1966-69, hier: Bd. 8, 90.

[63] Ebd., 90.

[64] Sigmund Freud, *Briefe an Wilhelm Fließ 1887-1904*, (Hg.) Jeffrey Moussaieff Masson, Frankfurt am Main: Fischer 1986, 235f.

[65] Zu Nietzsches Wirkung auf die Literatur der Jahrhundertwende und den Expressionismus vgl. z.B. Peter Pütz, *Friedrich Nietzsche*, Metzler: Stuttgart 1967, passim und Gunter Martens, »Nietzsches Wirkung im Expressionismus«, in: (Hg.) Bruno Hillebrand, *Nietzsche und die deutsche Literatur*, Bd. 2, Tübingen: Dt. Taschenb. Verl. 1978, 35-82.

[66] Friedrich Nietzsche, *Der Antichrist*, Abschnitt 17, in: ders., (Hgg.) Giorgio Colli/Mazzino Montinari, *Sämt-*

liche Werke. Kritische Studienausgabe, Bd. 6, Berlin/New York: de Gruyter/dtv 1980, 183.

[67] Friedrich Nietzsche, *Zur Genealogie der Moral*, zweite Abhandlung, Abschnitt 17, in: ders., (Hgg.) Giorgio Colli/Mazzino Montinari, *Sämtliche Werke. Kritische Studienausgabe*, Bd. 5, Berlin/New York: de Gruyter/dtv 1980, 324.

[68] Nietzsche, *Zur Genealogie der Moral*, a.a.O., 274.

[69] Vgl. z.B. Herbert W. Reichert, »Nietzsche und Georg Kaiser«, in: *Studies in Philology* 61 (1958), 85-104 (wiederabgedr. in: ders., *Friedrich Nietzsche's Impact on Modern German Literature*, Chapel Hill: University North Carolina Press 1975, 51-72). G[eorge] C. Tunstall, »The Turning Point in Georg Kaiser's Attitude Toward Friedrich Nietzsche«, in: *Nietzsche-Studien. Internationales Jahrbuch für die Nietzsche-Forschung* 14 (1985), 314-336.

[70] Georg Kaiser, »Die zwölf unsterblichen Dichter«, in: ders., (Hg.) Walther Huder, *Werke*, Bd. 4: *Filme, Romane, Erzählungen, Aufsätze, Gedichte*, Frankfurt am Main/Berlin/Wien: Propyläen 1971, 591.

[71] Stefan George, *Gedichte*, (Hg.) Horst Nalewski, Leipzig: Reclam 1987, 111 (»Ihr baut verbrechende an maass und grenze«).

Coudenhove-Kalergis »Paneuropa« und »Apologie der Technik«
Versuch einer Überwindung des Kulturpessimismus

Anne-Marie Saint-Gille

Die Ideen und Projekte zur Einigung des europäischen Kontinents haben eine sehr lange Geschichte. Der so genannte Europäismus, der Anfang der Zwanziger Jahre des 20. Jahrhunderts entstanden ist, markiert aber die wahren politischen Anfänge des Begriffs einer europäischen Gemeinschaft, dessen Wiederaufnahme nach dem Zweiten Weltkrieg dem Beginn der Europakonstruktion entspricht. In diesem geschichtlichen Zusammenhang gelten die 1923 lancierte Paneuropa-Bewegung und ihr Vordenker Richard Nikolaus von Coudenhove-Kalergi als bekannteste Verkünder der Europa-Idee in der Zwischenkriegszeit. Die Paneuropa-Bewegung basierte auf einem idealistischen Projekt, das aber mit realpolitischen Mitteln umgesetzt werden sollte. »Paneuropa« entsprach einem Großraumkonzept von fünf gleich starken Machtblöcken und setzte – im Gegensatz zum universal gedachten Völkerbund, der keine kontinentale Gliederung vorsah – auf einen europäischen Staatenbund.

In den Debatten um Europas Zukunft vor dem Zweiten Weltkrieg spielt die Paneuropa-Bewegung eine zentrale Rolle, und ihre Geschichte ist eng mit dem Schicksal ihres Gründers Richard von Coudenhove-Kalergi verknüpft. Nach der Veröffentlichung seines Programms im Jahre 1924 und der gleichzeitigen Gründung der Paneuropa-Union herrschte er nämlich fast allein über diese internationale Bewegung, für die er gleichzeitig als Präsident, Verlagseigner und politischer Publizist fungierte.[1]

Coudenhove-Kalergi wurde in Japan als Sohn eines Diplomaten im Dienste Österreich-Ungarns und einer Japanerin 1894 in Tokio geboren, wuchs in Ronsperg in Böhmen auf, wurde von Privatlehrern erzogen und von seinem Vater, der achtzehn Sprachen beherrschte, in Russisch und Ungarisch unterrichtet. Später kam er ans Theresianum in Wien und studierte Philosophie und Geschichte. Nach dem Zusammenbruch des Habsburger Reiches erhielt er die tschechoslowakische Staatsbürgerschaft, die er bis 1940 innehatte. Zu diesem Zeitpunkt bekam er im antinationalsozialistischen Exil einen französischen Pass, nachdem die Nazis ihn ausgebürgert hatten. In den verschiedenen Ausgaben seiner Memoiren ist der Autor Coudenhove bemüht, diese biographisch bedingte Weltläufigkeit dem Leser zu vermitteln. Für unser Anliegen sei insbesondere angemerkt, dass er auf Grund seiner kosmopolitischen Erziehung eher in Dimensionen von »Kontinenten« als von Nationen dachte.

Wurde die Paneuropa-Bewegung mit dem in Buchform erschienenen und sofort erfolgreichen europäischen Einigungsplan »Paneuropa« oder der zugleich ins Leben gerufenen Paneuropa-Union 1924 inauguriert, so führt die Erarbeitung der Paneuropa-Idee bis in die Jahre 1922-1923 zurück. Viele Veröffentlichungen, die in die frühen zwanziger Jahre fallen, geben Aufschluss über Coudenhoves allgemeines politisches Weltbild und bilden gleichzeitig die Etappen der Genese des paneuropäischen Programms. Coudenhove-Kalergi sah in der Verwirklichung der paneuropäischen Einigung die Möglichkeit, hauptsächlich drei Gefahren zu entgehen: der eines neuen Weltkrieges, der wirtschaftlichen Verelendung und des Bolschewismus. Seine im Vergleich zu anderen zeitgenössischen Europaplänen schlichte und daher realistisch wirkende Konzeption entspricht einer schrittweise zu erreichenden diplomatisch-politischen Annäherung an eine staatenbündische Einigung der Nationen Europas. Taktisch wollte Coudenhove-Kalergi durch die Propagierung der von ihm in seinem programmatischen Buch *Paneuropa* entwickelten Paneuropa-Idee sowohl auf die Massen als auch auf die politischen und wirtschaftlichen Eliten wirken.

Zu diesen Frühschriften gehören auch Essays mit einem technischen thematischen Schwerpunkt. Das Buch *Apologie der Technik* erschien 1922, zur Zeit der Ausarbeitung der Paneuropa-Programmatik, und es ist also nicht verwunderlich, dass der erste Teil des Paneuropa-Buches auch gleich diese Thematik anschlägt. Die Analyse der Technik erfolgt im Rahmen einer allgemeinen Zeitdiagnose, nach der Coudenhove-Kalergi seine Strategie enthüllt: demnach wäre die Einigung des Kontinents das Ergebnis eines vierstufigen Prozesses, und die vier Etappen dieses Prozesses seien die diplomatische, die juristische, die wirtschaftliche und schließlich die politische.

Die Problematik des Umgangs mit der Technikentwicklung und deren Folgen für eine neue Europapolitik werden im Laufe der kommenden Jahrzehnte weiterverfolgt, wie die Veröffentlichung einer Neubearbeitung der *Apologie der Technik* im Jahre 1931 unter dem Titel *Revolution durch Technik* bezeugt.[2]

In diesem Beitrag soll gezeigt werden, inwiefern das paneuropäische Programm, das im Spannungsfeld zwischen Politik, Ethik und Technik konstruiert wurde, als eine Antwort auf die kulturpessimistische Dekadenzprophetie à la Spengler angesehen werden kann. Dazu wird eine kritische Analyse von Coudenhoves einschlägigen Schriften unternommen, insbesondere des Buches *Apologie der Technik*, das mit der Entstehung des europäischen Einigungsprojekts zeitlich zusammenfällt sowie der Neubearbeitung *Revolution durch Technik*, um die Stellungnahme des Autors zur europäischen Sendung auf dem Gebiet der Technik darlegen zu können. Eine gerechte Beurteilung über die Beziehung zwischen Technikentwicklung und Europapolitik ist nur unter Berücksichtigung der geschichtlichen und ideologischen Zusammenhänge möglich. Deshalb trägt die Darstellung dem aus dem Ersten Weltkrieg entstandenen Begriff einer Kulturkrise Rechnung, welcher nicht zuletzt in Bezug auf die greuelhaften Folgen der Technologisierung des Weltkrieges zu verstehen ist. In diesem Kontext stellt sich auch die Frage, inwiefern der nach dem »Großen Krieg« aufkommende Europäismus durch seine therapeutischen und prophylaktischen Implikationen als Heilmittel für diese Krisis empfunden werden konnte, und welche Rolle der Technikentwicklung in diesem Prozess beigemessen werden kann.

I. Apologie der Technik und Paneuropa
Zur Genese einer europäischen Staatstechnik

Die Vision eines politisch, wirtschaftlich und militärisch vereinten Europas formuliert Coudenhove erstmals in dem Artikel »Paneuropa. Ein Vorschlag«, der am 15. November 1922 in der *Vossischen Zeitung* in Berlin und zwei Tage später in der Wiener *Neuen Freien Presse* erscheint. Einen Monat zuvor hatte die Zeitschrift *Der Neue Merkur* einen Vorabdruck mehrerer Kapitel aus dem Buch *Apologie der Technik* unter dem Titel *Europas technische Weltmission* veröffentlicht.[3]

In diesen Essays fasst Coudenhove-Kalergi den Ablauf der Weltgeschichte als die Aufeinanderfolge von Kulturkreisen auf, wobei die Wendepunkte den großen technischen Erfindungen entsprechen. So begann zum Beispiel mit der Neuzeit der Kulturkreis der Maschine. Seiner Analyse der technischen Entwicklung und der Rolle der Politik als Instanz der Technikgestaltung liegt eine Auffassung der Menschheitsgeschichte als Suche nach dem verlorenen Paradies zu Grunde. Der Ausgangspunkt der Beschreibung dieses historischen Gesetzes erinnert zuerst an eine romantische Konzeption. Unter der Überschrift »Fluch der Kultur« (1922) bzw. »Fluch der Zivilisation« (1931) erklärt Coudenhove, dass der moderne Europäer, als Kulturmensch, die Freiheit, die er als Naturmensch einst besaß, verloren hat.[4] Zwei Komponenten dienen zur Definierung dieses Freiheitsverlustes: Zum einen eine politische, wonach der Staat dem Menschen seine natürliche Freiheit rauben würde, und zum anderen eine naturgeographische, laut der das raue Klima den Europäer zu lebenslänglicher Arbeit zwänge.[5]

Gemäß den althergebrachten romantischen Auffassungen der Menschheitsgeschichte sieht Coudenhove-Kalergi die Weltgeschichte als Ergebnis eines dreifachen Sündenfalls. War früher das menschliche Leben durch Freiheit, Muße und Natur gekennzeichnet, so heißen die jetzigen Charakteristika Staat, Arbeit und Stadt, sodass die Weltgeschichte nun aus einer Kette von Befreiungsversuchen aus dem Kerker der Gesellschaft besteht. Dieses Ringen nach einer zurückeroberten Freiheit ähnelt einer Suche nach dem verlorenen Paradies.

Eben weil eine Interferenz zwischen Weltgeschichte und Technik besteht, ist dieser Weg der Suche nach dem verlorenen Paradies keine bloße Sehnsucht nach Vergangenem, sondern ein vorwärts weisender Weg: Es gilt also für den europäischen Kulturmenschen, den Weg in ein neues Paradies der Zukunft einzuschlagen, und nicht den Weg zurück in das alte Paradies der Vorzeit. Technik und Wissenschaft werden als Komponenten des menschlichen Fortschritts definiert und gleichgestellt. In diesem Zusammenhang werden Technik und Wissenschaft als Komponenten des menschlichen Fortschritts definiert und gleichgestellt, wobei Technik und Europa explizit aufeinander bezogen werden:

»Auf diesem Streben, die Gewaltherrschaft der Natur durch den Sieg des Menschengeistes über die Naturkräfte zu brechen, ruht der technische und wissenschaftliche Fortschritt der Menschheit. Ruht die europäische Kultur der Neuzeit.«[6]

Es stellt sich natürlich die Frage, wie Coudenhove-Kalergi diesen direkten Bezug der Technik zu Europa rechtfertigt, ist er doch nicht so naiv zu behaupten, dass alle technischen Erfindungen aus Europa stammen. Die Antwort auf diese Fragen wurzelt nicht etwa in der Geschichte der Techniken, sondern in einer Art Völkerpsychologie, die der Klimatheorie Vieles verdankt. So vergleicht er in einem eigenen Kapitel der *Apologie der Technik* Asien und Europa: Ersteres sei eine Verkörperung der Harmonie, Letzteres die Verkörperung der Energie. In der Ausdifferenzierung dieser beiden ›Urwerte‹ kreiert der Autor die Definierung einer Weltmission für Europa, wie folgendes Zitat andeutet:

»Asiens Weltmission ist Erlösung des Menschen durch Ethik.
Europas Weltmission ist Befreiung des Menschen durch Technik.
Nicht der Weise, nicht der Heilige, nicht der Märtyrer ist Europas Symbol: sondern der Held, der Kämpfer, der Sieger und Befreier.«[7]

Europa fehlt es an Harmonie, aber seine Größe verdankt der alte Kontinent der Tatkraft und dem Erfindergeist, so dass seine Weltmission schließlich die Befreiung des Menschen durch Technik zum Ziel hat. Um diese etwas plakativ formulierte Aussage zu deuten, muss man den Gedankengang des Autors genauer rekonstruieren. Der Ausgangspunkt seiner Überlegung besteht in der Annahme, der Geist Europas sei der Geist des Prometheus, d. h. der eines Rebellen, eines Kämpfers und Erfinders. Weil er den politischen Despotismus gebrochen hat, ist Prometheus ein Führer der Menschheit im Kampf um politische, geistige und technische Freiheit. Man sieht: der Bezug zur Mythologie dient dazu, Europas Anspruch auf Weltherrschaft zu legitimieren, gerade in einer Zeit, wo sein politischer Verfall deutlich wurde, während andere Mächte gleichzeitig immer machtvoller wurden, so bspw. Japan oder noch verstärkter die Vereinigten Staaten von Amerika.

Parallel dazu wird der Umgang mit dem Feuer als der erste große Wendepunkt der Menschheitsgeschichte aufgefasst, was durchaus haltbar ist. Da die Argumentation auf der mythologischen Ebene verläuft, ist es für den Autor ein Leichtes, Prometheus zum Ur-Europäer zu deklarieren. Ist der Geist Europas ein »Geist des Prometheus«, so kann der mythische Held als Rebell Beispiel sein im

Kampf um Freiheit, wobei politische, geistige und technische Befreiung die drei Komponenten der ersehnten Freiheit sind.

Ist Hellas sozusagen eine Art Voreuropa, so situiert Coudenhove-Kalergi die Geburt Europas in der Renaissance, da es sich in dieser Epoche – so sieht es zumindest Coudenhove-Kalergi – von Asien und dessen mittelalterlicher Reichsidee zu lösen begann. Ohne weitere Legitimierung werden die Adjektive ›neuzeitlich‹ und ›europäisch‹ in der Federführung Coudenhoves immer wieder gleichgestellt. Und dieses in der Neuzeit neugeborene Europa ruht auf technischen Grundlagen. Es sind, so Coudenhove-Kalergi, die verschiedenen Folgeerscheinungen der Technik,[8] die Europa aus dem asiatischen Bann des Mittelalters geweckt haben. Dank der Feuerwaffe wurden Rittertum und Feudalismus überwunden, dank dem Buchdruck Papsttum und Hexenglauben. Indem er Wissenschaften und Künste wie Astronomie, Architektur oder auch Kriegskunst erwähnt, versucht der Autor zu beweisen, dass Europa seinen Vorsprung vor allen anderen Kulturen der Technik verdankt. Europa ist eine »Funktion der Technik«, schreibt er abschließend,[9] ohne je die Ursprünge der Künste und des Könnens – die meistens sogar in anderen, älteren Zivilisationen verwurzelt sind – in Betracht zu ziehen. 1922 räumt Coudenhove-Kalergi noch ein, dass »Amerika die höchste Steigerung Europas« sei; in der zweiten Version von 1931, zu einer Zeit, wo die Propaganda der Paneuropäischen Union wichtig war, verschwindet diese zweite Satzhälfte.[10]

Die zeitgenössische Epoche wird als technisches Zeitalter aufgefasst, und Coudenhove-Kalergi ist sich dessen bewusst, dass die Entfaltungsmöglichkeiten dieses technischen Zeitalters, an dessen Schwelle man in den zwanziger Jahren noch stand, unabsehbar sind. Statt eine Utopie zu entwerfen, zieht er es vor, dem technischen Fortschritt die Mission zuzuschreiben, die großen Weltprobleme zu lösen. In diesem Sinne tragen einige Kapitel programmatische Überschriften, wie »Technik und Politik«,[11] »Technische Weltrevolution«[12] oder »Befreiung durch Technik«.[13]

Die Probleme der Zeit erblickt Coudenhove-Kalergi in der Kluft zwischen den revolutionären Möglichkeiten, die die technischen Fortschritte anbieten, und der zurückgebliebenen Politik, die er als »reaktionär« bezeichnet. Zwei Beispiele werden in seinen Schriften regelmäßig angeführt: die Verkehrstechnik und die Technologisierung des Krieges. Die Fortschritte der Flugtechnik und der Verkehrsmittel im Allgemeinen hätten demnach Europa und darüber hinaus die ganze Welt kleiner gemacht. Eine konsequente Politik sollte sich die Verbindung aller Weltteile zu einer großen Gemeinschaft zum Ziele setzen, wobei die Einigung Europas als erste notwendige Etappe der Weltentwicklung zur Hauptherausforderung wurde. Diese schrittweise Neuorganisierung diene auch dem zweiten Hauptziel einer Weltpolitik im technischen Zeitalter, dem der Friedenssicherung. Kamen nämlich die Kriege der Vergangenheit einem Duell zwischen zwei Armeen gleich, so können die Kriege der Zukunft auf Grund der Perfektionisierung der Waffentechnik nur noch als Doppelselbstmorde zweier oder mehrerer Nationen gedacht werden. Daraus ergibt sich, dass eine konsequente Friedenspolitik als Nationalpflicht angesehen werden muss. Der Autor unternimmt den Versuch, Friedenspolitik und Einigungsgedanken nicht mehr als ethische Ideale zu formulieren, sondern als realistische Notwendigkeiten im Schlepptau der technischen Fortschritte.

Dass Technik potentiell auch Nachteile mit sich führen kann, ist ihm selbstredend bewusst, jedoch sprechen die Missbräuche der Technik, so Coudenhove-Kalergi, weniger gegen die Technik selbst als gegen die Menschen, welche die Technik verwenden. Deshalb fordert er radikale Reformen der Politik, die dem Menschen bislang die Früchte der Technik vorenthalten und verfälscht hätten. Folgt man seiner Analyse, so hat die technische Entwicklung damit die Aufgaben des Staats grundlegend verändert. Die neue Staatspolitik, an die er appelliert, wird hingegen den Grundsätzen des paneuropäischen Programms entsprechen.

Das programmatische Buch der Paneuropa-Bewegung fängt mit der Diagnose des Verfalls der europäischen Welthegemonie an. Diagnostiziert wird wohlgemerkt nicht etwa der Verfall Europas oder die Dekadenz der europäischen Zivilisation, sondern lediglich der Sturz der europäischen Weltherrschaft. Es geht also nicht um eine essentielle ›Entartung‹ der Kultur, wie sie zur gleichen Zeit von anderen Autoren postuliert wurde, sondern um eine bloß politische Umwälzung, die Coudenhove-Kalergi kurz und bündig folgendermaßen resümiert: »Die Welt hat sich von Europa emanzipiert.«[14] Nach dem Ersten Weltkrieg konnte der Führungsanspruch der Vereinigten Staaten von Amerika nicht übersehen werden, während in Asien Japans Aufschwung einen anderen Wendepunkt darstellte. Nach der Analyse Coudenhoves hatte Europa seine Welthegemonie deshalb eingebüßt, weil seine Völker untereinander uneinig waren. In diesem Zusammenhang führt er den Begriff der Staatengruppe als neues System ein, das den alten Kontinent in der Zukunft retten könne.

Überlegungen über die Konsequenzen der Technisierung der Welt werden in den Dienst dieser Beweisführung gestellt. Dabei werden insbesondere die Fortschritte der Verkehrstechnik in Betracht gezogen, deren Folge das Zusammenschrumpfen der Welt sei, d. h. die Verkleinerung der subjektiven Entfernungen seit den Erfindungen der Eisenbahn, des Automobils und des Flugzeuges. Dieser zeiträumlichen Annäherung solle künftig unbedingt eine politische Annäherung der Nachbarvölker entsprechen, wenn denn Europa wieder zu einer Weltmacht werden wolle – sind doch die führenden Mächte internationalen Ranges eben Föderationen, wie Amerika oder auch das Britische Reich und Russland, von denen Coudenhove-Kalergi behauptet, sie seien beide aus Europa hinausgewachsen.

In Folge der Überschätzung des politischen Gewichts der Panamerikanischen Union beschreibt Coudenhove-Kalergi in *Paneuropa*, wie Amerika – der Kontinent, der die Technik am meisten beherrscht – aus den Fortschritten der Technik die beste Lehre gezogen habe:

»Es ist charakteristisch, daß der technisch fortgeschrittenste Erdteil: Amerika, auch als erster mit der neuen Methode der Staatenorganisation begonnen hat:

durch das System der friedlichen Staatenverbände, das in der panamerikanischen Union und in der Idee des Völkerbundes gipfelt.«[15]

So wird das paneuropäische Programm definiert: es gilt, die moderne Verkehrstechnik durch eine moderne Staatstechnik zu ergänzen. Der Zusammenschluss Europas zu einem Staatenbund reiht sich in diese Interferenz ein.

II. Fortschrittsoptimismus als Romantik der Zukunft und ethische Sendung Europas

Die Bandbreite der Inspirationsquellen, aus denen Coudenhove für sein
Paneuropa-Projekt schöpft, setzt sich zusammen aus Ideengebern wie Woodrow
Wilson, Maximilian Harden, Kurt Hiller oder auch Alfred Hermann Fried. Aus der
Dekadenzprophetie des Populärdenkers Oswald Spengler, dessen Hauptwerk *Der
Untergang des Abendlandes* über Nacht zum Bestseller geworden war, schöpft
Coudenhove vor allem eine europäische Aufbruchsstimmung, indem er den Be-
griff der Dekadenz verwirft und ihn durch den einer bloßen Krisis ersetzt.
Einen europäischen Verfall nach dem Ende des Ersten Weltkrieges zu diagno-
stizieren, hieß zunächst einfach den Zeitgeist reflektieren. Erst in der Darstellung
der Gründe und Ursachen dieser Krisis zeugt Coudenhove-Kalergi von einer gewissen Originalität. Seiner Ansicht nach leidet Europa an keiner organischen
Krankheit. Der Ursprung der problematischen Lage ist rein politischer Natur und
keineswegs eine wesentliche Dekadenz. Zwar stellt er fest, dass die Europäer den
technischen Fortschritt in den Dienst eines ungeheuren Gemetzels gestellt haben, die Lehre, die er daraus zieht, ist aber folgende: nur das politische System
(das heißt: das Nebeneinanderbestehen von Nationalstaaten) Europas ist krank
und überholt, und nicht dessen Völker an sich. So wendet er sich vorrangig an die
Jugend Europas, damit sie an der Errichtung eines Staatenbundes arbeitet.
Bis zum Anfang des 20. Jahrhunderts hatten die europäischen Einigungsplä-
ne eine ganz andere Bedeutung gehabt: auf Grund der europäischen Welthegemonie wurden solche Projekte entweder als Versuch einer Weltherrschaft (Napo-
leon) oder im Gegenteil als Umsetzung eines universellen Friedenswillens (Kant)
gedacht. Ab dem Ersten Weltkrieg und dem Paneuropaprojekt geht es eher um
den Rettungsversuch eines von außen bedrohten Kontinents. Coudenhoves philosophischer Relativismus ist für diese Änderung der Perspektive besonders geeignet, und das Paneuropaprojekt wird tatsächlich als die Einigung eines Kontinents
in einem internationalen Rahmen konzipiert, in dem die Beziehungen zu den anderen Großmächten als Gleichgewicht aufgefasst werden. Nichtsdestoweniger
enthält es Überlegungen zur internationalen Friedenssicherung im Zeitalter der
Technik und Reflexionen über eine besondere Weltrolle des Alten Kontinents.
Nach dem Ersten Weltkrieg konnte man den Eindruck haben, dass das Problem
des Krieges und der Friedenssicherung eine qualitative Änderung vollzogen habe.
Die Technologisierung der Kämpfe und der Masseneinsatz konnten Überlegungen,

die von Erasmus eingeleitet und unter der Feder von Kant weitergeführt wurden, als nun überholt oder unangemessen erscheinen lassen. Die Prophezeiung, die Jean Paul 1809 in *Kriegserklärung gegen den Krieg* machte, nach der der technische Fortschritt sich ungewollt in den Dienst der Friedenssicherung stellt, weil die Kampfzeit auf Grund der Perfektionisierung der Waffentechnik immer kürzer werde, schien sich doch nicht erfüllt zu haben. Für den Begründer der Paneuropa-Bewegung stellt die Technik im Hinblick auf die Sicherung des Weltfriedens neue Forderungen an die Politik, aber er ist sich dessen bewusst, dass das Problem heikel ist. Entgegen einer pazifistischen Grundhaltung tritt er also für ein politisches Gleichgewicht auf der Weltebene ein, und der erste Schritt auf diesem Weg ist mit dem Ende der »europäischen Anarchie« verknüpft, d.h. er verläuft über eine Verstärkung Europas durch Einigung. Jeder Versuch weltpolitischen Ranges scheint ihm ohne diese notwendige Etappe verfrüht und zum Scheitern verurteilt. Nach dem Zweiten Weltkrieg veröffentlicht Coudenhove seine Reflexionen über die Friedenssicherung in einem Werk, dessen Titel bereits eine Absage an Kants Vernunftoptimismus ist: *Vom Ewigen Krieg zum Großen Frieden.*[16] Der Ausgangspunkt ist immer noch die Verkleinerung der Welt durch die Fortschritte der Verkehrstechnik. Daraus folgert Coudenhove, dass der Gedanke der Weltherrschaft zum damaligen Zeitpunkt, angesichts der technischen Fortschritte und der Komprimierung der Welt, keine Utopie, sondern eine Möglichkeit ist.[17] Aber die scheinbar unvermeidliche Einigung der Welt wird nicht unbedingt das Gesicht des Friedens haben. Die Welt ist zu klein geworden für das Nebeneinanderbestehen zweier rivalisierender Blöcke. Entweder werden sich diese Mächte zusammenfinden zu einer Weltorganisation – oder es kommt zu einem dritten Weltkrieg und zur Einigung der Welt unter der Herrschaft des Siegers.[18] Denn auch wenn die technischen Voraussetzungen für den Zusammenschluss der Menschen zu einem Weltstaat gegeben sind, so sind die Hindernisse für dessen Errichtung politischer Art. Beispiel auf diesem Wege ist nach Meinung des Autors der Britische Commonwealth, der Menschen aller Rassen, Weltanschauungen und Religionen umfasst und in dem man bereits eine Skizze der kommenden Weltorganisation sehen kann.[19] In diesem Zusammenhang liegt Coudenhove besonders viel daran, die Rolle Europas als richtungweisende Sendungskraft zu präzisieren.

Coudenhoves Auffassung der europäischen Sendung auf dem Gebiet der Technik beruht auf einem Dualismus zwischen Ethik und Technik. In diesem Rahmen gilt seine Aufmerksamkeit zunächst dem »Schwesternpaar« Ethik und Technik.[20] Coudenhove-Kalergi geht davon aus, dass die meisten Europäer (bis auf die Reichen, die nicht zu arbeiten brauchen oder die Heiligen, die eine innere Freiheit erreicht haben) Sklaven der Gesellschaft und der Natur sind. Waren Anarchie und Muße natürliche Ideale, so sind für die Europäer ihre Gegenteile, d.h. Staat und Arbeit, soziale und klimatische Notwendigkeiten, die vorgeben, Ideale zu sein. Beides habe die Unfreiheit des Europäers verursacht, der im Kerker des Staates leben muss und zur Zwangsarbeit verurteilt ist. Diese Misere ist auf die Unterentwicklung der Ethik und der Technik zurückzuführen: Weil die Ethik mangelhaft ist, wendet der Staat die Gefahren der Übervölkerung ab, während eine unzulängliche Technik die Arbeit als einzige Möglichkeit zur Überwindung der Gefahren des Klimas erscheinen lässt.

Dabei verzeichnet der Autor eine gänzliche Unzulänglichkeit der Politik, die in dem Versuch, die zentrale, soziale Frage zu lösen, zum Scheitern verurteilt ist. Folglich kann die Überwindung von Staat und Arbeit nur durch Ethik und Technik erfolgen. Dieser Doppellauf führt einerseits vom Zwangsstaat zu einer so genannten Kulturanarchie, die als eine echte Freiheit aufzufassen ist (und nicht etwa mit einer Art Zügellosigkeit zu verwechseln ist); andererseits von der Zwangsarbeit zu einer Kulturmuße (die nicht einfach als Müßiggang aufzufassen ist). Diese Art Kulturparadies der Zukunft ist durch die doppelte Wirkung von Ethik und Technik zu erreichen.

Denn beide hängen voneinander ab; weder Ethik noch Technik können im Alleingang den europäischen Menschen erlösen. Durch den Ausbau der Ethik und der Technik kann eine vollkommene Lösung der sozialen Frage sowohl von innen als auch von außen erfolgen. Die Technik befreit den Menschen von der Zwangsarbeit, insofern als die Maschinenkraft die Menschenkraft ersetzt, und die Ethik befreit den Menschen aus dem Zwang der Gesellschaft, insofern als sie ihn vorbereitet für eine zwanglose Gemeinschaft.

Diese Befreiung des Menschen durch Technik sei die spezifische Aufgabe Europas, während die Erlösung durch Ethik aus Asien, dem Kontinent der Harmonie, kommen soll. Diese plakative Aussage dient aber bloß als Ansatz zu einer ausdifferenzierten Überlegung, die in eine Neudefinierung der besonderen Mission Europas auf dem Gebiet der Technik münden soll. Wie die Armee Dienerin der Politik bleiben muss, so muss die Technik Dienerin der Ethik sein, damit die Gefahren eines führerlosen Industrialismus vermieden werden. Aber dafür muss Coudenhove den Begriff der Ethik neu definieren, um zu zeigen, inwiefern dieser mit dem »Geist der Technik« vereinbar ist.

Der Geist der Technik wird mit einem kriegerischen Wortfeld charakterisiert. Ausgehend von einer Definition der Kultur als eine Auseinandersetzung mit der Natur, und keineswegs als die Suche nach einer Harmonie mit der Natur, beschreibt Coudenhove die Errungenschaften der Technik als das Ergebnis eines Kampfes gegen die Gefahren der Natur. Auf Europa übertragen nimmt dieser Diskurs sogar manchmal kriegerisch-patriotische Züge an. So wird als Heilmittel gegen die nachkriegszeitliche Krise »eine großzügige Steigerung der Produktion und eine Vervollkommnung der Technik« erwähnt, die unter dem Ausdruck »technischer Befreiungskrieg« zusammengefasst werden.[21] Der Geist der Technik wird folgendermaßen definiert: »Technik ist Krieg mit verändertem Objekt: darum ist der Geist der Technik kriegerisch, heroisch, aktiv.«[22]

In diesem Zusammenhang sind Berührungspunkte zwischen Coudenhoves Auffassung der Technik und seiner Vision Europas zu vermerken. Ist die Technik gewissermaßen ein Kampf gegen die drohenden Seiten der Natur (insbesondere der nordischen Natur), so kann der Europäer, der an anderer Stelle als Verkörperung des männlich-heroischen Charakters erscheint, für den notwendigen technischen Feldzug mobilisiert werden.

In diesem Sinne wird auch die Entwicklung Asiens von Coudenhove-Kalergi einer eingehenden Betrachtung unterzogen. Im asiatischen, buddhistischen Geist der Entsagung und der Resignation sieht er eine große Gefahr, die zu einem Kulturselbstmord führen könnte, wären nicht die Asiaten selbst auf dem Weg der Emanzipation. In den einschlägigen Passagen stellt er fest, dass Japan sich am schnellsten die technische Zivilisation Europas angeeignet hat und derart »in die europäisch-amerikanische Arbeitsarmee« eingetreten ist.[23] Da durch jeden technischen Fortschritt neue Gefahren für den Menschen entstehen und eine entfesselte Technik zum Werkzeug der Zerstörung werden kann, kann eine neugedachte Ethik alleine den Menschen lehren, die Macht und die Freiheit zu gebrauchen, die ihm die Technik zur Verfügung stellt.

Daher bemüht sich Coudenhove-Kalergi, die Konturen einer neuen Ethik zu zeichnen, welche mit dem von ihm postulierten heroischen Charakter des Europäers verwandt ist. Diese Ethik soll keine Wiederaufnahme des alten Gegensatzes zwischen ›Gut und Böse‹ sein, und auch nicht aus dem beschaulichen Geist Asiens schöpfen, sondern traditionelle Tugenden wie Edelmut, Ehre, Tapferkeit und Großmut verkörpern. Im Hintergrund der Überlegungen des Grafen Coudenhove steht die bereits erwähnte Überzeugung, dass die Technik nichts anderes als ein Kind des prometheischen Geistes sei, dessen Komponenten es nun als Wesenszüge der neuen Ethik zu restaurieren gilt.

Da Technik ohne ethische Dimension nicht zu denken ist, ist vor allem Europa dazu geeignet, der Technik eine neue Ethik der Kraft und der Tat zu übereignen, so dass die technischen Fortschritte den Schlüssel zur Lösung der sozialen Frage liefern. Vor diesem Hintergrund macht der Gründer der Paneuropaidee Vorschläge zur Überwindung des Gegensatzes zwischen einem geistlosen Materialismus und einem unsozialen, realitätsfernen Moralismus (so seine Etikettierung der beiden Gegenpole).

Derart erklärt sich auch der Titel seines zweiten Buches über die Technik, der eine »Revolution durch Technik« ankündigt. Diese Revolution würde insofern den Menschen befreien, als die menschliche Zwangsarbeit durch Maschinenarbeit ersetzt werden könnte. Getragen von einem – stellenweise fast lyrischen – Fortschrittsoptimismus sieht Coudenhove-Kalergi vor, dass die Entwicklung der Verkehrstechnik den kommenden Abbau der ungesunden und hektischen Großstädte und die Entwicklung horizontaler Gartenstädte bewirken wird. Ziel der Technikgestaltung wäre also eindeutig die allgemeine Verbreitung des Reichtums und des Gemeinwohls. In einer produktivistischen Auffassung der wirtschaftlichen Zukunft, die man nur von deren geschichtlichen Zusammenhang her verstehen kann, sieht er vor, dass der Wohlstand um so schneller wachsen wird, je rascher die Produktionsziffern im Verhältnis zu den Bevölkerungsziffern steigen werden.

Das Zweite Paradies, das hier angedeutet wird und an das er appelliert, sei keine Utopie, keine Sehnsucht nach dem verlorenen Paradies, sondern ein Entwurf für ein Paradies der Zukunft.[24] Gab es, wie jene sehnsüchtigen Romantiker oder Dekadenzpropheten es immer wieder betonen, einst ein Paradies der Vergangenheit, das im vortechnischen Zeitalter lag, so muss dem Wegweiser der Paneuropabewegung (dessen Reden nicht frei von emphatischen Akzenten sind) zufolge der alte Kontinent den Kampf aufnehmen, damit aus den Möglichkeiten der Technikentwicklung ein zweites, nachtechnisches Paradies der Zukunft entstehen kann. In diesem Kampf wird die Technik als eine Waffe in den Händen des heroischen, europäischen Menschen gesehen.

Parallel zu der Ausarbeitung seines politischen Programms für eine Einigung Europas hat Coudenhove-Kalergi also die Möglichkeiten eines europäischen Aufstiegs aus dem Geist der technischen Epoche erforscht. Sein Vorschlag kommt einer Anpassung an die Fortschritte der Technik als Lösung der sozialen und politischen Probleme gleich, die die Zukunft Europas bedrohen. Diese Anpassung ist politischer Natur und beinhaltet eine Warnung vor dem Missbrauch der Technik durch überholte politische Gewohnheiten. Schlussendlich ist es hingegen eine philosophische Dimension, die zur Definierung der notwendigen »neuen Ethik« führt und es ermöglicht, die Richtlinien für eine idealistische Weltanschauung, die dem »geistigen Sinne der technischen Weltwende des 20. Jahrhunderts« entspricht, vorzuzeichnen.

Anmerkungen

[1] Vgl. Vanessa Conze, *Richard Coudenhove-Kalergi. Umstrittener Visionär Europas*, Gleichen/Zürich: Musterschmidt Verlag 2004; Anne-Marie Saint-Gille, *La »Paneurope«. Un débat d'idées dans l'entre-deux-guerres*, Paris: Presses de l'université de Paris-Sorbonne 2003; Anita Ziegerhofer-Prettenthaler, *Botschafter Europas. Richard Nikolaus Coudenhove-Kalergi und die Paneuropa-Bewegung in den zwanziger und dreißiger Jahren*, Wien/Köln/Weimar: Böhlau Verlag 2004.

[2] Richard von Coudenhove-Kalergi, *Apologie der Technik*, Leipzig: Der Neue Geist 1922 (neue Auflage mit einem neuen Vorwort in: ders., *Praktischer Idealismus. Adel-Technik-Pazifismus*, Wien/Leipzig: Paneuropa-Verlag 1925, 59-151; im Folgenden wird nach der Ausgabe von 1925 zitiert); ders., *Revolution durch Technik*, Wien/Leipzig: Paneuropa-Verlag 1931.

[3] Richard von Coudenhove-Kalergi, »Europas technische Weltmission«, in: *Der Neue Merkur Monatshefte* 4. Oktober 1922, 331-344.

[4] Coudenhove-Kalergi, *Apologie*, a.a.O., 61-62 ; Coudenhove-Kalergi, *Revolution*, a.a.O., 11-12.

[5] Coudenhove-Kalergi, *Apologie*, a.a.O., 66-67 ; Coudenhove-Kalergi, *Revolution*, a.a.O., 15-17.

[6] Coudenhove-Kalergi, *Revolution*, a.a.O., 17.

[7] Coudenhove-Kalergi, *Revolution*, a.a.O., 31.

[8] Coudenhove-Kalergi, *Apologie*, a.a.O., 85-87; Coudenhove-Kalergi, *Revolution*, a.a.O., 40-41.

[9] Coudenhove-Kalergi, *Apologie*, a.a.O., 87; Coudenhove-Kalergi, *Revolution*, a.a.O., 41.

[10] Ebd.

[11] Coudenhove-Kalergi, *Revolution*, a.a.O., dort: Kap. 10, 77-82.

[12] Coudenhove-Kalergi, *Revolution*, a.a.O., dort: Kap. 6, 46-54.

[13] Coudenhove-Kalergi, *Revolution*, a.a.O., dort: Kap. 7, 55-63.

[14] Richard von Coudenhove-Kalergi, *Paneuropa*, Wien: Pan-Europa Verlag 1923, 14.

[15] Ebd., 19.

[16] Richard von Coudenhove-Kalergi, *Vom Ewigen Krieg zum Großen Frieden*, Göttingen: Musterschmidt Verlag 1956.

[17] Ebd., 75.

[18] Ebd., 137-138.

[19] Ebd., 139.

[20] Coudenhove-Kalergi, »Ethik und Technik«, Kap. 2 in *Apologie*, a.a.O., 68-74; *Revolution*, a.a.O., 18-24.

[21] Coudenhove-Kalergi, *Revolution*, a.a.O., 50.

[22] Coudenhove-Kalergi, *Revolution*, a.a.O., 64.

[23] Coudenhove-Kalergi, *Revolution*, a.a.O., 68.

[24] Coudenhove-Kalergi, *Revolution*, a.a.O., 100-101.

Von den Schweizer Alpen über Gibraltar zum vereinten Europa. John Knittels »Amadeus« und Herman Sörgels Atlantropaprojekt

Alexander Gall

Als Ödön von Horváth seinen Ende der 1920er Jahre entstandenen Roman *Der ewige Spießer* im Untertitel »erbaulich« nannte,[1] tat er das gewiss in ironischer Absicht, entlarvte er darin doch die höchst beschränkte Alltagstauglichkeit der paneuropäischen Idee.[2] Ohne entsprechenden Untertitel, aber in Duktus und Inhalt tatsächlich »erbaulich«, präsentierte sich dagegen etwa zehn Jahre später der Roman *Amadeus* des Schweizer »Erfolgsautor[s]« John Knittel (1891–1970).[3] In ihm setzte sich der viel gelesene Schriftsteller ebenfalls mit einem Plan zur Vereinigung Europas auseinander und zwar mit dem Atlantropaprojekt des Münchner Architekten Herman Sörgel. Von dessen Ausführbarkeit wollte Knittel seine Mitmenschen überzeugen, wie er im Vorwort von *Amadeus* (vgl. Abb. 1) offen bekennt.[4]

Abb. 1

Abb. 2

Eingebettet in eine Liebesgeschichte erzählt Knittel von einem Staudammprojekt in den Schweizer Alpen, das unter der Leitung des idealistischen Ingenieurs Amadeus Müller von Arbeitern aus aller Herren Länder errichtet wird. Nachdem der Protagonist eher zufällig von Sörgels Projekt erfahren hat, lässt er sich davon so begeistern, dass er auch viele seiner Mitarbeiter dafür zu gewinnen und ihnen »ein europäisches Bewusstsein einzupflanzen« sucht.[5] Bereits in der Abgeschiedenheit der Berge entsteht dadurch eine internationale Gemeinschaft, die den Keim zur künftigen Verwirklichung Atlantropas in sich trägt. In diesem Sinne sind auch die Worte zu verstehen, die Amadeus einem seiner engsten Mitarbeiter anvertraut, als die Arbeit am Staudamm ihrer Vollendung entgegengeht:

»Wir haben Grund, heute ein wenig stolz zu sein. Nicht allein auf das Werk als solches; sondern auf die erweiterte Bedeutung, die wir ihm gegeben haben [...]. Wenn einmal ganz Europa zu einer wohlgeordneten Arbeitsbrüderschaft geeint ist, dann eröffnet sich den großen Leistungen der Technik eine leuchtende Zukunft!«[6]

Besonders deutlich kommt der programmatisch-propagandistische Charakter des Romans aber in einem Abschnitt zum Tragen, in dem Amadeus Müller zwei Besucher durch eine vom ihm bei der Baustelle eingerichtete Atlantropa-Ausstellung führt, um sie von den Vorteilen des Projektes zu überzeugen. Auf diese Weise erfährt auch der Leser nach und nach, dass das Atlantropaprojekt das Ziel verfolgt, mit dem Bau eines gigantischen Staudammes bei Gibraltar das Mittelmeer abzusenken, dadurch eine unerschöpfliche Energiequelle zu erschließen, neuen Lebensraum an den Küsten sowie in der Sahara zu gewinnen und nicht zuletzt die Staaten Europas zu vereinigen.[7]

Im Gegensatz zu Amadeus Müller und seinem Staudamm im Hochgebirge sind weder Herman Sörgel (1885–1952) noch das Atlantropaprojekt fiktiv. Selbst die Ausstellung, durch die Besucher und Leser in Knittels Roman geführt werden, ist jenen nachempfunden, mit denen Sörgel zwischen 1930 und 1933 für seine Idee warb. So treten die beiden Besucher in der erwähnten Passage etwa vor ein Bild, auf dem

»ein hübsches schwarzes Mädchen im afrikanischen Kontinent [stand]. Ein weißer Mann beugte sich ihr entgegen und nahm mit beiden ausgestreckten Armen einen mit Früchten, Getreide, Elfenbein und anderen afrikanischen Produkten beladenen Korb in Empfang, den die Schwarze ihm, die Arme über dem Kopf erhoben, anbot.«[8]

In dieser Beschreibung lässt sich leicht eine Zeichnung des Malers Heinrich Kley (1863–1945) identifizieren, die Sörgel unter anderem zur Illustration seines Buches *Die drei großen ›A‹* nutzte (vgl. Abb. 2)[9].

Zu Beginn der fiktiven Ausstellungsführung sieht sich Amadeus Müller mit dem Eindruck konfrontiert, dass »das alles wie eines von diesen Märchen über die Welt der Zukunft« aussähe.[10] Dies entsprach durchaus einem Muster, mit dem nicht wenige von Sörgels Zeitgenossen auf das Atlantropaprojekt reagierten, etwa in dem sie es mit den technischen Utopien Jules Vernes verglichen.[11] Interessanterweise gab es unter den Kritikern nicht wenige Stimmen, die zwar keine technischen, wohl aber politische Hinderungsgründe für die Verwirklichung

Atlantropas sahen. Einer Berliner Zeitung schien es 1929 beispielsweise höchst fraglich, ob sich die Staaten über die Aufteilung des gewonnenen Neulandes einigen könnten. »Hier wird das technische Projekt zur wahrhaften Utopie«, hieß es dementsprechend am Ende des Artikels.[12] In ähnlicher Weise beklagte sich auch der renommierte Journalist Erich Schairer in der Stuttgarter *Sonntags-Zeitung* über »die *politischen* Verhältnisse Europas«, die Projekte wie Atlantropa »als undurchführbar erscheinen« ließen, obwohl es sich hier um Arbeiten handele, »die jeden Tag in Angriff genommen werden könnten und keinerlei technisches Risiko in sich bergen« würden.[13] Dieses Misstrauen seiner Zeitgenossen gegenüber dem Leistungspotential der Politik teilte auch Sörgel zu einem guten Stück. Sein Plan besaß deshalb starke technokratische Züge, die sich am deutlichsten in dem Plan für ein europäisches Hochspannungsnetz manifestierten. Zusammen mit dem Gibraltardamm gab es auch der später geplanten (politischen) Vereinigung von Europa mit Afrika zu dem autarken Kontinent »Atlantropa« eine technische Basis. Gerade in dieser Einschätzung von Sörgels Zeitgenossen zeigt sich die unübersehbare Diskrepanz zu unserer heutigen Perspektive. Denn uns erschiene Atlantropa primär als technologisches Großprojekt mit unabsehbaren ökologischen Folgen;[14] darüber hinaus blieben auch erhebliche Zweifel an den technischen Realisierungschancen und reichliches Unverständnis gegenüber einigen der wichtigsten Ziele. In den nationalen Gegensätzen innerhalb Europas würden wir dagegen wohl kaum die größten Hindernisse erblicken. Diese Diskrepanz wirft zum einen die Frage auf, warum es vor ungefähr siebzig Jahren offenbar gar nicht so unwahrscheinlich erschien, dass das Atlantropaprojekt in absehbarer Zukunft realisiert würde, und zum anderen warum die Ziele, die mit dem Projekt verwirklicht werden sollten, für viele erstrebenswert, zumindest aber plausibel wirkten.

I. Die Geburt einer Idee

Der spätere Lebensweg des 1885 in Regensburg geborenen Herman Sörgel war, so scheint es, familiär vorgeprägt. Sein Vater Johann stieg als Ingenieur zum Chef der Obersten Baubehörde in Bayern auf und trieb zusammen mit Oscar von Miller den Ausbau der bayerischen Wasserkräfte voran. Auch an der Initiative für das berühmte Walchenseekraftwerk war er maßgeblich beteiligt. Herman Sörgel schlug nach dem Abschluss eines Architekturstudiums wie sein Vater zunächst eine Beamtenlaufbahn in der bayerischen Baubürokratie ein, arbeitete aber schon bald als Architekturkritiker und freier Schriftsteller in München. In dieser Zeit veröffentlichte er mehrere architekturästhetische und bildungsreformerische Schriften.[15] Außerdem übernahm er 1925 vorübergehend die Schriftleitung der Architekturzeitschrift *Baukunst*. In dieser Funktion reiste er noch im selben Jahr in die Vereinigten Staaten, wo ihn das Haus der Panamerika-Union stark beeindruckte und in ihm angeblich den Wunsch nach einem ähnlichen Bund zwischen Europa und Afrika wachrief.[16]

Abb. 3

Bei seinen technischen Planungen ging Sörgel von der durchaus korrekten Beobachtung aus, dass über dem Mittelmeer ständig eine größere Menge Wasser verdunstet, als durch Niederschläge und Flüsse ersetzt wird. Ein Absinken des Meeresspiegels wird also nur durch den Zustrom aus dem Atlantik verhindert. Sörgel zog aus diesen hydrographischen Zusammenhängen den Schluss, dass das Mittelmeer langsam auszutrocknen begänne, wenn es zum Atlantik und zum Schwarzen Meer hin abgesperrt würde. Nach mehreren Vorstudien entwarf er einen Damm, der die etwa 14 Kilometer breite Meerenge von Gibraltar nicht an ihrer kürzesten, sondern an ihrer flachsten Stelle durchschneiden sollte. Der Damm beschrieb einen Bogen von ungefähr 35 Kilometern Länge und erreichte an einigen Teilstücken eine Höhe von über 300 Metern (vgl. Abb. 3)[17]. 100 bis 120 Jahre nach der Vollendung des Dammes hätte das Gefälle zwischen Atlantik und Mittelmeer nach Sörgels Berechnungen dann 100 Meter betragen und somit die Möglichkeit geboten, ein riesiges, aus einem schier unerschöpflichen Reservoir gespeistes Wasserkraftwerk zu betreiben. Ein dritter Damm, dessen Baubeginn jedoch in ferner Zukunft lag, war zwischen Sizilien und Tunis geplant, um die östliche Hälfte des Mittelmeers um weitere 100 Meter abzusenken. Ebenso wie der Gibraltardamm sollten auch die übrigen Dämme an den Dardanellen, allen wichtigen Flüssen und nicht zuletzt am Suez Kanal in großem Umfang mit Schleusen und Kraftwerken ausgestattet werden, um ganz Europa über ein gemeinsames Verbundnetz mit Elektrizität zu versorgen. Allein das Kraftwerk bei Gibraltar hätte Sörgels Berechnungen zufolge eine Leistung von knapp 50.000 MW erbracht – ungefähr so viel wie alle europäischen Kraftwerke im Jahr 1930 zusammen. Zugleich hätte das Atlantropaprojekt an den Küsten nach und nach neue Landstriche hervortreten lassen und auf Dauer die Geographie des Mittelmeerbeckens tief greifend umgestal-

203

tet: Korsika wäre etwa mit Sardinien zu einer einzigen Insel zusammengewachsen und die Adria bis auf einen See ausgetrocknet (vgl. Abb. 4).[18]

Ab Mitte der 1930er Jahre dehnte der Münchner Architekt sein potentielles Tätigkeitsfeld schließlich bis nach Zentralafrika aus. Durch die Stauung des Kongo wollte er das Kongobecken in ein Binnenmeer verwandeln. Neben dem Ausbau zusätzlicher Energiequellen strebte Sörgel damit vor allem die Milderung der tropischen Temperaturen an, um so die Lebensbedingungen für Europäer zu verbessern. Außerdem plante er, den Kongo teilweise nach Norden umzuleiten und so eine Wasserstraße bis zu der künstlichen Seenplatte in der Sahara zu schaffen. Ziel war nicht nur eine effektive Kolonisierung Afrikas, sondern darüber hinaus die technische und politische Vereinigung mit Europa zu dem Doppelkontinent Atlantropa.[19]

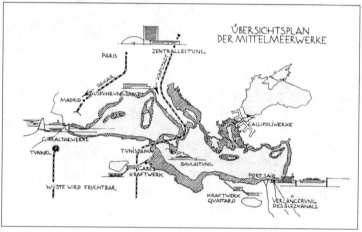

Abb. 4

Technisch hing das gesamte Projekt vor allem von der Frage ab, ob sich die Meerenge von Gibraltar tatsächlich absperren lassen würde – bei den deutlich schmäleren Dardanellen stellte sich das Problem nicht mit gleicher Schärfe. Sörgels Entwurf schien mit den technischen Mitteln der Zeit immerhin nicht von vornherein unrealisierbar zu sein.[20] Insofern war es nicht ganz falsch, wenn Sörgel wiederholt behauptete, dass das Atlantropaprojekt mit den technischen Möglichkeiten seiner Zeit ausführbar sei und »nicht mit neuen, epochemachenden Erfindungen« zu rechnen brauche.[21]

II. Faszination der Öffentlichkeit

Für den entscheidenden Schritt zwischen Sörgels Plänen und den ersten konkreten Vorbereitungen für den Bau war es aber ohnehin von untergeordne-

ter Bedeutung, ob der Damm wirklich realisierbar gewesen wäre. Viel wichtiger
ist hier die Frage, ob Sörgels Zeitgenossen *glaubten*, dass er realisierbar sei. Und
tatsächlich findet sich in den Reaktionen zu Atlantropa kaum eine Stimme, die
die technische Machbarkeit des Dammes zumindest für die nahe Zukunft ernsthaft in Zweifel zog. Es gab zwar durchaus Kritik an Details, vereinzelt auch am
Gesamtprojekt, insgesamt ließen sich Presse und Öffentlichkeit davon aber nicht
groß stören, sondern erlagen der Faszination des Projekts, seinen gigantischen
Dimensionen, seinem Optimismus für das technisch Machbare und seinen Ver-
sprechungen von künftigem Überfluss. Die ersten, vereinzelten Pressemeldun-
gen erschienen bereits 1928, als das Projekt noch in den Kinderschuhen steckte.
Mit 95 Artikeln erlebte Atlantropa im darauf folgenden Jahr jedoch schon einen
ersten Höhepunkt. 1932 befand sich Sörgel dann auf dem Gipfel seines Erfolgs, ein
vergleichbares Medienecho erhielt er danach nie wieder.[22]

Vor allem während der Presseflut im Jahr 1932 lieferten die zahlreichen von
Sörgel organisierten Ausstellungen einen entscheidenden Anlass für die Berichterstattung. Die Besucher erwartete eine Präsentation, die nahezu alle Aspekte
des Projekts in Form von Karten, Plänen, Schaubildern und Zeichnungen darbot.
Nur ein Teil des ausgestellten Materials stammte dabei von Sörgel selbst, durch
die starke Medienpräsenz hatte er jedoch eine Schar von Sympathisanten gewonnen, die ihn meist unentgeltlich unterstützten. So fassten der Maler Heinrich Kley
oder die Ingenieure Bodo und Hans von Römer[23] Atlantropa in eingängige Bilder,
mit denen sich ein breites Publikum ansprechen ließ.

Den auffallendsten Beitrag zu den Atlantropa-Ausstellungen leistete jedoch
eine Reihe mehr oder weniger bekannter Architekten, die Sörgel zum Teil schon
aus seiner Zeit als »Baukunst-Redakteur« kannte. Von seinen Visionen angesteckt,
steuerten sie nicht nur Pläne für viele der hydrotechnischen Anlagen bei, sondern
auch grandiose Entwürfe für die Erweiterung der Städte rund ums Mittelmeer.
Damit halfen sie Sörgel bei einem der augenfälligsten Probleme des Projekts aus
der Verlegenheit. Denn die Senkung des Meeresspiegels hätte zur Verlandung
der meisten Häfen geführt und die Küstenstädte damit in ihrem Lebensnerv ge-
troffen. Die Erweiterungspläne präsentierten die wachsende Distanz zum Wasser dagegen als vielversprechende Perspektive. Mit ihrem Engagement verliehen
die Architekten Atlantropa auch zusätzliche Seriosität, gehörten zu ihnen doch
Autoritäten wie Fritz Höger, Emil Fahrenkamp, Hans Döllgast, Lois Welzenbacher
oder Peter Behrens. Die Gründe für ihren Einsatz mögen vielfältig gewesen sein.
Idealismus und die von dem Projekt ausgehende Faszination dürften ebenso
eine Rolle gespielt haben wie freundschaftliche Verbindungen, die Auftragsflaute
während der Weltwirtschaftskrise oder die Hoffnung auf Werbeeffekte durch die
wachsende Popularität Atlantropas.[24]

Im Unterschied zu vielen anderen Aufsehen erregenden Visionen und Plänen,
die ihre Veröffentlichung oft nur knapp überlebten,[25] vermochte Atlantropa seine
Zeitgenossen jedoch über den Tag hinaus zu faszinieren. Denn trotz seiner Maß-

losigkeit war Sörgels Projekt Ende der 1920er Jahre durchaus kein isoliertes Phänomen. Für hydrotechnische Großprojekte begann vielmehr eine Blütezeit, in der Atlantropa und der Gibraltardamm nur noch wie besonders bizarre Auswüchse wirkten. Offenkundige Parallelen ergaben sich beispielsweise mit dem niederländischen Zuidersee-Projekt, das Anfang der zwanziger Jahre begonnen worden war. Sein Hauptziel war die Landgewinnung, daneben spielten zeitweise auch beschäftigungspolitische Aspekte eine wichtige Rolle. Die Vollendung des großen Deiches, der die Zuidersee von der Nordsee trennte, dauerte von 1927 bis 1932 und fiel damit genau in die Anfangsphase Atlantropas.[26] Die Gemeinsamkeiten der beiden Projekte erschließen sich aber nicht erst aus der Rückschau, sondern fielen bereits den Zeitgenossen auf. So trug ein Zeitungsbericht über die beiden Projekte den schönen Titel: »Europa soll vergrößert werden«.[27]

Die besondere Faszination Atlantropas lässt sich aber erst unter Berücksichtigung der Weltwirtschaftskrise verstehen, unter der Deutschland besonders schwer zu leiden hatte. Wirtschaftlich stürzte sie die Weimarer Republik in eine katastrophale Massenarbeitslosigkeit und untergrub zugleich ihre ohnehin labilen politischen Fundamente. Vor allem die Parteien an den Rändern des politischen Spektrums verzeichneten in dieser Situation wachsenden Zulauf. Radikale politische und wirtschaftliche Lösungen, wie sie etwa die NSDAP oder die KPD versprachen, waren an der Tagesordnung und fanden immer vorbehaltlosere Zustimmung.[28] In vergleichbarer Weise galt das auch für radikale technische Lösungen. Auf den ersten Blick schien die Krise zwar eine kulturpessimistische Technikfeindschaft zu begünstigen, wie sie etwa in agrarromantischen Ideen oder Blut-und-Boden-Mythen zum Ausdruck kam. Aber technizistische Ideologien oder Projekte genossen ebenfalls beträchtliche Aufmerksamkeit, wenn sie nur einen Weg aus der Krise wiesen.[29]

III. Ein vereinigtes Europa als technokratische Vision

Sörgels Projekt besaß nur dann eine Chance auf Verwirklichung, wenn es bereits in der Vorbereitungsphase zu einer europäischen Verständigung kam. Wie erwähnt, machte Atlantropa auf viele Zeitgenossen deshalb auch eher den Eindruck einer politischen als einer technischen Utopie. Sörgel war sich dieser Problematik zwar bewusst, nur glaubte er, dass sich gerade die Aussichten auf eine unerschöpfliche Energiequelle und abertausende Quadratkilometer neues Land als ausreichend starke Motoren für die Einigung Europas erweisen würden. Man täte Sörgel Unrecht, wenn man diese europäische Dimension nur als Mittel zum Zweck und nicht als Selbstzweck verstehen würde. Denn schon lange vor dem ersten Entwurf der Mittelmeersenkung galt seine Sympathie der 1923 gegründeten Paneuropa-Union des österreichischen Grafen Richard Coudenhove-Kalergi, die die politische Einigung des Kontinentes anstrebte.[30]

Noch am Ende des Ersten Weltkriegs hatte Coudenhove-Kalergi seine Hoffnungen auf den Völkerbund gesetzt; erst als dieser sich nicht in der Lage zeigte, an Stelle der vom Krieg zerstören Ordnung eine neue zu etablieren, entwarf er sein paneuropäisches Programm. In seiner Analyse lauerten für Europa sowohl im Westen wie im Osten neue Gefahren: Durch den zersplitterten und desorganisierten Zustand ihres Kontinents vermochten die Europäer nämlich weder der wirtschaftlichen Übermacht der USA standzuhalten, noch waren sie der Bedrohung durch die Sowjetunion geistig, politisch und vor allem militärisch gewachsen. Unter diesen Umständen erschienen der Zusammenschluss Europas als einzige Chance und die Aufgabe der Nationalstaatlichkeit als geringes Opfer.[31] Um seine Ideen zu verwirklichen, verfolgte Coudenhove eine Doppelstrategie: Während die Paneuropa-Union als Instrument der Meinungsbildung konzipiert war und darauf abzielte, durch intensive Öffentlichkeitsarbeit ein europäisches Bewusstsein zu schaffen, bemühte er sich selbst um eine aktive Mitarbeit von Regierungsmitgliedern, Parlamentariern, Wirtschaftsvertretern und Publizisten, um so die Entscheidungsprozesse der wirtschaftlichen und politischen Elite direkt zu beeinflussen. Als Mitglieder konnte Coudenhove Wissenschaftler wie Albert Einstein, Schriftsteller wie Franz Werfel und Politiker wie den jungen Kölner Oberbürgermeister Konrad Adenauer oder den französischen Außenminister Aristide Briand gewinnen.[32] Dabei kam ihm sicherlich seine fast charismatische Ausstrahlung zugute, von der sich etwa Thomas Mann weit stärker beeindruckt zeigte als von seinen politischen Ideen.[33]

Während sich Sörgel im Rückblick bitter über die mangelnde finanzielle Unterstützung seines Projekts beklagte,[34] gelang es Coudenhove schon in der Gründungsphase der Paneuropa-Union eine Spende von 60.000 Goldmark einzuwerben, die dann als Anschubfinanzierung der Verbandstätigkeit diente. Coudenhoves enger Kontakt zur österreichischen Politik ermöglichte es ihm außerdem, in den repräsentativen Räumlichkeiten der Wiener Hofburg die Zentrale der Union einzurichten. Einen seiner größten Erfolge konnte er im Oktober 1926 feiern, als zum ersten Paneuropa-Kongress in Wien mehr als 2000 Menschen aus 24 Ländern anreisten. Obwohl alle eingeladenen französischen und deutschen Regierungsmitglieder der Veranstaltung fernblieben, vermittelten die auf dem Kongress versammelten Persönlichkeiten aus Politik, Wirtschaft und Kultur dennoch den Eindruck einer europäischen Elite. Der konkrete politische Einfluss der Veranstaltung blieb zwar gering, sie löste aber eine umfangreiche Berichterstattung in der europäischen Presse aus und trug so wesentlich zur Verbreitung der Europaidee bei.[35] Als sich mit Aristide Briand schließlich einer der führenden europäischen Staatsmänner den Europagedanken zu Eigen machte und 1929 in eine konkrete politische Initiative ummünzte, sah es fast so aus, als ob Coudenhove sein Ziel erreicht hätte. Briands Europaplan entfachte noch einmal eine heftige öffentliche Diskussion über das Thema und fand auch in der Presse eine überwiegend positive Resonanz, während die Reaktion der europäischen Regierungen eher zurückhaltend ausfiel. Doch die Verschärfung der Wirtschaftskrise und die damit einhergehende Nationalisierung der europäischen Außenpolitik machten bald alle Hoffnungen auf einen Erfolg Briands zunichte.[36]

Von der Paneuropa-Union waren auch wesentliche Impulse auf Sörgels Denken ausgegangen. Seinen Sympathien verlieh er nicht zuletzt dadurch Ausdruck, dass er seinem Plan ursprünglich den Namen *Panropa-Projekt* gegeben hatte. Erst als diese Ähnlichkeit 1932 juristische Bedenken hervorrief, erfolgte die Änderung in *Atlantropa*, um künftig jede Verwechslung auszuschließen. Trotz dieser Nähe vertrat Sörgel aber schon Ende der zwanziger Jahre die Auffassung, dass sich die Möglichkeiten der Paneuropa-Politiker vom Schlage Coudenhove-Kalergis in idealistischen Appellen erschöpften mussten. Demgegenüber rechnete er es seinem Projekt als Vorzug an, die »Profitgier« der Menschen – also deren tiefer sitzende Triebe – anzusprechen. Denn mit Atlantropa sei »die Aussicht auf wirkliche, unermessliche Neuwerte« verbunden.[37] Dies würde, so hoffte er, ausreichen, um eine Vorverständigung über die grundlegenden Fragen zu erzielen. Danach sollte die Technik die europäischen »Völker naturnotwendig und zwangsmäßig« verbinden.[38]

Das Raubtier „Mensch". Europa ist ein großer Käfig mit Einzelzellen.

Wer es einer bloßen schönen Idee zuliebe wagen würde, seinen Käfig zu öffnen, wäre die Beute der anderen.

Statt trennender Mauern: bindende Leitungen!

Nur eine gemeinsame, gleichzeitige Verkettung durch ein Groß-Kraftnetz schafft eine Europa-Union.

Abb. 5

Diesen – letztlich technokratischen – Gedanken wollte Sörgel vor allem durch den Aufbau eines gesamteuropäischen Verbundnetzes verwirklicht wissen (vgl. Abb. 5)[39]. In ihrer ursprünglichen Form stammte diese Idee von dem Ingenieur Oskar Oliven, der sie 1930 auf der Weltkraftkonferenz in Berlin vorgestellt hatte. Das europäische Hochspannungsnetz sollte dazu dienen, Kohle in der europäischen Energieversorgung so weit wie möglich durch Wasserkraft zu ersetzen und durch eine Verbundwirtschaft regionale Belastungsspitzen auszugleichen. Ähnliche Pläne kamen auch aus anderen europäischen Ländern.[40] Sörgel wies nun dem gemeinsamen europäischen Hochspannungsnetz über seine energietechnischen und energiewirtschaftlichen Funktionen hinaus eine dezidiert politische Aufgabe zu:

»Eine internationale Verständigung der Elektrizitätserzeuger, ein Völkerbund wirtschaftlicher Interessen kann heute schon geringeren Schwierigkeiten begegnen als der Völkerbund politischer Interessen. Die wirtschaftliche Verständigung muß der politischen vorausgehen. Bis zu den Vereinigten Staaten Europas scheint jedenfalls der Weg weiter zu sein als bis zu den Vereinigten Kraftwerken Europas, deren Verwirklichung sicher ein großer Fortschritt zum europäischen Völkerfrieden wäre. Die Verkettung Europas durch Kraftleitungen ist eine bessere Friedensgarantie als Pakte auf dem Papier, denn mit der Zerstörung der Leitungen würde sich jedes Volk selbst vernichten.«[41]

Den politischen Alternativen von Krieg und Frieden setzte Sörgel einen technischen Sachzwang entgegen, der diese Entscheidung nicht mehr zuzulassen schien. Der Sachzwang entsprang hier also keiner unaufhaltsamen Eigendynamik der Technik, der man sich wohl oder übel beugen musste, sondern er war bewusst konstruiert, um der Willkür der Politik gleichsam ein technisches Korsett anzulegen und ihr damit Berechenbarkeit und Rationalität zu verleihen. Dieses Misstrauen gegenüber der Politik teilte Sörgel freilich mit vielen seiner Zeitgenossen.[42] Dass Sörgels Vorschlag tatsächlich einer gewissen pazifistischen Logik folgte, zeigte sich in der Reaktion der Nationalsozialisten. Sie ließen alle Arbeiten abbrechen, die in Deutschland dem Aufbau eines solchen Elektrizitätsnetzes dienten. Hinter ihrer Entscheidung standen als Ziel wirtschaftliche Autarkie und die Vorbereitung des Krieges.[43]

IV. Geopolitik und Nationalsozialismus

Doch war es nicht allein seine pazifistische Gesinnung, die Sörgel zum Vorkämpfer für die europäische Einigung werden ließ. Er war davon überzeugt, dass die europäischen Staaten seit dem Ende des Krieges einen erheblichen Bedeutungsverlust erlitten hätten und sich nun in einer Art Zwangslage zwischen West und Ost befänden. Auch diese Auffassung teilte er grundsätzlich mit Coudenhove-Kalergi, nur malte Sörgel dieses Bedrohungsszenario weit holzschnittartiger als der österreichische Adelige. Für ihn lag es auf der Hand, dass sich die beiden Nachbarkontinente zu Panasien beziehungsweise zu Panamerika zusammenschließen, die Europa dann von zwei Seiten in die Zange nehmen würden. Während Amerika auf der einen Seite mit Kapitalkraft und *Vertrustung* drohte, griff Sörgel für die Bedrohung aus dem Osten auf das Schlagwort von der *Gelben Gefahr* zurück.[44]

Hier zeigt sich, wie stark Sörgel unter dem Einfluss geopolitischer Ideen stand. Der drohenden Konkurrenz der beiden Nachbarkontinente, die er sich ausmalte, wäre Europa alleine aber nur unzureichend gewachsen gewesen. Seiner Meinung nach musste Europa seine Machtbasis deshalb um Afrika erweitern. Dem schwarzen Kontinent war dabei die Aufgabe zugedacht, den europäischen Bevölkerungsüberschuss aufzunehmen, Europa mit Rohstoffen und Agrarprodukten zu versorgen sowie schließlich im Gegenzug einen Teil der europäischen Industrieproduktion aufzukaufen (vgl. Abb. 2). Die Voraussetzung für diese Form des Tauschhandels bestand aber in der technischen Erschließung Afrikas durch die Europäer. Damit ließ sich auch Sörgels Forderung nach Autarkie erfüllen, für die seiner Meinung nach ein »Nord-Süd-Format von Pol zu Pol« die Voraussetzung war.[45] Auf diese Weise nach außen abgegrenzt und nach innen technisch, wirtschaftlich und politisch vereinigt, sollten Europa und Afrika den neuen Kontinent *Atlantropa* bilden. Während aber unter den europäischen Staaten das Prinzip politischer Gleichberechtigung gelten sollte, war eine eigenständige Rolle Afrikas innerhalb Atlantropas von Sörgel ursprünglich nicht vorgesehen; es handelte sich letztlich um nichts anderes als um die Fortsetzung der Kolonialherrschaft unter paneuropäischer Flagge. Dabei war auch ein ausgeprägter Rassismus nicht zu übersehen. Nach dem Zweiten Weltkrieg milderte Sörgel seine rassistische Diktion zwar ab, doch im Grunde änderte sich wenig an seiner eurozentrischen Perspektive.[46]

Sörgels geopolitische Rhetorik, seine Forderungen nach *Autarkie* und *Lebensraum* weisen deutliche Berührungspunkte zum Nationalsozialismus auf. Sein Verhältnis zum neuen Regime war indessen voller Widersprüche. Auf der einen Seite diente er sich immer wieder verschiedenen Institutionen des Reiches oder der Partei an, um seine Pläne zu fördern. Auch inhaltlich nahm er einige Veränderungen vor, von denen er glaubte, sie seien im Sinne der NS-Ideologie. So gab er beispielsweise seinem 1938 erschienen Buch *Die drei großen ›A‹* den Untertitel »Großdeutschland und italienisches Imperium, die Pfeiler Atlantropas«. Andererseits rückte er nicht von seinen paneuropäischen und pazifistischen Auffassungen ab, obwohl ihm dies einige Parteigrößen geraten hatten. Publikationsverbote trafen ihn dennoch erst während des Kriegs, und von politischer Verfolgung blieb er weitgehend verschont. Insgesamt hielten sich die Institutionen des Dritten Reichs zu ihm auf Distanz.[47] Dies lag nicht nur an seinem paneuropäischen Pazifismus, sondern sicher ebenso sehr an der geographischen Ausrichtung Atlantropas. Hitler hatte sich nämlich schon 1927 im Zweiten Band von *Mein Kampf* darauf festgelegt, dass neuer Grund und Boden für Deutschland am besten auf dem eigenen Kontinent zu gewinnen sei: »Wir stoppen den ewigen Germanenzug nach Süden und Westen Europas und weisen den Blick nach dem Land im Osten«.[48]

V. John Knittel und die Auferstehung Atlantropas nach dem Weltkrieg

Nach dem Zweiten Weltkrieg erlebte Atlantropa eine kurze Renaissance. Der 1943 gegründete Verein verzeichnete steigende Mitgliederzahlen, und die Presse griff das Thema wieder dankbar auf. Entscheidenden Anteil an dem neu erwachten Interesse hatte der bereits erwähnte John Knittel mit seinem Roman *Amadeus*. Schon kurz nach seiner Veröffentlichung 1939 erreichte er nicht nur in Deutschland und der Schweiz, sondern auch in England und den USA hohe Auflagen, wo er unter dem passenderen Titel *Power for Sale* erschien. Während die Kritik in der Schweiz *Amadeus* eher zwiespältig aufnahm, lobte der Rezensent der *New York Times Book Review* den prophetischen Ton des Buches und zog eine Parallele zu Edward Bellamys utopischen Roman *Looking Backward*,[49] der auf die Generation des New Deal großen Einfluss ausgeübt hatte.[50] Zu einem Welterfolg wurde *Amadeus* dann in den 1950er Jahren, als der Roman unter anderem in Frankreich, Spanien und Italien auf den Markt kam.[51] Inzwischen geht allein die deutsche Gesamtauflage längst in die Hunderttausende.[52]

John Knittel engagierte sich spätestens seit 1938 für das Atlantropaprojekt und unterstütze den Verein mit größeren Geldsummen. Darüber hinaus war er Herman Sörgel und seiner Frau Irene auch freundschaftlich verbunden und besuchte die beiden gelegentlich in Oberstdorf, wohin diese vor dem Luftkrieg aus München geflohen waren.[53] Knittel firmierte unter anderem als Autor für das Vorwort des *Atlantropa ABC*, das Sörgel 1942 im Selbstverlag veröffentlichte, das aber noch im selben Jahr verboten wurde. Unter Auslassung eines sich dem NS-Regime anbiedernden Abschnitts leitete der Text dann Sörgels Schrift *Atlantropa, Wesenszüge eines Projekts* ein.[54] Außerdem stellte sich Knittel – nach längerem Zögern – als Sprecher für einen sogenannten Kulturfilm zur Verfügung, der die positiven Auswirkungen Atlantropas mit Hilfe von Trickaufnahmen demonstrierte. Nach einer erfolgreichen und von der Presse viel beachteten Premiere im Juni 1950 diente er einige Zeit als Vorfilm, anschließend kam er mit Empfehlung des Bayerischen Kultusministeriums vor allem in Schulen zur Vorführung.[55]

Verständlich wird der erneute Erfolg des Atlantropaprojekts in Anbetracht der breiten Zustimmung, die die Idee eines vereinigten Europas vor allem in Deutschland in den ersten Nachkriegsjahren fand. Die Niederlage und die nationalsozialistischen Verbrechen machten eine positive Identifikation mit der eigenen Nation nahezu unmöglich. Auch die Aussicht, dass die Diskriminierung des besiegten Deutschlands mit der Vereinigung Europas ein Ende haben würde, trug das Ihrige dazu bei. Zudem kam in der Entstehungsphase der bipolaren Weltordnung vielfach die Vorstellung auf, ein vereintes Europa könnte sich als dritte Kraft zwischen den neuen Weltmächten USA und UdSSR etablieren. Schließlich schien ein Europa der Dritten Kraft noch am ehesten geeignet, um die sich abzeichnende Spaltung Deutschlands in Ost und West zu verhindern.[56] Sörgel griff diesen Gedanken wiederholt auf und projizierte ihn auf sein Konzept der drei großen »›A‹,

Amerika, Atlantropa und Asien«, mit dem er bereits in den dreißiger Jahren seine geopolitische Auffassung von der Dreiteilung der Welt in ein eingängiges Bild gefasst hatte.[57]

VI. Das Ende Atlantropas

Anfang der fünfziger Jahre, noch vor dem Tod Sörgels im Dezember 1952, ließ das Interesse an Atlantropa merklich nach. Das lag zum einen daran, dass es mit seinen politischen Ideen immer weniger in die Zeit passte, dass etwa eine von den beiden Großmächten unabhängige politische Rolle Europas immer unrealistischer schien. Wichtiger war aber wohl noch, dass auch die von dem Projekt ausgehende technische Faszination verblasste. Die Visionen von einer von allen Energiesorgen befreiten Welt gingen nun mehr und mehr von der Atomkraft aus. Dies führte Mitte der fünfziger Jahre zu einer regelrechten Atomeuphorie. Utopien und Hoffnungen, die sich ursprünglich mit den hydrotechnischen Großprojekten verbunden hatten, wurden nun auf die Kernenergie projiziert. So zählten beispielsweise die Bewässerung von Wüsten oder die Erwärmung der Polarregionen zu den typischen Ideen, die mit dem kommenden Atomzeitalter verbunden wurden.[58] Mit der Gründung der europäischen Atomgemeinschaft (EURATOM) im Jahr 1957 wurde die Atomkraft schließlich auch politisch in den Dienst genommen und ihr die Aufgabe zugedacht, den europäischen Gedanken fördern.[59]

Im Rückblick kann uns Atlantropa viel über die Voraussetzungen verraten, unter denen technische Visionen realistisch oder unrealistisch, faszinierend oder bloß absurd erscheinen. So war es sicher kein Zufall, dass Atlantropa während der Weltwirtschaftskrise auf breite Resonanz stieß. Radikale Programme waren ohnehin an der Tagesordnung und erschienen als adäquate Antworten auf die Dramatik der Krise. Für all jene, die politischen Lösungskapazitäten zunehmend misstrauten, dem technischen Fortschritt aber voll Optimismus gegenüberstanden, musste von einer Konzeption, wie Atlantropa sie bot, in dieser Situation erhebliche Anziehungskraft ausgehen. Deshalb rief die technische Seite von Sörgels Projekt auch weit weniger Kritik bei den Zeitgenossen hervor als die politische Perspektive eines gemeinsamen Europa. So sehr Atlantropa versuchte, die Nationalisierung der europäischen Politik zu überwinden, so sehr verkörperte es zugleich eine Art »Macro«-Nationalismus, einen Nationalismus auf höherer Ebene, wie das Bild des in die Zange genommen Europas offenbart.[60] Die krisenhafte Situation nach dem Zweiten Weltkrieg schuf erneut günstige Voraussetzungen für ein verstärktes Interesse an dem Projekt. Anders als während der Weltwirtschaftskrise schien die Anziehungskraft Atlantropas nun vor allem auf der Synthese von gesamteuropäischem Anspruch und technischer Faszination zu beruhen. Nachdem die Kernenergie jedoch die mit Atlantropa verbundenen Visionen und Utopien absorbiert hatte, hielt nur noch John Knittels Roman die Erinnerung an Herman Sörgel und sein Projekt am Leben.

Anmerkungen

[1] Ödön von Horváth, *Der ewige Spießer. Erbaulicher Roman in drei Teilen*, in: ders., *Gesammelte Werke*, Bd. 12, Frankfurt am Main: Suhrkamp ²2005. Für den Hinweis auf Horváths Roman möchte ich mich bei Claude D. Conter bedanken.

[2] Vgl. Peter Hanenberg, »Literarische Skizzen paneuropäischer Hindernisse. Zu Ödön von Horváth«, in: (Hgg.) Peter Delvaux/Jan Papiór, *Eurovisionen. Vorstellungen von Europa in Literatur und Philosophie*, Amsterdam/Atlanta: Rodopi 1996, 85-94.

[3] Zu Knittel vgl. Elisabeth Höhn-Gloor, *John Knittel. Ein Erfolgsautor und sein Werk im Brennpunkt von Fakten und Fiktionen*, Diss. Zürich: 1984.

[4] John Knittel, *Amadeus*, Berlin: Wolfgang Krüger 1939, 5f. – Das Bild zeigt die Umrisse von Europa und Afrika und verweist damit auf Herman Sörgels Atlantropaprojekt, während die Handlung von Knittels Roman ausschließlich in der Schweiz spielt.

[5] Ebd., 502.

[6] Ebd., 572; vgl. ähnlich: 546.

[7] Vgl. ebd., 324-347 und ähnlich: 119f.

[8] Ebd., 344.

[9] Quelle: Herman Sörgel, *Die drei großen ›A‹. Großdeutschland und italienisches Imperium, die Pfeiler Atlantropas*, München: Piloty & Loehle 1938, 79.

[10] Ebd., 325.

[11] Vgl. Alexander Gall, *Das Atlantropa-Projekt. Die Geschichte einer gescheiterten Vision. Herman Sörgel und die Absenkung des Mittelmeers*, Frankfurt am Main/New York: Campus 1998, 13.

[12] »Ein gigantischer Plan. Vergrößerung Europas«, in: *Neuköllner Tagblatt* vom 11.4.1929.

[13] Erich Schairer, »Projekte«, in: *Die Sonntags-Zeitung* (Stuttgart) vom 17.1.1932 (Hervorhebung im Original). Vgl. zu Schairer: Will Schaber, *Der Gratgänger. Welt und Werk Erich Schairers (1887-1956)*, München: Saur 1981.

[14] Vgl. z.B. Marcella Schmidt di Friedberg, »Atlantropa. An Antiecological Dream«, in: (Hg.) Anthony R. De Souza, *Technical Program Abstracts of the 27th International Geographical Congress Washington August 9-14, 1992*, Washington D.C. 1992, 559-560.

[15] Vgl. Gall, *Das Atlantropa-Projekt*, a.a.O., 29-31.

[16] Vgl. Wolfgang Voigt, *Atlantropa. Weltenbau am Mittelmeer: Ein Architektentraum der Moderne*, Hamburg: Dölling und Galitz 1998, 25-28.

[17] Quelle: Herman Sörgel, *Atlantropa*, Zürich/München: Fretz & Wasmuth 1932, 13.

[18] Vgl. Herman Sörgel, *Atlantropa*, Zürich/München: Fretz & Wasmuth 1932, 11-33. Bildquelle: Herman Sörgel, *Atlantropa ABC. Eine Fibel in Wort und Bild*, [München: Selbstverl. 1952], 9.

[19] Vgl. Sörgel, *Die drei großen »A«*, a.a.O., 17-22.

[20] Vgl. zur zeitgenössischen und zur heutigen Technik von Schüttdämmen Nicholas J. Schnitter, *A History of Dams. The Useful Pyramids*, Rotterdam: Balkema 1994, 155-170.

[21] Sörgel, *Atlantropa*, a.a.O., 86. Dennoch waren einige technische Probleme, etwa die Grundierung des Dammes, ungelöst.

[22] Vgl. Gall, *Das Atlantropa-Projekt*, a.a.O., 38.

[23] Vgl. zu den Brüder Römern Anja Casser, »Technikvisionen und Alltagskultur. Populäre Bilder in Luft- und

Raumfahrt«, in: (Hgg.) Helmuth Trischler/Kai-Uwe Schrogl, *Ein Jahrhundert im Flug. Luft- und Raumfahrtforschung in Deutschland 1907–2007*, Frankfurt am Main/New York: Campus 2007, 233-249.

[24] Vgl. Voigt, *Atlantropa*, a.a.O., 34-63.

[25] Eine Reihe von Beispielen findet sich etwa in Susanne Päch, *Utopien. Erfinder, Träumer, Scharlatane*, Braunschweig: Westermann 1983.

[26] Vgl. (Hg.) Gerard P. van de Ven, *Man-Made Lowlands. History of Water Management and Land Reclamation in the Netherlands*, Utrecht: Matrijs ²1994, 237-260.

[27] F. Dunbar v. Kalckreuth, »Europa soll vergrößert werden!«, in: *Frankfurter Nachrichten* vom 9.7.1929.

[28] Vgl. Detlev J. K. Peukert, *Die Weimarer Republik. Krisenjahre der Klassischen Moderne*, Frankfurt am Main: Suhrkamp ⁴1993, dort: 174, 184, 243-260.

[29] Vgl. Alexander Gall, »Atlantropa. A Technological Vision of a United Europe«, in: (Hgg.) Erik van der Vleuten/Arne Kaijser, *Networking Europe. Transnational Infrastructures and the Shaping of Europe, 1850-2000*, Sagamore Beach: Science History Publications 2006, 108-111.

[30] Vgl. dazu den Beitrag von Anne-Marie Saint-Gille (»Coudenhove-Kalergis *Paneuropa* und *Apologie der Technik*. Versuch einer Überwindung des Kulturpessimismus«) in diesem Band.

[31] Vgl. Richard N. Graf Coudenhove-Kalergi, *Paneuropa*, Wien: Paneuropa-Verl. ²1926, dort: 11-15, 49-56, 63, 70; sowie: Herfried Münkler, »Europa als politische Idee. Ideengeschichtliche Facetten des Europabegriffs und deren aktuelle Bedeutung«, in: *Leviathan* 19 (1991), 521-541.

[32] Vgl. Oliver Burgard, *Das gemeinsame Europa. Von der politischen Utopie zum außenpolitischen Programm: Meinungsaustausch und Zusammenarbeit pro-europäischer Verbände in Deutschland und Frankreich, 1924–1933*, Frankfurt am Main: Verl. Neue Wiss. 2000, 38-39.

[33] Vgl. Thomas Mann, *Pariser Rechenschaft*, Berlin: Fischer 1926, dort: 56-57, 63-64.

[34] Vgl. Herman Sörgel, »Atlantropa-Chronik«, in: *Atlantropa-Mitteilungen* 17 (1948), 4.

[35] Vgl. Burgard, *Das gemeinsame Europa*, a.a.O., dort: 72-77; Carl H. Pegg, *Evolution of the European Idea, 1914–1932*, Chapel Hill: Univ. of North Carolina Pr. 1983, 70-74.

[36] Vgl. Burgard, *Das gemeinsame Europa*, a.a.O., dort: 101-102, 165-190.

[37] Herman Sörgel, *Mittelmeer-Senkung, Sahara-Bewässerung (Panropa-Projekt)*, Leipzig: Gebhardt 1929, 44.

[38] Herman Sörgel, »Das Mittelmeer als Kraftquelle«, in: *Fortschritte der Technik*. Beilage der Münchner Neueste Nachrichten vom 18.11.1928.

[39] Quelle: Sörgel, *Die drei großen ›A‹*, a.a.O., 91.

[40] Vgl. Thomas P. Hughes, *Networks of Power. Electrification in Western Society 1880–1930*, Baltimore/London: Johns Hopkins Univ. Pr. 1983, 315-319.

[41] Sörgel, *Atlantropa*, a.a.O., 118-119.

[42] Vgl. Willibald Steinmetz, »Anbetung und Dämonisierung des ›Sachzwangs‹. Zur Archäologie einer Redefigur«, in: (Hg.) Michael Jeismann, *Obsessionen. Beherrschende Gedanken im wissenschaftlichen Zeitalter*, Frankfurt am Main: Suhrkamp 1995, 293-333.

[43] Vgl. Wilhelm Treue, »Die Elektrizitätswirtschaft als Grundlage der Autarkiewirtschaft und die Frage der Sicherheit der Elektrizitätsversorgung in Westdeutschland«, in: (Hgg.) Friedrich Forstmeier/Hans-Erich Volkmann, *Wirtschaft und Rüstung am Vorabend des Zweiten Weltkrieges*, Düsseldorf: Droste ²1981, 136-157.

[44] Sörgel, *Atlantropa*, a.a.O., 103.

[45] Ebd., 80.

[46] Vgl. Sörgel, *Die drei großen »A«*, a.a.O., dort: 17-19 und Herman Sörgel, *Atlantropa. Wesenszüge eines Projekts: Mit einem Vorwort von John Knittel*, Stuttgart: Behrendt 1948, 13-15.

[47] Vgl. Vgl. Gall, *Das Atlantropa-Projekt*, a.a.O., 72-86.

[48] Adolf Hitler, *Mein Kampf*, München: Zentralverl. der NSDAP/Eher 1943, 741-742.

[49] Vgl. Höhn-Gloor, *John Knittel*, a.a.O., dort: 214 und Lloyd Eshleman, »John Knittel's ›Power for Sale‹«, in: *New York Times Book Review* vom 29.10.1939, dort: 7.

[50] Vgl. Terry A. Cooney, *Balancing Acts. American Thought and Culture in the 1930s*, New York: Twayne 1995, 20-45; Folke T. Kilstedt, »Utopia Realized: The World's Fairs of the 1930s«, in: (Hg.) Joseph J. Corn, *Imagining Tomorrow. History, Technology, and the American Future*, Cambridge/Mass.: MIT Press 1986, 97-118.

[51] Vgl. Höhn-Gloor, *John Knittel*, a.a.O., dort: 92-94.

[52] Schon für die Lizenzausgabe des Bertelsmann-Leserings aus dem Jahr 1954 ist eine Auflage von 3600000 Exemplaren angegeben. Die letzte in den Bibliothekskatalogen nachweisbare deutsche Ausgabe erschien 1991 im Stuttgarter Engelhorn Verlag.

[53] Vgl. die Briefe Knittels an Sörgel, die sich im »Atlantropa-Nachlass« finden. Der Nachlass liegt im Archiv des Deutschen Museums (N92) und wird zurzeit neu verzeichnet.

[54] Vgl. Gall, *Das Atlantropa-Projekt*, a.a.O., 151f.

[55] Vgl. ebd., 44.

[56] Vgl. Wilfried Loth, »Rettungsanker Europa? Deutsche Europa-Konzeptionen vom Dritten Reich bis zur Bundesrepublik«, in: (Hg.) Hans-Erich Volkmann, *Ende des Dritten Reichs. Ende des Zweiten Weltkriegs*, München/Zürich: Piper 1995, 201-221; Alexander Gallus, *Die Neutralisten. Verfechter eines vereinten Deutschland zwischen Ost und West 1945-1990*, Düsseldorf: Droste 2001, dort: 95, 132.

[57] Vgl. Gall, *Das Atlantropa-Projekt*, a.a.O., dort: 87-94.

[58] Vgl. Joachim Radkau, *Aufstieg und Krise der deutschen Atomwirtschaft 1945-1975. Verdrängte Alternativen in der Kerntechnik und der Ursprung der nuklearen Kontroverse*, Reinbek: Rowohlt 1983, dort: 78-100; Stephen L. Del Sesto, »Wasn't the Future of Nuclear Energy Wonderful?«, in: (Hg.) Joseph J. Corn, *Imagining Tomorrow. History, Technology, and the American Future*, Cambridge/Mass.: MIT Press 1986, dort: 58-76.

[59] Vgl. Peter Weilemann, *Die Anfänge der Europäischen Atomgemeinschaft. Zur Gründungsgeschichte von EURATOM 1955-1957*, Baden-Baden: Nomos 1983, 17-25.

[60] Vgl. Louis L. Snyder, *Macro-Nationalisms. A History of the Pan-Movements*, Westport/Conn.: Greenwood Press 1984, dort: 4, 8.

Europa und die Technik
Philosophische Konstruktionsversuche einer Allianz

Vera Hofmann

I. Einleitung

Europa und die Technik – ein Name und ein Begriff. Während schon beide allein jeweils eine Vielzahl eigener Fragen mit sich bringen, so fordert ihre Zusammenstellung vor allem dazu heraus, den Charakter des »und« zu ergründen. Beruht die durch die Konjunktion vermittelte Verbindung auf einem bloß äußerlichen und erzwungenen Zusammenbringen von anfänglich Disparatem? Oder handelt es sich um eine Bestandsaufnahme nachträglich aufgespürter Bezüge und Verwandtschaften zwischen vorab Verstandenem? Oder besteht zwischen beiden eine grundlegende Zusammengehörigkeit, so dass weder der Name Europas noch das Phänomen der Technik ohne das jeweils andere angemessen betrachtet werden kann?

Die europäische Philosophie erklärt die Strukturähnlichkeiten zwischen ihrem Philosophiebegriff, ihrer Konzeption von Europa und der Technik im Horizont der Technikphilosophie, indem sie alle auf das Wirken des – europäischen – Logos zurückführt. Wie eng und auf welche Weise diese Verbindung geknüpft wird, ist unterschiedlich, doch dass an ihr festgehalten und weitergearbeitet wird, zieht sich wie ein roter Faden durch die europäische Philosophiegeschichte. Diesem Faden soll an den Stationen gefolgt werden, an denen er besonders deutlich – rot – hervortritt.

Mit Hilfe dieses Fadens soll eine Geschichte gesponnen werden, wie sich die philosophische Europaidee zunehmend durch ihre Beziehung zur Technik konstruiert, wie sie diese Verbindung zu erkennen und dann zu überwinden sucht. Die Veränderung im Begriff und in der Rolle der Technik bringt also Bewegung in das philosophische Europabild. Dabei zeigt sich eine Entwicklung von »wir sind europäisch, weil wir den Logos benutzen« zu »der Logos benutzt uns, ihn zu benutzen«, so wie diese Beziehung bei Heidegger dargestellt wird. Macht uns das zu Europäern? Und was bewirkt diese Erkenntnis? Die Hoffnung auf Erneuerung? Während sowohl Husserl als auch Heidegger auf einen neuen Anfang durch Rückkehr zum Ursprung mittels Besinnung hoffen, thematisiert Derrida die Problematik sowohl des Neuen als auch der Öffnung.

Um die Art des Zusammenhangs zwischen Europaidee und Technik zu bestimmen, scheint die Fiktion einer äußeren Perspektive, die sowohl Europa als auch die Technik aus einer Distanz in den Blick zu nehmen behauptet, weniger geeignet als der Ausgang von jeweils einem Pol, um von diesem aus zu erarbeiten, wie sich der andere Pol an ihn anschließt, also durch die Entwicklung eines Fragenkomplexes, in dem jeweils ein Pol vom anderen in Frage gestellt würde. Was ist die Technik, und inwiefern ist sie europäisch? Und: Inwiefern lässt sich das Europäische als – innerlich oder äußerlich – technisch denken? Die erste Frage setzt ein Vorverständnis des Europäischen voraus, von dem her die Technik in Frage gestellt wird, die zweite ein solches der Technik, mit dessen Hilfe das Gesicht Europas (nach)gezeichnet wird.

II. Eine philosophische Geschichte Europas

Der Name Europas ist so alt wie die griechischen Mythen über eine phönizische, »breitäugige« Prinzessin, die vom Göttervater in Stiergestalt als Raubgut nach Kreta exportiert wird.[1] Hingegen ist ihr Name als Gedanke in der europäischen Philosophie – und insbesondere seine Thematisierung im Zusammenhang mit der Technikfrage – ungleich jünger.[2] Erst als vor circa dreihundert Jahren die Türken vor den Toren Wiens standen, formierte sich im Zusammenhang mit der Herausforderung, die Gegner aus »Europa« zu vertreiben, eine exklusive Europaidee. In ihr wuchs mit dem Desiderat der Bestimmung des Eigenen auch das Interesse für die Grenzen zum Fremden und die Abgrenzungen zwischen beiden. Dagegen hatten die bis dahin vorherrschenden Begriffe wie Okzident, Westen[3] oder christianitas zwar durchaus ihre Gegenbegriffe, doch waren sie zum einen auf mögliche Inklusion hin angelegt – wie im Zusammenhang der Missionierung – und zum anderen in ihrer Abgrenzungsrichtung relativ zum jeweiligen Standpunkt. Mit der Hochschätzung des Orients in theologischer, heilsgeschichtlicher Hinsicht[4] kam die – später säkularisierte – Idee einer fortschreitenden Geschichte auf dem Weg von Ost nach West auf. Doch erst in der Neuzeit, d.h. mit wachsendem philosophischen Interesse am Fortschritt in den Wissenschaften,[5] erfolgte auf der Grundlage desselben Geschichtsmodells ein Wandel in der Wertschätzung des Orients: Das langlebige Theorem einer sich geographisch fortbewegenden Geschichtsphilosophie verband sich mit dem Wissenschaftlichkeitsideal zu einem Fortschrittsdenken, das dem Westen eine Superiorität gegenüber dem Osten zusprach. Indem der Orient tendenziell von einem vorauslaufenden Vorbild zu einer vorläufigen Vorstufe transformiert wurde, geriet seine Rolle als Ort der Weisheit und Hoffnungsträger heilsrelevanter Entwicklungen in den Hintergrund. Einen Anteil an dieser Entwicklung hatte, neben der Idee fortschreitender Wissenschaftlichkeit, auch die geschichtsphilosophische Analyse Hegels, die den Fortgang der Geschichte als zunehmendes Zu-sich-selbst-Kommen des Geistes, als Freiheit, entfaltet.[6] Mittels der Kriterien von Wissenschaftlichkeit einerseits und sich ihrer selbst bewusster Freiheit andererseits formierte sich ein europäisches Denken in einem Prozess von Unterscheidung und Abgrenzung, von dessen Konstrukt aus sich die eigene Geschichte als eine Geschichte der Vernunft rekonstruieren lässt. Bei der Herausbildung philosophischer Europaideen zeigt sich dementsprechend neben der Betonung der Unterschiede, die das Eigene schärfer zu fassen suchen, auch eine Tendenz zur Einbettung der Bestimmungsversuche in größere historische Zusammenhänge. Im Ausgang von der Entdeckung und Erfindung ihrer selbst als europäisches Denken stellt die Philosophie einen bis zu den Griechen zurückreichenden Zusammenhang her, den sie unter dem Stichwort des Logos zusammenzufügen und zusammenzuhalten versucht. Europa wird in solchen philosophischen Narrativen dem Begriff und der Sache nach konstruiert: zum einen als Interpretation, durch die sich die Philosophie selbst als europäisch begreift – und zwar gemäß einem philosophisch konstruierten Europabegriff –, und zum anderen, indem die Philosophie das Geistesleben, das sich nunmehr als europäisches versteht, mitbestimmt und prägt. Die Rückführung Europas auf die abendländische Tradition von Antike und Christentum oder die Gleichsetzung mit diesen ist also nicht selbstverständlich. Vielmehr ist diese Verbindung das Resultat der Konstruktion einer sich als europäisch verstehenden Philosophie, die sich im Zuge dieser Konstruktion ihre Vorfahren sucht.[7] Und da Europa, so Derrida, den aneignenden Rückbezug auf die Vergangenheit[8] »stets« betrieben und dadurch diesen Momenten der identifizierenden Erinnerung einen »Ort im europäischen Gedächtnis« gegeben hat, ist es zu einem »Gedächtnis seiner selbst als Kultur Europas«[9] geworden.

Die historisierenden Aneignungsversuche führen jedoch nicht nur zu *einem* Narrativ, sondern zu vielfältigen Konstruktionen des Europäischen. Von ihnen sollen nun diejenigen näher betrachtet werden, in denen nicht nur die Idee des Europäischen mit dem Begriff der Philosophie verknüpft wird, sondern auch die Technik ihren Ort erhält. Es handelt sich dabei vor allem um diejenige philosophische Linie, in der in Adoption der Griechen unter dem Stichwort der Herrschaft des Logos die Philosophie als »Metaphysik« begriffen wird.

III. Europa und der Logos

In der metaphysischen Tradition wird zur Charakterisierung sowohl der Philosophie (Europas) als auch des Europäischen auf den Ursprung der Philosophie bei den Griechen zurückgegriffen. Da dieser Zugriff auf das, was als Ursprung angesehen wird, bereits europäisch und von einer bestimmten Philosophie geprägt ist, wird der »Anfang« im Rückblick von dieser doppelten Vorbildung her bestimmt.[10] In identifizierenden Erinnerungen also beziehen sich Philosophen auf ihre Vorgänger zurück, und zwar bis auf die überlieferten Sätze der Vorsokratiker. Dies allerdings nicht, weil diese die Natur der Dinge als Wasser, Feuer usw. beschreiben, sondern weil sie diese Behauptungen in der Form der Allaussage hervorgebracht haben. Ein europäisch geschultes Philosophenohr hört im »Alles ist...« den Anspruch auf Universalität in seiner Geburtsstunde. Mit der Aufhebung der Besonderheiten, als die das Seiende jeweils erscheint, zu Gunsten dessen, was es in Wahrheit ist bzw. sein soll, habe das Denken als »Logos« seine Herrschaft angetreten. Es kommt hinzu, dass die metaphysischen Fragen der frühen europäischen Philosophen, die den universellen denkenden Zugriff auf »alles« voraussetzen, sich mit ihrer Allaussage auf »Dinge« und nicht beispielsweise auf Personen beziehen. Die Personen in ihrer Verschiedenheit, deren individueller Einbildungskraft sich auch die europäische Wissenschaft verdankt, treten hinter die »Natur der Dinge« zurück. Die Tendenz wird noch deutlicher oder – je nach Interpretation – allererst manifest in der von Sokrates propagierten Bereitschaft, sich »um der Wahrheit willen« widerlegen zu lassen. Erst mit dieser Bereitschaft zur Unterwerfung unter die neu erfundenen philosophischen Methoden, erst mit dem Ideal der Überwindung der Besonderheit zu Gunsten einer mächtigeren Allgemeinheit beginnt die Wirkung der so verstandenen »europäischen« Philosophie.

In dialogischer Erörterung soll der Fortgang des Denkens logisch »erzwungen« werden können, d.h. der Eintritt in den Dialog bedeutet die Bereitschaft, sich vom Logos nötigenfalls auch zur Aufgabe des eigenen Standpunkts zwingen zu lassen. Auf praktischer Ebene lässt sich eine entsprechende Struktur aufweisen, wie beispielsweise Nietzsche in seiner Interpretation der europäischen Moral diagnostiziert, die weniger durch bestimmte Werte, als durch die Absolutsetzung von Werten charakterisiert sei. Die Macht des Allgemeinen bestehe in moralischer Dimension darin, dass das Handeln sich an einer metaphysischen Hypothese als etwas Unbedingtem ausrichtet, das selbst nicht mehr hinterfragt wird. Der Anspruch auf universale, unbedingte Geltung äußere sich als griechische Vernunft und monotheistischer jüdisch-christlicher Gott.[11] Diese Verbindung aus dem Wahren und Guten in der metaphysisch-christlichen Moral wurde Nietzsche zufolge zum »herrschenden Gedanken« Europas. Doch seine Herrschaft näherte sich ihrem Ende, als auch die moralische Hypothese einer Prüfung unterzogen wurde, denn auf Grund des Universalitätsanspruches kann kein Bereich eine Sonderbehandlung verlangen und sich so dem Zugriff entziehen. Im Gegenteil: Es kennzeichnet die Struktur des Logos, dass seine Forderung sich auch auf den Ort (zurück)bezieht, von dem sie ihren Ausgang nimmt.

Dass keine Ausnahmen beansprucht werden dürfen, heißt zugleich, dass keine potentiellen Rückzugsbereiche mehr offengehalten werden, eine Rückhaltlosigkeit, die uns bei der Technik wiederbegegnen wird. Für die Geschichte der Moral, wie sie Nietzsche erzählt, führte diese Ausnahmslosigkeit dazu, dass die Forderung der Wahrhaftigkeit als Vorbedingung der Wahrheit auf die moralische Hypothese selbst angewendet werden musste, und – als Ergebnis dieser Selbstprüfung – letztlich zu ihrer Selbstaufhebung. Auf die sich hier aufdrängende Frage, was bleibt, wenn die moralische Hypothese auf Grund der Wahrhaftigkeitsprüfung unglaubwürdig geworden ist, welche Spuren der lange Schatten des »getöteten Gottes« im Denken, Sprechen und Handeln etwa in Gestalt seiner Residuen von Grammatik und Technik hinterlässt, wird noch zurückzukommen sein. In der Struktur dieses Rückbezugs der Universalitätsforderung auf ihren Ursprung werden ihre Grenzen deutlich und damit die Beschränktheit, die gerade in dem auf Universalität ausgerichteten Zugriff liegt.

IV. Die Doppelstruktur des Logos

Soweit zur Moral. Was aber geschieht auf der Ebene der Theorie? Während die europäische Philosophie sich in ihren Anfängen als Absicht eines denkenden Weltzugriffs versteht und bestimmt, reflektiert sie im Verlauf ihrer Geschichte zunehmend die Beschränktheit eines Zugriffs vom je eigenen Standpunkt aus im Besonderen und des Zugriffs mit universalem Anspruch im Allgemeinen.[12] Indem ein universales Denken sich mittels Selbstprüfung seiner Grenzen bewusst wird, erkennt es seine Begrenztheit vor allem auch als eine durch die Grenzen verstellte Öffnung auf das der Universalität gegenüber andere. Diese Reflexion über die eigene Positionierung und Grenzen ist eine Einstellung, die in den Forderungen des Logos schon angelegt ist, aber sich neben ihm und gegen ihn als eigenständige Linie – obschon aus den selben Wurzeln – entwickelt, sodass die Geschichte des Logos nun als eine gedoppelte erzählt wird: Angelegt im Selbstverständnis des Logos wären demzufolge der in seinem Anspruch ungehemmte Logos einerseits und der Logos, der sich selber in seiner Begrenztheit zum Gegenstand macht, andererseits. Neben dem vom Anspruch des Logos in Gang gesetzten Versuch zur Verallgemeinerung und Universalisierung keimt somit, aus dem Gedanken der Grenzen dieses Unternehmens, die Idee einer sich selbst kritischen Aufklärung.

Die Aufklärung, die sich zunächst gegen die Autorität eines vorgegebenen Besonderen im Namen des Logos richtet, nimmt nun den Logos selbst in den Blick und problematisiert sein Selbstverständnis. Diese Struktur einer sich ins Wort fallenden Aufklärung führt zum Desiderat einer Öffnung auf das andere. Da es »sehr was Ungereimtes ist, von der Vernunft Aufklärung zu erwarten, und ihr doch vorher vorzuschreiben, auf welche Seite sie notwendig ausfallen müsse«[13], so geht der Anspruch, die Vernunft sprechen zu lassen und ihrer Macht gegenüber auch den eigenen Standpunkt und Anspruch aufzugeben, mit einem Verzicht einher, für die Vernunft sprechen zu können. Die Vernunft, die sich als Öffnung auf »fremde Vernunft« denkt, fordert von sich die Preisgabe im Hinblick auf das, was ihr durch diese Öffnung widerfährt und gibt sich der damit verbundenen Unsicherheit preis.

Viele philosophische Europaentwürfe entwickeln das Konzept eines sich als europäisch verstehenden Logos in einer gedoppelten Struktur. Horkheimer und Adorno thematisieren die in der Aufklärung liegende Dialektik in ihrem für den Zusammenhang zwischen Mythologie und Aufklärung grundlegenden Werk als »Selbstzerstörung der Aufklärung«[14]: Auch hier wird die Tendenz zur Universalisierung,[15] ihr »Totalitarismus«[16], der sich selbst einschließt,[17] in Beziehung gesetzt zur Technik, die als »Wesen« eines Wissens gekennzeichnet wird, das »nicht auf das Glück der Einsicht, sondern auf Methode, Ausnutzung der Arbeit anderer, Kapital«[18] ziele. Ohne Kritik an der Aufklärung als Reflexion auf ihre regressive Tendenz sei kein positiver Begriff von ihr möglich,[19] welcher vorzubereiten sei durch die Dialektik zwischen der vom aufklärenden Denken unabtrennbaren Freiheit der Gesellschaft und den in der Aufklärung keimenden Momenten von Rückläufigkeit und Destruktivität.[20] Bei Nietzsche und Husserl präsentiert sich die Doppelstruktur des Logos als Thematik europäischer Selbsterneuerung verstärkt im Kontext der Krisenproblematik: Nietzsche verknüpft das Heraufdämmern eines neuen »guten« Europas[21] mit »Europa's längster und tapferster Selbstüberwindung«[22], und Husserl entwickelt seinen philosophischen Begriff Europas in Beziehung zu dem, was er unter Philosophie versteht, als in eine phänomenologische Analyse der europäischen Wissenschaften eingebettete Krisenbefund. Auch und gerade eine Konstruktion Europas »in der Krise« baut auf ihr historisches Fundament – bei den Griechen. Nach Husserl liegt das Spezifische des »geistigen Telos des europäischen Menschentums«[23] in der »griechischen« – regulativen – Idee »einer rationalen Kultur aus wissenschaftlicher Rationalität«[24] und der damit einhergehenden spezifischen Konzeption von Wahrheit. Mit dieser verbindet die Husserlsche Interpretation außerdem ein Unendlichkeitsstreben, das in dem Gedanken der Annäherung an die als Wahrheit konstruierten Ideen liegt.

Im Fortschrittsdenken von Wissenschaft und Technik manifestiert sich dieses Streben in besonderer Weise. Mit der approximativen Tendenz bildet sich zudem eine für Europa eigentümliche Zeitlichkeit heraus: Während andere Kulturen sich eher durch eine unmittelbarere Zwecksetzung bei ihren Gebrauchstechniken auszeichneten, entstand in der europäischen Wissenschaft und Technik mit der Methode eine die Grenzen des jeweiligen Ortes und der jeweiligen Zeit überschreitende, durch Wiederholbarkeit des ›Immer wieder‹ erzeugte Zeitstruktur.[25] Wenn die Wiederholung durch die Methode gewährleistet ist, hat das Wiederholte einen Wert weder in sich selbst noch als Vergegenwärtigung eines Vergangenen. Damit wird die Zukunft zur der Wissenschaft entsprechenden Zeitdimension, jedoch nicht im Sinne eines nicht verfügbaren Auf-uns-Zukommens, sondern als ein durch die wissenschaftliche Tätigkeit erzeugtes Fortschreiten.

Diese Husserlsche Beschreibung von Wissenschaftlichkeit als Grundlage seines Europakonzepts ist für den Fortgang der weiteren Untersuchung einer möglichen Beziehung zwischen philosophischen Technik- und Europaentwürfen in Hinblick auf Heidegger insofern relevant, als sie zum einen den Zusammenhang zwischen Vernunft, Wahrheitsidee, Zukünftigkeit des Fortschreitens und Methodizität zur Sicherung von wissenschaftlicher Objektivität explizit herausarbeitet, zum anderen aber diese gesamte als europäisch charakterisierte Entwicklung als Krisensymptom interpretiert. Das Scheitern der rationalen Kultur Europas resultiert Husserls Diagnose zufolge aus der Wegentwicklung von der griechischen Vernunftidee. Die Krise liegt im Vergessen und Verdecken der subjektiven und lebensweltlichen Wurzeln der wissenschaftlichen Objektivität und ihre mögliche Überwindung dementsprechend in der schrittweisen Aufdeckung und Durcharbeitung der abgelagerten vergessenen »Sinnschichten«. Husserls Ausweg aus der europäischen Krise ist ein Weg zu den Ursprüngen mittels phänomenologischer Herausarbeitung der Bedingungen des Entstehens wissenschaftlicher Produkte.

Diese Genealogie des Logos findet hier noch im Namen des Logos statt – ein weiterer Akt seiner Konstruktion als Doppelstruktur. Die philosophische Rückwendung zur geschichtlichen Betrachtung der Wissenschaften ist bei Husserl immer noch Wissenschaft – philosophische Wissenschaft. Technisierung wird als gegenüber der Naturwissenschaft sekundäre Entwicklung betrachtet, die sogar als ein »sich zeitweise ganz Verlieren in ein bloß technisches Denken« so lange etwas »durchaus *Rechtmäßiges,* ja Notwendiges« hat, wie sie »vollbewußt«[26] verstanden bleibt und ihr eigentlicher Sinn im ursprünglichen wissenschaftlichen Denken nicht vergessen wird. Problematisch wird es erst dann, wenn durch die Technik der lebensweltliche Sinn der Wissenschaften verdeckt wird.

V. Technikvorstellungen

Anders als bei Husserl stellt die Technik für Heidegger keine Weiter- und folglich auch keine mögliche Fehlentwicklung der Wissenschaft dar. Sie ist weder Variante noch Folge einer Spielart der Wissenschaft. Während Husserl von einem Ursprung ausgeht, an dem die wissenschaftliche Tätigkeit noch nicht von der unbewussten Technisierung »verunreinigt« worden ist und den es durch die philosophische Tätigkeit freizulegen gilt, liegt bei Heidegger das Problem der Technik bereits im Ursprung selbst. Er konzipiert die Technik nicht als Folge, sondern als gleichursprünglich mit der europäischen Wissenschaft, die für ihn beide Manifestationen des Logos sind. Wenn aber schon der Ursprung – und nicht erst die Entwicklung – gedoppelt ist, so verkompliziert dies nicht nur die Diagnose des Zusammenhangs von Denken, Wissenschaft und Technik, sondern auch den philosophischen Entwurf eines Auswegs aus der Krise.

Für Heidegger sind das Wesen der Technik und das Wesen der europäischen Metaphysik dasselbe. Diese Engführung lässt sich mit dem üblichen Technikbegriff nicht nachvollziehen, sodass zunächst die alltägliche Technikvorstellung abzuarbeiten ist, um im Ausgang von Heideggers eigentümlichem Technikkonzept die Verwobenheit mit der Heideggerschen Auffassung der Geschichte des europäischen Denkens herausarbeiten zu können. Für Heidegger wäre die Vorstellung, Technik bestünde in den von Menschen konstruierten und eingesetzten Mitteln zu Zwecken, selbst bloß technisch. Sie ließe die Beziehung des Menschen zu ihr außer Acht, um die es beim Wesen der Technik eigentlich geht. Eine »instrumentale und anthropologische«[27] Beschreibung würde nicht nur zu kurz greifen und damit das Wesen der Technik nicht erreichen, sondern diesem gegenüber blind machen; d.h. der technische Blick auf die Technik verstellt die Sicht auf ihr Wesen. Demgegenüber versucht Heidegger, die »Frage nach der Technik« grundsätzlicher zu stellen,[28] indem er zunächst ihre Bestimmung als Hervorbringen von

Wirkungen auf die Struktur der Kausalität im Kontext der Aristotelischen Vierursachenlehre zurückführt, um von dort aus zu zeigen, dass Kausalität ursprünglich nichts mit Wirken und Bewirken zu tun hat. Stattdessen sei aus ihrer Rolle im griechischen Denken zu lernen,[29] dass es sich bei ihr um ein – nicht moralisches – »Verschulden« im Sinne eines »Ver-an-lassens« in die »Ankunft«[30] handele, d.h. um *poiesis*.[31] Der Begriff des »Her-vor-bringens« spielt in Heideggers Denken nicht nur eine grundlegende, sondern auch eine weitreichende Rolle, erstreckt er sich doch vom »von-sich-her Aufgehen« der *physis* einerseits zum Hervorbringen von etwas anderem in der *techné* andererseits. In allen Fällen kommt somit etwas zum Vorschein, das bisher verborgen war, doch während die Entwicklung in der Natur in sich und von sich aus geschieht, liegt in der Technik die Veranlassung zur Hervorbringung beim Handwerker oder beim Künstler. Das entscheidende Geschehen, das sich sowohl in der Natur als auch in der Technik abspielt, ist der Übergang »aus der Verborgenheit in die Unverborgenheit«.[32]

Diese Strukturähnlichkeit rückt die Technik in die Nähe nicht nur zur Natur, sondern ebenfalls zum Wahrheitsgeschehen, welches Heidegger ja bekanntermaßen griechisch als *alétheia*, als Entbergung, versteht. In dieser erschließenden, Aufschluss gewährenden Funktion zeige sich, dass Technik und Wissen, *techné* und *epistemé*, zusammengehören. Die Einsicht wiederum, dass in der Technik ein Geschehen am Werk ist, das sich auch als Wahrheit ereignet, lasse die moderne Technik und ihre besondere Art der technischen Entbergung mit anderen Augen sehen: Im Gegensatz zur Windmühle sei der Kohlebergbau auf Energiespeicherung ausgerichtet und sinne dadurch der Natur an, sich in ständiger Bestellfähigkeit zur Verfügung zu stellen. Hier gehe es weniger um ein Hervorbringen im Sinne der *poiesis*, als vielmehr um ein »Erschließen« zum »Bestand«, das die Natur herausfordert, sich auch weiterhin für das Bestelltwerden verfügbar zu halten.

VI. Technik und Europa als Gestell und Logos

Indem der Mensch die Natur auf diese Weise bestellt, nimmt er an ihrer Entbergung zum Bestellten teil. Allerdings, und dieser Punkt ist bei Heidegger entscheidend, beruhe sein Anspruch an die Natur darauf, dass der Mensch seinerseits zu ebendieser Herausforderung der Natur herausgefordert sei, indem er von dem, was sich ihm jeweils auf eine bestimmte Weise zeigt,[33] immer schon in Anspruch genommen wird. Er kann also nicht frei mit der Konstruktion seiner Welt im Denken und Bauen anfangen, so dass die moderne Technik bereits Wirkung eines Anspruchs an den Menschen ist, die Natur zu bestellen. Diese technische Inanspruchnahme zu einem technischen Weltverhalten nennt Heidegger »Ge-stell«.

Seinem Anspruch technischer Herausforderung antwortet der Mensch schon beim Forschen, wenn er der Natur nachstellt, um sie in ein Verhältnis der Vorstellung zu sich zu bringen. Indem er sich die Natur im Hinblick auf ihre technische Bestellbarkeit vorzustellen versucht, wirkt im naturwissenschaftlich forschenden

Blick immer schon die technische Hinsicht, d.h. die Herausforderung des Gestells. Die »Versammlung« des Menschen im Gestell ist nichts anderes als die »Sammlung« des Logos – und zwar in Wissenschaft, Technik und abendländischer Philosophie.

Heidegger bestimmt die europäische Philosophie als »Metaphysik«, weil sie insofern »im Wesens*grund* ›Physik‹ ist«[34], als sie von Anfang an das Sein als Physis konzipiert. In dieser Einstellung wird das Sein als Wirklichkeit gedacht, indem es als Wirksamkeit vorgestellt wird. Das Vorstellen bringt das Wirkliche als Wirksames vor sich und ist daher mit der Technik zusammenzudenken. Sie gehören zusammen, weil in allem Weltverhalten, Denken und Vorstellen dasselbe »großmächtige«[35] Prinzip wirke: der Satz vom Grund. Seine Herrschaft bewirkt, dass der Mensch nur dann überhaupt etwas vernimmt, wenn es von der Vernunft verwaltbar, d.h. vernünftig gerechtfertigt und durch Berechnungen zu sichern ist. Diese Herrschaft des »vernünftigen« Verhaltens zu allem, was ist, entwickelt sich zu einer »Gewaltherrschaft«; sie wird »um so gewaltiger, je durchgängiger, je selbstverständlicher und demzufolge je unauffälliger der Satz vom Grund alles Vorstellen und Verhalten bestimmt«.[36] Die moderne Technik stellt insofern die Spitze dieser Gewalt des Vernünftigen dar, als sie in ihrem Streben nach durchgängiger Berechenbarkeit zur größtmöglichen Perfektion antreibt. Ohne sich dabei auf die unbeschränkte Geltung des *principium rationis* zu stützen, wäre der berechnende Zugang, der die Technik auszeichnet, nicht möglich. Insofern Vorstellen und Verhalten in der modernen Technik im Logos des Gestells zusammenfallen, stellt die größtmögliche Herrschaft des berechnenden Logos für Heidegger zugleich die »Vollendung der Metaphysik«[37] dar.

Die Macht des auf »Her-stellbarkeit in jeder Abartung«[38] absehenden Vorstellens gründet dabei gerade in der Unauffälligkeit des Selbstverständlichen. Um die Macht der Technik zu verstehen, ist es nötig, sich diese machtkonstitutive Rolle des Übersehens vor Augen zu führen. Heidegger nennt die Blindheit gegenüber dem, was unser Weltverhalten bestimmt, »Seinsvergessenheit«. Dass sie besonders gefährlich ist, wenn sie unbemerkt wirkt, liegt auch an der besonderen Struktur der Macht, welche Heidegger in seinen Vorlesungen von 1938/40 analysiert: Da sie kein Seiendes ist, wird sie weder selbst direkt sichtbar noch bedarf sie irgendwelcher Träger. Als Ermächtigung ihrer selbst, jedes Außerhalb, was nicht sie selbst ist, auszuschließen, ist sie darauf aus, dass gar nichts außerhalb ihres Wirkungsfeldes mehr begegnet. Damit verfolgt sie aber keine Ziele – über die sie sich dann besser fassen ließe –, ohne deshalb jedoch ziellos oder willkürlich zu sein.[39] In ihrem Wirken als Gestell bestimmt sie im Voraus, dass jede Art des Entbergens »von der Art des Bestellens« ist und vertreibt dadurch »jede andere Möglichkeit der Entbergung«[40]. Die Vorgeordnetheit der Macht, die als Übermächtigung stets vorausbauend und vor allem menschlichen Bauen bereits konstruktiv ist, so dass jeder in ihrem Bann Stehende zu spät kommt, beschreibt Heidegger mit der Metapher des Gerüsts, das keine Möglichkeit mehr für anderes Bauen offen lässt. Das Seiende und die in ihm Bauenden, d.h. die »Techniker«, werden von der Macht in ein bloßes »Spiel mit Gerüsten« »gestoßen«, statt selbst »Gründer« zu sein, also wirklich zu bauen.[41]

Die große Gefahr des Geschicks, in einen Zustand der Gestoßenheit geworfen zu sein, liegt für Heidegger darin, dass dabei übersehen oder vergessen wird, was hier eigentlich geschieht. Die unauffällige Macht erhält den Glauben aufrecht, selber zu konstruieren, während die vermeintlichen Konstruktionen nichts anderes sind als eine Ein- und Aufrüstung der Macht. Denkt man indes diese Metapher weiter, so fällt auf, dass Gerüste andererseits auch die Form dessen sichtbar machen, was sie einrüsten, d.h. die Verstärkung betonte das, was ohne sie gar nicht bemerkt würde. So könnte am Höhepunkt der Herrschaft des Logos im Gestell durch die Radikalität allererst deutlich werden, was vorher verborgen geblieben ist. Die Notwendigkeit der Radikalisierung lässt sich durch den Blick auf das Heideggersche Geschichtsmodell erläutern: Zwar fallen Denken und Bauen, Wissen und Technik im Ursprung zusammen, doch ihr jeweiliges Wesen ist Heidegger zufolge von Anfang an verborgen. Das von Anfang an Waltende fällt nicht auf und wird dementsprechend zuletzt erkannt. Auf die Technik bezogen bedeutet dies, dass im Logos des naturwissenschaftlichen Denkens und der Metaphysik von Anfang an das Gestell »west«, doch dass dieses Wesen der modernen Technik zunächst verborgen ist und erst mit der Radikalisierung offenkundiger wird.

Angesichts der unmerklichen Wirkung der Macht der Technik setzt Heidegger seine Hoffnung auf einen möglichen Wendepunkt durch Einsicht in die Struktur des doppelten Ursprungs, das ist das Wahrheitsgeschehen als Ver- und Entbergung: »Doch was hilft uns der Blick in die Konstellation der Wahrheit? Wir blicken in die Gefahr und erblicken das Wachstum des Rettenden.«[42] Dies verlangt einen neuen Blick in den Anfang des Logos, welcher »unbewältigt« geblieben ist und »rückläufig immer nur von der abgefallenen Grundstellung aus gedeutet, d.h. mißdeutet« wurde.[43] Den Blick zurück in den noch unerkannten Anfang fordert Heidegger als »das ursprüngliche Wiederfragen der ersten Frage nach dem Seyn«.[44] Das beim »Wiederfragen« zu Wiederholende ist nicht der Anfang, sondern die Frage, die aus einem anderen, noch ursprünglicheren Anfang gefragt werden soll. Das eingeforderte »Neue« wäre dementsprechend der Anfang:

»Indem wir die Grundfrage der abendländischen Philosophie aus einem ursprünglicheren Anfang wieder fragen, stehen wir nur im Dienst der Aufgabe, die wir als die Rettung des Abendlandes bezeichneten.«[45]

Was aber heißt es, dieselbe Frage aus einem anderen Anfang heraus zu fragen? Es erfordere den Willen zur Besinnung[46] und als ersten Schritt die Unterscheidung zwischen »dem bloß rechnenden und dem besinnlichen Denken«,[47] die Entgegensetzung zwischen der »eigentlichen Weise des Hörens«[48] und der »Hörigkeit dem principium rationis in der Technik«. Die besinnliche Haltung derer, die sich mit und

225

in der Sprache Zeit nehmen, auf sie aufmerken, auf sie zu hören und dem »Denkwürdigen« auf diese Weise in ihrem Denken zu »entsprechen« suchen[49], kennzeichnet Heidegger zufolge die Haltung der Denker und vor allem – der Dichter. Die Ermöglichung eines »freien Verhältnisses« zur technischen Welt[50] setzt eine Verwandlung des Denkens durch eine Besinnung auf einen anderen Anfang voraus.

VII. Die Struktur des anderen Anfangs

Einen anderen Anfang zu setzen – und damit den alten Beginn ersetzen zu wollen – könnte man mit Nietzsche beschreiben als

»die gründlichste Art Romantik und Heimweh, die es bisher gab: das Verlangen nach dem besten, das jemals war. Man ist nirgends mehr heimisch, man verlangt zuletzt nach dem zurück, wo man irgendwie heimisch sein möchte: und das ist die griechische Welt! Aber gerade dorthin sind alle Brücken abgebrochen, – ausgenommen die Regenbogen der Begriffe! Und die führen überall hin, in alle Heimaten und ›Vaterländer‹, die es für Griechen-Seelen gegeben hat!«[51]

Kann der gesuchte Anfang also mehr sein als eine solche romantische Sehnsucht? Rekapitulieren wir: Während es zuerst so aussah, als sollte die Struktur des Europäischen einerseits und des Technischen andererseits in einer Fortpflanzung des Eigenen gesehen werden, in der rückhaltlosen Ausbreitung seiner verallgemeinernden Tendenz, so wurde zunehmend auch die Bewegung gegen diese Tendenz als europäisch thematisiert. Europa stand für beide Richtungen und für ihren Widerstreit. Der Aufbruch dieses Widerstreits wurde zunächst in den Verlauf der Geschichte verlegt, dann aber immer weiter an den Ursprung heran- und in den Ursprung selbst hineingetragen. Sind damit die Geschichten und Entwürfe über Europa in allen Variationen erschöpft? Gehen die Europaideen aus oder lohnt es sich, noch einmal anfangen? Und was kann es heißen, anzufangen?

Bei Heidegger findet sich das Desiderat eines Anfangs als Wiederholung der griechischen Seinsfrage unter Rückführung des Blickes vom Seienden zum Sein durch Abbau des Überlieferten. Doch die geforderte Wiederholung ist kein Zurückholen des Vergangenen, sondern eine Erwiderung auf die dagewesenen Möglichkeiten, und hat insofern einen futurischen Sinn.[52] Die Geschichte wird im Sinne der Kontinuität eines Zu-sich-selbst-Kommens der abendländischen Denkweise verstanden. Sie bildet sich allererst als eigene Einheit heraus, indem sie durch Entfernung vom Mythos das Seiende befreit. Dies ist aber der Beginn – und nicht der »Anfang« – der Geschichte, denn

»Beginn ist jenes, womit etwas anhebt, Anfang das, woraus etwas entspringt. Der Beginn wird alsbald zurückgelassen, der Anfang, der Ursprung, kommt dagegen im Geschehen allererst zum Vorschein und ist voll da erst an seinem Ende.«[53]

Ein so konzipierter Anfang ist von seinem Ende nicht zu trennen und besitzt insofern eine archeoteleologische Struktur. Er ist folglich nicht etwas Gewesenes, sondern liegt noch vor uns. Mittels dieser Struktur versuchen sowohl Husserl als auch Heidegger, Europa bzw. das Abendland als Einheit zu identifizieren. Es stellt sich aber die Frage, ob es angemessen ist, eine solche Einheit überhaupt zu suchen oder ob man eher Nietzsche folgen sollte, der »die berühmte europäische Fähigkeit zur beständigen *Verwandelung*«[54] und die Aufbruchsstimmung stark macht:

»Schritt für Schritt umfänglicher werden, übernationaler, europäischer, übereuropäischer, morgenländischer, endlich griechischer – denn das Griechische war die erste große Bindung und Synthesis alles Morgenländischen und damit der Anfang der europäischen Seele, die Entdeckung unserer ›neuen Welt‹: – wer unter solchen Imperativen lebt, wer weiß, was dem eines Tages begegnen kann? Vielleicht eben – ein neuer Tag!«[55]

Während Husserl und der frühe Heidegger noch von einem Verfallsgeschehen ausgehen und den griechischen Anfang als Anfang der wissenschaftlichen Einstellung, die auch die Philosophie umfasst, wiedergewinnen wollen, liegt die Verdeckung des Anfangs beim späten Heidegger im Wesen des Anfangs selbst: Der Anfang ist sofort in sich gespalten und braucht, um sich zu bewahren, die Wiederholung in einem nicht re-produktiven Sinn. Der Anfang ist nicht; sobald er geworden ist, indem ein Beginn gemacht wird, hat er sich bereits entzogen. Das, woraus etwas entspringt, ist (noch) nicht sichtbar, bevor etwas aus ihm entspringt, weil es gar nichts zu sehen gibt, und nicht sichtbar, sobald etwas aus ihm entsprungen ist, weil dann nur das Entsprungene gesehen wird. Der Anfang verbirgt sich somit notwendigerweise im Beginn, der das ihm gegenüber Andere ist. Auf Europa bezogen bedeutet dies, dass die Selbstheit die Vermittlung des Anderen verlangt, dass Europa seine Identität im Anderen suchen muß. Weil es dieser Vermittlung notwendigerweise bedarf, kann (und soll) es keine Rückkehr zum Ursprung, zu Griechenland, auf nostalgische oder romantische Weise geben, sondern wiederholen kann dann nur heißen, anders anzufangen als die Griechen, anders zu denken als die Metaphysik.

Das wiederum bedeutet nicht, die Metaphysik zu verleugnen – denn der Versuch ihrer Überwindung entspräche ihrer Vollendung und wäre damit nur eine Bekräftigung –, sondern sie als Schicksal anzuerkennen, als notwendiges Verhängnis des Abendlandes. Das Abendland ist dieses Schicksal der Metaphysik, der Seinsvergessenheit, während Europa das geschichtlich gewordene Abendländische, die verwirklichte Metaphysik ist. Europa wäre ein Ort, an dem sich der Widerstreit zwischen dem geschichtlich gewordenen Abendländischen einerseits und dessen anderem Anfang andererseits als Streben nach dem anderen Anfang und als Öffnung auf ihn abspielt. In der Idee Europas, die sich als diese notwendige Doppelstruktur erkennt, läge es somit, sich nicht mit der Europäisierung des Anderen – z.B. in der Technik – zufriedengeben zu können, sondern sich zugleich qua Abendland dem Anderen öffnen zu müssen.

VIII. Europa als Verantwortung
Derrida

Diese am Europabegriff entwickelte Struktur, dass die Öffnung auf das Andere zu Europa gehört, verallgemeinert Derrida nun zu einem kulturübergreifenden Axiom: »*Es ist einer Kultur eigen, daß sie nicht mit sich selber identisch ist.*«[56] Wenn es indes auf jede Kultur zutrifft, nicht monogenealogisch zu sein, stellt sich die Frage nach der Einzigartigkeit Europas – nun im multigenealogischen Gewand – erneut. Die Thematik, ob und wie man mit dem ehrwürdig altertümlichen, aber verbrauchten Thema der europäischen Identität[57], dem »alte[n] beispielhafte[n] und beispielgebende[n] [...] *Diskurs der Moderne*«[58] noch einmal neu beginnen kann oder soll, präsentiert sich multigenealogisch als Frage nach der Rolle Europas bei der Erfüllung des paradoxen Identitätsaxioms: Wird Europa zu einem bloßen Beispiel unter anderen oder kann es seine Rolle behaupten als beispielhafte Gestalt für dieses Axiom? Derrida setzt bei der Reflexion an, ob einem Kulturerbe dadurch die Treue zu halten ist,

»daß man das Von-sich-selber-sich-Unterscheiden (mit, bei sich) kultiviert, das die Identität konstituiert, oder eher dadurch, daß man sich an der Identität ausrichtet, in der sich jenes Sich-Unterscheiden, jenes Differieren wieder sammelt«[59],

und entwickelt sie weiter zu der Frage, ob sich diese beiden Seiten überhaupt im Sinne eines Entweder-Oder konzipieren lassen und nicht vielmehr im Sowohl-als-auch eines »Paradoxon des Paradoxons«[60] zusammengedacht werden müssen. Der erneute Versuch eines philosophischen Europaentwurfs hat sich somit auf den Punkt zu konzentrieren, was die Anforderungen und Ansprüche des Paradoxons an jede Kultur in Bezug auf Europa heißen könnten.

Europa ist nicht *ein* Name in einer Geschichte, sondern die Sedimentation einer langen Geschichte vieler Geschichten ihres Selbstverständnisses, deren Formationen sich in verschiedenen Schichten abgelagert haben, eine – wie Derrida es ausdrückt – »*paleonymische* Bezeichnung«[61]. Die Orte der formierten Erinnerungen und Identifizierungen lassen sich durch die Geographie eines Kaps beschreiben, d.h. als Kopf, Zipfel, Spitze, Ziel oder Ende,[62] als führende Kraft, wobei das Telos nicht vorgegeben ist, sondern durch Antizipation vorausgesetzt wird. Europa wäre in diesem Sinne geographisch ein Kap Asiens, das sich selbst die Gestalt eines geistigen Kaps im Bild einer vorgeschobenen »Spitze der Beispielhaftigkeit« als »*die Idee der* europäischen *Idee*«[63] gegeben hat.

Diese Doppelstruktur kultureller Identität und Differenz als Möglichkeit eines »andere[n] *des* Kaps«[64] kann jedoch nicht einfach als bloßes Gegenprogramm herausgearbeitet werden, »das sich dem archeo-teleologischen Programm der europäischen Diskurse über Europa widersetzt«[65]. Um im Hinblick auf eine philosophische Verortung des heutigen Europa zu untersuchen, was Beispielhaftigkeit jenseits archeo-teleologischer und anti-archeo-teleologischer Diskurse heißen könnte, betrachtet Derrida die kapitale Struktur genauer, und zwar in ihren Genera als »Kapitale« einerseits und »Kapital« andererseits. Im Hinblick auf den Zusammenhang von Technik- und Europabild aufschlussreich ist die von ihm aufgewiesene Abhängigkeit der möglichen Europakonzeption von den technischen Gegebenheiten: Die Geographie des Kaps lasse sich weder als Hauptstadt oder Zentrum noch in der Universalstruktur des Kapitals beibehalten, weil die »technisch-wissenschaftlich-wirtschaftlichen Gegebenheiten wesentlich verändert worden«[66] seien. Solche technischen Veränderungen sind nicht ohne Auswirkungen auf die Möglichkeit philosophisch-topologischer Entwürfe Europas. So zeigt Derrida, dass die Verortung eines Referenzpunktes in einer geographischen, politischen Gegend oder Stadt angesichts der Vernetzung der medialen Kommunikationswege unmöglich sei, wobei für den erhaltenen, nun aber ortlosen referentiellen Charakter eine neue Übertragung und eine andere Topologie[67] gefunden werden müsse. Die »Kapillarität«, die diese starke Vernetzung kennzeichnet, ermöglicht einerseits ein durch Normierung und Gleichschaltung geprägtes Feld »müheloser Übereinstimmung [...], Stätten der Demagogie«[68] und andererseits – auf Grund des Mangels an vollständiger Kontrollierbarkeit – eine Spielwiese für Enttotalisierung und Demokratisierung.[69] Auf dieser veränderten technischen Grundlage wäre Referentialität neu zu konzipieren und zu organisieren. Nach Derrida fordert unser Erbe des überlieferten Paleonyms Europa zu einer verantwortlichen Haltung angesichts seiner paradoxen Topologie heraus. Eine solche Haltung, die sowohl gegen eine Zerstreuung in Provinzen als auch gegen die vereinheitlichende Autorität der Monopolisierung anzugehen hat, kann nicht das Resultat vorgegebener Regeln sein. Vielmehr beruht sie auf erhöhter *Aufmerksamkeit* und geht einher mit einer Findigkeit, »die neuen Formen kultureller Macht«[70] aufzudecken, die zur Unterdrückung von Komplexität führen. Eine entsprechend »mutige« Haltung ohne geregelte Grundlage und Anleitung fordert Derrida auch in Bezug auf die kapitale Struktur im Genuss des Kapitals und ruft zu einer »*neuen* Kritik der *neuen* Auswirkungen des Kapitals« auf »in bislang unbekannten technisch-sozialen Strukturen«.[71] Das philosophische Europa wäre somit ein Aufruf zur Verantwortung, in solchen technisch veränderten Strukturen die Doppelstruktur im Denken, in der Rede und im Handeln sichtbar zu machen. Hier geht die theoretische Erzählung des philosophischen Europa über in Ethik und politische Philosophie und hätte damit die Technik nicht nur als allgemeinen Topos, sondern als konkrete Grundlage zu berücksichtigen.

Anmerkungen

[1] Zum Fortleben des von Herodot, Moschos, Diodor, Apollodorus und Ovid geprägten antiken Mythos in der Moderne vgl. Jattie Enklaar, »Europa. Entführte und Erwählte: Zur Verjüngung eines Mythos im 20. Jahrhundert«, in: (Hgg.) Peter Delvaux/Jan Papiór, *Eurovisionen. Vorstellungen von Europa in Literatur und Philosophie*, Amsterdam/Atlanta: Rodopi 1996, 9-26.

[2] Zu den eher inklusiven Konzepten unter den Namen »Okzident«, *christianitas* und Romanität vgl. Rémi Brague, *Europa. Eine exzentrische Identität*, Frankfurt am Main/New York: Campus 1993, sowie Peter Koslowski/ Rémi Brague, *Vaterland Europa. Europäische und nationale Identität im Konflikt*, Wien: Passagen 1997. Inwiefern auch diese Konzeption Europas von dem speziellen Interesse der vom Katholizismus verbundenen Weltsicht vertreten sein könnte, verdient eine eigene Problematisierung, die an dieser Stelle nicht geleistet werden kann.

[3] Zu den wechselnden Projektionen, in denen die Dichotomie Orient-Okzident konstruiert wurde, vgl. den Artikel von Martin Schulze Wessel, »Westen; Okzident«, in: (Hg.) Joachim Ritter, *Historisches Wörterbuch der Philosophie*, Bd. 12, Basel: Schwabe 2004, 661-675.

[4] Das Paradies und die Weisheit wurden alttestamentarisch im Osten verortet, später stand der Orient für die christliche Versöhnung und den Ort, von dem aus die Wiederkehr Christi erfolgen würde.

[5] Vgl. beispielsweise Francis Bacon, *Neues Organ der Wissenschaften*, (Hg.) Anton Theobald Brück, unveränd. Nachdr. d. Ausg. Leipzig 1830, Darmstadt:Wissenschaftliche Buchgesellschaft 1990, I, 78, 1680.

[6] Vgl. beispielsweise Georg Wilhelm Friedrich Hegel, *Vorlesungen über die Philosophie der Geschichte*, Werke in 20 Bänden mit Registerband, Bd. 12, Frankfurt am Main: Suhrkamp 1986, 31: »Die Orientalen wissen es noch nicht, daß der Geist oder der Mensch als solcher an sich frei ist; weil sie es nicht wissen, sind sie es nicht; sie wissen nur, daß *Einer* frei ist (...). Dieser Eine ist darum nur ein Despot, nicht ein freier Mann.« Als die Bewegung zum Sich-selbst-Wissen durch Entwicklung des ins Abendland übertragenen Keims asiatischer Errungenschaften beschreibt Hegel die Konstitution Europas, »denn was darin [d.i.: in Asien] hervorragend ist, hat dieses Land nicht bei sich behalten, sondern nach Europa entsendet. Den Aufgang aller religiösen und staatlichen Prinzipien stellt es dar, aber in Europa ist erst die Entwicklung derselben geschehen.« (ebd., 132).

[7] Auf Grund dieser Bewegung einer »rückwärts laufenden Adoption, in der Söhne sich Eltern aneignen«, bezeichnet Rémi Brague Europa als »Sohnland«. Vgl. dazu Koslowski/Brague, *Vaterland Europa*, a.a.O., 38.

[8] Dass dieser Rückbezug auf Vergangenes ein Rückbezug auf Fremdes ist, macht Brague zufolge die Besonderheit des europäischen Aneignungsprozesses aus: »Das Unterscheidende Europas ist aber, dass die Bezugspunkte der Kultur in ihrer Gesamtheit als ein Fremdes erfahren wurden. Nicht was wir von *unseren* Vätern geerbt haben, sollen wir erwerben, um es zu besitzen. Unsere wirklichen Ahnen waren Barbaren. Was uns obliegt, ist vielmehr, das zu erwerben, was andere als unsere Väter errungen haben.« (ebd., 39).

[9] Jacques Derrida, *Das andere Kap. Die vertagte Demokratie: Zwei Essays zu Europa*, Frankfurt am Main: Suhrkamp 1992, 19.

[10] Vgl. Josef Simon, »Europa als philosophische Idee«, in: (Hg.) Werner Stegmaier, *Europaphilosophie*, Berlin/New York: de Gruyter 2000, 15-35.

[11] Zur Rolle der christlichen Moral-Hypothese für die Identität Europas bei Nietzsche vgl. Werner Stegmaier, »Nietzsche, die Juden und Europa«, in: Stegmaier, *Europaphilosophie*, a.a.O., 67-91.

[12] Vgl. dazu auch Simon, »Europa als philosophische Idee«, a.a.O., 34: »Das europäische Denken wurde im Laufe seiner Geschichte zunehmend zum Denken seiner Grenze.«

[13] Immanuel Kant, *Kritik der reinen Vernunft*, B 775.

[14] Max Horkheimer/Theodor W. Adorno, *Dialektik der Aufklärung*, Frankfurt am Main: Fischer 1971, 3: »Nimmt Aufklärung die Reflexion auf dieses rückläufige Moment nicht in sich auf, so besiegelt sie ihr eigenes Schicksal.«

[15] Vgl. ebd., 18: »Es darf überhaupt nichts mehr draußen sein.«

[16] Ebd., 10 und 25: »Aufklärung ist totalitär.«

[17] Ebd., 8: »Rücksichtslos gegen sich selbst hat die Aufklärung noch den letzten Rest ihres eigenen Selbstbewußtseins ausgebrannt. Nur solches Denken ist hart genug, die Mythen zu zerbrechen, das sich selbst Gewalt antut.«

[18] Ebd.

[19] Ebd., 5.

[20] Vgl. ebd., 3.

[21] Zum »guten Europa« als Resultat europäischer Selbstüberwindung vgl. Stegmaier, »Nietzsche, die Juden und Europa«, a.a.O., 74 sowie Harald Seubert, »Das Abendland und Europa. Diskurs über Nähe und Ferne einiger jüngst vergangene Denkbilder (Guardini, Ortega, Heidegger, Jaspers, Ernst Jünger)«, in: Delvaux/Papiór, *Eurovisionen*, a.a.O., 107-131, dort: 108.

[22] Friedrich Nietzsche, *Die fröhliche Wissenschaft*, Fünftes Buch 357, KSA 600, in: ders., (Hgg.) Giorgio Colli/Mazzino Montinari, *Kritische Studienausgabe* [KSA], in 15 Bde., hier: Bd. 3, Berlin/New York 1980.

[23] Edmund Husserl, *Die Krisis der europäischen Wissenschaften und die transzendentale Phänomenologie*, (*Husserliana*, Bd. 6), Den Haag: Martinus Nijhoff 1969, 320.

[24] Edmund Husserl, *Vorträge und Aufsätze 1922-1937*, (*Husserliana*, Bd. 27), Dordrecht: Kluwer 1989, 84. Für eine ausführliche und klare Analyse der Husserlschen Bestimmung Europas als wissenschaftliche Rationalität vgl. Elisabeth Ströker, »Krise der europäischen als Krise der Kultur«, in: Stegmaier, *Europaphilosophie*, a.a.O., 123-139.

[25] Ströker spricht in diesem Zusammenhang treffend von »Allzeitlichkeit«: »Wann und wo immer sie erzeugt und wiedererzeugt werden, was prinzipiell durch jedermann geschehen kann, da entsteht unter den gleichen gegebenen oder hergestellten Bedingungen auch nicht bloß Ähnliches oder Vergleichbares, geschweige denn Einmaliges wie in der Produktion sonstiger Kulturgüter, sondern ideell Identisches.« (ebd., 131).

[26] Husserl, *Die Krisis der europäischen Wissenschaften und die transzendentale Phänomenologie*, a.a.O., 46.

[27] Martin Heidegger, »Die Frage nach der Technik«, in: ders., *Vorträge und Aufsätze*, Stuttgart: Klett-Cotta 1954, 10.

[28] Das Instrumentale »beruht« im Kausalen, das somit jenem gegenüber grundlegender ist. Vgl. Heidegger, »Die Frage nach der Technik«, a.a.O., 14.

[29] Ob die Rückführung der Bedeutung eines Begriffs auf seine Verwendung im griechischen Denken als Methode philosophischer Evidenz einer kritischen Prüfung standhalten würde, soll hier nicht diskutiert werden.

[30] Heidegger, »Die Frage nach der Technik«, a.a.O., 14.

[31] Ebd., 15.

[32] Ebd., 15.

[33] Heidegger drückt dies so aus: Die »Unverborgenheit des Unverborgenen« habe »sich schon ereignet, so oft sie den Menschen in die ihm zugemessenen Weisen des Entbergens hervorruft« (Heidegger, »Die Frage nach der Technik«, a.a.O., 22).

[34] Martin Heidegger, *Die Geschichte des Seyns*, (Hg.) Peter Trawny, *Gesamtausgabe* Bd. 69, Frankfurt am Main: Vittorio Klostermann 1998, 6.

[35] Martin Heidegger, *Der Satz vom Grund*, Pfullingen: Neske 1957, 53.

[36] Ebd.

[37] Heidegger, *Die Geschichte des Seyns*, a.a.O., 44.

[38] Ebd., 46.

[39] Bei der Ziellosigkeit hat man Ziele, irrt aber zwischen ihnen umher, ist also nicht »ohne Ziele«.

[40] Heidegger, »Die Frage nach der Technik«, a.a.O., 31.

[41] Heidegger, *Die Geschichte des Seyns*, a.a.O., 64.

[42] Heidegger, »Die Frage nach der Technik«, a.a.O., 37.

[43] Martin Heidegger, »Europa und die deutsche Philosophie«, in (Hg.) Hans-Helmuth Gander, *Europa und die Philosophie*, Frankfurt am Main: Vittorio Klostermann 1993, 31-41, hier: 39.

[44] Ebd., 40.

[45] Ebd., 40.

[46] Heidegger, *Der Satz vom Grund*, a.a.O., 198f: »Auf uns kommt es an; auf uns und einiges andere kommt es an, darauf nämlich, ob wir uns noch besinnen, ob wir uns überhaupt noch besinnen wollen und können.«

[47] Ebd., 199.

[48] Ebd., 203.

[49] Ebd., 211.

[50] »Nur noch ein Gott kann uns retten«. Spiegel-Gespräch mit Martin Heidegger am 23. September 1966, in: *Der Spiegel*, Nr. 23 (1976), 214.

[51] Friedrich Nietzsche, *Nachgelassene Fragmente* 1885, 41 [4], in: *Kritische Studienausgabe*, a.a.O., 678.

[52] Zur Analyse des anderen Anfangs vgl. Françoise Dastur, »Europa und der ›andere Anfang‹«, in Gander, *Europa und die Philosophie*, a.a.O., 185-196.

[53] Martin Heidegger, *Hölderlins Hymnen »Germanien« und »Der Rhein«*, in: ders., (Hg.) Susanne Ziegler, *Gesamtausgabe* Bd. 39, Frankfurt am Main: Vittorio Klostermann 1980, 3.

[54] Nietzsche, *Die fröhliche Wissenschaft* I, 24, in: *Kritische Studienausgabe*, a.a.O., 398.

[55] Nietzsche, *Nachgelassene Fragmente* 1885, 41 [7], in: *Kritische Studienausgabe*, a.a.O., 682.

[56] Derrida, *Das andere Kap*, a.a.O., 12 (Hervorhebung im Original).

[57] Vgl. ebd., 10.

[58] Ebd., 25 (Hervorhebung im Original).

[59] Ebd., 13 (Hervorhebung im Original).

[60] Ebd., 55.

[61] Ebd., 26 (Hervorhebung hier und im Folgenden im Original).

[62] Vgl. ebd., 15.

[63] Ebd., 22.

[64] Ebd., 25.

[65] Ebd., 24.

[66] Ebd., 31.

[67] Vgl. ebd., 36.

[68] Ebd., 32.

[69] Als Beispiele seien die Kommunikationstechniken von Telefon und Blogging oder das Videonetzwerk »You tube« genannt.

[70] Derrida, *Das andere Kap*, a.a.O., 42.

[71] Ebd., 43 (Hervorhebungen im Original).

Autorinnen und Autoren

Dr. Claude D. Conter
Germanist und Luxemburgist; Centre national de littérature in Mersch (Luxemburg). Arbeitsschwerpunkte: Luxemburgistik, Studien zum Verhältnis von Literatur und Politik, Literatur und Recht, Drama und Theater sowie zum Vormärz und zur Gegenwartsliteratur.

Dr. Alexander Gall
Historiker; Forschungsinstitut für Technik- und Wissenschaftsgeschichte, Deutsches Museum, München. Arbeitsschwerpunkte: Technische Utopien, Verkehrsgeschichte, Geschichte der wissenschaftlichen Fotografie und der Wissenschaftspopularisierung.

Dr. Vera Hofmann
Philosophin und Literaturwissenschaftlerin; Institut für Philosophie der Technischen Universität Darmstadt. Arbeitsschwerpunkte: Sprachphilosophie und Politische Philosophie. Habilitationsprojekt: Die Philosophie und ihre Metaphern.

Roland Alexander Ißler
Romanist und Germanist; wissenschaftlicher Mitarbeiter in der Romanistik der Rheinischen Friedrich-Wilhelms-Universität Bonn. Arbeitsschwerpunkte: Antikerezeption in den romanischen Literaturen, Theater und Musiktheater, Vergleichende Literatur- und Kulturwissenschaften, Lyrikübersetzung. Promotionsprojekt: Der Europamythos in den romanischen Literaturen.

Dr. Angela Oster
Romanistin und Komparatistin; Institut für Italienische Philologie der Ludwig-Maximilians-Universität München. Arbeitsschwerpunkte: Literatur der Moderne und der Renaissance, Literatur und Technik, Intermedialität. Habilitationsprojekt: Diskursformen des Wahnsinns in der Renaissance.

Dr. Marcus Popplow
Historiker; Arbeitsschwerpunkte: Technik-, Umwelt- und Wissenschaftsgeschichte des vorindustriellen Europa, Geschichte ingenieurtechnischer Expertise, Transport- und Automobilgeschichte.

Prof. Dr. Almut-Barbara Renger
Altphilologin und Komparatistin; FU Berlin, Institut für Religionswissenschaft / bis 2010 Fellow am Department of Germanic Languages and Literatures der Har-

vard University, Cambridge, Mass. Arbeitsschwerpunkte: Antike und deren Rezeption, Mythosforschung, Religionsgeschichte, Europastudien.

Prof. Dr. Anne-Marie Saint-Gille
Germanistin und Historikerin, Département d'études allemandes, Universität Lumière Lyon 2. Arbeitsschwerpunkte: Intellektuellengeschichte, Europastudien, Literatur und Politik, Friedensforschung.

Dr. Jan-Henrik Witthaus
Romanist; Institut für Romanistik der Universität Duisburg-Essen. Arbeitsschwerpunkte: Wissenschaftsgeschichte und französische Wissenschaftsprosa, insbes. des 17. und 18. Jahrhunderts. Habilitationsprojekt: Zur Genese literarischen Engagements im Spanien des aufgeklärten Absolutismus.

Dr. Burkhardt Wolf
Literaturwissenschaftler und Übersetzer; Institut für deutsche Literatur der Humboldt-Universität zu Berlin. Arbeitsschwerpunkte: Literatur und neuzeitliche Wissensgeschichte, insbes. Poetologie der politischen Repräsentationen und Sozialtechnologien, von Gefahr und Risiko, Gewalt und Religion.

Kultur und Technik
Schriftenreihe des Internationalen Zentrums für Kultur- und Technikforschung der Universität
Stuttgart
hrsg. von Prof. Dr. Georg Maag, Prof. Dr.Ing. Helmut Bott, Prof. Dr. Gerd de Bruyn,
Prof. Dr. Walter Göbel, Prof. Dr. Christoph Hubig, und Prof. Dr. Ortwin Renn

Felix Heidenreich / Jean-Christophe Merle / Wolfram Vogel (Hrsg.)

**Staat und Religion
in Frankreich und Deutschland**

*L'Etat et la religion
en France et en Allemagne*

Kultur und Technik Band 08

LIT

Felix Heidenreich; Jean-Christoph Merle; Wolfram Vogel (Hg.)
Staat und Religion in Frankreich und Deutschland
L'Etat et la religion en France et en Allemagne
Bd. 8, 2008, 248 S., 24,90 €, br., ISBN 978-3-8258-1105-1

LIT Verlag Berlin – Münster – Wien – Zürich – London
Auslieferung Deutschland / Österreich / Schweiz: siehe Impressumsseite

Jan A. Fuhse (Hrsg.)

**Technik und Gesellschaft
in der Science Fiction**

Kultur und Technik Band 09

LIT

Jan Fuhse (Hg.)
Technik und Gesellschaft in der Science-Fiction
Bd. 9, 2008, 184 S., 19,90 €, br., ISBN 978-3-8258-1585-1

LIT Verlag Berlin – Münster – Wien – Zürich – London
Auslieferung Deutschland / Österreich / Schweiz: siehe Impressumsseite

Irene Chytraeus-Auerbach; Georg Maag (Hg.)
Italien und Deutschland in Europa
In den über 50 Jahren ihres Bestehens hat sich die Europäische Union von einem Zusammenschluss einiger weniger Länder zu einer 27 Mitglieder umfassenden Staatengemeinschaft entwickelt und dabei verschiedene Phasen der Integration und Transformation durchlaufen. Mit den Erweiterungsrunden der letzten Jahre und den Veränderungen der weltpolitischen und wirtschaftlichen Bedingungen ist es erneut zu Diskussionen über die Gestalt und Zukunft der Europäischen Union gekommen. Der vorliegende Band versammelt Beiträge von deutschen und italienischen Wissenschaftlern und setzt sich aus interdisziplinärer Perspektive mit Fragen der aktuellen Phase der Transformation, in der sich die EU befindet und die von vielen als »Krise« wahrgenommen wird, auseinander. Mit Beiträgen von Mario Telò, Stefan Köppl, Federiga Bindi, Michèle Knodt, Carlo Bastasin, Gian Enrico Rusconi, Dieter Fuchs und Roberto Giardina.
Bd. 10, 2009, 136 S., 19,90 €, br., ISBN 978-3-8258-1837-1

LIT Verlag Berlin – Münster – Wien – Zürich – London
Auslieferung Deutschland / Österreich / Schweiz: siehe Impressumsseite

Gary S. Schaal (Hg.)
Techniken rationaler Selbstbindung
Die Suche nach Methoden, die es erlauben durch Techniken rationaler Selbstbindung individuelle oder
kollektive Rationalität herzustellen, ist eine Aufgabe, die sich in der Praktischen Philosophie, der Poli-
tikwissenschaft und der Ökonomie gleichermaßen stellt. Denn sowohl Individuen als auch Kollektive
sind gezwungen, ihr Handeln durch Techniken rationaler Selbstbindung zu leiten. Claus Offe hat hierfür
die Leitmetaphorik von Fessel und Bremse in die Diskussion eingeführt. Von den persönlichen Selbst-
disziplinierungsmaßnahmen, über die nationalen Verfassungen bis zur Europäischen Zentralbank reicht
das Spektrum der Beispiele für den Versuch, Good (self-) Governance zu implementieren. Mit Beiträgen
von Gary S. Schaal, André Brodocz, Claus Offe, Oliver W. Lembcke, Claudia Ritter, Bastian Bredtmann,
Michel R. Müller, Achim Hildebrandt und Henry Schäfer.
Bd. 11, 2009, 200 S., 19,90 €, br., ISBN 978-3-8258-1959-0

LIT Verlag Berlin – Münster – Wien – Zürich – London
Auslieferung Deutschland / Österreich / Schweiz: siehe Impressumsseite

Thomas Bedorf, Felix Heidenreich, Marcus Obrecht (Hrsg.)

**Die Zukunft
der Demokratie**
*L'avenir
de la démocratie*

Kultur und Technik Band 12

LIT

Thomas Bedorf; Felix Heidenreich; Marcus Obrecht (Hg.)
Die Zukunft der Demokratie. L'avenir de la démocratie
Die Funktionsweise rechtsstaatlicher Demokratien wird durch neue Herausforderungen in Frage gestellt.
Die Globalisierung unterminiert die Steuerungsfähigkeit der Politik und zwingt zur Suche nach einem
Regieren jenseits des Nationalstaates. Der wissenschaftliche und technische Fortschritt stellt in Frage, ob
überhaupt von allen bewertet werden kann, was alle angeht. Die Ökonomisierung definiert die Rolle des
Bürgers neu und verändert unsere Öffentlichkeit, die nach klassischem Verständnis die Politik kritisch
begleiten und kontrollieren soll. Wie kann, wie wird die Demokratie der Zukunft aussehen? In Frankreich und Deutschland wird diese Frage gleichermaßen kontrovers diskutiert. Dieser Band versammelt
geschichtswissenschaftliche, philosophische, politikwissenschaftliche und soziologische Auseinandersetzungen mit dieser Frage. Neben Beiträgen von Marc Crépon, Silke Mende, Torsten Kathke, Céline Jouin,
Katja Laubinger, Tilman Turpin, Alexander Weiß, Felix Heidenreich, Gaëlle Le Dref und Antoine Vergne
enthält dieser Band ein Interview mit Jean-Luc Nancy.
Bd. 12, 2009, 232 S., 24,90 €, br., ISBN 978-3-8258-1931-6

LIT Verlag Berlin – Münster – Wien – Zürich – London
Auslieferung Deutschland / Österreich / Schweiz: siehe Impressumsseite